Impressum
© 2023 Corina Kudlik
Erstauflage Print & eBook, Mai 2014
Umschlaggestaltung, Illustration: Corina Kudlik (Ecke)
Lektorat, Korrektorat: Corina Kudlik (Ecke)
InMa-Internetmarketing.de
Printed in Germany
ISBN: 9798864368510
Überarbeitete Version vom eBook: Gratwanderung Teil 1 & 2, erschienen 2014

Gratwanderung

*~ zwischen Sehnsucht, Liebe &
Verzweiflung ~*

Vorwort

Als Borderlinerin eigentlichen Sinne sieht sich Mel nicht. Sie stellt ihre Symptome und ihr Bedürfnis nach Schmerz in den Kontext zu ihrer Sexualität. Dass sie eine ernsthafte Borderline-Störung hat, kommt ihr zwar manchmal in Sinn, wahrhaben möchte sie es aber nicht.

In der BDSM Szene fühlt sie sich aufgehoben und bekommt das, wonach sie sich ihr halbes Leben lang sehnt und was es ihr vereinfacht, mit ihrem Bedürfnis zum Ritzen umzugehen. Seit sie auf sexuellem Weg nach Erfüllung sucht und den Schmerz als positives Ereignis ansieht, werden ihre Rückfälle in Borderline immer seltener und der Bedarf, sich zu ritzen, bleibt irgendwann ganz aus. Mel glaubt an eine Heilung, doch ist sie nicht geheilt, sondern nur ruhig gestellt und durch ihre erotischen Abenteuer abgelenkt.

Das wird ihr bewusst, als sie Sky kennenlernt und als sie sich in ihn verliebt. Mit ihm spürt sie, dass eine BDSM Beziehung auch im realen Leben Bestand hat und dass das Vertrauen zu einem festen Partner die perfekte Basis für ihre beim Sex devote Ader ist. Mel ist masochistisch und genießt es, von ihren Partnern hart genommen und gelegentlich auch von ihnen bestraft zu werden. Mit Sky werden die Erlebnisse noch schöner, noch ausgefeilter und von einem grundlegenden Vertrauen geprägt.

Doch kehren nach einiger Zeit ihre alten Ängste zurück und Mel fürchtet sich vor dem Verlust und davor, allein, ganz auf sich gestellt zu sein. Ohne einen direkten Übergang verfällt sie wieder ihr altes Schema und zieht sich immer mehr zurück. Gleichzeitig wirft sie ihm vor, er würde sie vernachlässigen und sich nicht ausreichend um sie kümmern. Die einst unbeschwerte Beziehung gerät ins Wanken und er bricht aus. Eine Ursache für ihre Handlungen kann Sky nicht erkennen und er weiß nicht, wie er mit ihrem Verhalten umgehen

3

soll. Er weiß nicht mehr, wie er mit ihr umgehen soll.

Für Mel ist das der Weg ins Ungewisse, der Weg zurück in ihre Vergangenheit und die Borderline-Störung. So sehr sie sich auch nach Liebe und nach Nähe sehnt, so sehr verflucht sie Sky und lernt ihn sogar hassen. Ihm tut sein einmaliger Ausrutscher leid, aber er hat nicht mit Mel und ihren Gedanken gerechnet.

Für sie ist klar, dass er für seinen Fehltritt bezahlen muss und wenn sie ihn nicht haben kann, soll ihn auch keine andere Frau haben. Die Story basiert auf der Gratwanderung zwischen Verzweiflung und der unbändigen Sehnsucht nach Liebe. Auf der Suche nach Geborgenheit, der Sehnsucht nach einem ganz normalen Leben und der Angst, dieses irgendwann zu verlieren. Die Unendlichkeit ist ein Bestandteil menschlicher Gedanken, für die es weder eine Garantie, noch einen Beweis ihrer Existenz gibt. Mel möchte die Unendlichkeit realisieren und kann sich nicht mehr ins Jetzt zurückfinden, nachdem Sky ihr Vertrauen gebrochen hat.

Aus ihrer grenzenlosen Sehnsucht und dem Anflug von Lebensmut wird pure Verzweiflung, die sie zu Handlungen hinreißt, welche ihre Krankheit in den Vordergrund stellen die und für ihn nicht absehbare Folgen haben. Aus leidenschaftlichen Schmerzen wird ein Schmerz, der unwiederbringlich das Leben nimmt und Leiden schafft. Alle genannten Personen sind frei erfunden. Ähnlichkeiten mit realen Situationen basieren auf dem Zufall.

Wer sich in diesem Roman wiedererkennt, tut dies durch Zufall und durch Lebenswege, die das Schicksal schreibt. Auch ich als Autorin spreche mich frei von Vergleichen, auch wenn einige (hier möge sich der Leser sein eigenes Urteil bilden) Gedanken und Emotionen auch in meinem Leben eine Rolle spielten. Es handelt sich bei diesem Buch um frei erfundene Personen und um eine völlig frei erfundene Story. Mel zeigt Ihnen, wohin sie ihr Leben führt und dass nicht jeder Weg ebenmäßig und gut beleuchtet ist ...lassen Sie sich treiben.

~ 1 ~

Mel blickt in die Augen ihres Gegenüber und er weiß nicht, ob sie ihn ansieht oder ob sie durch ihn hindurch blickt. Vor dem Psychiater sitzt eine junge, bildhübsche Frau, an deren Händen Blut klebt.

„Ich habe ihn nicht getötet! Er wird kommen und mich hier rausholen!"

Verzweifelt faltet Mel ihre Hände auf dem Tisch und schaut den Psychiater an. „Hören Sie zu. Sie haben Glück, dass Sie bei Ihrer Verurteilung nachweislich der eigenen Handlungen unfähig gesprochen wurden. Aus diesem Grund sind Sie jetzt hier und nicht im Gefängnis."

Der Psychiater sprach ganz ruhig und schaute Mel direkt in die Augen. Sie versuchte, seinem Blick auszuweichen, war aber gleichzeitig von ihm gefesselt und hörte ihm zu.

„Können Sie sich denn an überhaupt nichts mehr erinnern?"

Mel schüttelte den Kopf. Sie wusste nicht, wie oft sie diese Frage in den letzten Monaten gestellt bekommen hatte. An was sollte sie sich denn erinnern? Seit sie hier in der Anstalt war, waren ihre Erinnerungen wie ausgelöscht und sie hatte keine Vorstellung davon, warum sie überhaupt hier war. Das einzige, was ihr nicht aus dem Kopf ging war ihr Mann, den sie so stark und so bedingungslos liebte. Warum besuchte er sie nicht, hatte er sie vergessen?

„Was ist mit meinem Mann, wann wird er zu mir kommen?" fragte Mel den Psychiater. Dieser schüttelte den Kopf. „Er wird nicht mehr kommen. Er ist tot. ... und ihre Freundin, die ist ebenfalls tot."

Mit diesen Worten stand er auf und erklärte die heutige Sitzung damit für beendet. „Kommen Sie, ich bringe Sie selbst zu Ihrer Station."

Mel stand auf und folgte dem Doktor. Eigentlich sah er ja ganz gut aus mit seiner athletischen Figur und seinen strahlend blauen Augen, die sie immer wieder ansahen. Mel verwarf den Gedanken ganz schnell wieder und folgte ihm mit langsamen Schritten. Als die schwere Tür hinter ihr ins Schloss fiel, war sie wieder alleine in einem Raum, der weder einen Spiegel noch sonstige Annehmlichkeiten des Lebens bot. Sie kniete sich auf den Fußboden und schaute zum unerreichbar hohen Fenster hinauf. Nicht einmal Bettlaken gab es hier.

Mel versuchte wie so oft, Erinnerungen zu finden und den Grund für ihren Aufenthalt hier zu erschließen. Weder an eine Verhandlung, noch an die ihr vorgeworfene Tat konnte sie sich erinnern. Sie kam in ihren Gedanken nie weiter zurück als bis zu dem Moment, wo sich die Autotür hinter ihr schloss und als sie merkte, dass die Fenster vergittert waren. In Handschellen hatte man sie ins Auto gesetzt, vor den Augen ihrer Nachbarn und der neugierig schauenden Passanten. Sie wollte herausfinden, warum sie hier war und es gab Momente, in denen sie überlegte, ihrem Psychiater tatsächlich Glauben zu schenken.

Diese Momente waren von kurzer Dauer und so schnell wie sie kamen, verflogen sie wieder. Er würde kommen und sie hier raus holen. Er konnte sie nicht vergessen haben. Nicht nach all den leidenschaftlichen Jahren, in denen sie ihm willenlos ergeben war und in denen er sie mit der notwendigen Härte und Güte dominierte. Mel erinnerte sich an den leidenschaftlichen Sex und an sein Gesicht. An eine Freundin erinnerte sie sich nicht. Sie dachte nur an Sky, an das, was sie mit ihm erleben durfte … an die Momente der Lust und der Gier. Das kann nicht vorbei sein, er ist nicht tot! Dann verflogen die Erinnerungen in einem grauen Schleier vollständig.

~ 2 ~

Sie suchte nach ihren Grenzen und war immer in der Versuchung, diese zu überschreiten und in den verschiedenen sexuellen Erlebnissen ein Gefühl zu entwickeln. Mit 17 Jahren merkte sie, dass sie bei all dem, was sie erlebte, nicht auf ihre Kosten kam. Sie Typen benutzten nur ihren Körper, niemand drang in ihre Seele ein und gab ihr das Gefühl, wirklich begehrt und geliebt zu werden. Sie war meistens froh, wenn er fertig war und wenn er sich von ihr herunter rollte. Dann lernte sie einen Mann kennen, der sie in die BDSM Szene einführte und der ihr Dinge zeigte, die sie bisher nicht fürmöglich gehalten hätte. Sie hatte mit ihm keine Beziehung, aber regelmäßigen Sex und auch Treffen mit anderen Paaren. Es gefiel ihr und sie war mit ihrem Meister in verschiedenen Klubs unterwegs, wo sie weitere interessante Männer und Frauen kennenlernte und sehr oft an ihre Grenzen geführt wurde. Nie hatte jemand ihre Grenzen überschritten oder Dinge mit ihr getan, die sie bereits vor oder während der Ausführung mit einem vereinbarten Codewort beendet hatte.

Im richtigen Leben hatte sie nichts mit Michael zu tun. Er war 10 Jahre älter als sie und hielt seine Neigung vor der Außenwelt geheim. Sie hatten sich auf einer Messe kennengelernt und er war ihr gleich ins Auge gestochen. Was sie trotz des enormen Altersunterschiedes an ihm faszinierte, konnte sie später nicht mehr sagen und besann sich größtenteils auf Männer mit einem weniger großen Altersunterschied. Aber Michael vergaß sie nie und erinnerte sich auch später immer noch gerne an ihn.

Er hatte sie in diesen privaten Klub eingeführt und ihr verschiedene interessante Männer vorgestellt. Aufgrund ihrer Ausstrahlung und ihrer Hingabe hatte sie häufig wechselnde Meister und war unter den Männern der Szene sehr beliebt. Sie hatte keine Vorstellung, wie Michael über ihre wechselnden Männer dachte, zumal die Sessions mit ihm immer seltener wurden. Wenn sie sich trafen war es genauso faszinierend wie vor ihren neuen Bekanntschaften, aber die Treffen rückten immer mehr in den Hintergrund und Mel ging immer häufiger alleine in diesen Klub. Er machte ihr nie eine Szene und war irgendwann ganz aus ihrem Leben und aus dem Klub verschwunden. Da sie nie über Privates redeten und Mel nicht einmal wusste, ob er eine Frau hatte und welchem Beruf er nachging, wusste sie auch nicht, warum er sich aus dem Klub zurückzog. Niemand der anderen Besucher redete darüber. Sie führte mit ihm keine Beziehung, sondern sie begegneten sich reinweg auf sexueller Ebene und auf einer Basis, in der beide die Erfüllung fanden.

Sie genoss ihr Leben und war froh, Michael kennengelernt zu haben. Auch wenn er viel älter war wie sie, empfand sie keine väterliche Zuneigung, sondern sah ihn als ihren Sexpartner und Meister an. Michael musste ein gutes Einkommen haben und brachte ihr immer neue Outfits oder Accessoires für ihre Spiele mit. Auch im Klub bezahlte er alle Getränke, das Essen und sonstiges. Das einzige was er von ihr verlangte, war ihre Hingabe. Sie durfte während einer Session nie sprechen und wurde bei Zuwiderhandlung bestraft. Mel hatte diese Strafe öfter erlebt und empfand diese nicht unangenehm. Das Gegenteil war der Fall, wenn sie vor Schmerz fast bewusstlos wurde und trotzdem das Codewort nicht nutzte, ging es ihr gut und sie spürte das pulsierende Leben in sich.

Schon damals hatte sie häufig zur Klinge gegriffen und gemerkt, dass sie sich seit den regelmäßigen Besuchen im Klub nur noch selten ritzte. Der Schmerz den man ihr zufügte gab ihr Halt, Ersatz für den Schmerz, den sie sich selber mit einem Schnitt gab. An Michael schätzte sie, dass er nicht nur ihre Erlebnisse mit anderen Männern tolerierte, sondern dass er sogar andere Männer zu Spielen einlud. Auch mit Frauen machte sie ihre ersten Erfahrungen und erlebte im Klub Dinge, die sie nie für möglich gehalten hätte. Ein sehr attraktiver Mann war ihr im Klub immer häufiger aufgefallen und auch er schien Notiz von ihr zu nehmen.

8

Doch war es mit ihm nie zu einem Spiel gekommen, da er immer eine feste Partnerin bei sich hatte und seine Lust mit ihr auslebte. Sie trug sein Halsband und Mel war klar, dass sie bei diesem Mann nie eine Chance haben würde. Allein bei seinem Anblick schürte er ihre Erregung. In ihren Träumen war sie die Frau an seiner Seite, die er mit der Peitsche und mit seiner Lust beglückte, mit der er wahrscheinlich eine sehr intensive und erfüllte Beziehung führte. Er war ein Traum und sie kam einfach nicht von ihm los, auch wenn sie sich an ihm die Finger verbrennen würde. Bei ihren Besuchen im Klub sah sie ihn an und spürte, dass auch sein Blick gelegentlich auf ihr ruhte.

Sie sprach ihn aber nie an und er kam auch nicht auf sie zu. Es war ein Spiel der Blicke, nicht mehr und nicht weniger. Sie kannte nicht einmal seinen Namen. So orientierte sie sich an den Männern, die auf sie zukamen und hatte aufgrund ihrer Beliebtheit die Chance, sich die Männer für ihre Befriedigung auszusuchen. Über 2 Jahre besuchte sie den Klub regelmäßig. Mit einigen Männern ergaben sich häufige Treffen, in manchen Fällen sogar eine Beziehung über mehrere Monate, die sie auch außerhalb des Klubs führte.

Mel war nicht monogam und auch während einer Beziehung ließ sie sich mit anderen Männern ein und genoss es, immer auf neue und ihr fremde Weise berührt, mit Kerzenwachs begossen oder gefesselt zu werden. Sie brauchte viel, häufig und vor allem abwechslungsreichen Sex der durchaus mit Schmerzen einhergehen konnte. Besonders genoss die die Erlebnisse, wenn sie von mehreren Männern gleichzeitig benutzt wurde. Im Klub war es nicht selten, dass sie gefesselt in den Seilen hing und während sie ihren Meister mit dem Mund befriedigte, gleichzeitig von einem anderen Mann genommen wurde oder die Peitsche bekam. Ihr waren stets die Augen verbunden und sie sah nie, wer da gerade in oder über ihr war und stellte sich in den Momenten immer vor, das Schwert des attraktiven aber leider unerreichbaren Mannes in sich zu spüren. Wie gern hätte sie gewusst wie er schmeckt, wie er sich anfühlt und wie er sie ausfüllt. Ihre

Phantasie blühte in den schönsten Farben und sie dachte immer an ihn, wenn sie mit verbundenen Augen verschiedene Männer an und in ihrem Körper spürte. Mit Spielzeugen penetriert oder von hinten genommen und mit der Reitgerte geschlagen zu werden, während sie ein Schwert zwischen ihren Lippen hatte, kam häufig vor und Mel war eine der wenigen Damen im Klub, der die Männer vertrauten und bei der sie wussten, sie würde nicht vor Schmerz oder vor Schreck zubeißen.

Während einer dieser Sessions lernte sie Josh kennen. Er war attraktiv, groß und muskulös. Sein Blick war stechend, kalt, aber für Mel sehr reizvoll und vielsagend. In Mel erwachte die Neugier auf das, was er war und auf das, was er ihr geben konnte. Aus anfänglichen Sessions im Klub wurde eine Beziehung, die von ganz besonderer Art war. Josh suchte keine Frau allein für die sexuelle Demütigung, sondern er wollte eine 24/7 Beziehung führen und hatte Mel für seine Lust und für sein Leben gewählt. Anfänglich reizte sie diese 24/7 Geschichte, doch mit der Zeit vermisste sie Erlebnisse mit anderen Männern und ihre Freiheit, selbst über ihr eigenes Leben zu bestimmen. Josh sah sie nicht nur im Bett als Sklavin, sondern ließ sich auch im Alltag von Mel bedienen. Sie musste ihre Arbeit aufgeben, verdiente kein eigenes Geld mehr und geriet immer mehr in seine Abhängigkeit.

So hatte sie sich ihr Leben nicht vorgestellt und wollte mit Josh über die 24/7 Beziehung reden. Die Erlebnisse mit anderen Männern oder Frauen gehörten der Vergangenheit an und auch den Klub besuchten sie nicht mehr. Mel war sich nicht sicher, ob er den Klub auch mied, aber sie blieb immer allein zu Hause, wenn er das Haus verließ. Anfänglich fand sie es nicht schlimm und wäre nie auf den Gedanken gekommen, dass er auch Abende mit anderen Ladys verbrachte, während sie zu Hause eingeschlossen auf ihn wartete. Da sie vor Josh noch nie eine feste, eine wirkliche Beziehung hatte und dieses Gefühl nicht kannte, ließ sie sich auf die Geschichte ein. Doch der anfängliche Reiz war so schnell verflogen wie die sexuelle

Erfüllung mit ihm. Immer weniger und einfallsloser wurden die sexuellen Erlebnisse, immer häufiger die Abende, die Mel allein zu Hause verbrachte. Während er stundenlang außer Haus war, durfte sie nicht nach Draußen und sie durfte auch keinen Kontakt zu anderen Menschen haben. Sie hatte kein Telefon mehr, keine Kleidung, die er nicht bestimmte und ausgesucht hatte und nach näherer Betrachtung hatte sie auch kein eigenes Leben mehr.

Sie musste mit ihm sprechen und ihm erklären, dass sie so nicht weiterleben konnte ... dass sie so nicht weiterleben wollte. Wenn er wirklich etwas für sie empfand, musste er umdenken und ihr wieder die Aufmerksamkeit zuteil werden lassen, die sie am Anfang der Beziehung bekam. An den vielen einsamen Abenden griff sie zur Klinge und verschaffte sich die Erleichterung, die sie so dringend benötigte. Nur so konnte sie die Zeit überstehen, ohne an seiner lieblosen Behandlung zu zerbrechen. Wenn er nach Hause kam und sah, dass sie sich wieder geritzt hatte, bestrafte er sie. Aber diese Strafe war für sie nicht schlimm sondern ein Gefühl, bei dem sie wenigstens etwas Aufmerksamkeit von ihm erhielt und ihn ein wenig fühlen konnte. Doch war es natürlich nicht das, was sie sich von der Beziehung erhofft hatte.

Schon lange liebte sie Josh nicht mehr und war einfach nur traurig über den Zustand, in dem sie leben musste. Ihr fehlte der Klub, die Bekannten, die Erlebnisse, aber auch einfach das Gefühl, ein eigenes und selbst bestimmtes Leben zu haben. Da sie seit Monaten das Haus nicht mehr verlassen durfte und sehr viel allein war, hatte sie Zeit nachzudenken und ihr wurde immer bewusster, dass ein Gespräch mit Josh die einzige Lösung war. Er konnte sie ja nicht gegen ihren Willen festhalten und musste auf sie hören, ihr Freiraum geben und sie wieder am Leben teilhaben lassen. Als er an diesem Tag nach Hause kam, sprach sie ihn an.

„Meister, ich kann so nicht mehr leben. Spürst du nicht, wie ich zugrunde gehe und hier vereinsame?" Er sah sie nicht einmal an als er zu ihr sprach. „Wage es nicht, dich gegen meine Regeln zu stellen und mir zu widersprechen. Du hast dich in meine Hände begeben, ich ernähre dich, gebe dir ein Dach über dem Kopf und verlange dafür nur, dass du mir zu Diensten bist! Du undankbare kleine Schlampe!" Mit diesen Worten traf er sie tief und Mel wusste, an welcher Stelle sie bei Josh stand. Er packte sie an den Haaren und zerrte sie zur Wohnungstür. „Dir gefällt es hier nicht? Gut, dann lasse ich dich raus. Du wirst dich in den nächsten 24 Stunden nach meiner Wohnung sehen, das verspreche ich dir!"

Mit so einer Reaktion hatte sie nicht gerechnet und auch nicht mit der Tat, die darauf folgte. Er warf ihr eine Decke über und sah ins Treppenhaus. Im Flur des Miethauses war es still und er konnte mit ihr die Treppe hinunter gehen. Noch ahnte sie nicht, was ihr gleich blühte und sie hoffte inständig, er würde sie nicht in die Decke gehüllt auf die Straße bringen.

„Wo bringst du mich hin, Meister?" Ihre Frage klang ängstlich und leise. Sie hatten den Hauseingang bereits passiert und gingen die dunkle, steile Kellertreppe hinunter. „Halt die Fresse! Wer hat dir erlaubt, mir Fragen zu stellen? Noch ein Ton und deine Zeit im Keller verlängert sich!", zischte er.

Der Keller? Mel glaubte ihren Ohren nicht zu trauen. Er wollte sie doch nicht wirklich in den Keller bringen? Die schwere Eisentür fiel hinter ihnen ins Schloss und sie hörte einen Schlüssel klappern, mit dem er die nächste Eisentür öffnete. Hier war es kalt, feucht und stand nach Moder. Sie zitterte am ganzen Leib und hatte das erste Mal in ihrem Leben Angst, hier nie mehr herauszukommen und in diesem Verlies ihrem Ende direkt ins Auge zu sehen.

Für sie hatte das nichts mehr mit BDSM und schon gar nichts mit einer Beziehung zu tun. Sie war an einen Mann geraten, der sie als Sklavin wie im finsteren Mittelalter hielt und der ihr jegliche Freiheit raubte. Weder einkaufen noch telefonieren war ihr gestattet und sie musste ihm rund um die Uhr zu Diensten sein. Je länger sie mit ihm zusammen war, umso außergewöhnlicher wurden die Dienste, die er von ihr verlangte. Die ersehnte Belohnung in Form von erfüllendem Sex blieb aber immer häufiger aus und sie war für Josh eher eine Dienstmagd als eine Partnerin. Selbst vor Freunden musste sie entblößt vor ihm knien und ihn, sowie seine Freunde bewirten. Sie durfte nicht sprechen, sich nicht anders als befohlen bewegen und ihre kniende Position am Tisch erst verlassen, wenn Josh es ihr befahl.

Das war der Moment als ihre Sinne erwachten und sie das Gespräch suchte. Zum Dank für ihre Worte war sie nun im Keller eingesperrt und verspürte fürchterlichen Durst und eine Wut auf diesen Mann, der ihre Hingabe nicht zu würdigen wusste. Wie sollte sie der Situation entkommen und sich von dem Mann befreien? Da sie innerhalb der Wohnung immer nackt herumlaufen musste, weil er darauf stand, hatte er sie auch nackt in den Keller gesperrt und sie hatte keine Chance, unbemerkt und ohne Scham das Haus zu verlassen.

Das einzige, was er ihr ließ war die Decke, die sie beim Gang in den Keller übergeworfen bekam. Sie inspizierte das Gitter vor dem schmalen Kellerfenster und überlegte, ob hier eine Chance zur Flucht bestand. Zu ihrem Glück hatte er sie nicht gefesselt und sie konnte sich im Keller frei bewegen. Werkzeuge oder andere Hilfsmittel waren hier nicht zu finden. Sie zerrte am Gitter und hoffte, dass er die Geräusche nicht hören würde. Es half alles nichts, das Gitter saß fest und Mel musste einen anderen Ausweg suchen. Würde sie hier jemand schreien hören? Sie glaubte nicht daran, denn die schwere Eisentür würde ihre Stimme unhörbar für andere Menschen machen.

Vor dem Gitter befand sich ein Fenster. Auch dieses würde ihre Stimme dämpfen und ihre lauten Hilfeschreie im Keller ungehört verhallen lassen. Es war kalt, feucht und sie hatte Durst. Würde er sie jemals wieder hier herausholen oder wartete er darauf, dass sie hier verendete? Sie wusste es nicht und ergab sich ihrem Schicksal, was sie in dem Moment nicht ändern konnte. Der Gestank ließ sie sich übergeben und sie versank in einen Dämmerzustand, der bis zum umdrehen eines Schlüssels in der Tür andauerte.

Da stand er und schaute sie an. Er wirkte ausgeruht, mit einem seltsamen Glanz in den Augen. Sie hatte Angst und nahm seine Worte, an sie gerichtet, nur am Rande wahr. Er befahl ihr aufzustehen und ihm nach oben zu folgen. Es scheiterte bereits am Versuch, sie hatte keine Kraft und sank wieder auf den feuchten und kalten Kellerboden zurück. Unsanft zerrte er sie vom Boden hoch.

Er musste sie tragen, da sie vom Kampf mit dem Gitter sowie der beginnenden Dehydrierung so geschwächt war, dass sie die Treppe nach oben nicht ohne fremde Hilfe geschafft hätte. Darüber war er erneut erbost und bestrafte sie in der Wohnung dafür, dass er sie dreckig und stinkend aus dem Keller tragen musste.

Mel hatte den Gedanken zur Flucht bereits manifestiert und würde bei der ersten Gelegenheit, die sich bot, dieses Haus und diesen Tyrannen ein für alle Mal verlassen. Nun hieß es, nur noch auf den richtigen Zeitpunkt zu warten und keinesfalls einen Fehler zu begehen. Mit diesem Menschen wollte sie keinen Tag länger zusammenleben und ihm keine Sekunde länger hilflos ausgeliefert sein.

Was sich dieser Kerl überhaupt dachte!? Ihre Angst war in der Zeit im Keller in Wut umgeschlagen und sie hätte ihn am liebsten getötet, ihn für sein Verhalten an ihr bestraft und ihm das zuteil werden lassen, was ihm zustand. Er war kein Meister, sondern ein Tyrann ohne Herz und Verstand. Sie wusste nicht, was sie einst an diesem Mann gereizt hatte. Er sah gut aus, aber das war auch schon alles. Auch wenn er ihr am Anfang anders begegnet war, hätte ihr klar sein müssen, dass sie mit dieser 24/7 Geschichte komplett in seine Abhängigkeit geriet und ihr Leben aufgab. Ihm gehörte – als Besitz.

14

Josh ahnte nichts von ihren Plänen und freute sich darüber, dass sie seit ihrer Lektion im Keller wieder gehorsamer und vor allem ruhiger war. Dieses kleine Miststück würde ihm so schnell nicht mehr widersprechen, da war er sich sicher. Am Anfang hatte Mel das Spiel noch Spaß gemacht und sie lebte ihre Rolle als 24/7 Sklavin als neue Erfahrung aus. Doch im Laufe der Zeit veränderten sich nicht nur die Anforderungen ihres Meisters, sondern auch sein Verhalten ihr gegenüber und seine Handlungen, mit denen er ihr das Leben zur Hölle machte.

Auch wenn sie sich für dieses Leben entschieden hatte und auch wenn sie dachte, wenn sie Josh gehörte, würde er für sie sorgen und sie trotzdem mit Respekt behandeln, nahm ihr Leben eine ganz andere Wendung und sie war nicht einmal mehr im Geiste frei. Da sie nicht aus dem Haus durfte und so mit keinem anderen Menschen mehr Kontakt hatte, stumpfte sie zusehends ab und hatte nur noch Josh, bei dem sie abhängig von seinen Launen, glücklich oder am Boden zerstört war.

Als er immer häufiger begann, sie seinen Freunden vorzuführen und ihr befahl, im Haus nackt herumzulaufen und auch ohne Bekleidung seine Freunde zu bedienen, wurde es ihr zu viel und sie merkte, dass dieses Leben garantiert nicht ihrer Vorstellung von Erfüllung entsprach. Sie schämte sich, wenn seine Freunde ihr gierig auf die Brüste schauten und noch mehr, wenn sie nach hohem Alkoholgenuss begannen, ihren Busen zu begrabschen oder in ihrer Vagina zu fingern. Auch wenn sie sich schämte, wurde sie feucht und das wurde von den Männern falsch gewertet. Sie wussten ja nicht, dass Mel seit Monaten keinen Sex mehr hatte und dass die Berührung ihrer Rose oder die Finger in ihrem Körper der einzige sexuelle Kontakt war, den sie hatte. An einem Abend war es besonders schlimm und Josh hatte mit seinen Freunden sehr viel getrunken. Wieder wurde sie begrabscht und ein fetter, unsauber wirkender Mann fragte Josh, ob er sie haben dürfte. „Mach doch, die kleine Schlampe freut sich wenn sie einen Schwanz bekommt"

15

meinte er beiläufig und gab ihm damit die Erlaubnis, sich an Mel zu vergehen. Bei seinen Berührungen wurde sie nicht feucht, sondern verharrte in ängstlicher Position. Er knöpfte seine Hose auf und drehte sie auf den Rücken, damit er ihre Brüste vor seinen gierigen Augen hatte. Direkt vor allen anderen und vor Josh vergewaltigte er sie auf dem Wohnzimmerteppich und hörte auch nicht auf, als Mel tränenüberströmt unter ihm lag und das keine Sekunde länger ertragen wollte.

Mel spürte sehr starke Schmerzen, er drang in sie ein und es war ihm egal, dass sie trocken wie die Wüste Gobi war. Aus Angst vor Josh's Reaktion wehrte sie sich nicht und ließ es über sich ergehen. Sein nach Alkohol stinkender Atem widerte sie an und sie war froh, dass er schnell zu keuchen begann und mit einem animalischen Schrei kam. Er hatte zum Glück kein großes Fleischschwert, was Mel in dem Moment zum Vorteil wurde. Mit einem größeren Teil hätte er sie aufgerissen und ihr wahrscheinlich alles zerrissen. Er zog ihn raus und unter ihr breitete sich ein Gemisch aus Blut und seinen Körperflüssigkeiten auf dem Teppich aus. „Kannst Du die Sauerei nicht in dir behalten?", schrie Josh sie an und schlug ihr mit der flachen Hand ins Gesicht.

Die Tränen liefen ihr über die Wangen und sie fühlte sich gedemütigt, missbraucht und schmutzig. Auf allen Vieren krabbelte sie ins Bad, wusch sich und holte einen Lappen. Vor dem Gelächter der Männer säuberte sie nackt und vor Angst zitternd den Teppich und hoffte, es würde nicht noch einer auf die Idee kommen sich an ihr zu vergehen.

„Verschwinde aus meinen Augen!" befahl Josh und sie war nie so froh über diesen Befehl wie in dem Moment. Sie verließ den Raum und legte sich auf ihre Matratze, die in einem sonst völlig leeren Raum lag. Schon mehrfach hatte sie versucht, sich ihm mitzuteilen und ihn zu fragen, warum er sich so verändert hatte. Anfänglich verbesserte sich nach ihren Fragen die Situation für eine kurze Zeit und sie glaubte, ihn aufgerüttelt und über ihre Bedürfnisse in Kenntnis gesetzt zu haben. Doch so schnell wie sich die Situation für sie zum Positiven wandte, so schnell verfiel Josh und diese Beziehung wieder in das alte und von Mel so verabscheute Schema.

Nach der Einzelhaft im Keller war es für sie klar, dass sie diesen Haushalt und ihren herzlosen Meister verlassen musste, wollte sie nicht an dieser Beziehung zugrunde gehen oder irgendwann durch eine seiner Launen sterben. Nie hätte sie sich erträumen lassen, dass er zu so etwas fähig war und Mel wirklich in den Keller sperren würde um ihren Ungehorsam zu strafen. Dies war nicht die Form von Erniedrigung, die sie von ihrem Meister erwartete und anerkennen würde. Mel hoffte auf den Moment, in dem Josh das Haus verließ und sie sich Kleidung überwerfen und dem Zustand entkommen konnte. Im gleichen Moment kam ihr der Gedanke, dass sie keinen Ort hatte, an den sie fliehen und an dem sie für eine kurze Zeit unterkommen konnte. Eine eigene Wohnung hatte sie nicht und ihre Freunde hatten sich in der Zeit mit Josh auch immer mehr verabschiedet.

Niemand verstand ihren kompletten Rückzug und sie hatte keine Ahnung, an wen sie sich mit ihrem Problem wenden konnte. Für die anderen war sie nicht mehr da und konnte sich auch nicht vorstellen, dass noch jemand ihrer früheren Bekannten einen Gedanken an sie verschwendete.

Es war ihr egal. Lieber würde sie im Park schlafen und erfrieren, als weiter bei diesem Tyrann zu bleiben und sich wie eine Leibeigene im Mittelalter behandeln zu lassen. Die Beziehung, die zu Beginn eine Luststeigerung war und ihr eine unbekannte Erfüllung bot, hatte sich zu einem Martyrium entwickelt und nahm ihr die Luft zum atmen.

Bis er endlich das Haus verließ und ihr die Chance zum Ausbruch ermöglichte, sollten noch einige Tage vergehen. Sie merkte, wie erihre zahme und untergeordnete Lebensweise genoss und sah zu,

17

dass sie ihn in keinem Fall verärgerte und so ihre Flucht selber verhinderte. Aus dem Keller konnte sie nicht fliehen wie sie gemerkt hatte. Also musste sie definitiv in der Wohnung sein, wenn Josh das Haus verließ. Mel hatte keinen Wohnungsschlüssel und er schloss die Tür immer hinter sich ab wenn er ging. In der Regel war er mindestens drei Stunden außer Haus und die Zeit sollte reichen, ihren Plan zu verwirklichen. Ein Telefon besaß Mel schon lange nicht mehr. Ihr blieb also nur die Möglichkeit aus dem Fenster zu schreien und zu hoffen, dass ein Passant sie erhören und den gewünschten Schlüsseldienst rufen würde. Oder sie versuchte die Tür einzutreten. Irgendein Plan würde ihr einfallen und sie würde es in dem Moment entscheiden, in dem sie Josh um die Hausecke biegen und ihrem Blickfeld entschwinden sah.

Nach einer gefühlten Unendlichkeit hörte sie die Tür zufallen und sie vernahm, wie sich der Schlüssel im Schloss umdrehte. Mel atmete auf und sah ihre Freiheit ein Stück näher rücken. Sie blinzelte durch die Gardine und wartete, bis sie ihn um die Hausecke biegen sah. Erst dann traute sie sich, zur Tür zu gehen und nachzusehen ob sie wirklich abgeschlossen war. Den Gedanken, die Tür einfach einzutreten und sich so einen Ausweg zu schaffen verwarf sie, weil sich die Tür nach innen öffnete und so keinesfalls ein Weg in die Freiheit wäre. Würde sie jemand im Treppenhaus hören und ihr zu Hilfe eilen, könnte ihr Plan aufgehen. Aber das Risiko, dass sie zu lange mit ungehörten Versuchen zubringen würde, war viel zu groß.

Sie öffnete das Fenster und blickte hinunter auf die Straße. Würde sie von hier oben aus dem Fenster springen, wäre sie dem sicheren Tod geweiht und es hätte keinen Sinn. Der vierte Stock eines Miethauses war nicht der geeignete Ort, über eine Flucht aus dem Fenster nachzudenken. Da Josh ihr jegliche Kleidung abgenommen und verschlossen hatte, führte ihr erster Weg ins Schlafzimmer, wo sie sich ein Hemd und eine Hose von ihm überzog. Nackt würde ihre Flucht zu einem Martyrium werden und diese Blöße wollte sie sich ersparen. Das Gefühl, nach einer Ewigkeit wieder Stoff auf ihrem

Leib zu spüren war ungewohnt angenehm.

Mels Herz schlug bis zum Hals, als sie aus dem Fenster blickte und hoffte, einen Menschen auf der Straße zu sehen, nach dem sie rufen konnte. Weit und breit war keine Menschenseele und der verregnete Tag würde wohl auch nicht viele Menschen auf die Straße locken. Sie konnte nicht länger warten, es war schon viel zu viel Zeit seit Josh's Verlassen der Wohnung vergangen. Mit wachsamen Blick durchstreifte sie die Wohnung und entdecke im Schlafzimmer einen schweren Kerzenhalter, mit dem sie auf sich aufmerksam machen konnte. Sie würde ihn so lange vor die Tür hauen, bis diese entweder ein Loch hatte oder ein Mieter auf sie aufmerksam werden würde. Mel holte den Kerzenständer und begann, auf die Wohnungstür einzuschlagen. Die Lautstärke war enorm und sie vernahm ein Krachen im Türblatt. Doch von einem befreienden Loch war nichts zu sehen, nur auf dem Lack hinterließen ihre Schläge sichtbare Spuren.

„Was passiert wenn ich es nicht schaffe bis er wieder da ist? Die Spuren auf dem Türblatt wird er sehen und dann bringt er mich um.“

Mels Gedanken kreisten und sie überlegte, wie sie weiter handeln sollte. Im Treppenhaus war es still und bisher hatte niemand ihren Lärm wahrgenommen oder ihn als störend empfunden. Sie wusste nicht, wie lange sie mit dem Kerzenhalter auf die Tür einschlug, bis sie auf einmal Schritte im Treppenhaus hörte. Sie hörte Stimmen und war sich sicher, dass eine davon Josh gehörte. Aus dem Gespräch im Treppenhaus entwickelte sich ein handfester Streit, bei dem die Stimmen immer lauter wurden und sie sogar hinter der Tür einige Worte verstand.

„Wer hat Sie gerufen?“ schrie Josh. „Öffnen Sie Ihre Wohnung und zeigen uns, dass Sie nichts zu verbergen haben! Aus Ihrer Wohnung wurden Geräusche gehört, die darauf deuten, dass jemand versucht

19

hat, die Tür von innen einzuschlagen", vernahm sie eine weitere Stimme mit polterndem Unterton. „Ich war unterwegs und außer mir ist niemand in der Wohnung, wo sollen da bitteschön Geräusche herkommen?"

Also wurde Mel doch erhört und jemand hatte die Schläge an die Tür wahrgenommen. Nur mit wem sich Josh im Treppenhaus stritt, entzog sich ihrer Kenntnis. „Entweder öffnen Sie die Tür oder wir verschaffen uns anders Einlass. Ihr Nachbar hat uns gerufen und von lauten Schlägen von über einer Stunde an Ihrer Tür berichtet!"

„Der ist doch taub, wie will der Schläge gehört haben?" In dem Moment ging auch die Nachbartür auf und Mel vernahm eine weitere Stimme, die sich in das Gespräch einmischte. Die Schritte mehrerer Männer näherten sich der Wohnungstür. Sie hatte Angst und wusste nicht, ob sie sich lieber verstecken oder auf die Männer warten sollte. Ihre Angst vor Josh und vor seiner Reaktion steigerte sich ins Unermessliche und ihr stand der kalte Schweiß auf der Stirn. Der Schlüssel drehte sich im Schloss. Josh stürmte in die Wohnung und wollte die Tür von innen verschließen, doch ein großer Fuß in einem schwarzen Schuh stellte sich dazwischen. Im gleichen Moment stürmten zwei Polizeibeamte in die Wohnung und sahen Mel, die zerstört und schwitzend am Boden kniete. Ein kalter und stechender Blick von Josh durchbohrte ihr Herz.

„Sag bloß nichts Falsches" wollte ihr dieser Blick sagen. Doch Mels Angst verschwand mit ihrem Blick auf die Polizisten. „Was ist hier los?" fragte sie einer der beiden Männer. Mel konnte nicht reden, sie schaute den Polizisten nur flehend an und wie aus geöffneten Schleusen liefen die Tränen über ihr Gesicht. Mit einem Blick auf Josh meinte der größere der beiden Herren: „Sie werden uns aufs Revier begleiten, das hier irgendetwas nicht stimmt ist ja offensichtlich!" Josh atmete hörbar aus und wenn er in dem Moment eine Waffe gehabt hätte, wäre Mels Leben hier und jetzt und hier zu Ende gewesen.

An Mel gewandt sprach der Beamte weiter: „Und Sie werden uns ebenfalls begleiten, hier gibt es einiges zu klären, wie es den Anschein erweckt!" Auch wenn Mel keine Lust hatte, die Polizisten zu begleiten, sah sie doch ihre Chance, diese Wohnung endlich zu verlassen. Auf der Fahrt zum Revier würde ihr Josh nichts tun können. In beiden Fällen verzichteten die Ordnungshüter auf Handschellen und Mels Angst stieg erneut an. Würde sie im Auto neben Josh sitzen müssen und wären die Beamten in der Lage, sie zu schützen, wenn Josh sie aus dem Nichts heraus angreifen würde? Ihr Verdacht verhärtete sich nicht, da einer der beiden Beamten direkt bei ihnen im Heck saß.

Die ganze Fahrt über musterte Josh sie mit einem Blick, der sie auf der Stelle tot umfallen lassen würde und der die Panik in ihr erneut aufsteigen ließ. Würde es ihr wirklich helfen, dass die Polizei sie mitnahm und würde sie auf diesem Weg ihrem Peiniger entkommen?

Die ganze Fahrt über wurde kein Wort gesprochen. Auf dem Revier wurde Mel in ein anderes Zimmer gebracht als Josh und atmete auf. Ihr gegenüber saß eine Frau, die sie eingehend musterte und so versuchte herauszufinden, was in ihr vorging. „In welchem Zusammenhang stehen Sie zu diesem Herrn?" frage sie Mel.

Sie ließ sich mit ihrer Antwort Zeit und überlegte, wo sie am besten beginnen sollte. Die Polizistin weckte in ihr Vertrauen und Mel sah die Chance, mit ihrer Hilfe zu entkommen und nie mehr in diese Wohnung zurückzumüssen. Sie erzählte unter Tränen und mit mehreren Pausen die Geschichte von Anfang an. Ohne Mel zu unterbrechen, hörte die Beamtin zu und schaute sie mit entsetztem Blick an. Erst als Mel mit ihren Ausführungen am Ende war, sprach die Polizistin mit ihr. Sie schien peinlich berührt und überrascht von Mels Geschichte, da sie wahrscheinlich nur einen Beziehungsstreit vermutet hatte. Aber solche Vorkommnisse begegneten ihr wahrscheinlich auch nicht jeden Tag.

„Es war alles genau so, wie ich es Ihnen gerade erzählt habe! Bitte sorgen Sie dafür, dass ich nicht mehr zu ihm zurückmuss und behalten Sie mich von mir aus hier. Lieber lasse ich mich einsperren als nochmal in dieses Gefängnis zurückzugehen."

Mel begann wieder zu weinen und die Polizistin reichte ihr ein Taschentuch.

„Sie werden nicht mehr zurück müssen. Auch wenn wir Herrn H. nicht verhaften können, da Sie sich freiwillig in diese Abhängigkeit begeben haben, können Sie gehen wohin Sie möchten. Sie haben die Möglichkeit, Anzeige gegen ihn zu erstatten und sollten von dieser Option in jedem Fall Gebrauch machen."

Mel schüttelte den Kopf. Sie wollten ihren Peiniger nie wieder sehen und entschloss sich gegen eine Anzeige. Die Polizeibeamtin verstand ihre Reaktion nicht, konnte sie aber nicht zu einer Anzeige zwingen und musste sie so entlassen.

„Wissen Sie, wohin Sie gehen werden?"

Mel schüttelte erneut den Kopf. Sie hatte keine Ahnung. Die Beamtin griff in ihren Schreibtisch und reichte ihr eine Visitenkarte. Mel warf einen kurzen Blick darauf und sah, dass es sich um eine gemeinnützige Organisation handelte. Sie würde diese Adresse nicht aufsuchen, das war ihr bereits bei einem Blick auf die Visitenkarte bewusst. Doch darüber musste sie nicht mit der Beamtin reden und bedankte sich.

„Darf ich jetzt gehen?" Die Beamtin reichte ihr die Hand und begleitete sie nach Draußen. Im Vorbeigehen sah sie Josh in einem der Zimmer des Ganges sitzen, welcher in eine hitzige Diskussion mit dem Polizeibeamten verwickelt war. Schnell wandte sie den Blick ab und atmete die frische, kalte Luft vor dem Revier in kräftigen Zügen ein.

„Haben Sie vielleicht eine Zigarette für mich?" fragte sie die Beamtin mit zittriger Stimme. „Es ist schon Monate her, dass ich an einer Zigarette gezogen habe." Die Polizistin hatte Mitleid und hielt ihr eine angebrochene Packung hin. Beim ersten Zug hustete Mel so stark, als würde sie die erste Zigarette ihres Lebens rauchen. Aber sie genoss es und es verschaffte ihr für den kurzen Moment ein Gefühl von Leben. Ohne Geld, ohne Pass und ohne eine Idee verließ sie die Stadt und setzte sich in den ersten Bus, der sie aus ihrem verhassten Leben herausbringen würde.

Alle Menschen starrten sie an, was nicht verwunderlich war. Verheult, ungekämmt und in viel zu großen Männerklamotten fiel sie auf. Es war ihr egal auf ihrem Weg in die Freiheit, der nun endlich vor ihr lag. Wenn sie diese Stadt erst einmal verlassen hatte, könnte sie woanders ein neues Leben beginnen und mit der Vergangenheit abschließen. Nur wo? In ihren Gedanken erschien die ehemalige Frau ihres Vaters. Auch wenn sich Mel schämte und ihr mit Sicherheit die Geschichte oder eine andere Version ihres Auftauchens erklären musste, wäre sie doch der einzige Anlaufpunkt in ihrer momentanen Situation. Sie hatte keine Telefonnummer und konnte sich nur noch grob erinnern, wie Steffies Haus aussah. Sie verließ den Bus am nächsten Busbahnhof und suchte sich eine Verbindung in den Ort, der ihre nächste Station werden würde. Sie hoffte nicht kontrolliert und aus dem Bus geworfen zu werden. Mel hatte Glück und erreichte den Ort, in dem Steffie laut ihrer letzten Information wohnte. Sie hoffte, sie dort zu finden. Der letzte Kontakt mit ihr war über zwei Jahre her und sie hatte keine Ahnung, ob Steffie zwischenzeitlich umgezogen war.

Zu ihrem Vater wollte sie nicht, der würde sie eh nicht verstehen und er würde ihr sagen, dass sie an ihrer Situation selber Schuld war und dass sie nun auch sehen soll, wie sie selbst wieder heraus kommt und Fuß fasst. Sie fand das Haus sofort und hatte Glück, dass Steffie zu Hause war. Als sie Mel sah, stellte sie keine Fragen und merkte ihr an, wie verstört und fertig sie war. Erst nach einigen Tagen wurden die Blicke fragender und Mel begann von selbst, von ihrem Peiniger und den letzten Monaten zu erzählen. Sie merkte, dass Steffie sie nicht verstand und dass sie sich Mels Geschichte nur anhörte, damit sie einen Grund für ihr plötzliches Auftauchen und für ihren zerstörten körperlichen und psychischen Zustand kannte.

Es war ihr egal, sie hatte ein Dach über dem Kopf und sie hatte jemanden, mit dem sie reden konnte. Auch wenn sie Steffie nie sonderlich gemocht hatte, kam sie ihr in diesem Moment wie der einzige Rettungsanker der Welt vor. Sie kehrte nie mehr in die verhasste Stadt zurück und begann an einem anderen Ort ein neues Leben. Die Wochen bei Steffie taten ihr gut und waren ihr eine große Hilfe für den Start in ein neues Leben. Ihre Lust nach Demütigung und Unterwerfung war derzeit komplett im Hintergrund und sie würde sich nie mehr auf einen Mann einlassen, der sie unterdrücken und der sie als Sklavin halten wollte.

Auch ihr Bedürfnis sich zu ritzen spielte im Moment keine Rolle mehr und Mel hatte große Hoffnung, ein wirklich neues Leben ohne Vorgeschichte beginnen zu können. Steffie half ihr bei verschiedenen Dingen und Mel schaffte es, eine Wohnung zu finden und mit einem kleinen Startkapital von ihr beginnen zu können. Irgendwann würde sie das wieder gut machen und das ihr geliehene Geld zurückzahlen.

Mit diesen Worten verabschiedete sie sich.

Von Josh hatte sie nie mehr etwas gehört und war überglücklich darüber, dass er weder Steffie noch andere Bekannte oder ehemalige Freunde von ihr kannte. Er durfte sie nie mehr finden und so war es gut, das sie die Stadt verließ und etliche Kilometer entfernt ein neues Leben begann. Auch einen BDSM Klub würde sie nie mehr betreten, schwor sie sich. Sie war Steffie dankbar und überlegte, ob sie diese Frau vielleicht schon immer falsch eingeschätzt hatte. Auch sie hatte ihren Vater verlassen, da er sich immer weniger um sie kümmerte und oftmals mehrere Tage allein unterwegs war. Sein Geschäft war schon immer wichtiger als alles Andere. Er hatte Mel und er hatte seine Frau vernachlässigt, um dann cholerisch zu werden, weil niemand mehr etwas mit ihm zu tun haben wollte und weil wir ihn verlassen haben.

~ 3 ~

Sie stand im Bad und sah, wie das Blut von ihrem Handgelenk ins Waschbecken tropfte. In dem Moment, in dem sie diesen Schnitt setzte, wich alle Anspannung aus ihrem Körper und sie fühlte sich federleicht. Schon gestern hatte Mel gemerkt, dass es wieder Zeit für einen Schnitt wurde. Zu viel war passiert und sie wurde nicht damit fertig, dass der attraktive Mann aus der Bar sich nicht für sie, sondern für eine andere Frau interessierte. Schnell fuhr Mel nach Hause und warf sich weinend ins Bett. Zu schwach sich zu ritzen und zu geil, um die Finger von sich zu lassen. Nachdem sie sich mit ihrem gläsernen Dildo selber ein Glücksgefühl und Entspannung verschafft hatte, schlief sie entspannt ein und vergaß den Abend und das Gefühl, dass er in ihr hinterlassen hatte.

Nach dem Aufstehen fiel ihr wieder ein, dass sie gestern eine Abfuhr bekommen hatte und allein nach Hause ging. Im Spiegel sah sie eine Frau mit dunklen, schwarz umrandeten Augen, vollen Lippen und langen schwarzen Haaren. Manchmal fand sie sich sehr attraktiv, aber in diesem Moment hätte sie ihr Spiegelbild am liebsten angespuckt und geschlagen. Langsam beruhige sie sich und trocknete das Blut von ihrem Handgelenk. Sie stieg unter die Dusche und wusch den gestrigen Abend von sich ab. In ein Handtuch eingewickelt ging sie ins Wohnzimmer und stellte fest, dass sie den ganzen Samstag verschlafen hatte. Es war schon 16 Uhr und sie hatte noch keine Vorstellung, was sie mit dem heutigen Abend anfangen würde. Allein zu Hause bleiben wollte sie nicht. Eher zog es sie in einen Klub, eine Bar oder auf ein Event. Aber heute würde sie es anders als am vergangenen Abend angehen und in keinem Fall allein nach Hause gehen. Mel betrat ihren begehbaren Kleiderschrank und

25

überlegte. Eine Korsage, ein Lackmini und die Highheels aus schwarzem glänzenden Lack erregten ihre Aufmerksamkeit. Genau so würde sie ausgehen und war sich sicher, dass ihr der Mann ihrer Träume nicht widerstehen könnte.

Mit einer Abweisung konnte sie nicht leben und verfiel in solchen Momenten in Selbstmitleid. Auch wuchs ihr Drang zur Selbstzerstörung und sie meinte, hässlich und nicht liebenswürdig zu sein. Warum sonst sollte sich ein Mann nicht für sie, sondern für eine andere Frau entscheiden? Ein Blick in den Spiegel strafte ihre Worte Lügen und sie sah in diesem Moment, wie attraktiv sie wirklich war und viele Männer beeindrucken konnte. Ihr eigenes Empfinden konnte sehr schnell wechseln und es war geprägt von einem Anflug von Arroganz, sowie von den so den gefährlichen Selbstzweifeln.

Sie brauchte die Anerkennung anderer Menschen wie die Luft zum atmen und bekam sie die nicht, ritzte sie sich und fand sich wertlos, nutzlos und hässlich. Wirkliche Freunde hatte Mel keine. Einige flüchtige Bekannte, mit denen sie sich im Klub oder auf Veranstaltungen traf. Aber wirkliche Freunde oder eine beste Freundin hatte sie schon in der Schulzeit nicht gehabt. Mel war anders, gab sich meist verschlossen und ließ nur selten einen Menschen näher an sich heran. Während andere Mädchen ausgelassen lachten, wurde sie in der Schule und auch später außen vorgelassen und sie meinte sogar, dass die anderen über sie lachten.

Die Männer warfen ihr interessierte Blicke zu, gaben sich aber auch bedeckt und blieben nie länger als eine Nacht. Es lag nicht an ihrem Aussehen, aber an ihrer Unnahbarkeit, mit der sie den Männern signalisierte, dass sie nur Sex wollte und keine Frau für eine Beziehung, für ein Leben zu zweit, für eine Ehe und für die Gründung einer Familie war. Nun war Mel Ende 20, immer noch Single, aber sie nahm sich, was sie wollte und war sich an guten Tagen ihrer Ausstrahlung durchaus bewusst. Ihr üppiges Dekolletee zog zahlreiche Blicke auf sich und Mel wusste, wie sie ihren Busen besonders attraktiv in Szene setzen konnte. Sie schnürte die Korsage sehr eng, hob den Busen an und zauberte sich so eine Figur, von der andere Frauen nur träumen konnten. Im kurzen Lackmini und den Highheels wirkte sie selbstbewusst und unnahbar, ohne aber auf eine gehörige Portion Sex Appeal zu verzichten. Mel ging erneut ins Bad, öffnete den Spiegelschrank und umrandete ihre Augen mit einem tiefschwarzen Kajalstift. Dazu trug sie einen kirschroten Lippenstift auf, der ihre vollen Lippen perfekt zur Geltung brachte und der Männerherzen höher schlagen ließ.

Sie warf einen Blick in den großen Flurspiegel und war mit dem Ergebnis sehr zufrieden. Eigentlich hätte sich Mel keine Sorgen um ihr Aussehen machen müssen. Doch an manchen Tage zweifelte sie und es gab ihr zu Denken, dass sie immer noch Single war und nur für sich allein lebte. Sie zog nicht in Erwägung, dass es an bestimmten Eigenschaften ihrer Person lag, sondern sie dachte, sie wäre nicht hübsch oder anziehend genug um einen Mann zu halten. Um sich in solchen Momenten Glück zu verschaffen, zog sie sich besonders sexy an und ging in Klubs, in denen bevorzugt Gothic oder Metal gespielt wurde. Die harten Klänge gaben ihr Sicherheit und sie identifizierte sich schon seit vielen Jahren mit der düsteren und harten Musik. Härte liebte sie nicht nur im musikalischen Bereich, sondern auch bevorzugt in ihrer Sexualität. Seitdem sie die ersten Erfahrungen mit BDSM gemacht hatte, konnte sie mit purer Romantik und purer Zärtlichkeit nicht mehr viel anfangen. Sie brauchte einen Mann, der das Ruder übernahm und der ihr zeigte, was er sich von ihr wünschte. Sie brauchte keine Schmerzen, aber sie wünschte sich einen einfallsreichen und experimentierfreudigen Mann, mit dem sie viel erleben und den sie mit ihren Reizen in den Wahnsinn treiben konnte.

Mel verweigerte nie eine Anordnung und war immer bereit, ihrem Partner jeden Wunsch zu erfüllen und so das für sie so wichtige Gefühl zu bekommen. Ihre letzten Erlebnisse waren von wenig Intensität geprägt und es wurde mal wieder Zeit, dass sie einen Mann kennenlernte, der mit ihr und ihren Vorlieben umzugehen wusste. Heute Abend würde ihr das gelingen, nahm sie sich fest vor und ging mit diesem Vorsatz an ihren Laptop, um nach einem Event zu suchen. Sie nahm nie einen Mann beim ersten Treffen mit zu sich nach Hause. Ihr Zuhause war ihr heilig und sie wollte nicht, dass sich ein Sexpartner zu sehr in ihr privates Leben drängte. Auch hatte sie Angst vor einem Erlebnis, wie es in ihrer Vergangenheit passiert war. Seit ihrer 24/7 Beziehung mit Josh war sie geheilt und vertraute keinem Mann mehr ihre Seele an.

Ihren Körper ja, aber der Sex lief nach ihren Regeln. BDSM Klubs mied sie und suchte ihre Partner lieber in dem Bereich, wo sie sich auch musikalisch oder mit ihren Interessen auf einer Ebene bewegten. Sie war zwar einige Male in Swingerklubs oder auf BDSM Partys gewesen, empfand hier aber nicht mehr den Reiz wie früher. Die Angst breitete sich in ihr aus, sobald sich die Tür eines Klubs hinter ihr schloss. Die Abhängigkeit und Gefangenschaft von Josh hatte tiefe Spuren hinterlassen und ihr Leben, sowie ihre Einstellung geprägt. Noch einmal würde sie dieses Risiko nicht eingehen. Ein paar Mal war sie mit Begleitung in einem Klub der besonderen Art gewesen, hatte sich ausgelebt und war am Abend allein nach Hause gegangen. Sie sprach nicht über sich und ließ es nicht zu, dass ein Mann länger als für den Abend im Klub ihr Meister war und sie dominierte.

So ging sie bevorzugt auf Konzerte und in Klubs, in denen ihre Musik gespielt wurde. Hier suchte sie sich ihre Begleiter aus und hatte schon einige Männer kennengelernt, die sich ihren Vorlieben anpassten und die erfahren im Umgang mit Peitsche und mit Handschellen waren. Mels Phantasie ging mit ihr durch und sie spürte, dass sie bereits jetzt, beim Gedanken daran, eine leichte Erregung spürte. Sie lächelte und überlegte, ob sie vor ihrem Auftritt am Abend noch einmal mit ihrem Dildo spielen und sich Beruhigung verschaffen sollte. Sie entschied sich dagegen und wollte die wachsende Gier mit einem befriedigen Erlebnis mit einem realen

Mann erleben.

Im Internet fand sie schnell ein Event, welches ihr an diesem Abend die Chance ermöglichte und mit der richtigen Musik ihren Geschmack traf. Sie bestellte sich eine Pizza und beschloss, später mit dem Taxi zum Konzert zu fahren und ihren Auftritt stilvoll zu inszenieren. Zwischenzeitlich klingelte das Telefon. „Mel, bist Du heute Abend auch auf Metal?" Am anderen Ende der Leitung war Roxy, eine flüchtige Bekannte, mit der Mel gelegentlich wegging und mit der sie auch schon gemeinsame sexuelle Erlebnisse hatte

„Klar, ich fahre nachher mit dem Taxi raus, aber erst noch in Ruhe einen Happen essen und mich für den Abend stärken."

Roxy lachte. Wenn Mel von stärken sprach, wusste sie, dass es heute Abend heiß werden würde und dass Mel bereits jetzt über den Pegel hinaus war. Roxy dachte an gemeinsame Nächte, die sie mit Mel und einem Mann verbracht hatte und spürte, dass sie direkt mal wieder Lust auf einen Dreier-Kick hatte. Sie war bisexuell und Mels Körper reizte sie enorm. Doch in letzter Zeit hatte Mel wenig Interesse n Frauen gezeigt und sich meist allein mit einem Mann zu ihm nach Hause vorgezogen. Roxy bedauerte das, da sie mit Mel auch eine Menge Spaß hatte und die Männer von ihren Spielen begeistert waren. „Wir sehen uns später", meinte Mel und riss Roxy so aus ihren Gedanken. „Klar doch", gab diese zurück und legte auf.

Auch Mel dachte in dem Moment an eine Nacht, in der sie mit Roxy zusammen einen Mann fast um den Verstand gebracht hatte. Alles war toll bis zu dem Moment, als der Mann seine Aufmerksamkeit auf Roxy lenkte und von Mel abließ. Seit diesem Erlebnis hatte sie keine Lust mehr auf ein gemeinsames Date mit Roxy, weil diese ihr durchaus die Show stehlen und die Aufmerksamkeit ihrer Eroberung auf sich ziehen konnte. Auch Roxy war sehr attraktiv und durchaus einfallsreich im Liebesspiel. Mel hatte es genossen und würde sich auch jederzeit mit Roxy allein treffen, aber so schnell nicht mehr zu einem Dreier. Sie erinnerte sich an den Moment und spürte ihre Erregung, als sie an die heißen Küsse und das Liebesspiel mit Roxy dachte. Auch die Blicke des Mannes, der ihnen zusah und der sich vor Geilheit beim Anblick der beiden Schönheiten nicht abwenden konnte, machte Mel zusätzlich heiß. Während Roxy vor ihr kniete und ihre Brüste liebkoste, hatte er Mel von hinten genommen. Doch ehe er kam, entzog er sich ihr und nahm Roxy, die so erregt war, dass sie ihr Umfeld und auch Mel in diesem Moment vergaß. Noch später versetzte es ihr einen Stich wenn sie daran dachte, welchen Spaß die beiden hatten und Mel nur mit ihrem Dildo spielte und sich selbst Erleichterung verschaffte.

Nachdem der Mann mit Roxy fertig war, schlief er ein und Mel war enttäuscht. Schnell schaltete sie den Rückblick ab und widmete sich wieder der Vorfreude auf den heutigen Abend. Sie wollte nicht in Depressionen verfallen und ins Bad gehen müssen. Zum Glück klingelte es und der Pizzabote brachte ihr Essen, welches sie sich schmecken ließ. Gut gelaunt und freudig auf den auf den heutigen Abend eingestimmt, hatte sie vergessen, ihre Armstulpen anzulegen und so von ihren Schnitten auf den Unterarmen abzulenken. Schnell holte sie das nach und atmete auf, dass es ihr noch zu Hause aufgefallen war. Mel wollte nicht, dass jemand wusste, dass sie sich ritzte. Es war ihre Angelegenheit und sie tat es ja auch nicht immer, sondern nur wenn die innere Anspannung zu groß war. Über eine Krankheit dachte sie immer noch nicht nach. Für sie gehörte es seit vielen Jahren zu ihrem Leben einfach dazu und es war da, wenn es ihr schlecht ging oder sie einen Defizit ausgleichen musste. Selbstmordgedanken hatte Mel keine und somit waren ihre Sorgen eher gering. Da sie aber bereits mitbekommen hatte, wie andere Menschen reagierten, versteckte sie ihre Narben und ersparte sich so die Rechenschaft, welche sonst immer von ihr verlangt wurde.

Sie brauchte weder Mitleid noch falsche Zuwendung, die ihr aufgrund der Schnitte schon öfter zuteil geworden war. Mel rief sich ein Taxi.

Vor der Location war schon eine Menge los und sie ließ ihren Blick über die anwesenden Gäste schweifen. Einige attraktive Männer erblickte sie und hoffte, schnell ein bekanntes Gesicht zu sehen um nicht zu lange allein suchend herumzustehen. In dem Moment eilte Roxy auf sie zu und fiel Mel um den Hals.

„Wow, du siehst heiß aus", meinte sie und berührte Mel wie zufällig am Busen.

Mel nahm diese Geste durchaus wahr und spürte, wie dringend sie heute Nacht ihre Lust stillen wollte. Es war nicht einfach nur Gier, sondern die unbändige Lust die sie ergriff und die heute nur durch einen Mann gestillt werden konnte. Roxy konnte ihr in ihrer Lust auch nicht helfen und Mel hatte kein Bedürfnis, die Nacht mit einer Frau zu verbringen. Sie hoffte, dass Roxy nicht aufdringlich wurde und es sich im Anschluss ergab, dass doch beide Frauen gemeinsam mit einem Mann im Bett landeten.

Heute wollte Mel die gesamte Aufmerksamkeit ihrer Eroberung für sich allein und hatte nicht das geringste Bedürfnis, diese mit Roxy oder irgendwem zu teilen. Mel war ausgehungert und gierig. Sie würde viel fordern und hoffte, einen Mann zu treffen, der ihre Wünsche erfüllen könnte und nicht nach einer halben Stunde laut schnarchend einschlafen würde.

Die beiden Frauen zogen eine Menge Aufmerksamkeit auf sich und genossen die Blicke, die ihnen von den umstehenden Männern nicht zu knapp zugeworfen wurden.

Derweil unterhielten sie sich über die letzten Wochen und Roxy meinte, sie würde einen gemeinsamen Abend mal wieder nett finden. Mel lächelte und willigte ein, dachte sich aber im Stillen, dass dieser Abend nicht heute sein würde. Jetzt wollte sie einen anderen Spaß, laute Musik und einfach nur tanzen. Ihren Körper im Rhythmus bewegen und Blicke auf sich spüren.

31

4

Sie ging zur Bar und holte sich ein Bier. Roxy folgte ihr und zog es vor, ein Glas Wein zu trinken. Die Vorband spielte bereits und aus den Boxen dröhnte melodischer Metal. Mel ließ den Blick zur Bühne schweifen und betrachtete die Band mit Wohlgefallen. Der Sänger sah durchaus gut aus und wäre für sie die perfekte Errungenschaft dieses Abends. Ihr Blick schweifte durch den Raum und sie sah einige Männer, die ihre Aufmerksamkeit auf sich zogen und von denen sie meinte, sie wären eine Eroberung des Abends und könnten ihre Lust stillen.

Doch irgendwie fehlte das gewisse Etwas, der Kick welchen Mel benötigte. Sie wollte keinen Mann fürs Leben finden, sondern ausschließlich ihre Gier stillen. Trotzdem brauchte sie eine gewisse Ausstrahlung, etwas markantes, welches der Mann, den sie wählte, an sich haben musste. Mel lächelte in sich hinein und nahm einen Schluck von ihrem Bier. Roxy stand bereits wieder neben ihr und sprach sie an, ohne dass sie auch nur einen Ton verstand. Sie nickte und hoffte, dass dies die richtige Antwort auf Roxys Frage war. Dann sah sie ihn.

Er stand am Tresen und schaute interessiert zu den Beiden herüber. Lange schwarze Haare umrahmten sein Gesicht und er wirkte in seiner abgewrackten Lederjacke cool und lässig. Sie spürte seine Blicke auf sich ruhen und schaute zur Seite. Auch wenn Mel auf der Jagd war, wirkte sie nie billig oder ging gezielt auf einen Mann zu. Nein, er sollte schon zu ihr kommen und sein Interesse bekunden. Sie wollte erobert werden, nicht wie eine gierige Wölfin auf ihre Beute losgehen und so suggerieren, dass sie ein leichtes Opfer war.

Als ob er ihre Gedanken gelesen hätte, kam er zu ihnen herüber und verharrte neben Mel. „Kann ich der attraktivsten Frau im Raum eine Gefälligkeit erweisen?" fragte er.

„Aber klar doch" antwortete Roxy, als ob sie bereits gewartet hätte. Mel warf ihrer weiblichen Begleitung einen bösen Blick zu, der sie aber nicht davon abhielt, den Mann neben ihr mit gierigen Augen zu erkunden.

„Du kannst mitkommen, aber ich habe deine zauberhafte Freundin gefragt" meinte er lässig und lächelte Mel an. Er warf sein Haar mit einer geübten Bewegung nach hinten und legte die Hand auf Mels Schulter. „Gehen wir?" meinte er, ohne einen weiteren Blick auf Roxy zu werfen, die von seiner Ansage sichtlich beleidigt war. Mel nickte und folgte dem Unbekannten zur Bar. Roxy blieb stehen und nahm die von ihr selbst ausgesprochene Einladung nicht an.

„Ich bin übrigens Sky" stellte er sich vor. „Mel", gab sie zurück. Er bestellte zwei Bier und fragte, ob sie raus gehen wollten. Mel nickte und spürte die Lust auf eine Zigarette. Sie verließen den Raum gemeinsam und stellten sich unter das Vordach, da es zwischenzeitlich zu regnen begonnen hatte. Er hatte das gewisse Etwas, stellte Mel fest. Nicht nur seine Ausstrahlung, sondern die Art wie er sprach, wie er sich bewegte und wie er sie ansah, faszinierten sie.

„Deine Freundin ist wohl dringend auf der Suche?" fragte er grinsend. Mel wurde rot und war für einen kurzen Moment verlegen und froh, dass er das nicht über sie dachte.

„Keine Ahnung, wir haben uns auch erst hier zufällig getroffen. Ich kenne sie, aber Freundin wäre zu hoch gegriffen" meinte sie weiter und schloss somit aus, dass Sky sich Roxy in irgendeiner Form verpflichtet fühlte. „Was treibt so eine schöne Frau wie dich allein hierher?" Mel schaute ihn an.

„Die Musik" sagte sie laut und dachte leise „und meine Geilheit." Genüsslich zog sie an ihrer Zigarette und hörte Sky zu. Er redete viel und Mel fragte sich schon, ob sie am Ende des Abends seine

Lebensgeschichte kennen würde. Als er merkte, dass sie nicht zu Wort kam und ihren Blick gelegentlich über den Platz schweifen ließ, schaute er sie an und fragte: „Langweile ich dich? Sorry, ich bin heute ein wenig schräg drauf. Gestern hat meine Freundin sich nach fünf Jahren verzogen und meinte nur, sie würde nun bei meinem besten Freund einziehen."

„Oh, na das ist mal eine Ansage" meinte Mel. „Sie mochte die Musik noch nie und wollte aus mir immer einen Mann machen, den ihre Eltern lieben würden und der einem geregelten Leben mit einem bürgerlichen Beruf nachgeht."

Mel lachte. „Welchen nicht bürgerlichen Beruf hast du denn?" „Ich bin Tätowierer" meinte Sky. Mel war sich sicher, dass er nach der Trennung die erst kurz zurück lag, mit Sicherheit keine feste Beziehung wollte und sie war darüber erleichtert. Sie hatte auch schon Männer kennengelernt, die ihr nach einer Nacht von der großen Liebe erzählten und Mel aber überhaupt nicht das Bedürfnis verspürte, sie näher kennenzulernen. In dem Fall wäre das sicherlich kein Problem. Aber sympathisch war er ihr schon und sie stellte wieder fest, dass er ziemlich attraktiv war und einen sehr intensivenBlick hatte.

„Lass uns wieder reingehen" meinte er und legte seinen Arm um Mel. Sie genoss die Berührung und war sich sicher, dass Sky der richtige Mann zur Erfüllung ihrer Wünsche war.

„Und?" fragte Roxy als die beiden wieder zu ihrem Platz zurückgingen und Roxy immer noch an der selben Stelle stand. „Was und?" fragte Mel und richtete ihren Blick in Richtung Roxy, die auf eine Antwort wartete. Sie hatte aber keine Lust, Roxy ihre persönlichen Gedanken zu offerieren. Natürlich hatte sie gesehen, dass Sky seinen Arm um sie gelegt hatte als sie den Raum betraten. Nun hatte er seine Hand auf ihrer Schulter und streichelte wie zufällig ihre zarte Haut über der Korsage. Roxy war eifersüchtig, denn sie war immer noch ohne männliche Begleitung und gab die Hoffnung wohl nicht auf, Mel und Sky an diesem Abend begleiten zu dürfen. Sie schauten sich die Band an und begaben sich erneut zur Bar.

„Du bist eine wunderschöne Frau" meinte Sky zu ihr und beugte sich herunter um sie zu küssen. Mel ließ es geschehen und genoss die Berührung seiner Lippen, die sich fordernd auf ihre drückten und sie spüren ließen, dass er sie genauso begehrte wie sie ihn. Sie presste ihren Körper an seinen und merkte, dass er wirklich geil auf sie war. Nun war die entscheidende Frage, zu wem sie gehen würden. Doch Mel wollte die Frage nicht stellen und hoffte, dass Sky sie fragen würde. Sie küssten sich intensiv und in Mel kochte die Gier hoch, die sie bereits zu Hause gespürt und die sie nicht mit ihrem Dildo befriedigt hatte. In ihr kochte heiße Lava und sie konnte es kaum noch erwarten, Sky auszuziehen und sich ihm hinzugeben.

Es würde heftig werden, das merkte sie bereits an seinen fordernden Küssen und sie hoffte, dass er beim Sex genauso fordernd war. Genau das brauchte sie heute, einen Mann der sie richtig nahm und ihre Lust stillte. Und wenn er mit seiner Männlichkeit genauso gut umgehen konnte wie mit seiner Zunge, konnte sie einiges erwarten und würde eine lange Nacht erleben. Seine Hände lagen auf ihrem Hintern und Mel spürte den fordernden Druck auf ihren Pobacken.

„Lass uns gehen" flüsterte er und nahm ihre Hand. Mel nickte und folgte ihm, ohne zu fragen wohin sie gehen würden. Sie liefen zum Parkplatz und Sky steuerte auf einen alten 3er BMW zu. Er öffnete die Tür und kaum saßen sie im Auto, spürte Mel seine Hände überall auf ihrem Körper und sie fühlte, wie sie sich einen Platz unter ihrem Rock schafften. Gleich würde er ihre Erregung spüren. Vor Verlangen stöhnte sie wohlig auf und schob ihm ihren Unterleib auf dem Sitz entgegen. Ganz langsam schoben seine Finger ihren String zur Seite und berührten ihre heiß erblühende Rose. Als er ihre Feuchtigkeit auf seinen Fingern wahrnahm, merkte sie, wie er die

Luft scharf einsog. Seine Finger erkundeten ihre Lust mit viel Hingabe und Gefühl. Jetzt bereute sie, dass sie sich am Nachmittag nicht beruhigt hatte, denn sie würde den Höhepunkt nicht lange herauszögern können.

Seine Finger bewegten sich schneller und sie spürte sehr intensiv, wie er sie verwöhnte und wie sehr er wollte, dass sie ihrer Lust freien Lauf ließ. Der intensive Druck und wie er sie mit seinen Fingern spielte sorgten dafür, dass Mel explodierte und in rhythmischen Zuckungen bereits im Auto kam. Seine Hose spannte sich prall über seinem seiner Männlichkeit und es wurde Zeit, dass auch er zum Zuge kam.

„Die
Frau ist mal echt der Hammer" dachte er und sah, wie sie unter seinen sich nicht zügeln wollenden Händen verging. Gern hätte er ihr jetzt alles gegeben, doch das war in der Enge des Autos ohne sportlichen Ehrgeiz und Höchstleistungen im Kamasutra praktisch unmöglich. Als ihr Höhepunkt langsam abebbte, entzog er ihr seine Finger und küsste sie zärtlich.

„Lass uns fahren, ich kenne einen schöneren und bequemeren Ort für uns!" Mel nahm seine Stimme und den aufheulenden Motor wie aus weiter Ferne wahr. Sie spürte nur, dass er sie begehrte und dass sie ihn wollte. Der Autositz unter ihr war feucht vom Morgentau ihrer Rose. Sie fuhren zu ihm und als die Wohnungstür hinter ihnen ins Schloss fiel, gab es kein Halten mehr. Hastig riss Sky ihr die Kleider vom Leib und versuchte dabei, aus seiner Hose zu kommen. Ihr würde er es besorgen, wie er es schon lange keiner Frau mehr besorgt hatte. Sie kniete sich vor ihn und verwöhnte ihn mit ihren vollen Lippen. Er entzog sich ihr und presste seinen Körper fest an sie, während er Mel langsam ins Schlafzimmer schob und sie mit einem leichten Schubs auf sein großes Bett beförderte. Sie genoss es und drückte ihm ihr Becken entgegen. Immer schneller wurden seine Bewegungen und sie war einem erneuten Höhepunkt nahe. Abrupt endeten seine Bewegungen und er verharrte still in ihr. Mel setzte sich auf und schaute ihn an. Er blickte auf ihre prallen Brüste und beugte sich zu ihren Nippeln, um sie mit der Zunge zu verwöhnen. Ihr gefiel was er tat und sie wünschte sich, er würde ihr sanft und fordernd in die Nippel beißen. Erst knabberte er zärtlich und merkte dabei, dass sie mehr forderte. Er biss zu und Mel stöhnte vor Verlangen auf. Er wollte ihr alles geben aber beherrschte sich, um sie richtig zu verwöhnen und um ihren wundervollen Körper ganz in Ruhe zu erkunden.

Langsam entzog er sich ihr und kniete sich über sie, dass er sein Schwert zwischen ihren Brüsten platzieren konnte. Sie sah ihn an und ihr Blick zeigte, dass ihr das Spiel gefiel und sie viel mehr wollte. Noch ein kleines Stück rutschte er nach oben und spürte sofort ihre Zunge an seiner empfindlichsten Stelle. Sie saugte, leckte und nahm seine bestes Stück fest zwischen ihre sinnlichen Lippen.

„Oh mein Gott" entfuhr es ihm und er hoffte, dass er ihr nicht jetzt und hier die volle Ladung geben würde. Mel bemerkte, dass er es kaum noch aushielt und verlangsamte ihre Bewegungen. Ganz vorsichtig umkreiste ihre Zunge seine empfindlichste Stelle.

„Ich halte es nicht mehr aus, du treibst mich in den Wahnsinn!" Sky schaute sie an und packte sie an den Schultern. Er drehte sie um und drang ohne Vorwarnung mit einem kräftigen Stoß von hinten in sie ein. Mel stöhnte auf und spürte in dem Moment wo er kam, seinen Finger in ihrem Hinterteil. Die Wärme seiner Lust breitete sich in ihr aus und auch sie wurde von einer heftigen Woge überrollt. Sie war gierig, wollte Sky weiter in sich spüren und konnte gar nicht genug bekommen. Mel war nicht nymphoman, liebte aber langen und intensiven Sex, bei dem ihr Partner sie mehrmals nahm und nicht nach seiner eigenen Befriedigung aufhörte. Sie hoffte, Sky würde ihr diesen Wunsch erfüllen und nicht in dem Moment, wenn er fertig war, befriedigt und geschafft einschlafen. Er hatte einen tollen Körper … muskulös, leicht gebräunt, genau ihr Fall, stellte sie fest.

Sky schaute zur Decke und langsam ebbte seine schnelle Atmung ab. Leicht berührte er ihre Hand und streichelte über das Armband, unter welchem Mel ihre Schnittverletzungen versteckte. Sie genoss den entspannten Moment und hatte kein Bedürfnis dazu, ihm ihren Arm zu entziehen. Ihre Hand glitt über seine Brust, seinen Bauch und verweilte dort. Sie sah und spürte, dass sich bei ihm erneute Erregung ausbreitete und nahm es wohlwollend zur Kenntnis. Ihre Hand glitt tiefer und sofort erhärtete sich seine Männlichkeit und streckte sich ihrer Hand entgegen.

Mit langsamen Bewegungen strich sie sanft über seine Eichel. Als sie merkte, dass ihm ihre Initiative gefiel, wurde ihr Griff fester und sie suggerierte ihm, dass auch er sie fester anpacken konnte. Sie beugte sich über ihn und ließ erst ihre Zunge, dann ihre Zähne über seine Eichel gleiten. Unter Mels Berührung stöhnte er auf und sie merkte, dass Sky es genauso wollte wie sie. Während sie ihn mit ihren Lippen verwöhnte, schaute sie sich unauffällig im Zimmer um und suchte nach einer Kette, einem Strick oder einem anderen Accessoire, das sich zum fesseln eignete.

Sie war erstaunt darüber, woher ihr Vertrauen kam, wünschte sich in diesem Moment aber nichts sehnlicher, als dass er sie fesselte und ihre Lust auf eine besondere Art stillte. Sie stellte sich vor, wie er sie sanft auspeitschte und spürte in dem Moment den Morgentau, den allein ihre Phantasie, ihre Gedanken auslösten. Er bekam ihren suchenden Blick mit und packte sie an den Haaren.

„Was brauchst Du?!" Mel überlegte kurz ob sie ich ihm mitteilen und ihre Wünsche äußern sollte. „Fessel mich und nimm mich heftig, wenn du mein Meister sein willst", gab sie mit rauchiger und erregter Stimme von sich. Er atmete scharf durch und versuchte sich aufzurichten. Sie entließ ihn aus ihren Lippen und gab ihm die Möglichkeit, sich zu erheben.

„Was kann ich für dich tun, worauf stehst du?" Ihr Blick wurde gläsern und sie entschied sich, Sky über ihre Vorlieben aufzuklären. „Schlag mich, beiß mich und zeige mir, wie sehr du mich begehrst. Es erregt mich, gefesselt und wehrlos zu sein während du meinen Po, meine Brüste oder meinen Rücken nimmst um dich auszuleben. Allein der Gedanke, dir wehrlos ausgeliefert zu sein erregt mich." Sky hörte ihr gespannt und und sog die Luft erneut hörbar ein.

„Dass Du mit Blümchensex nichts anfangen kannst habe ich mir bereits gedacht, als ich dich vorhin gesehen habe. Aber dass du so scharf bist, hätte ich mir nicht träumen lassen. Ich muss dir aber sagen, dass ich mit SM keine großen Erfahrungen habe, da ich bisher noch keine Frau getroffen habe, die darauf stand. Meine Kenntnisse sind eher … theoretischer Natur".

Mel fand es nicht schlimm und hatte die Erfahrung schon oft gemacht. Auch wenn sie in diesem Moment keine große Lust auf reden verspürte und lieber seine Männlichkeit und seine Stärke gespürt hätte, war ihr bewusst, dass sie ihn über ihre Vorlieben aufklären musste.

„Um es mir richtig zu besorgen reicht es nicht, mich einfach zu nehmen. Viel wichtiger ist das Vorspiel. Wenn ich gefesselt bin, genieße ich deine Gegenwart intensiver und ergebe mich dir komplett. Du musst mir nicht sagen, was du mit mir machst, ich werde es spüren und dir ein Zeichen geben, gehst du zu weit.

Wenn ich „Rose" sage hörst du auf. Aber soweit wird es nicht kommen, denke ich."

Inzwischen hatte Sky eine Kette in der Hand und zeigte ihr eine Peitsche, die er aus dem Nachbarzimmer geholt hatte. Mel war erfreut, dass er die richtigen Utensilien besaß und fand es nicht schlimm, dass sie nicht zu ihr gefahren waren. Sie war natürlich besser ausgerüstet und hatte ein breites Spektrum an Spielsachen, die ihre Gelüste befriedigten und die sie ihrem Partner gerne in die Hand gab. Sky verließ das Zimmer erneut und kam mit einem Dildo aus Glas zurück. Er schaute sie an und Mel nickte. „Du stehst drauf?" Mel nickte und erkannte, dass er sich nicht nur um sich selber Gedanken machte und dass ihm daran gelegen war, sie zu befriedigen und ihr zu zeigen, dass er ein Mann mit Phantasie war. Kurzzeitig fragte sie sich, warum ein Mann einen Dildo zu Hause hatte. Doch die Frage verwarf sie schnell und erinnerte sich, dass er bis vor kurzem noch eine Freundin hatte. Neben dem Bett lag bereits eine Tube Gleitgel und Mel schmunzelte über seine Fürsorge. Dass er das Gleitmittel nicht brauchen würde, konnte Sky nicht wissen und würde es später ganz von selbst merken. In ihren Gedanken fühlte sie ihn bereits überall auf und in ihrem Körper. Sie schaute ihn an und signalisierte ihm, dass er zu ihr kommen sollte. Er kniete sich vor sie hin und wieder verwöhne sie ihn mit ihren sinnlichen Lippen. „Rose" sagte Mel noch einmal und er nickte, während sein Blick über ihren heißen Körper wanderte.

~ 5 ~

Er packte ihre Handgelenke und nahm die Kette. Ein wenig unbeholfen, aber für Mel in der richtigen Härte und in der fordernden Weise, die sie liebte, legte er die Kette mehrfach um ihre Handgelenke, um sie anschließend um das Gitter des Bettes zu schlingen. Mit sehr geübtem Griff befestigte er einen Karabiner und nahm ihr so die Möglichkeit, sich zu befreien oder zu bewegen.

„Passt?" fragte Sky mit einem prüfenden Blick auf Mel. Sie nickte nur und er zog die Kette fest. Ihm präsentierte sich ihr wohlgeformtes Hinterteil, während sie rücklings vor ihm kniete und er sich über ihre Schulter beugte, um die Festigkeit der Kette noch einmal zu überprüfen. Mel streckte ihm ihren festen Po entgegen und spreizte in der Position leicht ihre Schenkel. Ihre festen Brüste berührten das Laken und er sah, dass ihre Nippel steif und rosig waren. „Die Frau ist wirklich einmalig und wunderschön" dachte er sich und kniff mit Daumen und Zeigefinger in ihre Nippel. Mit einem prüfenden Blick betrachtete er Mel und stellte fest, dass an ihrer rechten Schamlippe ein kleiner silberner Ring prangte. Er hatte noch nie eine intim gepiercte Frau gehabt. Allein die Vorstellung erregte ihn noch mehr. Er massierte ihre Brüste und spürte, wie sie sich, soweit es ihr in den ketten möglich war, gegen ihn presste und nach mehr verlangte. Warum diese Frau alleine war, konnte er nicht verstehen und schätzte sich glücklich mit seiner Eroberung.

Durch die Berührung ihrer Brüste und das wohlige Stöhnen, was sie von sich gab, meldete sich seine Männlichkeit mit dem dringenden Bedürfnis, sich tief in sie zu graben und die Wärme und ihre Enge zu genießen. Er beherrschte sich und nahm ihn in die Hand, führte ihn zu ihrer Spalte, die sie ihm so verlockend darbot und spielte mit ihrem Piercing und mit ihrer Rosenknospe. Ihre Erregung war unverkennbar, sie zeichnete sich bereits als kleiner feuchter Fleck auf dem Laken ab.

Sky holte mit der flachen Hand aus, die mit hörbaren Klatschgeräusch auf Mels Brust auftraf. Wie prall sie waren und wie geil sie sich anfühlten ... sie genoss seine Form der Zuwendung sichtlich und er holte heftiger aus, beobachtete sie und merkte, dass er genau das tat, was sie brauchte. Doch anstatt weiter zu machen und sich mit ihren Brüsten zu beschäftigen, stand er auf. Er griff zur ledernen Peitsche, welche er ohne Vorwarnung auf ihren prallen Hintern sausen ließ. Mit einem klatschenden Geräusch traf er sie über beide Pobacken und genoss den Anblick, wie sie die Peitsche ohne zu zucken ertrug. Wieder und wieder ließ er die Lederriemen über ihren Po sausen und steigerte die Kraft der Schläge langsam. Als Mel das erste Mal zuckte verharrte er, wurde aber umgehend zum weitermachen animiert. Er weitete den Radius aus und die Lederriemen klatschten auf ihren Po, auf den Rücken und auf die Oberschenkel. Ein Blick auf ihre nass glänzende Rose ließ ihn kurz überlegen, ehe er mit einem nicht ganz so heftigen Schlag ihre Spalte wählte und Mel ein heftiges Stöhnen entlockte.

41

„Mach weiter, gib mir deine Kraft und Stärke" vernahm er ihre Stimme. Mel genoss die Peitsche und hätte sich kaum vorstellen können, dass er so gut war. Er war nicht zimperlich und gab ihr, was sie brauchte und wonach sie sich sehnte. Sie war einem Höhepunkt nahe und spürte, dass der nächste Orgasmus sie wie eine riesige Welle überrollen würde.

Auch Sky wurde von diesen Spielen mit ihr immer geiler und spürte, dass er ganz ohne Penetration gleich kommen würde, wenn er jetzt nicht aufhörte. Mit einem letzten klatschenden Schlag auf ihre Vulva beendete er das Spiel und griff nach dem gläsernen Dildo. Er hatte die Größe seiner Männlichkeit und würde ihr mit Sicherheit riesige Lust bescheren. So feucht wie sie war, ließ er das Gleitgel weg und schob die Spitze des Dildo in ihre aufblühende Rose. Mit langsamen Bewegungen sorgte er für eine Erwärmung des eiskalten Materials und spielte mit der gläsernen´Eichel in ihrer Blüte, ehe er den Dildo ohne Vorwarnung in ihre darauf wartende Rose schob.

Mel bewegte ihren Po im Rhythmus der Bewegungen und zeigte ihm damit, wie sehr sie es genoss. Seine Hand klatschte auf ihren Po, während er mit der anderen Hand den Dildo in langsamen Bewegungen rein und raus führte. Er würde das Spiel noch ewig weiterführen, doch seine eigene Begierde übermannte ihn und er massierte abwechselnd seine Männlichkeit und krallte sich in ihrer Pobacke fest. Auch Mel merkte, dass seine Bewegungen mit dem Dildo immer schneller wurden und sie genoss das nun warme Glas, welches mit seinen Noppen und wellenförmigen Erhebungen für ganz besondere Lustgefühle sorgte.

Aufreizend spreizte sie die Beine weiter und zeigte ihm, dass sie bereit für ihn war. Sky beugte sich über sie und drang mit einer einzigen Bewegung langsam und fordernd in ihre warme Enge ein. Sie stöhnte auf und fühlte sich dem Wahnsinn nahe. So ein geiles und vollkommenes Gefühl hatte sie schon lange nicht mehr erlebt. Er bewegte sich in ihr vor und zurück, während der Dildo in ihrer Rose hinauf und hinab glitt. Gerne hätte sie sich in dem Moment noch selbst berührt und ihre Lust somit ins Unerträgliche gesteigert. Doch mit gefesselten Händen musste sie leiden und auf die Erlösung durch ihn hoffen. Mit einem schmatzenden Geräusch zog er den Dildo aus heraus und entfernte sich im gleichen Moment aus ihrer Enge. Doch so schnell wie er sich ihr entzogen hatte, spürte sie die Hitze seines steifen Schwertes zwischen ihren Schenkeln. Die gläserne Eichel schob sich vorsichtig zwischen ihre prallen Pobacken und bahnte sich ihren Weg in die enge Öffnung, die pulsierte und ihn bereitwillig aufnahm. Mel stöhnte auf, als sie erneut ausgefüllt wurde und versuchte, die Bewegungen ein wenig zu steuern. Immer schneller schwoll ihre Erregung an. Mit einem letzten kräftigen Stoß tief in sie gab er ihr seinen Lustsaft, während seine Hände ihre Hüfte umklammerten.

Sie spürte die Lava in ihrem Körper, die Kontraktionen ihrer Muskeln und kam in einer nicht steuerbaren Woge aus Gier, Erfüllung und Befriedigung. Schier endlos war die Zeit, die er unbeweglich in ihr verharrte und ihren lang anhaltenden Höhepunkt so besonders intensiv erlebte. Als sich ihre Muskeln straff um sein Schwert legten und rhythmisch zuckten, entschwebte er in eine andere Welt.

Nach der gefühlten Unendlichkeit entzog er sich ihr und zog den Glasstab ebenfalls langsam aus ihr. Mel sackte im Laken zusammen und atmete heftig. Sky brach über ihr zusammen und beide blieben unbewegt liegen. Wie in Trance band er sie los und sah ihr tief in die Augen.

„Rose" gab Mel leise von sich und lächelte ihn an. Über ihrem Rücken zeichneten sich rote Striemen ab, die ihre Haut aber nicht verletzt hatten. Er nickte und streichelte ihren geschundenen Rücken. In dieser Nacht ging sie nicht nach Hause und zog es vor, in Skys Bett liegenzubleiben und den Moment nachwirken zu lassen. Es dauerte nicht lange bis sie ein leises Schnarchen neben sich vernahm und feststelle, dass er eingeschlafen war. Auch sie war entspannt und befriedigt, ruhig und ausgeglichen mit dem Bedarf nach Schlaf.

~ 6 ~

Mel wachte auf und schaute neben sich. Sie war allein und hörte Geräusche aus einem anderen Zimmer. Sie schaute sich um und ihr fiel wieder ein, dass sie bei Sky übernachtet hatte und er wohl im Nachbarzimmer hantieren würde.

„Guten Morgen meine Schöne." Er kam lächelnd und ein wenig zerstört aussehend mit zwei Tassen Kaffee ins Zimmer und setzte sich auf die Bettkante. Sie dachte an die vergangene Nacht, schaute ihn an und lächelte ebenfalls. Sie war immer noch nackt bis auf ihre Armstulpen die sie nie ablegte, wenn andere Menschen in der Nähe waren.

„Danke für den Kaffee, so beginnt man den Tag gerne", meinte Mel und nahm einen Schluck des dampfenden, schwarzen Getränks. „Bist du schon lange wach?" „Meine Ex will nachher vorbeikommen und ihre restlichen Sachen holen. Die hat mich heute früh beizeiten angerufen und seitdem renne ich durch die Bude und suche ihren Krempel zusammen."

Sky sah genervt aus und hatte selbstverständlich keine große Lust auf den Besuch seiner Ex.

„Oh da möchte ich aber schon weg sein wenn sie kommt. Ich habe keine Lust in Etwas hineinzugeraten, was mich nichts angeht." Mel wollte aufstehen, doch Sky hielt sie zurück. „Du kannst dir Zeit lassen, ich gebe ihr das Zeug nur an der Tür. Hier brauche ich sie nicht mehr und meine Wohnung wird sie nach ihrer Aktion nie mehr betreten!"

Mel war erleichtert und entspannte sich. Sie musste erst richtig wach werden und würde dann nach Hause gehen. Er streichelte ihr Haar und schaute sie liebevoll an.

„Die Nacht mit dir war super, eine Frau wie dich habe ich noch nicht kennengelernt. Du bist so ..., so ... ich weiß nicht wie ich es sagen soll!" „Anders?" nahm Mel ihm die Worte aus dem Mund. Lachend nickte Sky und nahm sie in den Arm. „Anders wollte ich eigentlich nicht sagen, aber mir fehlen irgendwie die Worte. Deine Leidenschaft, die Aura die du ausstrahlst, du bist etwas Besonderes!" Diese Worte gingen bei Mel runter wie Öl, da ihr so ein Kompliment schon lange niemand mehr gemacht hatte. Meist hörte sie Worte, wie geil sie war und was sie für eine tolle Figur hatte, aber dass sie etwas Besonderes war, hatte ihr schon ewig kein Mann mehr gesagt. Ihr gefiel es, dass sie von Sky nicht nur auf ihren Körper reduziert, sondern in ihrer Gesamtheit gesehen wurde.

„Sehen wir uns irgendwann wieder?" fragte er und schaute ihr tief in die Augen.

In dem Moment klingelte es an der Tür. „Ich komme!" rief Sky genervt und öffnete die Tür. Mel vernahm eine schrille Stimme, die sehr aufgeregt klang und auf Sky einredete. Die Worte der Frau verstand sie nicht, bekam aber sehr wohl mit, dass diese Person sehr aufgebracht war. Sky lief am Wohnzimmer vorbei und öffnete die Tür vom Nebenzimmer, um einen großen Karton mit den Dingen zu holen, die er seiner Ex übergeben wollte. Sie redete weiter mit ihrer unangenehmen, sehr schrillen Stimme auf ihn ein, so dass Mel sich die Decke um den Körper wickelte und hoffte, sie würde wirklich vor der Tür bleiben. Plötzlich wurde die Stimme noch lauter und Mel verstand Wortfetzen wie ... Schuhe, ... ficken, ... Drecksau, die auf Sky einprasselten. Die Stimme vor der Tür verwandelte sich in ein sehr lautes Kreischen und Mel verstand auf einmal jedes Wort.

„Du hast dich ja schnell abgelenkt! Ist die Schlampe noch da, schläft sie in dem Bett, in dem wir geschlafen haben?!"

Mel fühlte sich sichtlich unwohl, nachdem die Ex anscheinend ihre Kleider im Flur liegen gesehen hat.

„Hör mal zu du Miststück! Was ich mache, geht dich überhaupt nichts an und nun verzieh dich mit deinem Scheiß! Ich kann dich nicht mehr sehen und hör auf, alle Frauen als Schlampe zu bezeichnen! Du bist nicht der Mittelpunkt der Welt und wenn du gedacht hast, ich trauere dir nach und rühre keine Andere mehr an, dann nimmst du dich ein bisschen zu wichtig! Mein Leben geht weiter und zwar ohne dich!" hörte sie Sky mit erhobener Stimme sagen und dann flog die Tür zu.

Mel atmete tief durch und wäre am liebsten im Erdboden versunken. Die Frau kannte sie nicht einmal und bezeichnete sie als Schlampe! Sky kam zurück ins Zimmer.

„Sorry, dass du das eben mit anhören musstest aber so ist sie. Auch wenn sie gegangen ist, denkt sie, ich bin ihr Besitz. Sie ist herrschsüchtig, besitzergreifend und andere Frauen sind für sie Dreck."

Auf dem Arm hatte er Mels Sachen, die er ihr gestern im Eifer des Gefechts und in purer Lust vom Körper gerissen hatte. Mel schaute ihn mit großen Augen an und wirkte verstört. Er merkte, dass ihr der Streit eben sehr nahe gegangen war und dass sie am liebsten im Erdboden versinken würde.

„Es liegt nicht an dir, die Frau ist wirklich so, dass sie andere Frauen immer als Schlampen bezeichnet und auch nach der Trennung, die sie vollzogen hat, nicht duldet, wenn ich mir nehme was ich möchte."

„Du musst Dich vor mir nicht rechtfertigen!" meinte Mel und nahm ihre Sachen. „Ich geh mich mal frisch machen." Sie verschwand im Bad und drehte die Dusche auf. Eine kühle Dusche würde ihr jetzt gut tun, ehe sie sich anzog und nach Hause ging. Sie legte ihre Armstulpen ab und ließ das Wasser auf sich herabregnen. Im Spiegel gegenüber sah sie die Striemen und dachte mit einem guten Gefühl an die vergangene Nacht und die Leidenschaft, die zwischen Sky und ihr von sehr starker Präsenz war. Er gefiel ihr und sie konnte sich durchaus vorstellen, sich öfter mit ihm zu treffen.

Unverbindlich natürlich. Ohne Verpflichtungen.

Mel stieg aus der Dusche und kleidete sich an. Da sie nicht geplant hatte die Nacht in einer anderen Wohnung zu verbringen, hatte sie kein Make-up mit und würde sich Sky so stellen müssen. Am heutigen Morgen fühlte sie sich hübsch, ihre Wangen wirkten rosig und sie hatte einen befriedigten Glanz in ihren Augen. Sky saß immer noch auf der Bettkante, als Mel aus dem Bad kam. Er schaute sie an und sie spürte, dass er sie etwas fragen wollte aber nicht wusste, wie er so richtig damit beginnen sollte.

„Sehen wir uns wieder?" fragte er nach einiger Zeit des Schweigens.

Mel überlegte kurz. „Gerne, bist echt ein klasse Typ." Er atmete erleichtert auf und lächelte sie mit seinem zauberhaften, einen Bann über sie legenden Lächeln an. Mel sah ihm in die Augen und fühlte sich gut dabei, ihn anzusehen und zu wissen, dass sie sich wiedersehen würden.

„Und nochmal sorry wegen dem Theater vorhin. Hätte ich gewusst, dass sie heute ihr Zeug holt, wären wir zu dir gefahren und ich hätte dir das Desaster erspart."

„Ich habe es ja überlebt und du konntest ja nicht wissen, dass sie dir Sonntag Morgen den Tag versauen möchte. Sein Blick glitt auf ihre Unterarme und Mel folgte seinen Augen Sie wurde rot, sprang wie von einer Tarantel gestochen auf und rannte ins Bad. „Die Armstulpen", schoss es ihr durch den Kopf. Sie lagen noch immer auf dem Waschbeckenrand! Mels Herz klopfte bis zum Hals. Nie mehr würde sie aus diesem Bad herauskommen und Sky gegenüber treten. Was er wohl von ihr denken würde? Sie brach in Tränen aus und sackte vor dem Waschbecken zusammen. Noch nie war es ihr passiert, dass sie vor fremden Männern die Armstulpen vergaß! Er hatte ihre frischen Schnitte gesehen und hielt sie nun garantiert nicht mehr für etwas Besonderes, sondern für eine kranke und völlig gestörte Frau. Die Tränen rannen ihr über die Wangen … Tränen der Wut, der Verzweiflung, der Hilflosigkeit.

Es klopfte an der Tür. „Mel? Ist alles okay mit dir?" Seine Stimme klang echt besorgt, doch das war ihr in dem Moment egal. Sie konnte nicht aus dem Bad kommen, konnte ihm nie mehr in die Augen sehen.

„Mach die Tür auf, bitte!" Sie schüttelte den Kopf auch wenn er es nicht sehen konnte. „Komm bitte raus, mach die Tür auf!" Sie schämte sich. Genau diesen Moment wollte sie nie erleben, wollte sich nicht rechtfertigen und über ihr Problem reden müssen. Er hielt sie jetzt bestimmt für komplett verrückt und würde sie nie mehr ansehen. Sie hatte die Tür hinter sich abgeschlossen. Wie lange sie im Bad verbrachte war ihr nicht bewusst. Irgendwann musste sie raus, das war ihr klar. Sky hatte sich vor die Tür gesetzt und wartete. Auch ihm war klar, dass sie irgendwann herauskommen musste. Es war ihm peinlich, dass er so offen auf ihre Wunden gestarrt hatte. Er kannte einige Frauen die sich ritzten und er wusste, dass es für sie mehr als peinlich war, bekam es jemand mit. Er hatte sich zwar gefragt, warum sie auch im Bett ihre Armstulpen nicht ablegte, aber hätte sie nie danach gefragt.

„Bitte komm raus Mel" versuchte er es noch einmal. Er hörte wie sich der Schlüssel drehte. Mit verweinten Augen und bleich kam Mel aus dem Bad. Sky schaute ihr in die Augen, nahm sie in den Arm. Sie wehrte ihn nicht ab, erwiderte aber auch seine Geste nicht. „Mel …" sagte er nur und streichelte dabei sanft über ihr Haar. Sie fing wieder an zu weinen und Sky wusste nicht, was er sagen oder was er tun sollte. Langsam führte er sie ins Wohnzimmer und setzte sich mit ihr aufs Sofa. Er wollte mit ihr reden aber hatte keine Ahnung, wie er das Gespräch beginnen sollte, ohne dass sie wieder zu weinen anfing weil er etwas Falsches sagte.

Sie nahm ihm die Überlegung ab.

„Du solltest es nicht sehen, niemand soll es sehen!" Ihre Stimme war leise und sie wirkte gebrochen. Er nickte und streichelte ihre Hand. „Warum?" fragte er nur. Nach langem Schweigen wiederholte er seine Frage.

„Ich weiß es nicht. Bitte denk nicht schlecht über mich! Ich bin nicht krank, verrückt oder gestört, sondern einfach nur verzweifelt. Sie wusste nicht, warum sie es ihm erzählte und nicht einfach davon lief, wie sie es eigentlich vorhatte. Sie erzählte ihm von ihrer Einsamkeit und von ihrem Problem, sich ungeliebt und nutzlos zu fühlen. Er hörte zu ohne sie zu unterbrechen.

Schlimmer machen konnte sie es eh nicht mehr … dachte Mel. Er hatte ihre frischen Narben gesehen und würde sie eh bereits für verrückt halten. Es sprudelte aus ihr heraus und unter Tränen erzählte sie ihm viel mehr, als sie je einem Menschen erzählt hatte. Er hörte zu und streichelte ihre Hand, stellte keine Fragen und stellte sie nicht in Frage.

„Hast du schon mal darüber nachgedacht, dir helfen zu lassen?" Natürlich hatte sie schon darüber nachgedacht, aber es verworfen, weil sie sich nicht eingestehen wollte, dass sie es nicht selbst steuern konnte. Bei jedem Schnitt sagte sie sich, dass sie es in der Hand hatte und dass sie jederzeit damit aufhören konnte. Sie hatte viel darüber gelesen und konnte sich nicht mit den Menschen identifizieren, die eine Borderline-Störung hatten. Sie fand diese Schicksale tragisch und würde nie einen Vergleich zu ihrer Person zulassen. Sie war einsam, oft angespannt und sehr unzufrieden mit sich. Das war der einzige Grund, warum sie hin und wieder zur Klinge griff und sich damit Erleichterung verschaffte. Es war doch nicht krank sich Erleichterung zu verschaffen!? Diese Frage zeigte ihr, dass Sky sie für krank hielt und wenn er die Frage anders formuliert und sie nach einem Besuch beim Psychiater oder der Einlieferung in eine Klinik gefragt hätte, wäre der Wortinhalt identisch gewesen. Mel verstand nicht, warum sie seine Berührung trotzdem zuließ und nicht weglief.

„Du bist nicht die einzige Frau die sich ritzt. Ich kenne einige Frauen die dazu neigen und die dennoch ein ganz normales Leben führen. Aber du kannst das Problem in den Griff kriegen, wenn du die Ursache erkennst und gegen sie ankämpfen kannst."

Er klang wie ein Psychiater und Mel hörte den belehrenden Unterton in seiner Stimme, der ihr gar nicht gefiel. In dem Moment beschloss sie, dass sie Sky nie wiedersehen würde. Auch wenn der Sex gut war und sie auch wenn sie sich geborgen fühlte, konnte sie trotzdem auf einen Menschen der sich aufführte wie ihr Vater oder ein Arzt, gut verzichten. Sky merkte wie es in ihr arbeitete und ihm war klar, dass er sie wahrscheinlich nie wiedersehen würde. Irgendwas empfand er aber für sie, was er sich selber nicht erklären oder es gar in Worte fassen konnte und er wollte nicht, dass sie ging und für immer aus seinem Leben verschwand. Er fühlte, dass er sich schwer in sie verliebte und oder dass es bereits geschehen war.

„Ich fühle, dass du jetzt gehen willst und ich werde dich nicht aufhalten."

Er hielt ihr einen Zettel hin, auf dem seine Nummer stand. „Ich kann dir ein sehr guter Freund sein, du musst es nur zulassen. Ich verurteile dich nicht und du musst keine Angst haben, dass ich schlecht über dich denke."

Mit diesen Worten stand er auf und verließ den Raum. Sie steckte den Zettel mit seiner Nummer ein, auch wenn sie sicher war, dass sie ihn nie anrufen würde.

„Soll ich dich nach Hause fahren?" Sie nickte und nahm das Angebot an. Auf der Fahrt herrschte Schweigen. Als sie bei ihr ankamen stieg Sky nicht mit aus. Er nahm sie noch einmal in den Arm und küsste sie zärtlich auf ihre vollen, sehr sinnlichen Lippen. Mit diesem Gefühl und mit der Wärme seines Kusses stieg Mel aus dem Auto und schloss ihre Haustür auf. Sky schaute ihr nach und wäre ihr am liebsten gefolgt, doch wusste er, dass er mit einer falschen Handlung den Spieß umkehren und sie in erneute Verzweiflung treiben würde. Sie hatte seine Nummer und konnte sich jederzeit bei ihm melden. Er ahnte, dass sie es nicht tun und ihn vergessen würde.

~ 7 ~

Sky grübelte noch lange über diese wundervolle Frau und hoffte, sie würde sich bei ihm melden. Auch wenn er nicht daran glaubte und ihm wenn es ihm bewusst war, dass seine Entdeckung ihrer Schnitte für sie mehr als peinlich war, gab er die Hoffnung nicht auf und hatte Herzklopfen, sobald sein Handy klingelte.

Doch Mel rief ihn nicht an.

Sie betrat ihre Wohnung und überlegte, warum die Begegnung mit Sky so enden musste. Sie hätte sich nichts sehnlicher gewünscht, als ihn kennenzulernen und sich häufiger mit ihm zu treffen. Ihre Schnitte hatten alles zunichte gemacht und waren ihr wieder einmal im Weg. Der Gedanke an den Tod machte sich in ihr breit und sie überlegte, ob sie ihrem jämmerlichen Dasein ein Ende bereiten und sich den letzten Schnitt setzen sollte. Niemand würde sie finden und nach würde nach ihr fragen. Sie würde niemandem fehlen und wenn sie gefunden würde, wäre sie schon lange tot und von ihren Leiden, ihren Selbstzweifeln und ihrer Angst befreit. Der einzige Grund warum sie den letzten Schnitt nie realisiert hatte, war ihre Angst, die

51

Angst vor dem Tod und was danach kommt. Sie verwarf ihre trüben Gedanken und zündete sich eine Zigarette an. Den Rauch blies sie in blauen Kringeln zur Decke und dachte an nichts.

Sie würde nicht verzweifeln, nicht hier und in diesem Moment. Noch wirkte die vergangene Nacht in ihr nach und sie spürte immer noch das Verlangen, welches Sky ihr entgegenbrachte. Ein wenig schwermütig und traurig rief sie sich in Erinnerung, dass sie dieses Erlebnis nicht noch einmal haben würde. Auch wenn sie Sky wiedersehen wollte, gab es leider einen Grund, warum es nicht möglich … warum es vollkommen ausgeschlossen war. Auch in den kommenden Tagen kreisten ihre Gedanken immer wieder um diesen Mann und sie war oftmals versucht, ihn einfach anzurufen. Seine Nummer lag auf ihrem Tisch und wartete nur darauf, gewählt zu werden. Doch würde er sich wirklich freuen oder würde er nur wieder mit ihr über ihre Schnitte sprechen wollen?

In den ganzen Tagen seit ihrer Begegnung mit Sky hatte sie sich nur einmal geritzt. Ihre Wunden verheilten langsam und sie verspürte auch kein neues Bedürfnis, sich weitere Verletzungen zuzufügen. Auch wenn es ihr gefühlsmäßig alles andere als gut ging, war sie in Gedanken mehr bei Sky als in ihrem Selbstmitleid. Sie nahm ihr Telefon zur Hand, legte es aber gleich wieder weg. Ihr kam der Gedanke wie es wäre, wenn sie ihn bei einem zufälligen Treffen mit einer anderen Frau sehen würde. Der Gedanke schnürte ihre Kehle zu und sie merkte, dass ihre Befürchtung wohl wahr geworden war. Sie wollte keine Gefühle investieren, konnte es aber auch nicht ertragen, wenn er eine andere Frau wählen würde. Mel schüttelte den Kopf über ihre eigenen Gedanken und entschied sich für einen Spaziergang. Die frische Luft und der nahende Abend würden ihre trüben Gedanken wegblasen und Platz für neuen Lebensmut schaffen. Es war kühl, als sie das Haus verließ und sie fröstelte. Umdrehen und sich eine Jacke holen wollte sie nicht. Sie lief weiter und warf einen Blick in den Himmel, an dem dicke Wolken aufzogen, die bald Regen bringen würden. Es störte sie nicht. Sie liebte Gewitter und sie ging gerne im Regen spazieren. Unwetter hatte für sie etwas Mystisches, etwas Geheimnisvolles.

Die ersten Tropfen prasselten dick und schwer auf sie nieder. Sie lief vorbei an Schaufenstern, an Bars und an kleinen Kneipen. Als der Regen heftiger und als es ihr kälter wurde, ging sie nach Hause und warf einen Blick auf Skys Nummer. Sie würde gerne seine Stimme hören und herausfinden, wie er wirklich über sie dachte. Wieder nahm sie das Telefon zur Hand und als sie seine Nummer wählen wollte, verließ sie wie der Mut.

Sie schalt sich selbst für ihre Feigheit und wusste, dass sie sich so einiges im Leben verbaute und ihre Selbstzweifel der Hauptgrund für ihre Schnitte waren. Mel schenkte sich ein Glas Wein ein und überlegte. „Was soll mir schon passieren? Blamiert habe ich mich eh mit meiner Nummer im Bad und mehr wie nicht abnehmen, kann er nicht."

Sie griff beherzt zum Telefon und wählte Skys Nummer. Nach gefühlter Ewigkeit nahm er ab.

„Hallo?"

„Hei, ich bin es, crazy Mel" versuchte sie die Situation zu entschärfen und ihm den Wind aus den Segeln zu nehmen. Sie hörte ihn am anderen Ende der Leitung atmen und hatte Angst, er würde gleich wieder auflegen.

„Hey Mel, schön von dir zu hören! Ich dachte schon du meldest dich überhaupt nicht mehr. Wie geht es dir, wie hast du die letzten Tage verbracht?" Mel erzählte ihm von ihren mehrfachen Versuchen ihn anzurufen und davon, dass sie der Mut immer verlassen hatte. Sky lachte.

„Dachtest du, ich reiße dir den Kopf ab? Ich habe gehofft und zu

53

allen Mächten gebetet, dass du dich meldest und ein Zeichen gibst. Du gehst mir nicht mehr aus dem Sinn und ich habe dich echt vermisst."

Er hatte sie vermisst? Innerlich jubelte Mel und ärgerte sich über ihr Verhalten und über ihre Angst vor dem Telefongespräch. Es nahm eine ganz andere Wendung, als sie gedacht hatte. Sie war halt anders als andere Frauen und hatte es in der Vergangenheit schon öfter gemerkt. Sky schlug ein Treffen am kommenden Tag vor und Mel willigte ein. Sie wollten gemeinsam einen Kaffee trinken gehen und würden sehen, was der Tag für Überraschungen bereit hielt. Mel freute sich und lächelte, als sie den Hörer auflegte.

~ 8 ~

Unter ihre Freude mischte sich aber gleichzeitig Angst. Mel wünschte sich, wie andere Menschen auch, einen Partner mit dem sie mehr als nur Sex haben konnte. Doch die Erlebnisse ihrer Vergangenheit holten sie in diesem Momenten ein und sie konnte es nicht zulassen, dass ihr jemand zu nahe kam und dass sie Gefühle für ihn entwickelte. Hierin lag auch der Grund, warum sie keine wirklichen Freunde hatte und sich nur sexuellen Erlebnissen, manchmal mit einer Wiederholung, hingab. Sie sehnte sich nach Freundschaft, nach einem Partner und Menschen mit denen sie gemeinsame Erlebnisse teilte und mit denen sie zusammen weggehen konnte.

Wieder verspürte sie diese innere Leere, die sie seit Jahren begleitete und ständig an ihrer Seite, in ihr war. „Auch Sky wird nie mein Freund sein. Er will nur meinen Körper und seine Bedürfnisse stillen. In Wirklichkeit bin ich ihm doch egal und gefalle ihm wahrscheinlich nicht einmal!"

Dieser Gedanke breitete sich in ihr aus und ihr liefen die Tränen die Wangen hinab. Sie empfand ihren Körper weder attraktiv noch schön, sie fand sich hässlich und begründete hiermit ihren Defizit an Gefühlen, die man ihr entgegenbrachte. Eine leise Stimme meldete sich in ihrem Hinterkopf.

„Du dumme Gans, wenn er dich nicht mögen würde, hätte er dich nie eingeladen!" „Ich habe ihn doch angerufen, von selber hätte er sich nie gemeldet!"

Natürlich hätte er sich nicht bei ihr melden können, sie hatte ihm ja nicht einmal ihre Telefonnummer gegeben. Aber diesen Gedanken verwarf Mel und war sich sicher, er hätte sich auch im Besitz ihrer Nummer nie gemeldet. Ihr Puls raste und die Sicht verschwamm hinter einem Tränenschleier. Die Freude über das Treffen mit Sky geriet in den Hintergrund und machte dem Drang Platz, sich mit einem Schnitt wieder ins Leben zu befördern und den Schmerz dieser Welt mit ihrem Blut abfließen zu lassen.

Sie riss ihre Armstulpen herunter und ging ins Bad. Die Klinge glänzte neu und scharf auf dem Waschtisch und schien förmlich darum zu bitten, einen tiefen Schnitt in die weiche, zarte Haut setzen zu dürfen. Mel erhörte die Bitte und langsam glitt die Klinge über ihren Unterarm. Wie so oft zuvor, entspannte sie sich auch in diesem Moment und spürte eine ungemeine Erleichterung.

Ihr Blick wandte sich in Richtung des Spiegels, welcher über dem Waschbecken hing und welcher ihr zeigte, dass sie verheult und ungekämmt keine Schönheit war. Sie begann erneut zu weinen und sah dem Blut, das sich im Ausguss sammelte, nach. Ein leichter Schleier der Schwäche übermannte ihren Körper und sie musste sich am Waschbecken abstützen. Der Schnitt war tiefer als bisher und hörte nicht auf zu bluten. Um nicht ohnmächtig im Bad zusammenzubrechen, drehte sie den Wasserhahn auf und ließ kaltes Wasser über ihre Handgelenke laufen. Der Schleier vor ihren Augen lichtete sich langsam und sie griff in den Schrank, um einen Verband für ihre immer noch blutende Wunde zu holen.

Jetzt begannen sie wieder, die Selbstvorwürfe und Zweifel. Immer wenn sie sich einen Schnitt gesetzt hatte und der Kummer und Schmerz aus ihrem Körper flossen, kam ein Moment tiefer Depression. Sie stellte nicht nur sich, sondern auch ihre Existenz und Berechtigung in dieser Welt zu leben in Frage. Sie ging ins Wohnzimmer und setzte sich.

Ihr Telefon läutete.

Sie war zu schwach und auch nicht willig, den Hörer abzunehmen oder zu sehen, wer sie anrief. Viele Menschen kamen nicht in Frage, da Mel ihre Nummer nie herausgab und so nur ganz wenige Bekannte die Möglichkeit für einen Anruf bei ihr hatten.

Doch die Neugier überwog und nach einiger Zeit schaute sie auf das Display. Sie sah Skys Nummer und ihr Herz begann heftig zu schlagen. Als sie das Telefon in der Hand hielt, kam eine SMS.

„Ich will nicht mehr bis morgen warten und würde mich freuen, wenn wir uns heute treffen können. Bitte antworte mir. Sky"

Mels Herz schlug heftig, ihr Puls raste. Vorbei war die Müdigkeit und ihre kurzzeitige Depression nach dem Schnitt. Gleichzeitig stellte sie sich die Frage, woher er ihre Nummer hatte. Sie schlug sich die Hand vor den Kopf. Natürlich, von ihrem Anruf!

Das Telefon läutete wieder und sie nahm ab. „Ist alles in Ordnung bei dir? Was hältst Du von meiner Idee?" Sky klang ganz nervös und Mel musste lächeln. „Also ich schaue mal in meinen Terminkalender und denke, es müsste heute möglich sein."

Die Stille am anderen Ende nutzte sie aus, um sich zu sammeln und um zu überlegen.
„Heute Abend? Soll ich zu dir kommen? Ich bringe eine gute Flasche Wein mit und wir machen uns einen schönen Abend", meinte er. Der

Gedanke gefiel Mel. „Wenn du möchtest, dann sei um 19 Uhr hier. Ich freue mich!" „Bis nachher, ich freue mich auch!"

Als sie aufgelegt hatte, schaute sie sich in ihrer Wohnung um und sah, dass sie dringend noch ein wenig aufräumen und einkaufen musste. Wie so oft war ihr Kühlschrank leer und ihre Sachen stapelten sich überall in der Wohnung. Voller Elan und Vorfreude begann sie mit dem Aufräumen und putzte das Bad, die Küche, sowie den Staub von den Möbeln im Wohnzimmer. Warum es ihr so wichtig war, einen guten Eindruck zu hinterlassen, war ihr unklar, aber sie hatte das innere Bedürfnis, Sky zu gefallen und ihm zu präsentieren, dass sie Klasse und Stil hatte. Vielleicht würde er so auch nicht nach ihren Schnitten fragen und der Abend würde ohne Gespräche über Themen, die sie nicht mochte, im Bett beim Liebesspiel enden. Zuhause war Mel perfekt gerüstet und malte sich jetzt bereits in Gedanken aus, was er alles mit ihr machen könnte. Ihr Equipment erinnerte an einen Sexshop und präsentierte sich in großer Auswahl für jede momentane Vorliebe.

Verschiedene Peitschen, Reitgerten, Dildos und Vibratoren, aber auch Ketten, Seile und Fesseln, Knebel und Wachs gehörten zu ihrer Ausrüstung. Sie würde ihm natürlich nicht alles präsentieren und so den Eindruck erwecken, dass sie ein unersättliches Biest war. Hier dominierte immer noch die Angst, sich zu sehr in die Fänge eines Mannes zu begeben, der sie verletzten oder ausnutzen konnte. Sie bestimmte die Regeln, auch wenn sie gefesselt und nicht der dominante Part war. Mit Sky hatte sie ein gutes Gefühl und vertraute ihm, nachdem die erste Nacht auch ohne Komplikationen verlief und nach ihren Regeln gespielt wurde. Da er unerfahren und mit BDSM nicht wirklich vertraut war, konnte sie ihren Vorteil nutzen und ihm zeigen, worauf es ihr ankam. Er war lernfähig und sehr, sehr gut. Sie lächelte und die Vorfreude ließ ihre Rose im Morgentau erblühen. Auch heute würde sie auf ein Vorspiel mit sich selbst verzichten und warten, bis Sky da war. Sie wollte das Gefühl erleben, sie wollte gierig und geil sein, wenn er sie berührte und so den Moment besonders intensiv erleben. Sie ging duschen, suchte ein enges schwarzes Minikleid aus ihrem Schrank und verzichtete auf Dessous. Ihr Dekolletee wirkte in diesem Kleid besonders üppig und die Rundung ihres Pos zeichnete sich attraktiv ab. Ein letzter Blick in den Spiegel zeigte ihr eine sehr attraktive Frau.

~ 9 ~

Kurz nach 19 Uhr klingelte es. Mel ließ sich betont Zeit, bis sie zu Tür ging und diese langsam öffnete. Sky schaute sie bewundernd an. „Wow!" Mehr brauchte er nicht zu sagen, sein Blick sprach Bände. Er nahm sie ihn den Arm und er hielt sie fest. Mel genoss diesen Moment und hatte im Vorfeld lange überlegt, wie sich das Wiedersehen nach ihrem peinlichen Abgang gestalten würde. Aber Sky verhielt sich nicht merkwürdig, sondern bewunderte ihre Ausstrahlung und hielt sie ganz einfach fest in seinen Armen. In dem Moment hielt sie Ihre Ängste für unbegründet.

„Wie toll er aussieht", dachte sie sich und blickte in seine strahlenden Augen. Sein Gesicht war sehr maskulin und makellos, seine tiefgründigen Augen strahlten Fröhlichkeit und Wärme aus. Seine langen Haare trug er heute zusammengebunden und stand in einem ärmellosen Shirt und einer Lederhose vor ihr. Er war groß und sehr männlich, fiel ihr erneut auf. Sie sah jeden Muskel unter seinem dünnen Shirt.

„Komm rein." Sie hielt ihm ihre Hand hin, die er ergriff und sie führte ihn ins Wohnzimmer. „Kaffee?" Er nickte. Mel rief sich in Gedanken, dass sie sich ja eigentlich am Folgetag zum Kaffee trinken treffen wollten und sie versuchte, die Situation zu entschärfen und ein wenig Lockerung zu schaffen. Auch wenn keine Fragen zu ihrem schnellen Abgang kamen, waren beide doch ein wenig steif und wussten nicht so recht, wie sie miteinander umgehen sollen. „Beim ersten Treffen war das einfacher" dachte sie sich und lächelte.

58

Aber wenn sie ihn jetzt so einfach gierig in die Wohnung gezogen hätte, wäre ihr der Ruf eines Männer mordenden Biestes anscheinend sicher gewesen. Sie wollte ja mit ihm reden, auch wenn er mit seiner Ausstrahlung in ihr bereits andere Gedanken geweckt hatte. Mit zwei Tassen dampfendem Kaffee, schwarz wie die Nacht, betrat sie das Wohnzimmer, wo Sky es sich bereits auf der Ledercouch bequem gemacht hatte.

„Geile Bude! Du lebst so außergewöhnlich wie du bist." Sky sah sich bewundernd um. Er hatte mit vielem gerechnet, aber nicht mit einer so stilvoll und außergewöhnlich eingerichteten Wohnung. „Danke" gab Mel von sich und folgte seinem Blick, der über ihre Wandbilder schweifte, die Paare in verschiedenen Positionen beim Sex zeigten und die gefesselte Frauen in unterschiedlichen Positionen abbildeten. Es waren aber keine modernen Bilder, sondern Ölgemälde mit mittelalterlichen Motiven. Folterbänke, Streckbänke und düstere Keller bildeten den Hintergrund und das Ambiente, in dem die Spiele stattfanden. Mel hatte diese Bilder von einem bekannten Künstler der Stadt malen lassen, den sie zufällig auf einem Festival kennengelernt hatte.

„Du magst also Kunst?" fragte sie mit einem interessierten Blick in seine Richtung. „Ich habe nicht viel Ahnung davon, aber die Bilder sind der Hammer. Hast du sie gemalt?"

Mel schüttelte den Kopf. Wenn sie so malen könnte, hätte sie ihre Berufung gefunden, aber das Talent war ihr nicht gegeben. „Ein Künstler aus der Stadt hat sie auf meinen Auftrag hin gemalt." Über die Bilder ergab sich ein Einstieg ins Gespräch und Mel war froh, dass sie nicht überlegen musste, wie ein Gespräch in Gang kam. Wie zufällig lag Sky's Hand auf ihrer und streichelte mit langsamen Bewegungen über ihre Finger. Mel genoss das Gefühl sehr und fühlte sich in diesem Moment einfach nur wohl und normal. Eine normale, glückliche junge Frau, die mit ihrer neuen Eroberung sprach. „Warum kann es nicht so einfach sein", dachte sie bei sich und schaute Sky an.

„Woran denkst du gerade?" riss sie seine Frage aus ihren Gedanken. „Ich denke an gar nichts. Momentan genieße ich einfach nur deine Anwesenheit und fühle mich leicht und entspannt." Er lächelte und ihre Aussage beruhigte ihn. Auch für Sky war es nicht einfach, mit seinem Wissen um Mel nicht ins Fettnäpfchen zu treten und den Abend zu verderben, bevor er begonnen hatte. In der Zeit, wo sie sich nicht bei ihm gemeldet hatte, hatte er sich intensiv mit ihrem Problem beschäftigt und sich im Internet kundig gemacht. Er las Bücher und erfuhr so mehr und mehr über die Symptome, sowie die Gefühlswelt von Betroffenen. Schnell fand er heraus, dass größtenteils Frauen mit diesem Problem kämpften und dass es oftmals der verzweifelte Versuch war, eine Sehnsucht zu stillen und mit einem nie aufgearbeiteten Problem fertig zu werden.

Er würde Mel gerne helfen, ihr das Leid von den Schultern nehmen. Auch wenn er es beim Kennenlernen nicht geplant hatte spürte er, dass er auf dem besten Weg war, sich in diese außergewöhnliche Frau zu verlieben. Er wollte herausfinden, was sie bedrückte und warum sie unter Problemen litt, die sie versuchte zu kaschieren. Doch hatte er auf seiner Recherche auch herausgefunden, dass die meisten Betroffenen dicht machten, sobald sie auf Borderline angesprochen wurden und behaupteten, dass sie nicht krank wären und sich nur ritzten, weil sie dabei das Leben dadurch fühlten.

Er war sich sehr sicher, dass auch von Mel diese Reaktion kommen würde. Ihr Verhalten im Bad hatte ihm gezeigt, dass sie nicht offen mit ihrem Problem umging und es ihr peinlich war.

Was hatte diese wundervolle Frau in die Situation getrieben, mit welcher sie nicht fertig wurde und die sie immer wieder in Komplexe stürzte? Er hatte sich fest vorgenommen, die Ursache zu erfahren und mit Mel mehr aufzubauen als nur eine sexuelle Beziehung. Wenn sie dazu bereit war.

„Willst du heute noch weggehen oder hast du keinen Bock?" fragte er beiläufig. „Darüber habe ich mir ehrlich gesagt noch keine Gedanken gemacht." Sie schaute ihn an.

„Hast du eine Idee?" Sky nickte. „In der Metal Kneipe ist heute Live-Musik und wenn du magst, können wir ja mal vorbeischauen. Meine Kollegen sind auch dort und sie würden dich gerne kennenlernen." Woher wussten seine Kumpels von ihr? Hatte er mit ihnen über sie geredet?" Er erahnte ihre Gedanken und war wieder in eines seiner berühmten Fettnäpfchen getreten. „Sie haben uns zusammen weggehen sehen und waren natürlich neugierig, wer die tolle Frau ist die ich da mitgenommen habe." Er lächelte und schaute sie an.

Sie blickte ein wenig verängstigt und er wusste, welche Frage ihr auf der Seele brannte.

„Die Geschichte in meinem Bad habe ich niemandem erzählt. Ich habe nur darüber gesprochen, dass ich die tollste Frau des ganzen Konzerts mit nach Hause nehmen durfte."

Mel atmete hörbar aus und war erleichtert. Auch wenn das Thema nun doch angesprochen wurde, konnte sie mit ihm in die Bar gehen und musste nicht befürchten, von seinen Freunden mitleidig oder neugierig angeschaut zu werden.

„Sie wissen wirklich nichts?" hakte sie noch einmal nach. Er nahm sie in den Arm und schüttelte den Kopf. „Ich bin niemand, der alles mit seinen Freunden bespricht und über andere urteilt, ohne sie richtig zu kennen. Hab keine Angst, du kannst mir vertrauen." Er streichelte ihr Haar und merkte, wie sie sich langsam entspannte und seinen Worten Glauben schenkte.

„Okay, dann los!" Mel ging gerne aus und wenn in der Bar Live-Musik gespielt wurde, versprach es auf jeden Fall ein angenehmer

Abend zu werden. Wenn es ihr nicht gefiel, mussten sie ja nicht ewig bleiben. Als sie im „Highway" ankamen, waren seine Freunde schon da und er stellte Mel vor. Mit bewundernden Blicken bedachten sie die Männer, während die Frauen eher verhalten schauten, nach außen hin aber Freundlichkeit signalisierten. Mel war bewusst, wie ihre Wirkung auf Frauen war und kannte es, dass die meisten Frauen mit ihr ein Problem hatten und sofort ihre Männer in Gefahr wussten. Dabei war Mel nicht der Typ Frau, die sich an vergebenen Männern vergriff und die Beziehungen zerstörte. Allein ihre Ausstrahlung sorgte für die feindseligen Blicke anderer Frauen. Auch dies war ein Aspekt, warum sie nie eine wirkliche Freundin hatte und oftmals in Selbstzweifeln verging. Sie selber fand sich nicht außergewöhnlich hübsch, auch wenn ihr ihre Ausstrahlung auf Männer durchaus bewusst war. Nur verstehen konnte sie nicht, warum die Männer auf sie flogen. Sie war nichts Besonderes.

„Was darf ich dir bestellen?" Mel überlegte. „Whisky Cola wäre gut." Sky bestellte zwei Whisky Cola. Die Hand unter dem Tresen lag wie zufällig auf ihrem Bein und verschaffte Mel das Gefühl, zu ihm zugehören. Sie fühlte sich wohl, auch wenn sie sich bei den meisten Gesprächen nicht einbrachte und nur bei den Themen Musik, Konzerte oder Bands wirklich mitredete. Sie sprach nicht gern über sich und hatte aus ihrem Leben nicht viel zu erzählen. Seit ihrem Umzug hierher waren zwar schon 2 Jahre vergangen, aber wirklich viel erlebt hatte sie nicht.

Da sie die Zeit vor ihrem Umzug aus dem Gedächtnis verbannt hatte, war ihr Leben, über das sie sprechen konnte so kurz, dass es keinen Sinn hatte darüber zu berichten. Auch ihr Beruf war nicht sonderlich interessant. Sie arbeitete als Krankenpflegerin stundenweise in einer allgemeinmedizinischen Praxis und hatte daher auch beruflich keine tollen Erlebnisse, über die sie mit jemandem sprechen müsste.

„Du hast ein Glück! Ich frage mich wie du es schaffst, so eine tolle Frau mitzunehmen und sogar noch in den Genuss zu kommen, sie wiederzusehen!" Wolf sprach leise, aber Mel hörte die Worte, die an Sky gerichtet waren.

„Sky schaute sie an und lächelte. An Wolf gewandt meinte er: „Das wird wohl daran liegen, dass ich mit Frauen umgehen kann!"

Wolf lachte und auch der Rest der Truppe brach in schallendes Gelächter aus. „Unser Küken spuckt große Töne!" Jetzt stimmte auch Mel ins Gelächter ein. Dass die Kollegen von Sky älter waren als er, war ihr bereits beim Betreten der Bar aufgefallen. „Das Küken ist noch nicht aus so zähem Leder wie du alter Wolf" meinte Sky und hielt sich den Bauch.

„Egal was du machst, mach es richtig!" Wolf warf einen Blick auf Mel. „Ich denke, du wirst unseren Kleinen groß kriegen. Bist ein ganz anderes Kaliber als seine Ex." „Na über die müssen wir nun nicht reden" warf Sky ein und hielt Mels Hand. „Was du an der Frau gefunden hast, wusste niemand wirklich." Wolf überhörte gekonnt, dass Sky nicht über seine Ex sprechen wollte und es ihm unangenehm war, dass das Thema vor Mel angeschnitten wurde. „Ich habe dir von Anfang an gesagt, dass die Frau dich ins Verderben stürzt und nur jemanden sucht, mit dem sie sich profilieren kann. So eine Tussi! Sie hat keinen Charakter und mochte weder uns, noch dein Leben." Sky war das durchaus bewusst, doch würde er sich jetzt nicht näher darüber auslassen. „Das Kapitel ist abgehakt. Sie ist raus bei mir und ihre restlichen Sachen bin ich auch los. Keine Sorge, so etwas passiert mir garantiert nicht nochmal! Ich weiß doch jetzt was ich will und was gut für mich ist."

Er richtete den Blick auf Mel und in seinen Augen blitzte ein Feuer auf. „Oder?" Mel fühlte sich geschmeichelt und war froh, dass das Thema eine positive Wendung genommen hatte und dass es nicht weiter ausgewertet wurde. Sie lehnte sich an seine Schulter und meinte mit einem Blick in die Runde: „Ich passe schon gut auf euer Küken auf, keine Sorge." Schallendes Gelächter …

Der Abend wurde doch noch lustig und nach der vierten Whisky Cola beschlossen sie, den Heimweg anzutreten.

„Tut mir leid vorhin mit Wolf" meinte Sky als sie draußen waren. „Halb so wild, ich habe es ja überlebt."

Er beugte sich über sie und küsste sie intensiv. „Habe ich dir heute überhaupt schon gesagt, dass du so geil aussiehst, dass ich dich gleich auffressen könnte?" Mel schüttelte den Kopf. „Mach doch!" Sein Kuss hatte sie bereits wieder so erregt, dass ihr Schritt feucht wurde und sie am liebsten jetzt und hier seine Finger oder sein Schwert in sich gespürt hätte. Er erahnte ihre Gedanken und seine Hand glitt unter ihr kurzes Kleid. Er spürte ihre Feuchtigkeit und augenblicklich spürte er, dass er seine Lust nicht mehr lange im Zaum halten konnte.

„Hätte ich gewusst, dass du keinen Slip trägst, wäre ich nicht den ganzen Abend über so ruhig geblieben!" Mel lachte. „Das war mir klar, darum solltest du es ja nicht wissen, sondern merken!" Sie genoss seine Finger, die über ihre Rosenblüte strichen und sie sanft massierten. Er zog sie um die Hausecke und sie merkte, dass seine Beherrschung bei Null war. Tief glitten seine Finger in in ihren Körper, während seine Zunge in ihrem Mund akrobatische Höchstleistungen vollbrachte und während sich seine freie Hand mit ihren prallen Brüsten beschäftigte. Nahe einem Höhepunkt flüsterte Mel ihm ins Ohr: „Lass uns gehen, ich will dich richtig!" Nur schwer und ungern löste er sich und zog seine gierigen Finger aus ihr. Ihre Hand griff in seinen Schritt und sie spürte die Härte, die er ihr später in voller Pracht präsentieren würde.

Sie würden die Nacht nutzen und Mel war froh, sich für ein weiteres Treffen mit Sky entschieden zu haben. Mit ihm könnte sie sich sogar vorstellen, mehr als nur Sex zu haben. Er war so toll und begeisterte sie, dass sie sich eine Beziehung mit ihm sehr gut vorstellen konnte. Doch dies wäre ein langer Weg, ein sehr langer Weg …, da ihr

Vertrauen in Sachen Beziehung vor langer Zeit ausgelöscht wurde.

~ 10 ~

Mit zitternden Fingern schloss sie die Wohnungstür auf und es war wie bei ihrem ersten Treffen. Sie konnten sich nicht zügeln und bereits auf dem Weg ins Schlafzimmer presste er sie vor die Wand und öffnete seine Hose. Mit einem kräftigen Stoß drang er in sie ein und nahm sie, wobei sich seine Hand um ihren Hals legte. Der leichte Luftmangel und ihre Unbeweglichkeit vor der Wand sorgten dafür, dass ihr Höhepunkt und sein Vulkanausbruch nicht lange auf sich warten ließen. Gemeinsam sackten sie vor der Wand zusammen und sie spürte, dass der Whisky, den sie sonst nicht trank, seine Wirkung zeigte.

„Ich weiß nicht warum, aber bei dir kann ich mich nicht beherrschen und habe sobald ich in dir bin das Bedürfnis, mich gehen zu lassen und den Gipfel zu erklimmen. Eigentlich bin ich beherrscht und hatte noch nie das Bedürfnis, so schnell zu kommen, aber bei dir ist es irgendwie alles ganz anders."

Mel hörte ihm zu, war aber noch nicht in der Lage zu sprechen und spürte, wie sich alles in ihrem Kopf leicht drehte. Sie war zufrieden, aber noch lange nicht befriedigt. Für einen kurzen Moment, aber sie wollte mehr, wollte ihm ergeben sein und spüren, wie er sie schlug, ihr seine Kraft gab und sie wieder und wieder nahm. Bei anderen Männern kam sie nie, wenn sie einfach nur ein Schwert in sich spürte. Sky schaffte es, sie zum Höhepunkt zu bringen, bereits ehe er sie fesselte. Sie konnte sich ihre heftige Reaktion auf ihn nicht erklären und wollte auch nicht weiter darüber nachdenken.

„Komm mit, ich will dir etwas zeigen" flüsterte sie und lief ins Schlafzimmer. Wie er mit halb heruntergelassener Hose versuchte ihr zu folgen, ließ sie auflachen. Er hatte sich nicht die Mühe gemacht, die Hose hochzuziehen, damit er normal laufen konnte. An ihrem

Bett befanden sich am Kopf- und Fußende Schellen, an welchen sich Ketten oder Fesseln besonders sicher befestigen ließen. Auch sonst war ihr Schlafzimmer sehr ungewöhnlich, aber sehr ästhetisch eingerichtet. Sky bewunderte ihre Kreativität und Offenheit, mit der sie ihm ihre intimsten Wünsche und Phantasien ganz ohne Worte zeigte. Da konnten sein Schlafzimmer und seine Ausrüstung nicht mithalten, stellte er fest und freute sich auf die bevorstehenden Stunden.

Wie er es liebte, sie von hinten zu betrachten und zu sehen, wie ihre prallen Brüste vor Erregung bebten, wenn die Peitsche auf ihren Rücken oder auf ihren Po schlug und wie sie es genoss. Heute würde er sich sehr intensiv mit ihr befassen und hatte auch hierfür recherchiert und einige neue Ideen aufgegriffen. Dass er bereits beim recherchieren vor Geilheit und Gier nach dieser Frau verrückt geworden war, würde er für sich behalten und ihr zeigen, dass er ihre Wünsche erfüllen konnte.

Bereits jetzt breitete sich wieder Lust in ihm aus und Mel merkte, dass sie ihn ohne lange Wartezeit wieder spüren würde. Sie war es von Männern nicht gewohnt, dass sie sich nach dem Höhepunkt weiter mit ihr beschäftigten. Die meisten Männer in ihrem Leben drehten sich zur Seite und schliefen, während sie immer noch immer innige Lust verspürend daneben lag und häufig selber nachhelfen musste, um die endgültige Befriedigung zu finden. Er war anders, er war offen und erkannte ihre Wünsche.

Sie musste ihm nicht sagen was sie wollte, sondern sie konnte sich hingeben und ihm mit Worten oder Gesten signalisieren, wie er sie nehmen und behandeln sollte. Auch seine Ausdauer nahm sie anerkennend zur Kenntnis und stellte wieder einmal fest, dass er wirklich ein ganz besonderer Typ war. Er sah attraktiv aus, hatte einen tollen Körper, eine ungezwungene Art und er wusste, wie man eine Frau wie sie zu nehmen hatte.

Sie kniete vor ihm und nahm sein bestes Stück ganz zärtlich und fest zwischen ihre Lippen, saugte leicht an seiner Eichel und umspielte seine Männlichkeit mit ihrer Zunge. Er stöhnte auf und genoss es sichtlich, wie intensiv und doch zärtlich sie sich seiner Männlichkeit widmete und wie sie ihn mit innigster Hingabe verwöhnte. Sie nahm ihren eigenen Geschmack wahr, der sich mit seinen Säften vermischt hatte und der sie richtig geil machte. Er legte die flache Hand auf ihr Dekolletee und bedeutete ihr so, dass sie sich fallen lassen sollte. Sie lag auf dem Rücken und Sky sah sie an, unfähig seinen Blick von ihr abzuwenden.

Wie ebenmäßig ihre Gesichtszüge waren, wie attraktiv ihr Dekolletee und der flache Bauch, der sich unter dem hautengen Kleid abzeichnete. Diese Frau wusste, wie sie Männer um den Verstand brachte und setzte ihre Reize gezielt ein. Auch die Bilder auf ihrer Haut begeisterten ihn, was nicht allein beruflicher Natur war. An ihrem Körper könnte er wahre Meisterleistungen verbringen und ihre Vorzüge noch attraktiver in Szene setzen.

Er sah sich im Schlafzimmer um und entdeckte eine Peitsche, die über den Bettpfosten gelegt war. Weiter entdeckte er verschiedene Dildos, Liebeskugeln und eine große schwarze Kerze, die mit Sicherheit auch nicht nur zur Dekoration hier stand. Lederne Hand- und Fußfesseln waren auf den Nachttisch gelegt und würden gleich zum Einsatz kommen. Doch zuvor hatte er eine andere Idee.

„Zieh dich aus!" forderte er sie auf. Mel gehorchte und schälte sich aus ihrem Kleid. „Ich will dir zusehen, möchte sehen wie du dich verwöhnst." Sie nickte. Für Mel war es nichts ungewöhnliches, es sich selber zu besorgen und der Gedanke, dass Sky ihr dabei zusehen würde, steigerte ihre Erregung ins Unermessliche.

„Hast du einen speziellen Wunsch?" fragte sie mit rauchiger Stimme und schaute ihn herausfordernd an. Sky überlegte. Er hatte viele Wünsche, doch wollte er sie auf diesem Weg kennenlernen und herausfinden, was sie besonders reizte und was sie tat, wenn sie sich selber Lust bescherte. Eigentlich äußerte er solche Wünsche nicht beim zweiten Treffen aber wusste, dass er bei ihr damit keine Hemmung heraufbeschwor, sondern nur ein Thema ansprach, welches für sie kein Tabu war.

„Ich gebe dir die Dinge, die mich anmachen." Sie nickte und strich sich dabei mit den Händen über ihre Brüste. Mit sanften Bewegungen umkreiste sie ihre Brustwarzen, die sie ihm verführerisch entgegen streckte. Sie hatte nichts dagegen, wenn er nicht nur zusah, sondern auch selber Hand anlegte und ihr somit signalisierte, dass sie ihn mit ihrer Live-Vorführung verrückt machte. Gedankenverloren glitten ihre Finger tiefer und sie streichelte ihre feuchte Rose und die Innenseiten ihrer Schenkel. Wenn er ihr nicht bald ein Spielzeug reichte, würde sie verrückt werden und vor Lust selber danach greifen. Die ganze Zeit über sah sie ihn an und stellte fest, dass ihre Spiele ihn alles andere als kalt ließen. Er griff zum Nachttisch und reichte ihr einen gläsernen Dildo. Sie liebte dieses Spielzeug, da sie es aufstellen und sich rittlings darauf setzen konnte. So hatte sie beide Hände frei und konnte sich beim Ritt weiter mit ihren Händen verwöhnen. Langsam glitt sie auf den geäderten Glasdildo und sah, wie er es genoss, dieses Teil in ihre enge Rosenblüte gleiten zu sehen. In langsamen Bewegungen glitt sie über den Zauberstaub, so dass ihre Brüste vor seinen Augen auf und ab wippten. Sein Atem wurde schneller und sie ahnte schon, er würde allein vom Zusehen kommen, wenn sie so weitermachte. Sie zog das Spielzeug heraus und umspielte es mit ihrer Zunge, ehe es sie es auf den Tisch stellte. Ihr Blick wirkte verklärt und Sky spürte, dass auch sie einem weiteren Höhepunkt nahe war. Schon lange hatte er seine Männlichkeit in der Hand und massierte sich langsamen Bewegungen. Die Einladung, ihn zwischen ihre verführerischen Brüste zu schieben und ihre Wärme zu spüren, konnte er nicht ausschlagen.

„Nimm ihn wieder ..., ich will, dass du ihn so lange nimmst, bis du es nicht mehr aushältst. " Sie folgte seiner Aufforderung und nahm den Dildo wieder vom Tisch. Ein angenehmes Kribbeln durchfuhr sie und steigerte sich, als sich sein Schwert zwischen ihren Brüsten auf und ab bewegte. Da er vorhin bereits gekommen war, konnte er sich jetzt beherrschen und musste nicht befürchten, nach drei Stößen wie ein Vulkan zu explodieren und sich so ein unvergessliches Erlebnis entgehen zu lassen. Er wollte ihre Lust erleben, sich seinen eigenen Höhepunkt aber noch aufheben.

„Oh Gott, ich halte es nicht mehr aus!" Er hörte, wie ihr Atem immer heftiger wurde und spürte, dass sie immer schneller ritt und er hörte die alle Geräusche, die ihre Lust zum Ausdruck brachten. Er spürte die unbändige Erregung auch in seinem Körper und sich ihrer Brüste, ehe seine Beherrschung der Vergangenheit angehörte. Sky sah wie sie kam und ein unbeschreibliches Gefühl durchzog seinen Körper, als er sie betrachtete … als er sah, wie liebevoll und erfahren, wie hemmungslos und lustvoll sie mit ihrem Körper umging.

Mit geschlossenen Augen, mit den Händen ihre Brüste massierend, ritt sie immer schneller auf dem gläsernen Stab und ihr heftiger Atem ging in ein lautes Stöhnen über. Sie schrie ihre Lust heraus und nahm nichts um sich herum wahr. Wie automatisch hatten sich seine Finger um seinen Schaft geschlossen. Ein letzter spitzer Schrei von ihr … dann war Stille. Unbewegt saß sie mit geschlossenen Augen auf dem Dildo, während ihr ganzer Körper zitterte. Leichte Schweißperlen sickerten über ihr Dekolletee und auf dem Laken war ein nasser Fleck zu sehen.

Sky stand vor ihr und betrachtete sie, seine Sexgöttin mit dem unbeschreiblichen Körper. Er war immer noch gierig, er war noch lange nicht fertig. Doch er genoss den Anblick und hatte noch nie eine Frau erlebt, die sich so ohne Hemmungen und Schamgefühl vor ihm präsentierte. Er wusste ihr Vertrauen zu schätzen und schwor sich, dass er ihr nie weh tun würde – außer sie wünschte es. Ihr Atem verlangsamte sich und auch Sky spürte, dass sich sein Puls ein wenig

69

beruhigte. „Komm zu mir" vernahm er ihre Stimme wie aus weiter Ferne. „Zieh ihn raus." Er griff den Dildo und zog ihn langsam aus ihrer Rosenblüte. Ein leichtes Stöhnen zeigte ihm, dass ihre Erregung immer noch nicht abgeklungen war.

„Hat dir die kleine Vorführung gefallen?" Sie lächelte ihn an und blickte auf seine immer noch pralle Männlichkeit. Er war nicht in der Lage zu sprechen, aber ein Kuss auf ihre Lippen zeigte ihr, dass er ihre kleine Vorführung sehr genossen hatte.

Auch sie wollte jetzt nicht reden, sondern mehr von ihm spüren und ihm die Gelegenheit geben, sie hart zu nehmen und die bereits verblassten Striemen auf ihrem Körper zu erneuern. Alle Worte waren in diesem Moment überflüssig, da sie bereits wusste, dass er genauso lustvoll war wie sie selber. Sie griff zu den Handfesseln und reichte sie ihm. Er gebot ihr, sich auf den Bauch zu drehen und ihm ihre Kehrseite zu präsentieren. Er würde nur ihre Hände fesseln und sie so nicht ganz bewegungsunfähig machen. Er wollte sehen, wie sie sich vor Lust winden und nach mehr verlangen würde. Sky griff zur Peitsche und ließ sie über ihren Rücken gleiten. Mel stöhnte auf und streckte ihm ihr Hinterteil aufreizend entgegen. Doch ehe er sie nahm, würde er noch einige Dinge mit ihr anstellen und auch die Kerze nicht außer Acht lassen. Sie würde die Nacht mit ihm nie vergessen. „Schlag zu!" presste sie zwischen zusammengebissenen Lippen hervor und er schlug zu, wobei die Peitsche klatschend auf ihrem Po landete und sofort eine erkennbare Strieme hinterließ. Immer schneller glitten die Lederriemen über ihren Po, ihren Rücken und über ihre Oberschenkel.

Dann hörte er ohne Vorwarnung auf.
Verlockend, lustvoll streckte sie ihm ihren Körper entgegen und bewegte ihren Po aufreizend. Sky konnte sich bald nicht mehr beherrschen, auch ihn hatte es erregt, ihr die Peitsche zu geben. Mit jedem Schlag hatte sich seine Lust gesteigert, so dass er bald gekommen wäre, ohne sie überhaupt direkt zu berühren oder gar in

ihr zu sein. Noch nie hatte er dieses Gefühl, diese Genugtuung so intensiv gespürt und die so sehr Erregung genossen. Er zündete sich eine Zigarette und die Kerze neben dem Bett an.

„Ich will auch rauchen", flüsterte Mel. Er ließ sie zweimal an seiner Zigarette ziehen. „Das reicht!" meinte er und hob mit der freien Hand die Kerze an.

Mel folgte seiner Hand und ahnte, was gleich passieren würde. Heißer Wachs würde über ihren Rücken tropfen, in ihrer Po Ritze landen und ihr enorme Lust bescheren. Zuerst tropfte er den Wachs in kleinen Portionen über ihren Körper, damit sich ihre Haut langsam an die heiße Flüssigkeit gewöhnte. Sie genoss dieses Spiel zusehends und Sky wurde mutiger. Immer größer wurden die Wachstropfen, die sich über ihrem Körper ergossen und eine schwarze Schicht bildeten. Er malte kleine Muster auf ihren Rücken und arbeitete sich wie an einer Perlenkette zu ihrem Po vor. Mel stöhnte auf.

„Ist es okay so?" Sie nickte und suggerierte ihm mit einem wohligen Stöhnen, wie sehr sie das Spiel mit dem Feuer genoss. Seine Männlichkeit forderte Aufmerksamkeit und er merkte, dass die Erregung allein beim Anblick ihres Körpers, den sie so vertrauensvoll in seine Hände legte, enorm wurde. Seine Lust steigerte sich ins Unermessliche und er stellte die Kerze zur Seite. „Jetzt nehme ich dich, du geiles Stück!" stieß er unter lautem Keuchen hervor und schob sein Schwert tief in ihre Rose. Bereitwillig nahm sie ihn auf und genoss seine pralle Männlichkeit und seine immer schneller und kräftiger werdenden Bewegungen. Neben ihm auf dem Nachttisch lag ein Dildo, der sich förmlich für ihre enge Öffnung anbot. Er griff nach dem nachtschwarzen Spielzeug. Kurz entzog er sich ihr, um mit seiner Eichel ihren Lustsaft zu verteilen, ehe er ihr den Dildo einführte. Gleich drang er wieder in sie ein, nahm sie mit unkontrollierten Stößen. Bei diesem Gefühl dauerte es nicht lange, bis Mel von einer neuen Welle der Befriedigung überrollt wurde.

71

„Oh Gott, mach weiter! Nimm mich als wenn es das letzte Mal wäre!" presste sie zwischen lautem Keuchen und Stöhnen hervor. Immer schneller wurden seine Bewegungen in ihr und das Gefühl, die Geräusche und sein Körper an ihrem ließ ihren Körper heftig beben, als sie den Gipfel der Lust erklommen hatte. Still verharrte er, als er sich nicht mehr zurückhalten konnte und ihr alles gab. Er war tief in ihr und spürte, dass sie genau dieses Gefühl brauchte und ihn so spüren wollte. Über sie gebeugt verharrte er, während sein Blick sich im Nebel verlor und er nur ihre Hitze und ihre Feuchtigkeit, die sich mit seinem Saft vermischte, wahrnahm.

Erschöpft und befriedigt blieb er über ihr liegen und atmete schwer. „Ich spüre deinen Herzschlag" vernahm er ihre Stimme aus weiter Ferne und umschlang sie fest mit seinen muskulösen Armen. Diesen Moment genoss er ohne Worte und auch Mel war still … befriedigt … zufrieden … glücklich.

~ 11 ~

Am nächsten Morgen wachte Mel auf und fühlte sich stark verkatert. Ihr Kopf brummte und ein dumpfer Druck breitete sich über ihren Augen aus. Sie blickte auf die andere Seite ihres Bettes und musste lächeln. Sky lag friedlich schlummernd neben ihr und konnte kein Wässerchen trüben. Leise beugte sie sich über ihn und küsste ihn sanft auf seine Lippen. Ihr Schädel war kurz vorm Explodieren und sie schaute schnell wieder nach vorn.

„Hey Kleines, gut geschlafen?" vernahm sie seine Stimme. „Wie ein Baby" gab sie zurück. „Nur fühle ich mich gerade, als hätte mich die Nacht ein Laster überrollt. Er lachte. „War nur ich." „Und der doofe Whisky" gab Mel zurück.
„Stimmt, ich fühle mich auch ein wenig weich in der Birne" stellte er fest, als er sich langsam erhob und sackte wieder ins Kissen zurück. Mel stand auf und kam mit zwei Tassen Kaffee ans Bett zurück.
„Wir wollten heute ja eh Kaffee trinken gehen, oder? Ich hab da

72

schon mal eine Vorbereitung getroffen." Dankend nahm Sky ihr die dampfende schwarze Brühe aus der Hand und verbrühte sich die beim ersten Schluck die Lippen. „Shit, der ist ja echt heiß!" „Kalt kochen habe ich noch nicht erfunden" gab Mel zurück und lachte.

… Er sieht so toll aus, selbst früh am Morgen wenn er zerstört und verkatert aufwacht, dachte Mel. Seine schwarzen langen Haare breiteten sich auf dem Kissen aus und fielen ihm wild ins Gesicht. Empfand sie da gerade so etwas wie Zuneigung? Sie schaute ihn an und ihr Blick blieb tief in seinen Augen hängen.

„Ich sehe bestimmt wie ausgekotzt aus", sagte er an Mel gewandt und strich sich die Haare aus der Stirn. Sie schüttelte den Kopf und lächelte ihn an. „Mir ist gerade bewusst geworden, wie harmlos du doch bei Tageslicht wirkst."

„Harmlos? Na das ist nun nicht gerade das, was mir Mut macht", meinte er und schaute ein wenig verdattert in seinen Kaffee. „Na wie ein wildes Biest wirkst du heute Morgen nicht gerade" quetschte sie lachend hervor. „Na dir zeige ich gleich das Tier in mir!" Er beugte sich über sie und presste sie ins Kissen.

„Halt, der Kaffee!" Schnell stellte sie die Tasse zur Seite und schon war er über ihr, bedeckte sie mit Küssen und war schneller in ihr, als sie sich empört spielend dagegen wehren konnte. Obwohl sie bis eben gar nicht erregt war und mit ihren Kopfschmerzen kämpfte, drang er so mühelos in sie ein, als ob er ein Gleitgel benutzt hätte. Es fühlte sich einfach nur richtig an und Mel schlang ihre Beine um seine Lenden, um ihn tief in sich aufzunehmen.

Mit kräftigen Stößen zeigte er ihr, welche Bestie auch früh am Morgen in ihm stecke. Ihre Rosenblüte pochte und ein angenehmes Kribbeln zog durch ihren Körper. Die Brustwarzen waren hart vor Lust und streckten sich ihm entgegen, während er sie mit grenzenloser Leidenschaft nahm. Er spürte, wie sich ihr Muskel immer fester um ihn schloss und er war erleichtert, dass er es nicht länger zurückhalten musste. Er atmete heftig und drang mit einem letzten tiefen Stoß in sie ein, in dem Moment, als er in ihr kam und als sie ihren Höhenpunkt laut herausschrie.

Erschöpft rollte er sich von ihr, unfähig einen klaren Gedanken zu fassen. „Darf ich vorstellen, die Bestie" brachte er atemlos hervor. Mel vernahm seine Stimme wie aus weiter Ferne und war nicht fähig, ihm eine Antwort zu geben. Mit diesem Überfallkommando hatte er sie nicht nur komplett überrumpelt, sondern sie auch ganz schön geschafft.

„So könnte er mich öfter wecken", schoss es ihr durch den Kopf. Schnell verwarf sie den Gedanken wieder. Sky lag immer noch unbewegt auf dem Rücken und zählte die LED Sterne, die sich an ihrer Zimmerdecke ausbreiteten. Zumindest hatte es den Anschein, als ob er Sterne zählte.

„Jetzt wird der Kaffee trinkbar sein" sagte er und griff nach seiner Tasse. Mel saß bereits auf der Bettkante und hielt ihre Tasse vor sich. Sie zündete sich eine Zigarette an und nahm einen kräftigen Zug. „Hier, nimm!" Sie hielt ihm die Schachtel hin und er griff zu. Geräuschvoll blies er den Rauch gen Decke und schaute sie an.

„Für deinen Körper brauchst Du einen Waffenschein ... ich habe schon einiges erlebt, aber eine Frau die mich so um den Verstand bringt, ist mir bisher noch nicht begegnet."

Mel war sich keiner Schuld bewusst und dachte, er übertreibt es, um ihr ein Kompliment zu machen. Männer und Komplimente standen meist auf zwei verschiedenen Blättern, so dass viele Komplimente sie nicht wirklich erreichten und sie dachte, der Mann wollte ihr damit einen Gefallen tun oder auch einfach nur sein Ziel erreichen.

„Ich meine es ernst. Du bist echt eine Hammer Frau!"

Sie schmiegte sich an ihn und hörte die Worte immer und immer wieder in sich nachhallen.

„Er könnte es sein. Vielleicht sollte ich ihn an mich heranlassen und mich ihm öffnen."

Mel überlegte, aber ihre Angst verschaffte sich sofort Gehör.

„Du kannst ihn nicht an dich heranlassen! Er wird dich genauso verletzen wie alle anderen zuvor, er ist auch nur ein Mann und wenn er von dir genug hat, wird er dich entweder scheiße behandeln oder dich gleich fallenlassen. Natürlich wird er dich vorher noch betrügen und sich mit anderen vergnügen, während du seine Kinder aufziehst und ihm ein gemütliches Zuhause schaffst!"

„Quatsch mit Soße!"

„Wie, was ist Quatsch mit Soße?" Mel wurde rot, hatte sie etwa laut gesprochen? „Ähm nichts, ich habe bloß laut gedacht, glaube ich." „Wohin sind deine Gedanken entglitten? Du hast laut Quatsch mit Soße gesagt."

Mel überlegte, ob sie ihm von ihren Ängsten erzählen sollte. Aber dazu müsste sie ihre Vergangenheit erwähnen und die sollte unter Verschluss bleiben. So wie sie damals bei Josh. Unter Verschluss und nicht für die Öffentlichkeit bestimmt. So wie sie früher Josh gehörte, gehörte ihre Vergangenheit ihr und niemandem anders.

„Was ist los, worüber denkst du nach?" „Ach nichts ...", beantwortete Mel seine Frage und wusste, wie unglaubwürdig sie klang. „Du warst richtig abwesend, als hättest du in die Vergangenheit geblickt und dort etwas gesehen, was dir Angst machte."

Sky schaute sie an und in seinem Blick lag Sorge. Irgendwie hatte er das Gefühl, dass Mel ihm etwas sehr wichtiges verheimlichte. Vielleicht etwas, was ihr heutiges Verhalten begründete und die Ursache ihrer Krankheit war? Er würde zu gern wissen, was ihr zugestoßen war und warum sie so verzweifelt und oftmals abwesend in die Gegend blickte. Aber er wusste auch, dass er mit seinen Fragen nicht weiterkommen und die gerade erst entstandene Nähe zerstören würde.

Irgendetwas ganz Schlimmes musste ihr zugestoßen sein. Er sah ihr tief in die Augen und merkte, dass er mit seiner Vermutung richtig lag. Sie hatte Angst, panische Angst, nur wusste er nicht, wovor.

„Vielleicht kann ich es dir irgendwann erzählen, aber derzeit bin ich noch nicht bereit dazu. Ich kann es nicht, auch wenn ich es gerne möchte. Irgendetwas hindert mich daran."

Sky nickte und verstand, dass er jetzt nicht weiter fragen brauchte.

Aber eine Frage brannte ihm noch auf der Seele. „Ist ein früheres Erlebnis die Ursache für dein Ritzen?"

Mels Herz schlug schneller, aber sie schüttelte den Kopf. Schwer atmete sie aus. „Geritzt habe ich mich vorher auch schon. Bereits in der Schule habe ich damit begonnen. Damals war es irgendwie cool, ich hatte die Aufmerksamkeit, die ich vorher nie hatte. Ich hatte nie Freunde, war nicht in einer Clique oder hatte Erlebnisse wie andere Jugendliche."

Sky hörte aufmerksam zu. Er war sich sicher, dass sie eine Borderline-Störung hatte. Ihre Selbstwahrnehmung war verzerrt und gesteuert von Beurteilungen anderer. Sie fühlte sich wertlos und ernährte ihre Psyche allein von den Komplimenten, sowie den Handlungen ihrer Mitmenschen. Ihre Stimmung konnte von himmelhoch jauchzend ohne einen erkennbaren Grund zur Depression wechseln und sie fand sich in einem Moment sexy und unwiderstehlich, wobei sie im nächsten Moment nur ein Schatten ihrer selbst war. Wenn sie schon so viele Jahre diesen Weg wählte, dann lag das Problem tiefer als er dachte.

„Und deine Eltern?"
„Pff", ließ Mel vernehmen. „Meine Eltern. Meine Mutter verließ uns als ich klein war. Ich wuchs bei meinem Vater auf, welcher sich bald eine neue Frau suchte. Steffie. Sie war nett, aber nie meine Mutter. Verstanden haben wir uns erst später. Als ich noch klein war, sah ich sie als Störfaktor, die mir meinen Dad wegnahm. Er hatte eh selten Zeit und seit Steffie da war, verbrachte er mehr Zeit mit ihr als mit mir."

Mel wurde nachdenklich und machte eine kurze Pause. Sky war still.

„Sie war immer zuvorkommend, hat sich auch um mich gekümmert. Aber geliebt hat sie mich glaube ich nie. Mein Vater war viel unterwegs und der Kontakt zu ihm war eher kühl. Ist er heute noch. Als die beiden damals merkten, dass ich mich ritze, haben sie mich zum Irrendoktor geschleppt und mich zu Gesprächen mit ihm, mit einem Fremden, gezwungen. Ich fing an, die Narben zu verstecken und meine Stimmung gegenüber anderen Menschen zu unterdrücken. Mein Vater dachte, dass er alle Probleme mit einem Arzt lösen könnte und er war der Meinung, dass er mir mit seinen Verboten und den Terminen bei Dr. Hentsch helfen würde. Zwei Jahre besuchte ich die Therapien und nichts änderte sich, gar nichts! Ich verzweifelte und merkte, dass alles noch schlimmer geworden war. Erst als ich die Sitzungen beendete und dort nicht mehr hinging, fühlte ich mich wieder ein wenig freier. Ich mochte diesen Arzt nicht, seine durchdringenden Fragen und seinen bohrenden Blick. Er machte mir Angst und was noch schlimmer war, nie hat mich mein Dad zu diesen Therapien begleitet oder mir sonst in irgendeiner Form gezeigt, dass ich ihm wichtig war."

Sky nahm sie in den Arm und Mel schluchzte an seiner Schulter. Sie

77

hatte gar nicht gemerkt, wie sie während ihrer Erzählung zu weinen angefangen hatte. Die Tränen strömten über ihr Gesicht und sie fühlte sich in dem Moment wieder wie das kleine Mädchen, welches vor jedem Termin bei Dr. Hentsch geweint und gefleht hatte, dort nie mehr hin zu müssen. Natürlich hatten sich ihre Besuche beim Psychiater nicht geheim halten lassen und es sprach sich schnell in der Schule herum. Wenn sie bis dahin nur der Außenseiter war, so war sie, ab dem Bekanntwerden der Termin der Außenseiter mit einem Dachschaden. Sie wollte nicht die Nerven verlieren und es war ihr peinlich, schon wieder vor Sky in Tränen auszubrechen. Er musste sie ja langsam für eine richtige Heulsuse halten.

„Für mich bist du nicht verrückt und ich halte dich auch nicht für einen Jammerlappen" meinte er und legte den Finger unter ihr Kinn, dass sie ihn ansehen musste. Über die Aussage und den Kontext zu ihren Gedanken musste sie lächeln und sah nun bestimmt richtig bescheuert aus. Sky schaute sie an. „Ich denke, du hast einfach nur zu viel in dich hineingefressen und Dinge nicht verkraftet, die bereits in deiner Kindheit passierten. Wieso ist deine Mom gegangen?"

„Ich weiß es nicht, Dad hat nie darüber gesprochen. Er hat immer sofort das Thema gewechselt, wenn ich ihn nach ihr fragte und irgendwann habe ich damit aufgehört. Ich habe auch nie versucht sie zu finden. Sie war nicht da, als es mir schlecht ging und heute brauche ich sie auch nicht mehr."

So wie sie erzählte, hatte der Verlust ihrer Mutter auf jeden Fall Spuren in ihrem Leben hinterlassen. Mit einem Vater der nie für sie da war, einer neuen Frau an seiner Seite und ohne Geschwister oder Freunde in der Schule war ihre Kindheit alles mit Sicherheit sehr trostlos. Dass sie kein Vertrauen aufbauen und Gefühle zeigen wollte, konnte er nur zu gut verstehen und machte ihr daraus keinen Vorwurf. Sie hatte Angst, Menschen an sich heranzulassen und enttäuscht zu werden. Da sich nie ein Mensch eingehend mit ihr und ihrer Seele beschäftigt hatte, würde es sehr schwer sein, ihr wirklich nahezukommen und in ihr Inneres zu blicken. Sie war wie eine Walnuss, welche unter der harten Schale einen sehr weichen Kern hatte. Doch eine Walnuss war nicht einfach zu knacken und sie war dicht, ohne die äußeren Einflüsse an ihren weichen Kern zu lassen. Der Vergleich von Mel und einer Nuss kam ihm zwar albern vor, war aber durchaus treffend.

„Wie war deine Kindheit, hast du Geschwister?" fragte sie ihn. Zum einen wollte sie nicht weiter über sich reden und zum anderen interessierte es sie wirklich. Er wusste nun schon mehr über sie, als sie je preisgeben wollte und sie kannte nur seinen Namen und seine Telefonnummer.

„Ich bin behütet aufgewachsen und hatte eigentlich eine schöne Kindheit. Das änderte sich erst, als ich mir die Haare wachsen ließ und mit ein paar Metal Kollegen um die Häuser zog. Da war ich 14 und kam immer öfter mit einer Fahne heim. Mein Vater dachte, er kann mir den Alkohol und die Zigaretten ausprügeln und aus mir wieder den Vorzeigesohn machen, der ich als Kind war. Meine Mutter hatte dazu keine große Meinung und rr verdiente zu Hause die Kohle und nahm sich daher auch das Recht, über uns und über unser Leben zu bestimmen. Als Kind machte es mir nicht aus und ich genoss es, alles zu bekommen was ich wollte. Doch als er mich auf einmal nicht mehr als seinen Sohn sah, weil ihn meine Optik abstieß und er mich mit Pennern und Drogenabhängigen verglich, merkte ich schnell, dass die heile Fassade und sein Ruf ihm wichtiger waren als die eigene Familie."

„Was hast du gemacht, als dein Vater dich geschlagen hat?"
„Eine Zeit lang habe ich es mir gefallen lassen, bis ich eines Abends richtig berauscht nach Hause kam und er wieder auf mich losging. Ich habe ihn zusammengefaltet und bin anschließend aus dem Haus. Sie haben mich nie wieder gesehen und ich habe keinen Kontakt mehr zu meiner Familie. Auch mein Bruder will nichts mehr mit mir zu tun haben. Ich sollte dazu erwähnen, dass in den Kreisen, wo

meine Familie verkehrt, lange Haare und Lederjacke nicht gerade zum beliebtesten Outfit gehören. Du weißt schon, Etikette und so."

Sein Blick glitt in die Ferne und Mel spürte, dass auch seine Vergangenheit nicht spurlos an ihm vorbeiging. Auch sein Auftreten als harter Rocker konnte darüber nicht hinwegtäuschen.
„Ich habe mich damit abgefunden und auch nicht mehr versucht, irgendwas über die Menschen die mich aufgezogen haben, in Erfahrung zu bringen."
„Also haben wir beide eine ziemlich zerrüttete Verwandtschaft" stellte Mel fest und fühlte sich durch seine Erlebnisse nicht mehr so allein.
„Wir haben ja uns, wer braucht da Familie" meinte Sky schon ein wenig lockerer und erklärte das Thema so für beendet. Mel konnte gar nicht sagen, wie glücklich sie über diese Aussage war und was es ihr bedeutete, dass er sie so schätzte und von „uns", von etwas gemeinsamem sprach.

Für einen kurzen Moment dachte sie an die Vergangenheit und blickte in das Gesicht des Mannes, den sie damals im Klub so fasziniert betrachtet, aber nie bekommen hatte. Würde sie irgendwann eine Beziehung führen, in der ein Mann nur Augen für sie hatte, ohne sie aber als seinen Besitz zu betrachten? Sie war devot und ein wenig masochistisch veranlagt, aber nur beim Sex und nicht im wirklichen Leben. Sie wollte nie mehr als Leibeigene gehalten und von einem Mann versklavt werden. Sky machte nicht den Anschein, als wenn er eine Dienstmagd suchen würde. Er war eher der Typ, mit dem eine gleichberechtigte Beziehung durchaus möglich war. Gern würde sie den Versuch wagen, doch dominierte in ihrem Verstand immer noch die Angst vor Eventualitäten, vor Verlust und Enttäuschung, vor Verletzungen ihrer Seele.

Sky ging nachhause und Mel entspannte sich. So gut ging es ihr lange nicht mehr. Sie saß einfach vor dem Fernseher ohne überhaupt wahrzunehmen, welches Programm lief oder was ihr die Medien zu vermitteln versuchten. Eigentlich wollte er gar nicht gehen und sie hatte gemerkt, wie schwer ihm der Abschied fiel. Aber es war klar, dass der Abschied am heutigen Tag keine Trennung für die Ewigkeit war und sie sich bald wiedersehen würden. Sky wollte sich zu Hause richtig ausschlafen und hatte morgen früh einen Kunden, für den er sehr zeitig aufstehen musste. Sie hatte ihm versprochen, ihn am Mittag auf Arbeit zu besuchen und etwas zu Essen vom Griechen mitzubringen. Sie freute sich auf den Besuch und hatte überlegt, ihn wirklich besser kennenlernen zu wollen.

Die Phase würde länger dauern, aber sie gab sich und ihrem Glück eine Chance in dem sie nicht von vornherein ausschloss, dass er sie glücklich machen konnte. Jetzt hatte sie auch erfahren, warum seine Freunde viel älter waren als er. Die Biker Truppe hatte er im Studio kennengelernt und sich auf ihrer Haut verewigt. So war er selber in die Kreise gelangt und Mel hatte auch erfahren, dass er neben dem alten BMW noch eine schwarze Chopper besaß. Auf die war sie auch gespannt und wollte unbedingt mit ihm eine Runde drehen. Er interessierte sie sehr und hatte etwas abenteuerliches, verwegenes an sich. Hieran war nicht allein seine Ausstrahlung Schuld, sondern die gesamte Aura die ihn umgab.

Hatte sie sich in Sky verliebt? In seine tollen und so tiefgründigen Augen, den Duft seiner Haut, die langen Haare und seine Männlichkeit, die sie so beeindruckte und die sie so verrückt machte? Sie ahnte schon, dass sie mehr für ihn empfand als nur pure Zuneigung, sexuelle Lust oder Freundschaft. Die Freude darüber, ihn morgen wiederzusehen und sich von seiner Arbeit zu überzeugen, beflügelte sie und ließ ihre gute Laune unerträglich werden. Sie konnte nicht zu Hause sitzen und warten, bis es irgendwann morgen werden würde. Sie beschloss, Roxy anzurufen und ihr von ihrem Erlebnis zu erzählen. Roxy war für sie keine Gefahr und Mel wusste, dass Sky sich nicht für sie interessierte, sondern dass er ausschließlich Augen für sie hatte.

„Hey Roxy, hast du Zeit?" „Dass du dich noch meldest, wo brennt's denn?" Mel war klar, warum Roxy nachfragte und sich wunderte. Ohne einen Grund meldete sie sich eher selten und hatte kaum das Bedürfnis, mit Roxy über irgendetwas zu sprechen. „Ich habe so gute Laune, die möchte ich gern mit dir teilen" meinte sie und wartete auf die Reaktion.

„Lass mich raten, das hängt doch bestimmt mit dem attraktiven Mann vom Wochenende zusammen oder? Hat er dir den Kopf verdreht?" Mel nickte, aber beantwortete die Frage nicht.

„Wenn du magst, komm einfach vorbei. Ich habe noch eine gute Flasche Wein stehen und würde mich freuen, wenn du dich sehen lässt." „Ich bin in einer halben Stunde da – und enttäusche mich nicht" flachste Roxy und Mel ahnte schon, worauf die Anspielung sich belief.

„Okay, bis gleich!" Sie legte auf.

Auf eine sexuelle Begegnung hatte sie mit Roxy heute keine Lust und wenn sie das mit Enttäuschung meinte, dann würde Mel sie enttäuschen müssen. Sie war ausgelastet und ganz entspannt. Daran würde auch Roxy nichts ändern. Es klingelte. Mel öffnete lächelnd die Tür und Roxy sah ihr bereits von weitem an, dass es ihr mehr als gut ging. Sie wirkte entspannt und ein wenig müde. Aber der Glanz in ihren Augen sprach für sich.

„Hi Mel" begrüßte sie die Freundin und fiel ihr um den Hals. Für Roxy war Mel zu einer Freundin geworden, auch wenn sie sich selten sahen und auch wenn sie wusste, dass Mel sich mit Freundschaften eher schwer tat.

„Schön dass du da bist" gab Mel zurück und bat sie herein. Im Wohnzimmer stand schon die Flasche Wein auf dem Tisch und Mel hatte sich bereits ein Glas eingeschenkt. Aus dem Schrank holte sie ein Glas für Roxy und schenkte ihr ebenfalls ein.

„Ihr wart ja so schnell weg am Wochenende" begann Roxy das Gespräch. Mel grinste und nickte. „Er ist so traumhaft, ich weiß gar nicht was ich sagen soll ... womit ich beginnen soll. Ich hätte nie gedacht, dass er so toll ist."

„Seid ihr zusammen?" fragte Roxy.

„Ich weiß es nicht. Nein." Zusammen waren sie nicht, aber vielleicht würde es so kommen. Wenn Mel es zuließ. „Ich beneide dich Mel. Ich hätte ihn auch nicht von der Bettkante gestoßen, aber er hatte ja nur Auge für dich." Man merkte Roxy die Enttäuschung noch an, aber sie lächelte, während sie es sagte. Mel konnte es sich vorstellen und war froh, dass Sky nur Interesse an ihr hatte. Unterdes hatte sie ihm so viel anvertraut, dass sie ihn nicht mehr teilen wollte und auch bereit war, ihm noch mehr zu offenbaren und ihn Stück für Stück kennenzulernen.

„Hast du ihn gleich in der ersten Nacht mit heim genommen?"

„Wir waren bei ihm", antwortete Mel wahrheitsgemäß und mit einem verträumten Blick.

„Na erzähl doch mal, wie ist er so? Du bist ja hin und weg, also lass dich nicht so bitten!" Wie zufällig streichelte Roxy Mels Schulter während sie sprach.

„Eigentlich wollte ich ja nur jemanden für die Nacht, einfach nur einen Mann. Und die Nacht war toll, sehr toll. Er ist so, so ... ich weiß nicht wie ich es sagen soll." Mel fehlten gerade die Worte.

„Geil, lüstern, heiß?" vollendete Roxy ihren Satz. Sie nickte. Genau das waren die Ausdrücke, die sie durchaus auf Sky anwenden konnte.

„Und absolut attraktiv ist er obendrein" merkte Roxy an.

Das war Mel durchaus bewusst. Er sah mehr als gut aus und war so männlich und einzigartig, dass sie ihn stundenlang anstarren konnte und auch jetzt, wo er nicht bei ihr war, ständig in ihrem Kopf herum spukte.

„Und er ist der beste Tätowierer der Stadt", sprach Roxy mit leichtem Neid in der Stimme weiter.

„Woher weißt du … ?" Ehe Mel ihren Satz beenden konnte, fügte Roxy an: „Papperlapapp, ich habe mich natürlich auch erkundigt." Das hätte Mel eigentlich klar sein müssen. „Keine Angst, ich habe nicht aus persönlichem Interesse gefragt. Nur bin ich mit einem Freund von ihm los und so kam das Gespräch auf Sky."

Mel atmete auf. Sie hatte bereits einen schnellen Herzschlag bekommen, als Roxy auf einmal so viel über ihn wusste und hatte befürchtet, dass sie sich auch um ihn bemühte.

„Ich hätte doch gar keine Chance bei ihm. Schau dich an und sieh mich."

Roxy nahm Mels Hand und legte sie auf ihren Busen. „Flach wie ein Brett, mit dir kann ich nicht mithalten." Im Vergleich zu Mel war Roxy eher zierlich, aber flach würde sie nicht sagen. Sie spürte eine Handvoll Brust und merkte, dass Roxy unter der Berührung ihrer Hand bereits leicht erregt war. Mel zog ihre Hand weg … sie wollte jetzt kein Erlebnis mit ihr und sie hatte momentan überhaupt keinen Gedanken daran, eine Frau zu verführen oder sich von einer Frau verführen zu lassen. Auch nicht von Roxy, mit der sie schon einige Abenteuer erlebt hatte.

„Du hast eine tolle Figur, bist schlank und hast die Rundungen genau an der richtigen Stelle."

„Findest du?" Roxy schaute auf Mel. „Ich wäre lieber so wie du, oben ein bisschen mehr, eine weiblichere Figur eben. Wenn wir zusammen weg sind, schauen die meisten Kerle nur auf dich und lassen mich links liegen."

Ihr tat Roxy fast schon leid, zumal sie in ihren Augen Tränen sah. Bisher war ihr gar nicht bewusst, dass Roxy solche Probleme mit ihrer Figur hatte. In der Öffentlichkeit präsentierte sie sich selbstzufrieden und auch im Bett geizte sie nicht mit ihren Reizen. Sie nahm Roxy in die Arme und spürte, wie sie die Berührung genoss. In Mel breitete sich Wärme aus. Keine sexuelle Lust, aber Wärme, diesen Körper in ihren Armen zu halten und sie zu trösten. Roxy schaute sie an und ihre Lippen näherten sich.

„Wirklich? Findest du mich hübsch?" Mel nickte und in dem Moment berührten sich ihre Lippen und trafen sich zu einem erst zärtlichen und dann immer leidenschaftlicher werdenden Kuss. Wie selbstverständlich glitten Roxys Hände über den ihr so vertrauten Körper. Mel wehrte sich nicht, auch wenn ihre Vernunft kurz aufflammte. Aber die Berührungen der anderen Frau ließen sie ein Gefühl erleben, welches ihr nur eine Frau vermitteln konnte. Es war vertraut, weich und warm. Sie spürte ein angenehmes Kribbeln in ihrem Unterleib und war machtlos dagegen, machtlos gegen die Berührungen und die Gefühle, die sie in ihr auslösten.

Die Alarmglocken in ihrem Kopf klingelten und sie wusste, dass sie sich hier gerade auf etwas einließ, was sie besser lassen sollte. Vor ihrem geistigen Auge sah sie Sky, mit dem sich gerade etwas Besonderes anbahnte, etwas was Mel wirklich wollte und was sie nicht aufs Spiel setzen würde.

„Es ist ja kein anderer Mann" sprach das Teufelchen auf ihrer anderen Schulter. Roxys Berührungen ließen Mel nicht kalt und sie wusste nicht, warum sie sich jetzt, in diesem Moment darauf einließ. Die Zungenspiele sorgen bei ihr für eine enorme Erregung und Mels Hände wanderten langsam über die Roxys Brust. Sie spürte die kleinen festen Knospen unter ihren Fingern und berührte sie intensiver, diesmal mit ihren Handflächen. Auch wenn ihr Gewissen sie warnte, konnte sie den weiblichen Reizen nicht widerstehen und ließ die Berührungen nicht nur zu, sondern sie genoss sie sichtlich. Roxy schob Mels Kleid hoch und ihre Finger wanderten zu ihrer feuchten Rosenblüte, die sich der Berührung sehnsüchtig entgegen schob. Kurz zuckte Mel in dem Moment zurück. „Ich kann nicht" hauchte sie leise, doch hatte nicht die Macht, sich den Berührungen zu entziehen. Roxys Zunge umspielte ihre Lippen und Mel verlor jegliche Beherrschung. Als sich Roxys Handfläche auf ihre Knospe legte, stöhnte Mel leise auf und ließ ihre Finger über den Körper der Frau wandern. Immer tiefer glitt ihre Hand, bis sie Roxys aufblühende Knospe erreichte und die Erregung ihre spürte. Um ihre Beherrschung war es geschehen und sie wollte in dem Moment nur noch den Geschmack und die weiche Haut dieser Frau spüren. Sie zog ihr das Top aus, während Roxy ihren Rock langsam herunter schob und ihn zu Boden fallen ließ.

Die Erregung, die Mel dabei empfand war eine andere, als die Lust, die sie bei Sky spürte. Sie war intensiv, aber von anderen Gefühlen begleitet. Roxys Lippen näherten sich ihrem Busen und sie spürte die Zunge, die ihre Nippel umkreiste und mit leichten Bissen und saugenden Bewegungen für ein unbeschreibliches Gefühl sorgte. Während Roxy sich mit ihrem Busen beschäftigte, glitten Mels Finger über den Körper der Frau und erkundeten ihn langsam, vorsichtig. Jeder Zentimeter des Körpers und der Haut war ihr vertraut ...

„Ich bin gleich wieder da" hauchte Mel und stand auf. Roxy lag erregt auf dem Sofa und Mel nahm die glitzernde Feuchtigkeit ihrer Rosenblüte mit Wohlgefallen wahr. „Beeile dich", flüsterte sie. Mel ging ins Schlafzimmer und holte einen mit Perlen besetzten Dildo, der nicht so groß war. Sie wusste, dass Roxy eng gebaut war und dass es ihr weh tat, wenn das Spielzeug zu monumental war. Mit diesem Luststab würde sie sie verwöhnen und es genießen, wie die Frau unter ihren Händen dahin schmolz.

Als sie zurück ins Zimmer kam, war Roxy mit sich selber beschäftigt und streichelte sich. Mel verspürte das Bedürfnis, ihre Zunge über die feuchten Lippen gleiten zu lassen und Roxy zu schmecken. Sie kniete sich hin und ließ ihrer Phantasie und ihrer Lust freien Lauf. Roxy stöhnte auf und griff nach Mels Brüsten, die vor ihr erregend auf und ab wippten. Ihr ganzer Körper sehnte sich nach dieser Frau und sie verging vor Lust, allein durch die Berührungen ihrer Zunge. Mit Hingabe umspielte Mel Roxys Rosenknospe mit ihrer Zungenspitze, ehe sie den perlenbesetzten Zauberstab zur Hand nahm. Ohne Probleme nahm sie ihn in sich auf und bewegte ihr Becken dem Dildo rhythmisch entgegen. „Wie zart sie gebaut ist", dachte Mel und sah dabei zu, wie sich Roxys Muskel fest um den Dildo schloss. Mit ihrer freien Hand hatte sie den Weg ihrer eigenen Blüte gefunden und streichelte sich erst mit langsamen, dann mit immer schneller werdenden Bewegungen.

Roxys Becken schob sich ihr entgegen als sie sah, wie erregt Mel war und wie sich ihre Hand immer schneller bewegte. „Ich will dich schmecken" brachte sie unter heftigem Stöhnen hervor und beugte sich über Mel. Ihre Zunge glitt zwischen die heißen Lippen und flog mit geübten Schmetterlingsbewegungen über ihre Rosenknospe, bis sie sich weiter vorarbeitete und sich langsam in die wartende, vor Lust bebende Öffnung schob. Roxy leckte Mel mit totaler Hingabe und kam in dem Moment, als diese ihr den Dildo mit einem einzigen Stoß ganz in ihre Enge schob. Roxy bäumte sich auf und saugte so fest an Mels Knospe, dass diese ebenfalls kurz vor dem Höhepunkt war. Sie war begierig ohne Ende und wollte endlich kommen. Roxy spürte ihre Geilheit und nachdem ihr eigener Höhepunkt am abklingen war, zog sie den Dildo heraus und nahm ihn, um Mel damit zu beglücken. Sie spielte weiter mit ihrer Zunge und schob den Luststab in schnellen und kräftigen Bewegungen in die Rose ihrer Freundin, die sie allein durch ihren Anblick wieder erregte. Mel bäumte sich auf und automatisch glitten Roxys Finger mit dem Luststab gemeinsam in Mels vor Lust bebenden Körper. Diese stöhnte auf und wand sich unter den Berührungen und ihrer eigenen Hand, welche die Lust unterstrich und ihr endlich zum ersehnten Höhepunkt verhalf. Roxy sah, wie sich der Muskel zusammenzog und sie sah zu, wie diese Frau einen explosiven Höhepunkt erlebte.

Mels Atem normalisierte sich und sie entzog sich Roxy. Ihr Blick glitt in die Ferne.

„Das hätte nicht passieren dürfen" flüsterte Mel leise, als sie wieder klar denken und Roxy anschauen konnte. „Verstehe mich bitte nicht falsch. Ich fand es auch toll und habe es sichtlich genossen, wie du mich geleckt und berührt hast. Aber es hätte nicht passieren dürfen!"

Roxy spürte Mels Verzweiflung und hatte ein schlechtes Gewissen. „Es bleibt unter uns, du brauchst dir keine Sorgen machen." Die beiden Frauen saßen noch immer nackt auf dem Sofa und Roxy tat es wirklich leid, dass sie Mel so in Verlegenheit gebracht hatte. Aber sie konnte nicht anders, sie war so erregt und der Wein hatte sein übriges getan. Auch Mel blickte auf die leere Flasche und überlegte, ob sie ohne den Einfluss des Alkohols genauso unbeherrscht reagiert hätte.

„Tut mir echt leid" meinte Roxy und schaute Mel an. „Ich hätte ja nicht darauf eingehen müssen. Ich gebe dir nicht die Schuld. Aber es hätte echt nicht passieren dürfen. Wie soll ich Sky noch in die Augen schauen können?" Roxy schwieg und griff nach ihrem Top. Sie dachte nicht, dass Sky ein Problem damit hatte, wenn seine Freundin sich mit einer anderen Frau vergnügte. Sie glaubte ehr, dass er dabei gern zugesehen hätte. Träumte nicht jeder Mann davon, zwei Frauen beim Sex zuzusehen? „Von mir erfährt er es nicht" meinte sie. „Ist okay, aber ich weiß nicht wie ich damit umgehen und ob ich es ihm besser erzählen sollte."

Diese Frage konnte ihr Roxy nicht beantworten.
„Dir ist es ernst mit ihm?" Mel nickte. Sie zog sich ihr Kleid über und empfand die Feuchtigkeit zwischen ihren Beinen als Verrat an dem Mann, mit dem sie eine Beziehung wagen wollte. Hätte sie es sich selber gemacht, hätte sie kein schlechtes Gewissen gehabt, aber so? Nun war es passiert und sie konnte es nicht rückgängig machen, so sehr sie es sich auch wünschte.

„Ich gehe dann mal besser" meinte Roxy. „Das musst du nicht, ändern kann ich es eh nicht mehr und noch einmal wird es nicht passieren. Lass uns einfach noch ein bisschen reden", meinte Mel. Sie wollte jetzt nicht allein sein und es würde ihr gut tun, wenn sie einfach mit Roxy reden konnte. Allein sein würde ihr schlechtes Gewissen verstärken und sie wusste, was dann passieren würde.

„Du willst wirklich mit Sky was Reales aufbauen, oder?" Roxy schaute Mel ein wenig verunsichert an und konnte sich nicht so wirklich vorstellen, dass sie ihr Single-Dasein einfach so aufgeben wollte. Sie kannte Mel schon länger und hatte noch nie bemerkt, dass diese eine Beziehung hatte oder Interesse an einem gemeinsamen Leben mit einem Mann geäußert hätte. Sky war in ihr Leben getreten und es musste sie getroffen haben wie ein Blitz.

„Ich kann es mir vorstellen und ich glaube auch, dass ich es mir wünsche." Roxy schaute sie an. „Ich hätte nie gedacht, dass du dich verliebst. Du warst ja immer nur auf der Suche nach dem Kick, nach Sex und nach Erlebnissen … nach dem Brainfuck, aber nicht nach einer festen Beziehung. Was hat er an sich, dass du deine Meinung änderst?"

Mel wollte nicht ins Detail gehen und ihr zu viel auf die Nase binden. Immer noch war da die Angst, dass Roxy ihr den Mann, den sie wollte, wegschnappen könnte. „Ich weiß es auch nicht, aber irgendwie passt es einfach und ich fühle mich bei ihm wohl."

„Wenn du dich auf ihn einlässt, muss da aber mehr sein" meinte Roxy. „Allein vom wohlfühlen wirst du dich auf keinen Mann einlassen." Sie wusste, worauf Roxy hinaus wollte und musste ihr ja recht geben, natürlich war da mehr. „Er ist attraktiv und auch im Bett ist er richtig klasse. Und dumm ist er auch nicht. Er interessiert sich wirklich für mich, nicht nur für meine Körperöffnungen und für seine Befriedigung." Mel hatte mehr gesagt, als sie eigentlich wollte aber es entsprach der Wahrheit.
„Oh Gott, du bist ja bereits schwer verliebt!"

Mel wurde rot und schüttelte den Kopf. Roxy lachte. „Musst nicht verlegen werden, der Typ ist wirklich total geil und wenn er auch noch im Bett der Hammer ist, hast du wirklich einen Glücksgriff gelandet und solltest ihn nicht mehr loslassen. Auch wenn ich dann keinen Spaß mehr mit dir haben darf ..." meinte Roxy und schaute Mel aus großen Augen mit gespieltem Entsetzen an.

Jetzt musste Mel sich das Lachen verkneifen und die Anspannung der letzten Minuten war verflogen. Auch wenn sie mit Roxy Sex hatte, war ihr schlechtes Gewissen nicht mehr ganz so schlimm wie sie befürchtete. Sie wusste, dass es am Folgetag wenn sie sich mit Sky traf, erneut kommen würde ... aber in diesem Moment war es okay und sie konnte mit der Situation umgehen.

Wenn sie mit Sky wirklich fest zusammen sein wollte würde sie lernen müssen, ihre unkontrollierten Gefühle und ihre sexuelle Spontanität unter Kontrolle zu bekommen. Es war ja nicht so, dass sie unbefriedigt oder wirklich geil gewesen wäre. Doch konnte sie dem Reiz und der Aussicht auf die Berührungen nicht widerstehen und hatte sich so in eine Lage gebracht, die ihr in einer Beziehung mit Sky nicht passieren durfte. Sie überlegte, ob sie ihm davon erzählen sollte oder es lieber für sich behielt. Doch traute sie Roxy nicht, dass diese den Mund hielt und wollte nicht, dass er es von ihr oder über andere Dritte erfuhr. Auch wenn es eine schwere Entscheidung war, sie würde es ihm sagen müssen und ihn durch ihre Ehrlichkeit von sich überzeugen. Erfuhr er es durch Zufall, wäre sein Vertrauen in eine Beziehung mit ihr garantiert zerstört und sie hätte durch einen kurzen und nicht einmal nennenswerten Fehltritt alles kaputt gemacht.

Die Nacht hatte bereits Einzug gehalten und Mel gähnte herzhaft und entspannt. „Ich werde jetzt auch mal ins Bett gehen, die Nacht ist kurz", meinte sie und gab Roxy damit das Signal zum Aufbruch. „Okay. Tut mir leid, dass ich dich in die Verlegenheit gebracht habe und ich werde mich in Zukunft beherrschen."

Mit diesen Worten verabschiedete sich Roxy und Mel schloss die Tür hinter ihr. Auch wenn sie noch nicht wirklich müde war, wollte sie jetzt allein sein und ihre Gedanken ordnen.

~ 13 ~

In dieser Nacht brauchte Mel lange um einschlafen zu können. Ihre Vorfreude auf den morgigen Tag wurde von der Begegnung mit Roxy getrübt, die sie wieder und immer wieder vor ihrem geistigen Auge ablaufen sah. Kurz nach Mitternacht war ihre Anspannung so groß, dass sie ins Bad ging und die Klinge ansetzte. Doch irgendetwas hielt sie ab, irgendetwas verhinderte, dass die Klinge durch ihr weiches Fleisch glitt. Ein kleiner Kratzer zeugte von dem Versuch sich Erleichterung zu verschaffen, ehe sie wieder ins Bett ging und den ersehnten Schlaf fand.

„Warum passiert immer mir so etwas? Bin ich wirklich nicht in der Lage, Liebe zu empfinden und diese nur auf einen Menschen zu projizieren … einfach nur in einer normalen Liebesbeziehung zu leben … den Reizen zu widerstehen?"
Mel verstand ihre Handlung überhaupt nicht mehr und wusste immer noch nicht, wie sie Sky gegenüber treten sollte. Sie würde es ihm sagen müssen. Schon allein aus dem Grund, weil sie befürchtete, dass Roxy mit der Nummer nicht hinter dem Berg hielt und es garantiert jemandem erzählen würde. Und außerdem meinte sie es ernst mit ihm und wollte keinesfalls unehrlich in eine eventuelle Beziehung mit Sky starten. Dann nähme das Unheil seinen Lauf und es würde sich verbreiten wie eine Feuersbrunst und schneller bei Sky ankommen, als es ihr lieb war.
„Ich werde gleich morgen mit ihm reden!" Dies war ihr letzter Gedanke in dieser Nacht.

Die Sonne schien ins Schlafzimmer und Mel blinzelte verschlafen. Wie spät war es? Der Wecker auf ihrem Nachttisch zeigte kurz vor neun. Sie streckte sich und stand auf. Während sie sich duschte,

91

dampfte in der Küche der frische Kaffee und würde ihr die restliche Müdigkeit aus den Gliedern treiben. Heute war der große Tag, an dem sie Sky in seinem Tattoo-Studio besuchen und ihn wiedersehen würde. Die Zeit seit dem letzten Treffen erschien ihr wie eine Ewigkeit, obwohl es erst gestern war. Auf dem Küchentisch fand sie ihr Handy und sah, dass sie eine Message erhalten hatte.

„Guten Morgen meine Schöne! Ich konnte die Nacht nicht schlafen und habe die Zeit genutzt, um eine Überraschung für dich zu entwerfen. Ich hoffe du freust dich. Heute Mittag weißt du mehr und jetzt belasse ich dich in deiner Neugier. Smilie. Dein Sky"

Die Nachricht ließ ihr Herz höher schlagen und sie war gespannt, welche Form der Überraschung Sky sich für sie überlegt hatte. Schlagartig kam ihr auch ihre eigene „Überraschung" in den Sinn, die sie ihm heute würde beichten müssen. Wie eine große Last lag das schlechte Gewissen auf ihren Schultern. Er hatte sich über Nacht die Mühe gemacht, ihr eine Freude zu bereiten und Sie? Sie hatte derweil mit Roxy Sex gehabt und sein Vertrauen missbraucht! Mel stiegen die Tränen in die Augen und in ihrem Kopf spielten sich verschiedene Filme ab. Wie würde er reagieren? Oder sollte sie es ihm doch nicht sagen und hoffen, er würde es nie herausfinden? Den Gedanken verwarf sie wieder, da sie sicher war, er wüsste es bereits vor dem Wochenende. Warum musste sie sich auch mit Roxy einlassen, wo ihr doch bewusst war, das Roxy nichts für sich behalten konnte und mit dem Zusatz „Sag es nicht weiter", alle Bettgeschichten gerne und öffentlich preisgab. Auch in der Erläuterung von Details war diese Frau alles andere als zurückhaltend und ging sehr gerne bis in die finsterste Ecke der erlebten Praktiken.

„Ich habe es getan und nun muss ich auch dazu stehen!" Mel sprach mit sich selber und hatte mit dieser lauten Aussage zur Küchenwand ihren Entschluss gefasst. Die Zeit bis zum Mittag zog sich wie Kaugummi und war geprägt von Anspannung und von vielen

Gedanken. Sie ging noch zweimal ins Badezimmer und setzte die Klinge auf ihrem Unterarm an. Die alten Schnitte waren am Abheilen. Genau wie in der vorletzten Nacht setzte sie auch jetzt keinen neuen Schnitt und verließ das Bad unverrichteter Dinge. Sie würde heute Kraft brauchen, eine Menge Kraft. Wenn sie jetzt umkippte oder depressiv wurde, half es ihr gar nichts. Sie griff zum Handy und zündete sich eine Zigarette an. Langsam blies sie den Rauch zur Zimmerdecke.

„Hi Großer, ich freue mich auf dich. Bin total gespannt auf deine Überraschung, muss aber vorher mit dir reden. Dringend. Bis gleich, Mel." Senden. Nun war es heraus.

Jetzt kam sie um das Gespräch nicht mehr umhin und hatte mit der Nachricht ihrer eigenen, tief in ihr wohnenden Angst vorgebeugt. Sky würde sie in jedem Fall fragen, was sie dringendes mit ihm zu besprechen hatte und sie würde ihm reinen Wein einschenken. Es war 11.30 und sie beschloss, sich anzuziehen und sich auf den Weg zu machen. Ihre Wahl fiel auf ein schwarzes Kleid aus weichem Rindsleder, welches ihren Körper in Perfektion umschmeichelte. Auch die Armstulpen wählte sie aus diesem weichen Material passend zu ihrem Kleid. Noch einen Hauch roten Lippenstift auftragen, die Augen schwarz umranden und die Haare bürsten. Im Spiegel sah sie eine sehr attraktive Frau, der ein Mann und auch manche Frauen nur schwer widerstehen konnten. Da sie gemeinsam die Mittagspause verbringen wollten und sich auf griechisches Essen geeinigt hatten, nahm sie einen kleinen Umweg und ließ sich eine kleine Platte für zwei Mann einpacken. Je näher sie dem Tattoo Studio kam, umso enger wurde es ihr in der Brust und sie merkte, wie das Kleid auf ihrem Körper spannte. Im Normalfall wäre sie jetzt bereits von einer endlosen Erregung begleitet worden, welche aber in dem Moment gänzlich ausblieb.

Ihr schlechtes Gewissen war wieder da und würde sich auch nicht auflösen, bis sie mit Sky gesprochen hatte.

„So schlimm wird es nicht. Wir sind ja nicht zusammen. Noch nicht", sagte sie sich immer wieder und sah das Tattoo-Studio bereits auf der anderen Straßenseite. Sky stand draußen und zog genüsslich an seiner Zigarette. Als er Mel erblickte, erhellte sich sein Blick und er lächelte sie an. Nur noch eine rote Ampel trennte sie von ihm.

Er kam auf sie zu und nahm sie in die Arme. „Wie gut er sich anfühlt und riecht." Mel erwiderte seine Umarmung und ihre Lippen berührten sich zärtlich. „Schön das du endlich hier bist", begrüßte er sie und nahm ihr den Beutel mit dem Essen ab. „Ich habe einen Hunger, das kann ich dir sagen!"
„Du hast also nur auf das Essen gewartet?" Mel spielte leichte Empörung und versetzte ihm mit der Faust einen leichten Stoß auf seine muskulöse Brust. „Natürlich nicht! Die hübsche Frau vom Lieferservice steht natürlich an oberster Stelle!" Er legte seinen Arm um sie. „Folge mir in die heiligen Hallen."

Bereitwillig ließ sie sich von ihm führen und war echt begeistert, als er ihr sein Studio zeigte. „So einen Arbeitsplatz hätte ich auch gerne. Ist ja total gemütlich hier", stellte Mel fest und sah sich interessiert um. Sie verließen den Arbeitsbereich und Sky führte sie in einen Raum, in dem eine bequeme Ledercouch vor einem kolonialen Tisch stand.
„Hier entspanne ich mich, wenn gerade keine Kundschaft da ist." Aus den Boxen der Anlage drangen die Klänge einer Mel unbekannten Band ins Ohr und sie fühlte sich augenblicklich wohl. Wäre da nur nicht ihr schlechtes Gewissen gewesen.
Sky holte Besteck und zwei Teller. Er hatte wirklich enormen Hunger und während Mel ihm mehr oder weniger beim Essen zusah, stocherte sie lustlos auf ihrem Teller herum. Er bemerkte, dass sie etwas bedrückte und ihm fiel ein, dass sie ja dringend mit ihm sprechen wollte. Er legte die Gabel zur Seite und rückte näher zu ihr. „Was ist los? Dich bedrückt doch irgend etwas. Worüber willst du so dringend mit mir reden?" Er schaute sie aus seinen wundervollen Augen an und Mel wusste nicht, wie sie beginnen sollte. Sie hatte

94

keine Vorstellung davon, wie er auf ihre Aussage reagieren würde und was passieren würde, wenn sie ihm die Wahrheit sagte.

„So schlimm?" Sie nickte.

„Erzähl es mir einfach. Ich werde dir den Kopf schon nicht abreißen und ich wüsste wirklich nicht, was so schlimm sein kann, dass ich es nicht verkrafte. Außer du möchtest mir sagen, dass wir uns nicht wiedersehen. Das wäre wirklich schlimm!"
Mel schüttelte den Kopf. Das wollte sie ihm natürlich nicht sagen.
„Also" begann sie. „Gestern Abend, da war Roxy bei mir. Ich habe sie angerufen weil ich ihr von dir, von uns erzählen wollte. Ich konnte nicht allein sein und musste mit jemandem sprechen."
Er schaute sie an, als wenn er wüsste, das dies nicht die Aussage war, um die es ihr eigentlich ging. Er wartete, bis sie weiter sprach und unterbrach sie nicht, da er bemerkte, wie schwer ihr das Gespräch fiel. Seine Gedanken kreisten und er überlegte, was so schlimm an Roxys Besuch war und warum Mel es ihm unbedingt erzählen musste.
„Wir haben …, also Roxy hat …, es sollte nicht passieren und tut mir total leid!" Mel war den Tränen nahe.
Sie wusste nicht, wie sie ihm am besten vom Erlebnis mit der Frau erzählen sollte. Sky wurde langsam ungeduldig und verstand nicht, was denn mit Roxy so schlimmes passiert sein sollte. Er hatte schon damit gerechnet, dass sie ihm von einem anderen Mann erzählen oder ihm sagen wollte, dass sie ihn nicht mehr sehen wollte. Aber da es nur um Roxy ging, war er erleichtert und konnte ihre Nervosität nicht nachvollziehen. Sky legte den Arm um Mel und zog sie zu sich heran.
„Was ist mit Roxy, was habt ihr?" Sie entzog sich ihm und er war über ihr Verhalten erstaunt und erschrocken.
„Wir hatten Sex!", platzte es aus ihr heraus und er hörte ihr Herz pochen.
„Wie, ihr hattet Sex? Roxy und du oder wie meinst du das?"
Sie nickte und er verstand. Sky atmete hörbar aus und sagte nichts.

In seinem Kopf stellte er sich vor, wie die beiden Frauen ihren Spaß hatten. Auch wenn es für ihn ein komisches Gefühl war, fand er es doch nicht so schlimm, wie Mel wahrscheinlich dachte. Aber sagen konnte er nichts darauf und saß sprachlos neben ihr.

„Es sollte nicht passieren. Sie war bei mir und wir haben uns über dich unterhalten. Auf einmal fing Roxy an zu weinen und ich habe sie in den Arm genommen um sie zu trösten. So kam es, es war nicht geplant. Sie berührte mich und wir hatten auch schon Wein getrunken. Da ist es einfach passiert."

Er nahm Mel in den Arm und fand langsam seine Sprache wieder. „Ich dachte schon, du wolltest mich nicht mehr sehen oder hast einen anderen Mann kennengelernt. Wenn es nur Roxy war, finde ich das jetzt nicht so schlimm. Hattest du schon öfter was mit Frauen?"

Auch Mel hatte ihre Fassung wiedergefunden und war froh, dass er sie nicht gleich aus dem Studio geworfen hatte.

„Ich hatte früher schon einmal was mit ihr, aber es sollte nicht mehr passieren. Wie es gestern so weit kam und warum es passiert ist, weiß ich nicht. Aber es wird nicht mehr vorkommen und ich war so fertig nachdem es passiert war, dass mich die ganze Nacht dunkle Gedanken und Gewissensbisse geplagt haben. Hätte ich gewusst wie es kommt, hätte ich sie nie eingeladen. Ich kann die Schuld nicht von mir weisen, ich hätte ja nicht mitmachen müssen. Aber es ist passiert und ich kann es nicht rückgängig machen. Ich wollte, dass du es weißt, auch wenn es mir sehr schwer fällt darüber zu reden."

Sky streichelte ihre Schulter und die Anspannung der letzten Minuten war von ihm abgefallen. „Du bist mir doch keine Rechenschaft schuldig und hättest es mir nicht erzählen müssen. Ich finde es aber gut, dass du so ehrlich bist und darüber sprichst."

„Wirklich?" Mel atmete auf. Sie hatte mit einer anderen Reaktion gerechnet und nie gedacht, dass er so locker darauf reagieren würde. Für sie stand trotzdem fest, dass ihr so ein Ausrutscher nicht mehr passieren würde. „Ja", antwortete Sky und küsste mit Leidenschaft und Hingabe.

96

Mel gab sich dem Gefühl hin und war froh über den Ausgang ihres Gesprächs.

„Es wird nicht noch einmal passieren und das habe ich ihr auch gesagt. Auch wenn sie darauf enttäuscht reagierte, hat sie es zur Kenntnis genommen und solche Situationen werde ich jetzt meiden." Sie war so erleichtert, dass Sky ihr nicht böse war und es offensichtlich nicht schlimm fand.

„Wäre es ein anderer Kerl gewesen, wäre ich schon eifersüchtig gewesen" meinte er und lächelte sie an. „Aber euer Spaß unter Frauen ist für mich doch keine Konkurrenz und daher, Schwamm drüber!"

Der Gedanke, dass die beiden Frauen Sex hatten, erregte ihn eher, als er ihn störte. Vor seinen Augen sah er zwei Frauenkörper, die sich vor Lust und Leidenschaft wanden und die sich nach allen Regeln der Kunst verwöhnten. Ehe ihn noch die Beherrschung verließ und seine Phantasie mit ihm durchging, schaltete er den Film vor seinem geistigen Auge ab und wandte sich Mel zu.

„Willst du deine Überraschung sehen?" Sie nickte und war froh, aber gleichzeitig erstaunt, warum er nicht mehr über ihren Abend wisse wollte. Er nahm ihre Hand.

„Komm mit!"

Er führte sie hinunter ins Studio und zeigte auf ein Blatt Papier, welches vor seinem PC lag. „Ich habe etwas für dich entworfen, was sich deinem heißen Körper perfekt anpassen würde. Wenn es dir gefällt."

Sie betrachtete das Motiv, welches einen Frauenrücken zeigte, der mit einem Gebilde aus Flügeln und einem Schriftzug über die Schultern gezogen war.

„Hammer! Und das ist für mich?"

Er nickte. „Gefällt es dir?" Mel war begeistert und wusste gar nicht, was sie dazu sagen sollte.

Die Flügel waren in einer Art Tribal verarbeitet, aber filigran und sehr zart. „Carpe Noctem", - nutze die Nacht -, stand über den Flügeln und zog sich über den gesamten Schulterbereich. Das Tattoo war ganz nach ihrem Geschmack und es gefiel ihr sehr gut. Ohne zu wissen, dass sie nicht auf bunte Tätowierungen stand, hatte er das Bild für sie in schwarzweiß entworfen. Sie fiel ihm um den Hals und er spürte, wie begeistert sie von seiner Überraschung war.

Nun war Sky erleichtert. Auch er hatte Angst, dass er sie vielleicht mit seinem Geschenk überrumpelt hatte und sie ihm nicht so viel Vertrauen entgegen brachte, dass sie sich von ihm tätowieren lassen würde. Immerhin kannten sie sich erst wenige Tage. Doch als er ihre Begeisterung sah und spürte, war seine Freude über die Idee perfekt. „Ich steche es dir, wann du möchtest. Und sei dir sicher, keine außer dir wird dieses Motiv tragen. Ich habe es für dich entworfen und wenn es auf deinen Schultern ist, wird der Entwurf vernichtet und ziert dich allein für die Ewigkeit."

Mel hielt ihn ganz fest und wusste nicht, wie sie ihrer Freude am besten Ausdruck verleihen sollte. Am liebsten hätte sie sich gleich ausgezogen und ihn beginnen lassen. Sie küsste ihn leidenschaftlich und ihre Hände glitten fordernd und innig über seinen Körper. „Danke, du bist echt ein Schatz!"
So ein tolles Geschenk hatte ihr noch nie ein Mann gemacht und sie war nicht einfach nur begeistert, sondern sie war außer sich vor Freude.
„Vertraust du mir?" fragte er sie.
„Was für eine Frage, natürlich! Ich bin ja auch keine Jungfrau mehr."
Ehe Mel die Zweischneidigkeit ihrer Aussage bewusst wurde,
lachte Sky bereits lauthals. „Das ist mir auch schon aufgefallen!"

Auch Mel stimmte in das Gelächter ein und hielt sich den Bauch.
„Ich meinte natürlich, bezüglich Tattoos!"
„Das war mir klar, aber du hast es gerade so ernst und belehrend zum Ausdruck gebracht, dass ich einfach lachen musste." Die ganze Anspannung der letzten Nacht fiel von ihr ab und die gelöste Stimmung, die sie von ihren Treffen mit Sky kannte, hatte sich wieder im Raum ausgebreitet. Sie war erleichtert und immer noch

froh darüber, dass er ihren Ausrutscher mit Roxy nicht nur verziehen, sondern gar nicht als störend empfunden hatte.

„Wenn du möchtest, können wir heute Abend beginnen. Ich habe nachher noch eine Kundin und dann hätte ich frei. Du kannst hier bleiben, wenn du möchtest oder kommst einfach heute Abend wieder." Ihre Freude steigerte sich, denn so schnell hätte sie nicht damit gerechnet.

„Ich bleibe hier, wenn du magst. Gehe nur zwischenzeitlich noch für heute Abend einkaufen, denn wenn du fertig bist, lade ich dich zu einem Glas Wein bei mir ein."

„Nur ein Glas Wein?" flachste Sky. Mel schaute ihm tief in die Augen und lächelte. „Und du bist mir echt nicht böse?" fragte sie noch einmal.

Er schüttelte den Kopf und bestätigte seine Aussage von vorhin erneut mit einem innigen Kuss.

„Ich bin dir nicht böse, du hast mich ja nicht mit einem anderen Kerl betrogen."

„Das würde ich auch nicht bringen!" antwortete Mel und schüttelte vehement den Kopf. „Ich vergehe unter deinen Händen, unter deinen Berührungen. Ein anderer Kerl könnte mir das nie geben, was du mir gibst. Und wenn ich dir noch etwas sagen darf …." Mel hielt kurz inne, denn in dem Moment waren ihre Gedanken, die sie nicht aussprechen wollte, einfach so mit ihr durchgegangen.

„Was denn?"

Sky schaute sie an. „Ich glaube, ich bin auf dem besten Weg mich in dich zu verlieben."

Nun war es raus und Sky sah, wie ihr eine leichte Röte ins Gesicht stieg. Er war gerührt von ihren Worten und musste zugeben, dass es ihm nicht anders ging. Nur wusste er nicht, wie er es ihr sagen sollte und war daher bisher ruhig gewesen.

„Ich fühle genauso für dich", sagte er nun und schaute sie an. „Und du bist süß und noch heißer, wenn du so verlegen wirst!"

Nun wurde Mel richtig rot und boxte ihm in die Seite. Ihr Herz schlug bis zum Hals und sie überlegte, ob ihre Aussage in dem

Moment richtig war. Sie empfand so viel für ihn, aber sie hatte Angst … Angst vor einer Beziehung und vor der Enttäuschung, die ihr durch eine feste Bindung mit ihm passieren konnte. Was wäre, wenn er ihr in ein paar Monaten nicht mehr diese Gefühle entgegen brachte und sich nach einer anderen Frau umsah? Wenn sie ihm nicht mehr genügte, wenn er genug von ihr hatte oder was auch immer passieren konnte?

„Hast du gerade Angst vor deiner eigenen Courage?" Er schaute sie an. Woher wusste er das? „Mel, ich sehe dir an, dass du grübelst und ich weiß, dass du Angst davor hast, enttäuscht zu werden. Weißt du noch, wie wir darüber gesprochen haben?"
Mel erinnerte sich.
„Ich werde dich nicht enttäuschen und ich meine es ernst mit dir. Ich möchte mit dir zusammen sein und meine Zeit mit dir verbringen. Mir ist noch nie eine so tolle Frau wie du begegnet und ich hätte nie geglaubt, dass du Single bist." Nun wurde Mel schon wieder rot. Was war nur heute mit ihr los? Sie wurde doch sonst nie verlegen und war in jeder Situation cool und ihrem Gegenüber oftmals sogar überlegen. Aber Sky brachte sie vollends aus der Fassung und sorgte dafür, dass sie sich fühlte wie ein Schulmädchen vor dem erste Mal.
Die Mittagspause war vorbei und Sky wartete auf die Kundin. In der Zwischenzeit sterilisierte er die Maschine und legte das benötigte Equipment bereit. Mel schaute ihm interessiert zu und stellte immer wieder aufs Neue fest, dass er mit seinem engen Muscle-Shirt, den zusammengebundenen Haaren und seiner schwarzen Jeans einfach zum Anbeißen aussah und sie immens faszinierte. Seine Arme waren komplett mit Tattoos bedeckt und auch am restlichen Körper hatte sie nicht wirklich viele freie Stellen gefunden. Sie fand seine Tattoos stilvoll und hatte schon vorher bemerkt, dass die tätowierte Haut sie ganz besonders faszinierte.

Er hatte etwas verwegenes, mystisches und gleichzeitig sehr männliches, maskulines in seiner Ausstrahlung. Seine Aura sorgte bei ihr für ein Kribbeln im Unterleib und wie sie ihm so bei der Arbeit zusah, verspürte sie schon wieder Lust und hätte ihn am liebsten in diesem Moment in sich gespürt. Aber die Kundin würde jeden Moment kommen und Mel musste sich in Beherrschung üben.

„Ehe ich jetzt über dich herfalle und dich gleich hier und auf der Stelle ausziehen muss, gehe ich mal einkaufen. Ich komme später wieder", versprach sie und gab ihm zum Abschied eine Kuss. In dem Moment ging der Türgong und ein blondes. junges Mädchen betrat den Raum.

„Hi", begrüßte sie Sky und ging lächelnd auf ihn zu. „Hi Katta", begrüßte er sie und drückte ihre Hand. „Das ist Mel", stellte er sie vor und an Mel gewandt, „Das ist Katta. Sie kommt schon lange zu mir und scheint meine Arbeit wohl zu mögen." Mel lächelte freundlich und begrüßte die Kundin, auch wenn sie einen kleinen Stich von Eifersucht verspürte. Dass die beiden sich schon länger kannten, war offensichtlich und Mel hätte in dem Moment gerne gewusst, wie gut sie sich kannten.
„Also um eifersüchtig zu sein habe ich mir aber den falschen Mann gesucht", sprach sie in Gedanken zu sich selber. „Ist doch klar, dass er nicht nur Männer tätowiert und außerdem, so wie er aussieht, fliegen die Frauen eh auf ihn. Jetzt reiß dich zusammen du dummes Ding!" schalt sie sich und schaute ihn an.
„Ich geh dann mal, wir sehen uns ja nachher." Er gab ihr noch einen Kuss und einen kleinen Klaps auf den Po ehe sie ging. „Bis nachher Süße und vergiss den Wein nicht", rief er ihr nach, als sie das Studio verließ. Der Kuss zum Abschied hatte ihre Eifersucht minimiert und auch ihre eigene gedankliche Schelte hatte geholfen, wieder klar zu denken. Was dachte sie sich eigentlich? Sie waren nicht einmal seit einer Stunde zusammen und die erste Frau, die sich ihm näherte, wurde von ihr gleich mit Argwohn betrachtet. Mel würde sich beherrschen und auch lernen müssen, andere Frauen in seiner Nähe nicht gleich als Konkurrenz anzusehen oder zu hinterfragen.

Sie entschied sich für eine gute Flasche schweren Bordeaux und hoffte, dass Sky diesen Wein genauso mochte wie sie. Das Essen würde sie bestellen, zum Kochen würde sie eh an diesem Abend nicht kommen. Ehe Mel zurück Studio ging, brachte sie den Wein nach Hause und schaffte in der Wohnung noch ein wenig Ordnung, stellte neue Kerzen auf und bereitete ihren ersten Abend, den sie als Sky's Freundin erleben würde, sehr elegant und stilvoll vor.

Gut gelaunt und voller Vorfreude ging sie zurück zu Sky und stellte fest, dass die schon lange nicht mehr so glücklich und ausgeglichen war wie in diesem Moment. Da er bei ihrer Ankunft noch arbeitete und gerade die letzten Schattierungen in Kattas Tattoo einbrachte, verhielt sie sich still und schaute ihm aus einiger Entfernung über die Schulter.

Er hatte ihre Ankunft aber wohl bemerkt und rief ihr zu: „Hi Süße, mach dir doch einen Kaffee, wenn du magst. Ich brauche noch etwa eine halbe Stunde."
Sie nickte und ging in den Raum, in dem sie heute Mittag zusammen gegessen hatten. „Wollt ihr auch einen?" fragte sie. Sky und Katta verneinten. Das Motiv über Kattas Schulter gefiel Mel und sie erhielt einen kleinen Einblick in Skys Arbeit. Ein großer Drache zog sich über den Oberarm und wurde eingefasst von rankenden Rosen, an deren Stielen Dornen mit Blutstropfen waren. Der Drache zog sich vom Oberarm über den gesamten Schulterbereich und Sky hatte ihn sehr mystisch und trotzdem natürlich getroffen. Sie war gerade zwei Stunden weg und in dieser Zeit hatte er bei Katta ein wahres Meisterwerk geschaffen. Er tätowierte also nicht nur gut, sondern war auch schnell mit der Nadel zugange. Während der Kaffee durchlief, schaute sie ihm weiter bei der Arbeit zu und betrachtete die filigranen Details, die den Drachen zeichneten und dem Motiv eine sehr attraktive und feminine Ausstrahlung verliehen.

Er legte die Maschine zur Seite und kam mit einem Spiegel zurück. Katta stand auf und betrachtete das Bild, welches er soeben unter ihre Haut gebraucht hatte. „WOW, das hast du wieder total genial hinbekommen! Ich weiß schon, warum ich auch nach meinem Umzug immer nur zu dir komme und keinem anderen Tätowierer vertraue." Kattas Freude war echt und die Begeisterung war ihr anzusehen. Der Drache wand sich um ihren Oberarm und passte nicht nur perfekt zu dieser Frau, sondern auch zu ihrem Körper. Im schwarzen BH und einer engen Jeans, wie Katta vor ihr stand, registrierte Mel ihre Schönheit und den trainierten Körper, an dem sich kein Gramm Fett an der falschen Stelle befand. Katta zog sich ihr Top über und lächelte Sky an. Er hörte die Komplimente zu seiner Arbeit gerne und Katta war schon seit einiger Zeit seine Stammkundin. Durch sie hatte er viele neue Kunden gewonnen und auch eine Menge Leute kennengelernt. Sie hatte mit der Szene nicht viel zu tun, war aber was Tätowierungen anbelangte, durchaus ein sehr angenehmer und attraktiver Kontakt. Als er sie damals kennenlernte, war er noch mit seiner Ex zusammen und so war er nie auf die Idee gekommen, mit ihr zu flirten oder gar etwas mit ihr anzufangen. Er hoffte, das Mel aus dem vertrauten Umgang keine falschen Schlüsse zog.

„Ich fahre dann mal wieder", meinte sie zu Sky. „Aber wir sehen uns ja bald wieder, wenn die andere Schulter dran ist."
Sie lächelte und wandte sich an Mel. „Schätze dich glücklich, Sky ist echt ein toller Kerl und perfekt tätowieren kann er auch. Jetzt weiß ich auch, warum ich bei ihm nicht landen konnte, er steht ja auf einen ganz anderen Typ Frau."
Mel nahm ihr die Aussage nicht übel, da sie merkte, dass Katta flachste und nicht jedes Wort von ihr auf die Goldwaage zu legen war. „Das weiß ich zu schätzen, glaube mir." Instinktiv ging sie auf Sky zu und schmiegte sich an ihn. „Macht's gut ihr zwei, bis zum nächsten Mal!" Sie winkte zum Abschied und verließ das Studio.

~ 14 ~

„Endlich bin ich mit dir alleine!" Sky küsste Mel und hielt sie fest im Arm. „Katta ist zwar eine liebe, aber sie redet einen in Grund und

103

Boden. Seit ich sie kenne, erzählt sie immer den neuesten Klatsch und Tratsch aus ihrem Freundeskreis, der mich eigentlich gar nicht interessiert. Ihr Mitteilungsbedürfnis ist so enorm und ich bin froh, dass sie nicht den ganzen Rücken in einer Sitzung tätowiert haben möchte. Da würde ich verzweifeln und im Anschluss, denke ich, ihre ganze Lebensgeschichte kennen."

Mel lachte und war erleichtert, dass Katta augenscheinlich gar nicht sein Typ war.

„Und was machen wir zwei jetzt?" Mel hatte da schon eine Idee, wartete aber darauf, was Sky zur weiteren Planung des Abends beitrug. „

Hast du Lust?" „Und ob ich Lust habe", gab sie zurück. Er streichelte ihren Körper und lachte. „Ich meinte zwar, mit dem Tätowieren zu beginnen, aber wenn du lieber Sex möchtest … ."

Auf das Tätowieren hatte sie natürlich auch Lust, aber Skys Körper zu spüren war die Option, die sie in jedem Fall vorzog. Sie blickte zur Studiotür. Sky folgte ihrem Blick und nickte wissentlich.

„Ich schließe mal ab damit wir ungestört sind." Während er zur Tür ging, spürte Mel bereits, dass sie mehr als feucht zwischen den Schenkeln wurde und beim tätowieren bestimmt nicht still halten konnte. Sky kam auf sie zu und sein Anblick erregte sie so sehr, dass sie sich nicht länger beherrschen wollte. Schon vorhin, wo sie ihm beim arbeiten zusah, hätte sie nichts gegen eine schnelle Nummer zwischendurch gehabt und nun wollte sie, dass er sie einfach nahm und ihr die innere Ruhe gab, die sie so vermisste.

Langsam glitten ihre Hände über seine Brust und wanderten tiefer. Sie nestelte sein Shirt aus der Hose und streichelte seinen Bauchnabel. Er stöhnte wohlig auf und seine Hände glitten zu ihrem Busen, von dem er seinen Blick nicht abwenden konnte. Durch das weiche Leder konnte er spüren, dass ihre Nippel steif waren und dass sie sich nach seinen Berührungen sehnte. Ihre Hand hatte wie selbstverständlich den Weg zu seiner Hose gefunden und öffnete den Reißverschluss. Mel spürte seine Erregung und konnte es kaum

104

erwarten, ihn mit ihren blutroten Lippen in den Wahnsinn zu treiben. Sie entzog sich seinen Händen und kniete sich vor ihn. Langsam zog sie ihm die Hose herunter und wurde vom Anblick seiner prallen Männlichkeit noch schärfer. Ihre Lippen legten sich um sein Schwert und mit hingebungsvollen Zungenspielen brachte sie ihn um den Verstand. Er krallte sich in ihren Schultern fest und stöhnte, als ihre Zunge immer schneller kreiste. „Oh Gott, hör auf oder ich komme gleich zwischen deinen Lippen!" Ihre Bewegungen verlangsamten sich. Sie hätte kein Problem damit, ihn zu schmecken und seine Lust auf ihrer Zunge zu spüren.

In ihrem Schritt pochte es heftig und die Hitze lief ihre Oberschenkelinnenseiten hinab. Sie musste ihn in sich spüren, wollte dass er sie jetzt und hier nahm … ohne Kompromisse. Aus kniender Position schaute sie ihn an und entließ seine Männlichkeit ganz langsam aus ihre Lippen. Skys Blick wirkte verklärt und Mel merkte, dass er auf sie genauso heiß war wie sie auf ihn. Er schob sie langsam zur Liege und verleitete sie mit einer keine Wiederworte duldenden Handbewegung dazu, sich über die Liege zu beugen. Aufreizend streckte sie ihm ihren wohlgeformten Po entgegen und gab den Blick auf ihre vom Morgentau benetzte Rosenblüte frei. Dieser Anblick auf ihre glatt rasierte und zarte Haut brachte ihn fast um den Verstand und er hatte nur das Bedürfnis, sie zu lieben und ihr all das zu geben, wonach sie sich so sehr sehnte.

Er trat hinter sie und führte sein Schwert ganz langsam in sie ein. Ihren Wohlgefallen drückte sie mit einem heftigen Stöhnen aus, welches ihn dazu anspornte, es ihr mit heftigen Bewegungen zu besorgen und ihr einen schnellen und unvergesslichen Höhepunkt zu bescheren. Die Bewegungen und das Geräusch, das ihre feuchte Rose erzeugte erregten ihn so enorm, dass er schon beim Eindringen außer Kontrolle war. Trotz ihrer enormen Lust war sie so eng, dass er jede Faser ihres Körpers spürte. Ihr Stöhnen wurde lauter und die Kontraktionen ihres Muskels ließen ihn die Beherrschung verlieren. Ihre Finger, die sich mit sanften Berührungen ihrer Knospe widmeten, berührten ihn bei jedem Eindringen. Noch ein einziger Stoß und er würde explodieren. „Jaaa ...!", stöhnte sie. Er stieß ein letztes Mal heftig zu und verharrte dann still, während er ihr alles gab und seinen eigenen, sowie ihren Höhepunkt besonders intensiv spürte.. Eine grenzenlose Entspannung breitete sich in ihm aus und er blieb weiter bewegungslos, hielt sie eng umschlungen und bis zu dem Punkt, an dem er ihr entglitt. Ihr Atem ging immer noch schnell und er spürte ihren Herzschlag, als er an sie gelehnt, den Höhepunkt abebben spürte.

„Das habe ich vermisst, aber frage nicht wie!" flüsterte Mel noch vollkommen außer Atem. Ihm ging es nicht anders, aber er war noch nicht in der Lage zu sprechen.
Den vorhin gebrühten Kaffee hatte sie zwischenzeitlich vergessen und wurde erst wieder darauf aufmerksam, als die Maschine aus dem Hinterzimmer sich mit einem rauschenden Geräusch bemerkbar machte. Sky ließ sie los und blickte ebenfalls in die Richtung, aus der er das Geräusch vernommen hatte.

„Der Kaffee!" Mel schlug sich die Hand vor die Stirn und lief zur Maschine. „Daran hab ich gar nicht mehr gedacht, sorry."
„Ist doch nicht so schlimm."
„Aber wo du schon einmal hier bist und ich nun so ruhig bin, dass ich Sprengsätze entschärfen könnte, wollen wir anfangen?"
„Klar doch, ich freue mich doch schon den ganzen Tag darauf, die Nadel in meiner Haut zu spüren und dir ergeben, hilflos ausgeliefert zu sein", meinte sie lächelnd und begann damit, ihr ledernes Kleid aufzuschnüren. Mel liebte das tätowieren und empfand die Nadel in ihrer Haut nicht als Schmerz, sondern immer wieder als neue Erfahrung, ihren eigenen Körper zu spüren.
Sky's Blick ruhte auf ihr und in ihm breitete sich ein wenig Stolz aus.
„Dass diese Frau nun meine Freundin ist und kein anderer Mann mehr diesen Traumkörper berührt, gefällt mir. An den Gedanken kann ich mich gewöhnen und bin froh, dass es ihr genauso geht."
Sky betrachtete Mel, wie sie sich aus ihrem hautengen Kleid befreite

und nackt vor ihm stand. Es war gut, dass sie eben Sex hatten. Spätestens beim Anblick ihres Traumkörpers hätte er ihr nicht widerstehen und eine ruhige Hand bewahren können. Jetzt wo er entspannt und befriedigt war, konnte er ihren Körper verschönern und ihn mit einem ganz persönlichen Signum versehen.

„Bist du bereit?" Als Antwort legte sie sich bäuchlings auf die Liege und schaute ihn lächelnd an. Sky würde das Motiv live stechen und auf eine Matrize verzichten. Er wollte seinen Entwurf perfekt an ihren Körper anpassen und hierfür per Augenmaß und mit eigenen Ideen arbeiten.

Mel fand die Idee gut und hatte bei ihren meisten Arbeiten auf eine Matrize zum stupiden Nacharbeiten verzichtet. Sie fand es schöner, wenn ein Tätowierer sich so auf ihrer Haut verewigte, dass sich das Motiv perfekt an ihren Körper anpasste und dass es die persönliche Handschrift des Künstlers trug. Da sie Sky sehr vertraute und einige seiner Arbeiten bereits betrachtet hatte, fand sie die Sitzung besonders angenehm und freute sich auf das Ergebnis. Ebenso pulsierte die Vorfreude auf die heutige Nacht in mit ihm schon jetzt tief in ihr. In der Zeit, in der Mel sinnierte und wartend auf der Liege posierte, hatte er die Utensilien auf den Tisch gepackt und schwarz, weiß und angemischtes grau in kleinen Näpfen bereitgestellt. Er tätowierte am liebsten schwarzweiß und fand seine nicht ganz so farbigen Arbeiten auch optisch ansprechender und viel stilvoller als Motive, die sehr bunt und unübersichtlich waren.

„Ziehen wir durch?" fragte er mit einem prüfenden Blick auf Mel. „Ich denke, mit allen Schattierungen werde ich 3 Stunden brauchen." „Klar, da saß ich schon länger beim Tätowierer. Ich halte aus und meine Haut nimmt die Farbe gut auf, du brauchst dir also keine Sorgen zu machen."
„Ich habe mir doch keine Sorgen gemacht! Es hätte mich gewundert, wenn du etwas anderes gesagt hättest." Er lächelte sie an und streichelte ihren Rücken, ehe er ihr einen Kuss auf den Nacken

drückte. „So und nun genug geflirtet, jetzt wird gearbeitet!", sagte er mehr zu sich selbst als zu Mel und das Summen der Maschine erfüllte den Raum.

„Vertraust du mir?" fragte er noch einmal, ehe er begann.
„Ich vertraue dir mehr als jedem anderen Menschen auf der Welt. Ich lege meinen Körper in deine Hände und ich weiß, dass mir das Ergebnis gefallen wird."

Sie war wirklich überzeugt von seiner Arbeit und würde sich überraschen lassen, wie das Motiv auf ihrem Körper wirkte. Mit der Tätowierung trug sie immer ein Stück von Sky bei sich, auch wenn er nicht bei ihr war. Er hatte das Bild nur für sie entworfen und sich hierbei wirklich Gedanken gemacht, was ihr gefiel und was perfekt zu ihrem Lebensstil und Körper passen würde.

Unter der Begleitung kraftvoller Metallica Klänge genoss Mel die Nadeln in ihrer Haut und fühlte sich entspannt, verstanden und sicher.
„Du genießt es sichtlich, oder?" Sky beugte sich über sie und schaute ihr ins Gesicht. „Hast richtig Gänsehaut, wenn ich dich mit der Nadel berühre."
„Ich liebe dieses Gefühl, diesen angenehmen Schmerz. Und da du es bist, der mich tätowiert, steigert sich das Gefühl in ein endloses Wohlbefinden. Wundere dich nicht, wenn ich einschlafen sollte", antwortete Mel.
„Das werde ich aber zu verhindern wissen." Sky drehte die Musik lauter und Metallica übertönte das Summen der Maschine. Mel hörte das Geräusch nicht mehr, sondern nahm nur die dumpfen Vibrationen auf ihren Schulterknochen wahr, wenn Sky mit der Nadel darüber glitt. Für sie war es ganz anders als früher, als bei anderen Tätowierern. Sie hatte ihrem Tätowierer natürlich schon immer Vertrauen entgegen gebracht, aber sie war noch nie so innig vertraut mit jemandem gewesen.
„Kurze Raucherpause!" ließ er vernehmen und stellte die Maschine

aus. „Darf ich mal sehen?" Mel war neugierig und wollte einen Blick auf ihre Tätowierung werfen. Sky holte den Spiegel und sie stand auf, lief mit dem Handspiegel zur Wand.

„Genial! Hey, du bist ja fast fertig?!" „Na ein bisschen Zeit brauchen wir noch, aber ein Großteil ist geschafft. Ich bringe noch die Schattierungen ein und dann bist du noch schöner als vorher."

Er trat hinter Mel und säuberte ihr vorsichtig den Rücken. „Ich gebe dir ein Shirt von mir zum rausgehen. Ehe du dich in dein Kleid geschnürt hast, bin ich mit der Zigarette durch."
Sie willigte ein und stellte sich in einem ihr viel zu großen, aber sehr bequemen Shirt mit ihm nach draußen und zog genüsslich an ihrer Zigarette. Es war 21 Uhr und noch immer angenehm warm. Auch wenn der Sommer bald vorbei war spürte Mel, dass dieser Sommer der schönste in ihrem Leben werden würde. Überwältigt von einer Welle starker Gefühle schmiegte sie sich an Sky. Sie genoss seine Nähe und liebte es, seinen Körper unter seinem Shirt zu spüren und den Duft seiner Haut in sich aufzunehmen. Gedankenverloren wickelte sie seinen Zopf um ihren Finger. Er schaute sie an und seine Lippen berührten ihre.

„Weißt du wie froh ich bin, dass ich den Mut aufgebracht habe dich anzusprechen?" Sie schaute ihn an. „Wieso den Mut aufgebracht? Hast du gedacht ich beiße?" Er lachte und boxte sie leicht am Arm. „Aua!" Mit gespieltem Entsetzen tat Mel beleidigt und ließ seinen Zopf los.
„Ich dachte erstens nicht, dass du keinen Mann hast und zweitens, so schöne Frauen wie du haben in der Regel kein Interesse an Männern wie mir. Ich hab schon mit einer Abfuhr gerechnet beim Konzert und tat mich schwer, auf dich zuzugehen." Sky lächelte, während er mit ihr sprach und hatte den Abend, als er sie zum ersten Mal sah, direkt vor Augen. Schon vor dem Konzert war sie ihm aufgefallen, als Roxy gerade auf sie zuging und ihr um den Hals fiel. Sie hatte ihn anscheinend nicht gesehen, worüber er sich aber nicht wunderte.

109

Männer mit langen Haaren standen zahlreich vor dem Eingang und er fand sich nicht sonderlich herausragend, als dass er ihr hätte auffallen können. Bis er sie ansprach, verging einige Zeit und er überlegte bis um letzten Moment.

„Als du mich angesehen hast, dachte ich jetzt oder nie. Und ich habe mich für jetzt entschieden und bin auf dich zugegangen."

Er schnippte die Kippe auf den Gehweg. Auch Mel hatte den Moment vor Augen, als er auf sie zukam und Roxy sich selber einlud, die beiden zur Bar zu begleiten. Aber er hatte nur Augen für sie gehabt und Roxy verdeutlicht, dass er an ihr kein Interesse hatte. Sie dachte an die ersten Küsse und Berührungen, an die Leidenschaft im Auto und die Nacht bei ihm. Wärme breitete sich in ihr aus und sie war glücklich. Dieses Gefühl hatte sie so intensiv noch nie gespürt. Endloses Glück, einen Anflug von Liebe und das Gefühl, dass er sie als Mensch sah und nicht als Sklavin die seinen Haushalt führte und ihn bediente.

„Komm wir machen weiter. Ich freue mich schon auf den Feierabend", meinte Sky und legte den Arm um ihre Schulter. Die Zeit verging wie im Flug und er arbeitete die Schattierungen in ihr neues Tattoo ein. Mel genoss die letzten Stiche der Nadel und war total entspannt. Als Sky die Maschine ausschaltete und ihr Tattoo säuberte, hätte sie direkt auf der Liege einschlafen können. Das leichte Brennen auf ihrer Haut verschaffte ihr ein angenehmes Gefühl und sorgte für ein Kribbeln an allen Körperstellen. Auch Sky war geschafft und froh, für heute Feierabend zu haben und nun die weitaus angenehmeren Seiten des Lebens genießen zu können. Er liebte seine Arbeit, aber nach mehreren Stunden tätowieren war er auch glücklich darüber, wenn er sich einmal nicht mehr konzentrieren musste. Sie fuhren zu ihr und es war ihm recht. In seiner Wohnung fühlte er sich zur Zeit nicht wirklich wohl und wäre am liebsten ausgezogen. Die Wohnung hatte er sich vor 4 Jahren mit seiner Ex gemeinsam gesucht und er wollte mit allem abschließen, jetzt wo sie weg war … jetzt wo er mit Mel zusammen war und sich auf eine gemeinsame Zukunft mit ihr freute, konnte er seine Pläne wieder aufleben lassen. Auch wenn seine Lebensabschnittsgefährtin der letzten Jahre erst vor kurzem ausgezogen war, waren Liebe und Gefühl schon seit über einem Jahr nur noch Vergangenheit. Sie meckerte ständig an ihm und seiner Arbeit, an seinem Aussehen und der von ihm bevorzugten Musik herum. Er hatte sich angewöhnt, sehr lange zu arbeiten und so den täglichen Streit am Abend zu umgehen. Wenn er erst nach Mitternacht zu Hause auftauchte, schlief sie schon und er hatte am Feierabend die wohlverdiente Ruhe.

„Ich habe einen Bärenhunger" unterbrach Mel seine Gedanken. „Dann lass uns doch gleich von unterwegs was mitnehmen." Sky bog in eine Seitenstraße ein. „Pizza?" Mel nickte. Er stieg aus und kam kurz darauf mit zwei Kartons lecker duftender Pizza zurück. „Danke für alles." Mel schaute ihn an und er sah in ihren Augen so viel Gefühl, dass ihm ganz warm ums Herz wurde. Die Pizza stellte er auf den Rücksitz und nahm sie in den Arm. Einfach nur, um sie ganz fest zu halten.

~ 15 ~

Beschwingt und fröhlich sprang Mel dem Auto und schloss die Wohnungstür auf. Sky folgte ihr mit den immer noch heißen Pizzen auf dem Arm und war erfreut, dass Mel so gute Laune hatte. Ihr neues Tattoo schien ihr zu gefallen, so glücklich und ausgelassen wie sie war.
„Dich so happy zu sehen freut mich meine Kleine." Sie drehte sich um und pfiff immer noch gut gelaunt eine Melodie, die er nicht kannte. Mels Magen meldete sich hörbar und sie freute sich auf die Pizza. Sky lief zielsicher zur Couch und ließ sich in das bequeme Polster fallen. Das Sofa quittierte diese Aktion mit einem lauten Quietschgeräusch. Sie öffnete den Wein und füllte zwei Gläser. „Auf uns!" Sky prostete ihr zu und sah ihr tief in die Augen. „Auf eine

tolle, gemeinsame Zeit." Ihre Lippen trafen sich und sie ließ ihre Zunge sanft über seine weiche Haut gleiten.

Dann biss sie herzhaft in die Pizza und schrie auf, weil der Käse immer noch heiß war.

„Sag mal Süße, was ich dich noch fragen wollte … . Wie war das eigentlich gestern mit Roxy? Nur aus reine Neugier, ich bin doch auch nur ein Mann." Sky lächelte sie ein wenig verlegen an.

Mit dieser Frage hatte sie in dem Moment nicht gerechnet und sie verschluckte sich. „Müssen wir wirklich darüber reden?" Sie schaute ihn an und fühlte sich plötzlich wieder unwohl in ihrer Haut. Er legte sein Stück Pizza zur Seite und nahm ihre Hand. „Wenn du nicht darüber sprechen willst, musst du es mir nicht erzählen. Du kannst mir aber vertrauen, ich bin dir nicht böse und einfach wirklich nur neugierig auf das, was war." Sie atmete hörbar aus und beschloss, ihm die Wahrheit zu erzählen.

„Wie es dazu kam, weißt du ja bereits." Mel erzählte ihm von ihrer Umarmung und wie sie Roxy trösten wollte, weil diese an sich selbst zweifelte. Sie ließ auch nicht aus, dass es hierbei um Sky ging und darum, dass sie sich in ihn verliebt hatte und glücklich war. Vorsichtig begann sie mit den Details und schaute abwechselnd zu Sky, der ihr interessiert zuhörte … und auf den Fußboden. „Sie berührte meine Brust und ich spürte ein Kribbeln. Als Roxy mich küsste, wollte ich sie abwehren und habe nur an dich gedacht. Doch dann überkam mich die Lust und ich konnte nichts dagegen tun. Das Kribbeln und ihre Berührungen meiner Nippel haben meinen Willen geschwächt und mich empfänglich für die Berührungen der Frau gemacht."

Aus Sky's Blick ließ sich nicht erkennen, was er in diesem Moment dachte. Aber er schaute sie an und streichelte ihre Hand. „Ihre Finger fuhren zwischen meine Schenkel. Ich habe einen Dildo geholt und sie damit genommen. Als sie begann, meine Rosenknospe erst zu berühren und sie dann zu lecken, konnte ich mich auch nicht mehr

beherrschen und musste es mir machen. Kannst du dir vorstellen, dass ich trotz Gier ein schlechtes Gewissen hatte?"
Er nickte.
„Die Sache war schnell beendet und als Roxy kam, habe ich mir den Dildo gekrallt und meine Lust gestillt." „Hat sie dich dabei geleckt?" Sky's Stimme war von Erregung geprägt und Mel merkte, dass er massives Kopfkino hatte.
Sie nickte. „Ich habe mir vorgestellt, der Dildo wäre dein Schwert ... Sie hat mich geleckt, bis ich explodiert bin." Als Mel ihm ihr Erlebnis anschaulich schilderte, übermannte sie die Lust erneut und sie wünschte sich, er würde sie jetzt auf die Couch schmeißen und sie mit seiner Zunge verwöhnen.
In Sky's Phantasie dominierten die Körper der beiden Frauen, zwei taunasse Rosenblüten und eine Intensität, die sein Blut in Wallung brachte und die dafür sorgte, dass sich seine Männlichkeit augenblicklich aufrichtete. Hoffentlich verstand sie das nicht falsch, dachte er für einen kurzen Moment als er sah, dass ihr Blick auf seine Hose glitt und dass sie garantiert bemerkte, wie erregt er war. Die Story hatte seine Phantasie beflügelt und er verspürte augenblicklich eine grenzenlose Lust. Nicht darauf, eine andere Frau zu nehmen, aber wenn er ehrlich zu sich selber war, hätte er den beiden sehr gerne zugesehen.

Er nahm Mels Hand und führte sie zu seiner Hose, die sich über seinem prallen Schwert spannte. Auch Mel spürte Hitze zwischen ihren Schenkeln und wurde von einer Welle der Lust übermannt. Sie beugte sich über ihn und öffnete seine Hose. Er schüttelte den Kopf. Auch wenn er es liebte, wenn sie ihn mit ihrer geübten Zunge verwöhnte, wollte er jetzt die Macht über ihren Körper haben und sie an den Rand des Wahnsinns treiben. Für einen kurzen Augenblick ließ er zu, dass sie ihn so sanft und hingebungsvoll zwischen ihre Lippen nahm.

Mit der flachen Hand stieß er sie nach hinten auf die Couch und riss das Kleid von ihrem Körper. Ihre glänzende Leidenschaft lag frei vor ihm und lud förmlich dazu ein, seine Lust auszuleben und sie bis zur Besinnungslosigkeit zu nehmen. Sie lag vor ihm, nackt, mit steifen Nippeln und schwer atmend. Auf dem Tisch vor ihm stand eine große blutrote Kerze. Seine Finger glitten in kreisenden Bewegungen über ihre Nippel und er spürte, wie sich ihre Lust immer weiter steigerte. Sie folgte seinem Blick und schaute ihn aus großen Augen mit ihrem verlangenden Blick an. Ihre Hände berührten sich und Mel suggerierte ihm, dass er ihre Nippel fest zwischen seinen Daumen und den Zeigefinger nehmen und sie drücken sollte.

Während er sich über sie beugte und sich mit ihren Brüsten beschäftigte, berührte sein Schwanz ihre Rosenknospe und rieb sich in der tropfenden Spalte. Mel hob ihren Unterleib an und schob ihm ihre Rose fordernd entgegen. Nur kurz glitt er mit einem kräftigen Stoß in sie, welcher sie aufstöhnen und vor Lust beben ließ. Sofort entzog er sich ihr und griff nach der blutroten Kerze, die er in langsamen Bewegungen durch ihre Spalte zog und mit ihrem Saft befeuchtete. Immer noch in erhöhter Position schob sie Ihr Becken zur Kerze und hatte ihre Augen fest geschlossen. Sie wollte ihn spüren, wollte ihm vollends ergeben sein. Ganz langsam schob er die Kerze in ihre Rosenblüte und genoss den Anblick, wie das Spielzeug in Mels Körper verschwand und wie sichtlich sie es genoss. Ihr Herz pochte wie wild und sie stöhnte leise, während sie ihr Becken noch weiter anhob, um dieses Gefühl noch intensiver zu spüren. Mit einer Hand bewegte er die Kerze in ihr, während er mit der anderen Hand ihre Nippel verwöhnte. Sie verging unter seinen Händen und er fühlte, wie sie ihm langsam entglitt und ihrem Höhepunkt näher kam. Auch er hatte längst jegliche Beherrschung verloren und war von ihrem Anblick so geflasht, dass er die Hand von der Kerze nahm, sich über sie beugte, um sein Schwert zwischen ihre wohlgeformten Brüste zu schieben. Ihre beiden Lustkugeln füllten seine Hände aus und fühlten sich so gut an, dass er kaum noch an sich halten konnte. In langsamen Bewegungen ließ er seine Männlichkeit zwischen ihren Brüsten entlang gleiten. Er wollte nicht mit ihr kommen, er wollte

114

sehen, wie sie unter seinen Berührungen verging und ihre Lust ohne Hemmungen auslebte..

Die Kerze steckte noch immer in Mels Rosenblüte und sie musste aufpassen, dass sie ihr nicht entglitt. Sie presste ihre Muskeln fest um den Lustspender und sah Skys Schwert zwischen ihren Brüsten auf und ab gleiten. Leicht hob sie ihren Kopf an und berührte seine Lustspitze in dem Moment, wo sie sich ihrem Mund näherte. Er verstand es, Zärtlichkeit und fordernde Härte zu verbinden und ihr eine so starke Lust zu bescheren, dass sie nicht länger an sich halten konnte. Sie wand sich unter seinem Körper … unter seinen Händen und seinen Berührungen, als die Wogen der Lust über ihr zusammenbrachen und als ihr Stöhnen immer lauter wurde.

Er kniete über ihr und sah sie an, während sie unter seinen Händen kam und ihr Dekolletee von einer Gänsehaut überzogen wurde. Trotz seiner eigenen Gier und dem Bedürfnis, selbst loszulassen, nahm er ihre Schönheit wahr und genoss den Anblick, welches Verlagen er ihr bescherte.

Die Kerze lag nunmehr zwischen ihren Beinen. Unter ihr auf dem Laken sah er die feuchte Pfütze ihrer Lust. Sky rückte näher zu ihren Lippen und drückte ihr seine Männlichkeit auf ihre wundervollen Lippen. Sie verstand seinen Wunsch, öffnete Ihre Lippen und gewährte ihm Einlass. Er bewegte sich nicht und genoss es, wie sie ihn mit Liebe und Hingabe verwöhnte. Noch einen kurzen Stoß wagte er, ehe er sich ihr entzog und sie an den Schultern packte. „Dreh dich um!" keuchte er in unaufhaltsamer Erregung und erhob sich, dass sie die Möglichkeit hatte, seinem Wunsch nachzukommen. Jetzt wollte er nicht länger warten und musste kommen, wollte er nicht explodieren und seinen Saft in ihrem Mund oder auf ihrem Körper verteilen. Die kurze Pause zum Stellungswechsel tat gut und erlaubte ihm, seine vor Lust pochende Männlichkeit ein wenig in Ruhe zu versetzen. Er blickte auf ihr wohlgeformtes Hinterteil und ließ seine Hand kräftig auf ihre Pobacke sausen. Sie quittierte seinen

Schlag mit einem leisen Stöhnen, welches Wohlgefallen ausdrückte und welches ihm gebot, weiterzumachen. Abwechselnd ließ er seine Hand auf ihre Pobacken gleiten und sah, wie sie unter seinen Schlägen erneut auf einen Höhepunkt zusteuerte. Mit einer ganz langsamen Bewegung schob er sein Schwert tief in ihre Rosenblüte und ließ seine Handfläche dabei durch ihre Spalte gleiten. Er hatte tausend Gedanken und Phantasien, die er mit ihr erleben wollte. Doch seine eigene Lust ließ es in diesem Moment nicht zu, weiter mit ihr zu spielen und seine Phantasien in die Tat umzusetzen. Seine Erregung war nicht mehr zu bremsen und er konnte den Höhepunkt nur noch herauszögern, wenn er sich ihr vor jedem Stoß entzog und sein Schwert langsam, immer wieder neu in ihre heiße Öffnung trieb. In dem Moment wo er sich ihr entzog, sauste seine Hand mit einer kräftigen Bewegung auf ihre Pobacke nieder und ließ sie immer schneller atmen und laut aufstöhnen. Ein letzter Stich in die Höhle ihrer Lust ließ ihn jegliche Beherrschung verlieren und er krallte seine Hände in ihre Hüften, als er sich der Erfüllung hingab. Durch die Mischung aus dem Schmerz und der Wärme, die er in ihr verströmte, kam sie ebenfalls und presste ihren Po fest an seinen Unterleib. Sie spürte das Zucken in seiner Männlichkeit, welches ihre Erregung noch einmal steigerte und für einen Höhepunkt sorgte, den sie laut herausschrie und der nicht abebben wollte. Er verharrte in ihr, so lange, wie es ihm möglich war. Mel spürte eine Woge der Erfüllung und wenn es ihn gibt, den multiplen Orgasmus, erlebte sie ihn genau in diesem Moment.

Sky ließ sich nach hinten fallen und atmete schwer, während er geistig abwesend, nackt und befriedigt die Welle der totalen Zweisamkeit genoss. Sie sah ihn an, ebenfalls überwältigt von diesem Höhepunkt und von dem Anblick, der sich ihr bot.

„Du bist sehr attraktiv", presste sie zwischen zwei schweren Atemzügen hervor und berührte mit ihrem Fuß sanft seinen Bauch. Sie hatte sich auf den Rücken gelegt, war aber nicht in der Lage aufzustehen. „Dein Körper ist traumhaft und ich kann mich nicht beherrschen, wenn ich dich ansehe und wenn ich deine Berührungen spüre."

Er wollte nicht reden, war nicht in der Lage dazu und lächelte sie vielsagend an. Sie blickte an sich seinen Körper ganz in Ruhe, ganz entspannt an und sie bemerkte, dass er auch ein perfektes Motiv für ein Bild abgeben würde. Die langen Haare fielen ihm über die Schultern und sein verklärter, verträumt wirkender Blick zeigte ihr, dass dieser Mann voller Gefühl war und nicht einfach nur daran interessiert, seine Geilheit mit ihr auszuleben und seine Schwert in ihre Körperöffnungen zu schieben. Er war wirklich gut gebaut, seine Muskeln ... nicht zu viel und nicht zu wenig, seine Haut, einfach alles. Dazu die Tattoos, die seinen Körper zierten und die ihn einzigartig machten. Ihr Blick tastete seinen Körper von oben nach unten ab und blieb an seinem glatt rasierten Schambereich hängen. Zufrieden stellte sie fest, dass er genau richtig für sie war und dass er sie erfüllte. Sie hatte Männer mit ganz unterschiedlichen Größen kennengelernt und meist schnell gemerkt, dass die wenigsten mit ihrer Männlichkeit umgehen konnten. Männer mit einem großen Schwert waren oft der Meinung, sie könnten sie befriedigen und mit tiefen Stößen, welche ihr den Muttermund fast in den Magen schoben, für ein angenehmes Gefühl sorgen. Sie lächelte in sich hinein und war glücklich. Mel fand es gut, dass er sich rasierte, denn sie mochte es nicht, unnötige Haare auf ihrer Zunge, zwischen ihren Lippen und auf ihrem Körper zu spüren.

In ihren Gedanken versunken, hatte sie gar nicht gemerkt, dass Sky sie ansah und wohl bemerkt hatte, dass sie mit ausgiebigem Interesse sein bestes Stück analysierte. „Gefällt dir was du siehst?" Er beugte sich über sie und küsste sie zärtlich.
„Es gefällt mir nicht nur, dich zu betrachten, sondern du verstehst auch den Umgang mit deinem Werkzeug."
Mel war es unangenehm, ertappt worden zu sein, aber was sie antwortete entsprach der Wahrheit. Aus dem Augenwinkel nahm sie wahr, dass sein Werkzeug bereits wieder in Bewegung kam.

Langsam ließ sie ihre Finger über seine Eichel gleiten und hatte große Lust, ihn erneut in sich zu spüren. Er sah die Lust bereits in ihren Augen, aber auch die glitzernde Feuchtigkeit und die angeschwollene Rosenknospe sprachen für sich. Bisher hatte sich noch keine Frau bei ihm beschwert, aber dass allein sein Anblick einer Frau die Feuchtigkeit zwischen die Lippen zauberte, hatte Sky auch noch nicht erlebt.

Während sie sich leidenschaftlich küssten, fand seine Männlichkeit den Weg in ihre Rosenblüte. Er war scharf auf sie, aber wollte sie nicht einfach nur nehmen ... und zog ihn prompt heraus.

„Was ist?" Mel schaute ihn an. Er schüttelte den Kopf und blickte auf den Dildo, der immer noch auf dem Tisch stand. „Ich will dich", schmollte Mel mit gespielter Enttäuschung. Aber auch die Aussicht auf den Dildo ließ ihre Erregung nicht abflachen und ihr war klar, dass Sky ihr nicht nur zusehen würde, wie sie sich selber verwöhnte. Er gab ihr den Dildo und Mel führte zuerst ihre Finger, anschließend das Spielzeug in ihre Spalte. Mit langsamen Bewegungen verbreitete sie ihre ausströmende Lust auf dem Spielzeug, ehe sie ihn sich unter Skys Blicken einführte.

„So ist es gut?" Er nickte und hatte seine Hand fest um den sein Schwert geschlossen, das er mit einem lüsternen Blick auf ihr Liebesspiel massierte. Auch sie beobachtete ihn, wie er es sich selbst gab und den Blick dabei nicht von ihrem Spiel abwandte. Sie lag auf dem Rücken, die Beine weit gespreizt und gewährte ihm tiefe Einblicke. Mit seiner freien Hand berührte er ihre Knospe und sah, wie sehr sie es genoss. Er entfernte ihre Hand vom Dildo und gebot ihr, den Arm unter ihrem Bein entlang zu legen. Er kniete sich direkt vor sie, so dass seine Eichel ihre Rose berührte ... dabei verwöhnte er sich selbst weiter, wobei seine Hand immer wieder auf ihre von Tau benetzte Rosenknospe traf.
„Oh Gott, was tust du! Bitte, bitte, hör nicht auf!" Er hatte nicht vor aufzuhören und war vor Erregung gebannt. Unter schneller

werdenden Bewegungen führte sie sich den gläsernen Luststab immer wieder ein und er sah, wie ihr Muskel sich rhythmisch zusammenzog und sich fest um ihn schloss. Auch seine Bewegungen wurden schneller und er presste nicht nur seine Männlichkeit auf ihre sensibelste Stelle, sondern er versetzte ihr bei jeder Bewegung seiner Hand einen kräftigen Stoß auf ihren Schamhügel, der sie heiser aufstöhnen ließ. „Pass auf!" Mehr konnte er nicht mehr sagen, als er das Pulsieren in seinem Schwert spürte und als sich sein Saft mit ihrem vermischte. Seine Bewegungen wurden langsamer und auch Mel bewegte den Dildo nur noch in Trance, als der Gipfel überschritten war und ihr Höhepunkt langsam abebbte. Ihre freie Hand glitt über ihren Bauch und verteilte den Lustsaft, ehe sie ihre Handfläche und Finger mit Wohlgefallen ableckte.

„Sorry, ich konnte nicht mehr aufhalten."

So schnell wollte er auch nicht kommen, aber ihr Anblick, ihr Spiel, ihr verklärter Blick und ihre Lust ließen es nicht anders zu.

„Und ich konnte nicht anders, als dir zuzusehen und mich dabei selbst zu berühren … ich liebe dieses Gefühl … und ich liebe dich." Noch immer außer Atem und von oben bis unten mit den Säften der Leidenschaft benetzt, ließ sich Mel entspannt zurückfallen und merkte erst jetzt, dass sie immer noch Hunger hatte. Auch Sky knurrte der Magen und er warf einen Blick auf die unterdes kalte, aber immer noch verlockend duftende Pizza. Es war weit nach Mitternacht, als sie entspannt und befriedigt einschliefen und eng aneinander gekuschelt in ihrem bequemen Bett lagen.

Ihr Leben fühlte sich derzeit so normal an, dass die Panik wieder in ihr aufstieg. Auch wenn sie intensiven Sex hatten und Sky ihre Wünsche kannte und sie erfüllte, war das tägliche Leben normaler, als sie es jemals vorher empfunden hatte. Es gefiel ihr, aber in ihre Freude über die Harmonie mischte sich ein Gefühl, welches ihr sagte, dass es nicht immer so sein würde … dass es nicht so bleiben würde. Je länger sie nachdachte, desto mehr fiel ihr auf, dass sie sich, seit sie mit Sky zusammen war, nicht mehr geritzt hatte. Warum sie gerade in diesem Moment auf den Gedanken kam, war ihr nicht bewusst. Sie erinnerte sich daran wie an eine lieb gewonnene Tätigkeit, die ihr schon ein wenig fehlte. Zur Zeit verspürte sie kein Bedürfnis danach und rechnete zurück, wann sie ihren letzten Schnitt gesetzt hatte. Das war jetzt bereits über eine Woche her und für Mel war das ein Zeitraum, der einer Ewigkeit gleich kam. Würde sie behaupten, dass ihr altes Leben ihr fehlte, müsste sie lügen. Es fehlte ihr nicht und sie hatte auch nicht das Bedürfnis, in den Sog aus Einsamkeit, Verzweiflung und der Sehnsucht nach dem Kick, sowie der Geborgenheit zurückzukehren.

Hatte er allein mit seiner Anwesenheit, mit dem Willen, mit ihr zusammen zu sein erreicht, dass sie nicht mehr krank war? Sie wollte es glauben, aber etwas in ihrem Verstand sagte ihr, dass sie nur ruhig gestellt war. Der Zustand dürfte, ginge es nach ihr, nie aufhören und sollte bis zu ihrem Tod in weiter Ferne anhalten. Während sie bereits wach war und sinnierte, lag Sky noch tief schlafend neben ihr. Sein ruhiger Atem färbte auf sie ab und die Panik ließ nach. Er hatte nicht die Absicht zu gehen, er hatte nicht die Absicht, sie allein zu lassen. Wie er so friedlich neben ihr lag und schlief, sah er glücklich aus. Mit ihr. In ihrem Bett. Als ihr Partner.

~ 16 ~

Das Klingeln des Handys riss ihn aus dem Schlaf. Es war 9 Uhr morgens und er musste aufstehen, damit er pünktlich im Studio war. Eigentlich war er schon viel zu spät, um halb elf kam der erste Kunde.

„Bist du schon lange wach?" Er sah Mel mit seinem warmen Blick an als er merkte, dass sie noch neben ihm lag, aber bereits wach war. „Vielleicht eine Stunde oder so. Ich mach uns mal Kaffee."
Sie stand auf und er blickte ihr nach, wie sie splitternackt in die Küche lief. Bei diesem Hüftschwung verspürte er bereits früh am Morgen wieder das Bedürfnis, ihr weiches Fleisch um seine

Männlichkeit zu schließen und sie zu nehmen. Er schüttelte sich, dafür war jetzt zu seinem Bedauern keine Zeit. Seine Männlichkeit sah es anders und hatte den Gedanken bereits aufgenommen. Kraftvoll und fest hob sie die Bettdecke an und er hoffte, dass sich die Härte von selber wieder geben würde.

„Hier Schatz, dein Kaffee!" Mel betrat das Schlafzimmer, ohne dass er mitbekommen hatte, das sie schon länger in der Tür stand und ihn ansah. Sein Blick glitt auf die gewölbte Bettdecke und Mel musste lachen. Jetzt wo sie es wusste, konnte er sich nicht mehr verstecken und so tun, als wäre nichts. So wie sie jetzt vor ihm stand, die beiden Kaffeetassen vor ihre Brust gehalten, war auf mindere Erregung eh nicht mehr zu hoffen.

„Setz dich auf mich!" Seine Stimme klang noch ein wenig verschlafen, aber fordernd. Er schlug die Bettdecke zurück und beim Anblick seiner prallen Männlichkeit, musste sie sich um ihre eigene Lust und um ihre Feuchtigkeit keine Gedanken machen. Sie glitt über ihn und war sofort bereit, sein Schwert in sich aufzunehmen. Ganz langsam ließ sie ihn tief in sich gleiten und ließ dabei ihre Hüften leicht kreisen. Sein Blick haftete an ihren auf und ab wippenden Brüsten. Wie automatisch glitten seine Hände zu ihren Nippeln und umkreisten sie. Immer schneller wurden ihre Bewegungen, bis Mel unter heftigem Keuchen aufstand und seinen Schwert aus ihrer hitzigen Enge entließ.
„Was …?" Ehe er seine Frage zu Ende formuliert hatte, schloss sich ihre Hand um sein Schwert und führte es zu ihrer prallen, taufeuchten Rosenkospe. Rhythmisch bewegte sie ihre Hand, während sie auf ihm saß und ihn nicht einließ. Im Hintergrund liefen leise Klänge, zu denen sie ihre Hüfte bewegte.
„Spürst du, wie geil ich auf dich bin? Fühlst du die kleine, harte Knospe, die sich an dich presst und die getränkt werden möchte?"
Während sie die Worte zwischen heftigem Stöhnen herauspresste, konnte er nur nicken und dem Höhepunkt entgegen schweben. Kurz hielt er den Atem an und schon war es um ihn geschehen. In dem

Moment als er kam, führte sie ihn ein und ihre Kontraktionen zeigten ihm nicht nur ihren gleichzeitigen Höhepunkt, sondern sie verhinderten, dass es zu schnell vorbei war. Es fühlte sich an, als ob sie ihn aussaugte, als ob sie seinen Lebenssaft aussagte ... . Sie saß auf ihm und ließ ihre Lust mit einem lauten Schrei heraus, während sich ihre Muskeln fest ihn schlossen. Schnell aber heftig hatte dieses Erlebnis Spuren hinterlassen und seine Müdigkeit vertrieben. Sie beugte sich über ihn, gab ihm einen innigen Kuss und schwang ihre Hüften von seinen Lenden.

Sky lag entspannt und ruhig atmend da. Am liebsten wäre er liegengeblieben und hätte das Spiel weitergeführt, doch musste er dringend auf Arbeit. Ein kurzer Blick auf sein Handy ließ ihn schnell aufspringen und sich anziehen, während er dabei an seinem Kaffee nippte.

„Oh man jetzt, muss ich fliegen! Aber dafür habe ich totale Energie."
„Ich auch. Also Energie, meine ich. Bis zur Arbeit habe ich noch ein paar Stunden. Ich muss heute erst Nachmittag für 4 Stunden los."
Mel war froh, dass sie jetzt keine Hektik hatte. Das Gefühl wirkte noch in ihr nach und sie wollte den Tag in Ruhe beginnen.

„Sehen wir uns heute Abend?" fragte er, während er sich die Schuhe anzog. „Wenn du magst, ich würde mich freuen."
„Weißt du was, komm einfach nachher bei mir im Studio vorbei. Dann entscheiden wir, was wir heute Abend anstellen."

Er grinste süffisant und nahm ihre Brüste in seine Hände.
„Du, lass das!" flüsterte Mel mit einem gespielten Schmollmund und presste ihre Brüste gleichzeitig in seine Handflächen. „Ich komm später vorbei und dann wirst du sehen, was du davon hast."
Sie lächelte und freute sich auf den gemeinsamen Abend. Der Kunde wartete bereits, als Sky ankam. „Bin wohl ein wenig früh", brummelte er und schaute dabei provozierend auf seine Uhr. „Tut mir leid, ich wurde aufgehalten", meinte Sky und dachte sich: „Du Arschloch, ich bin gerade mal 5 Minuten über der Zeit! Der wird mir

noch Freude bereiten, wir sind doch nicht beim Ordnungsamt!"
Auch wenn Sky Wert auf Pünktlichkeit legte, war er doch kein
Pfennigfuchser und mochte solche Übertreibungen gar nicht. Aber
wenn ein Mann schon mit Anzug erschien und einen Tiger auf
seinem Rücken wollte, was war da zu erwarten? Die Frage stellte er
sich selber und hatte die Antwort bereits in petto.

Während Sky bereits mit seinem ersten Kunden an diesem Tag
Freude hatte, ließ sich Mel das warme Wasser der Dusche über den
Körper prasseln und genoss die Tropfen, die auf ihrer Haut
aufkamen. Sie hatte die Dusche mit einem kräftigen Strahl eingestellt
und liebte es, wenn das Wasser hart und erbarmungslos auf ihren
Körper prallte. Besonders ihre Brüste genossen diese Behandlung
und reagierten sofort mit einer Versteifung der Brustwarzen. Früher
hatte Mel diese Momente besonders genossen, ihren Körper extra
lange eingeseift und besonders der Brust und ihrer Rosenblüte sehr
viel Beachtung geschenkt. Öfter hatte sie unter ihrer Dusche
Begleitung und liebte das summende Geräusch, wenn sie sich den
Vibrator verwendete. Den besten Sex mit sich selber hatte sie immer
unter der Dusche. Hier betrachtete sie sich im gegenüberliegenden
Spiegel, massierte ihre Brust und spielte so lange mit sich selbst, bis
sie völlig zufrieden und entspannt war.

Der Rückblick ihrer Gedanken verursachte ein angenehmes Kribbeln
und die Feuchtigkeit in ihrem Schritt stammte nicht allein vom
Wasser. „Nein!" sagte sie zu sich selbst und nahm die Finger von
ihrer Knospe, die sie, ganz in ihren Gedanken versunken, bereits
massierte. Sie drehte die Dusche zu und trocknete sich ab.

„Bin ich nymphoman?" Ihr Spiegelbild gab ihre Frage identisch
wieder. Doch die Antwort blieb aus. „Obwohl ich vor nicht einmal
einer Stunde einen Höhepunkt hatte, werde ich von einem
Wasserstrahl geil?! So viel geilen Sex wie in den letzten Tagen hatte
ich die letzten Jahre nicht und trotzdem bin ich unersättlich … ." Mel
zweifelte ein wenig an ihrem Hormonhaushalt, kam aber zu dem

Schluss, dass sie nicht nymphoman war, sondern einfach die Stimulation genoss, die ihr Körper derzeit erhielt. Natürlich würde sie auch in einer Beziehung nicht auf Selbstbefriedigung verzichten und wenn ihr danach war, die Freuden mit ihrem Dildo zu erleben und sich die Entspannung, sowie einen Höhepunkt verschaffen. Sie fand es toll, dass Sky offensichtlich kein Problem damit hatte und genoss es sogar, wenn er ihr dabei zusah oder sie direkt dazu animierte, es sich selbst besorgen. In ihrer letzten Beziehung war es ihr verboten, ihren Körper zu berühren oder sich in irgendeiner Form Lust und Erleichterung zu verschaffen. Wurde sie erwischt oder hatte Josh nur vermutet, dass sie es sich gemacht hatte, wurde sie bestraft und er rührte sie mehrere Tage, später sogar Wochen nicht an. Für ihn war es Ungehorsam, wenn sie mit sich selbst spielte. Sie gehörte ihm und keiner außer ihm durfte bestimmen, wann und in welchem Umfang sie Lust empfinden durfte. Sie sah die Bilder, wie sie nackt ihn und seine Freude bedienen musste und nicht nur Bier und Essen, sondern auch ihren Körper präsentierte. Immer häufiger kam es vor, dass sich seine Freunde an ihr vergingen. Während sie anfangs nur gewichst und sie berührt hatten, musste sie die Männer später befriedigen und ihren Schwanz in allen Öffnungen erdulden. Das Schlimmste für sie war, dass die Männer die nicht in ihr waren, auf sie spritzten und sie so erniedrigten, dass sie wie ein geprügelter Hund, voller Sperma und Ekel vor sich selbst, nach seiner Erlaubnis aus dem Zimmer kroch.

„Das ist vorbei!" Sie sprach laut zu ihrem Spiegelbild und ihre eben noch vorhandene Erregung hatte sich aufgelöst. Allein der Gedanke an ihre Vergangenheit, an ihr Gefängnis bei Josh, sorgte dafür, dass ihr Körper keine Erregung empfand und dass sie sogar wieder den alten Ekel vor sich selber spürte. Sie ekelte sich davor, dass sie sich diese Behandlung hatte gefallen lassen. Dachte an den Keller, an dieses stinkende Loch, in welches er sie gesperrt hatte und sah ihre Flucht, die so befreiend und so erleichternd war. Lange hatte sie nicht mehr über diese ihr unterdes sehr ferne Welt nachgedacht. Seit sie mit Sky zusammen war, kamen die Gedanken öfter und sie zog

Vergleiche.

„Nie wird er mir das antun, nie wird er mich einsperren oder mich im wirklichen Leben als Sklavin behandeln." Wieder sprach Mel zu ihrem Spiegelbild und schüttelte den Kopf. Warum sie diese Vergleiche zog und ihr in dem Moment, in dem sie glücklich war, wieder die schlimmste Zeit in ihrem Leben in den Sinn kam, wusste sie nicht. In diesem Moment verspürte sie das Gefühl, den Schmutz von damals von ihrem Körper entfernen zu müssen und sie setzte die Klinge an.

Die bereits verheilte Narbe an ihrem Unterarm öffnete sich und gewährte der Klinge Einlass. Wie ein Schwall dreckiger Schlamm rann das Blut aus der Wunde und sie spürte Leichtigkeit, ein Gefühl der Reinigung. Ihr roter Lebenssaft sammelte sich in einem großen Fleck auf dem Boden und Mel brach vor dem Spiegel in ihrem Bad zusammen. Der Raum um sie herum verdichtete sich im Nebel und sie nahm ihren Zusammenbruch aus weiter Ferne wahr. Als ob sie auf sich herabblickte und sich dort auf dem kalten Boden liegen sah.

~ 17 ~

Der Kunde war nach seiner Anspielung ruhig und Sky tätowierte ihn, ohne ein weiteres Wort mit ihm zu wechseln. Seine Gedanken kreisten um Mel. Den kurzen und sehr intensiven Moment heute morgen hatte er sehr genossen und er überlegte, wann er das letzte Mal so in den Tag gestartet war. Auch wenn er noch so sehr überlegte, konnte er sich vor Mel an keine Frau erinnern, die so unersättlich und so erotisch war, dass er die Finger nicht von ihr lassen sollte.
„Diese kleine geile Drecksau", schoss es ihm durch den Kopf und er musste unwillkürlich lächeln. Sie tat alles, was einen Mann glücklich machte und es gab nichts, was er mit ihr nicht anstellen konnte. Seine Gedanken schweiften ab und er malte sich aus, wie er sie fesselte und was er dann alles mit ihr tun würde. Wenn die

momentane Unbeherrschtheit gewichen war, würde er ihr wahre Wonne bescheren und sie über ihre Grenzen hinaus führen. Sobald er Zeit hatte, suchte er im Internet nach ausgefallenen Praktiken und hatte schon einige Ideen gefunden.

„Wie schön ihre prallen Brüste aussehen werden, wenn sie fest zusammengeschnürt sind und eine rote Farbe annehmen … .“ Allein bei dem Gedanken floss alles Blut in seine Männlichkeit und er hatte Mühe, sich zu beherrschen. Der Plan würde also noch warten müssen, ehe er in die Tat umgesetzt werden konnte. So oft wie er sich in den letzten Tagen allein durch seine Gedanken Erleichterung verschafft hatte, hatte er sein bestes Stück nicht mehr in der Hand gehabt, seit er die pubertierende Phase hinter sich gelassen hatte. Er lächelte in sich hinein und fand die Vorstellung schon ein wenig witzig.

„Ist ja für eine gute Sache, Lehrstoff praktisch.“ Dass ihn BDSM so beeindruckte und so scharf machte, hätte er sich in dem Maße nicht vorstellen können. Er schaute Bondage und BDSM-Clips, um sich einen Überblick zu allen Spielarten und der Vielfalt der Möglichkeiten zu verschaffen. Aber früher konnte er es sich auch nicht vorstellen, dass ihm eine im Bett devote und masochistische Frau solche Lust bescherte. Seine bisherigen Beziehungen erlebten schon ihren Höhepunkt, wenn er die Damen in der Hündchenstellung nehmen durfte. Selbst seine Ex wäre nie auf den Gedanken gekommen, seine Männlichkeit in den Mund zu nehmen oder es sich vor seinen Augen selbst zu besorgen. Sie war zwar anfangs nicht prüde, aber es gab eine Menge Dinge, mit denen er bei ihr auf taube Ohren stieß. Nach näherer Betrachtung empfand er sie doch als prüde und hakte das Thema ab.

Um Mel beeindrucken und vor allem, um sie befriedigen zu können, hatte er sich in den vergangenen Tagen eine Menge BDSM-Videos angesehen und dabei immer häufiger gemerkt, wie ihn die Bilder erregten. Abgeschnürte Brüste, gespreizte Schamlippen und Nippelklemmen erregten nicht nur sein Interesse. Er wollte mit Mel noch viel probieren, doch musste er vorher lernen, seine eigene Lust zu kontrollieren. Als er sie zuletzt gefesselt und mit der Peitsche bearbeitet hatte, hätte er ihr dabei fast auf den Rücken gewichst und musste daher aufhören, lange bevor er eigentlich aufhören wollte. Aber er würde es in den Griff bekommen.

Jetzt wo noch alles mehr oder weniger Neuland für ihn war, konnte er seine Beherrschung nicht so kontrollieren, wie er es gewollt hätte. Seine Ausdauer in Punkto Beherrschung würde sich aber erhöhen. Wenn er sich die Filme ansah, fragte er sich manchmal, wie die Doms es so lange aushielten und die Frau auf die Folter spannen konnten, ohne selbst dabei die Lust auf Befriedigung zu verspüren. Seine Männlichkeit erhärtete sich bereits beim zusehen und wenn er die Eindrücke aufgenommen hatte, konnte er sich nicht mehr beherrschen und musste sich Erleichterung verschaffen. Bei Mel war es noch schlimmer als beim Clips ansehen. Hier wusste er ja, dass er nicht wichsen musste, sondern das Objekt seiner Begierde bereits vor sich hatte. Ein Blick in ihre glänzende Spalte und sein Schwert drängte ihn, in sie geschoben und von der glühenden Enge fest umschlossen zu werden.

Ihm war zwischenzeitlich eine Idee gekommen und er überlegte, ob er Mel eine neue Überraschung bereiten sollte. In den meisten Clips trugen die Frauen Nippel-Piercings, die auch in Fesselspiele einbezogen wurden. Ihre empfindlichen Brustwarzen würden sicherlich noch viel erregbarer sein, wenn sie von einem kleinen, aber stabilen Ring durchzogen wurden. Er fand die Idee gut und würde ihr dieses Geschenk gerne machen.

Nun hatte er so viel Zeit mit den Gedanken an Sex, n BDSM und seine eigene Erregung verbracht, dass der zweite Termin gleich ran war. Ihn beschlich ein komisches Gefühl und er schaute auf sein Handy. Warum meldete sich Mel nicht? Nicht einmal eine kurze Nachricht kam von von ihr. Sie müsste ja nun auch bald auf Arbeit, fiel ihm ein. Da er nicht so gerne Nachrichten schrieb, griff er zum Telefon und rief sie an. Das endlose Läuten am anderen Ende der Leitung ließ ihn stutzig werden. „Warum nimmt sie nicht ab?" Ein eigenartiges Gefühl in ihm ergriff Besitz von seinen Gedanken.

„Ob sie … ? Nein!", meldete sich eine Stimme in seinem Kopf. „Ihre Narben sind verheilt. Sie hat sich nicht mehr geritzt. Sie ist doch glücklich mit mir und hat in den letzten Tagen überhaupt nicht depressiv gewirkt."

Langsam beruhigte er sich und versuchte erneut, sie anzurufen. Wieder nahm niemand ab. Sie würde ihn bestimmt zurückrufen und war jetzt auf dem Weg zur Arbeit. Am liebsten wäre er jetzt zu ihr gefahren um nach ihr zu sehen. Aber er konnte nicht weg. Noch einmal wollte er sich heute nicht für Zuspätkommen rügen lassen. Die Kundin unterbrach seine Gedanken.

„Hi Sky, ich hoffe es stört nicht, dass ich ein wenig zu früh bin?"

„Ey Cassandra! Nein, passt. Ich war mit dem vorherigen Termin eh eher fertig. Willst einen Kaffee?"

„Gerne." Cassandra setzte sich in dem Empfangsbereich und wartete, bis Sky wieder zu ihr kam.

„Er wird bei jedem Besuch attraktiver. Und mit einer Frau habe ich ihn auch schon lange nicht mehr gesehen. Der könnte mir gefallen", dachte sie sich. Cassandras Gedanken schweiften aus und sie lächelte ihn süffisant an, als er mit einer Tasse Kaffee zu ihr kam.

„Bitteschön."

Sky setzte sich ihr gegenüber. „Wir fangen heute an, aber fertig werden wir nicht. Deine Haut mag nach 2 Stunden ja nicht mehr, wie ich bei der letzten Sitzung gemerkt habe. Okay?"

Cassandra nickte. „Aber nur meine Haut, sonst bin ich nicht so unwillig."

Sky merkte, wie sie unverhohlen mit ihm flirtete und es war ihm unangenehm. Er dachte sich schon eher, dass sie etwas von ihm wollte, aber hatte nie Interesse an ihr bekundet. Sie war hübsch, keine Frage. Große braune Augen, lange kastanienbraune Haare und eine tolle Figur. Ihre langen Beine präsentierte sie immer in hautengen, kurzen Miniröcken und betonte sie mit mehr als extremen Highheels. Auch heute war sie wieder bis zu den Haarspitzen gestylt und er ahnte, dass sie ihn auf der Stelle vernaschen würde, gäbe er ihr nur das geringste Zeichen.

„Was machst du eigentlich dieses Wochenende? Ich habe noch eine Karte für Wacken übrig und würde dich gerne mitnehmen.

"Wacken? Das klang verlockend aber nein, mit Cassandra würde er dort auf keinen Fall hinfahren.

„Ich bin das Wochenende bei meiner Freundin. Auch wenn Wacken verlockend klingt, ich bin schon verplant." Das sollte als Ansage reichen und wie Sky feststellte, passte Cassandra seine Aussage nicht.

„Deine Freundin wird dich doch für ein Wochenende entbehren können oder bist du ihr Sklave?" Sie lächelte und ihre Hand legte sich auf seine. Er zog die Hand weg. „Ich bin ganz sicher kein Sklave, aber treu und ehrlich. Danke für deine durchaus attraktive Einladung, aber von meiner Seite aus besteht kein Bedarf. Wollen wir jetzt anfangen?"

„Okay. Schade, aber hätte mir klar sein müssen, dass ein Typ wie du schon eine Frau hat. Aber man kann es ja mal probieren." Cassandra war enttäuscht und versuchte, es sich so wenig wie möglich anmerken zu lassen. Eigentlich wies sie nie ein Typ ab und auch wenn er eine Frau hatte, war das für die meisten Männer nur ein Grund, aber wenn sie ihren Charme spielen ließ, kein Hindernis mehr.

„Ich muss nochmal kurz telefonieren, dann bin ich bei dir." Mit den Worten verließ Sky den Raum und versuchte erneut, Mel anzurufen. Wieder erreichte er niemanden und langsam wurde die Sorge größer. Dass sie auch nicht zurückrief, machte ihn stutzig. Als er wieder herein kam, lag Cassandra bereits mit freiem Oberkörper auf dem Rücken und wartete.

„Soll ich den BH auch ausziehen damit du besser ran kommst?"

„Kannst ihn anlassen, so hoch kommen wir nicht". Als auch dieser Versuch von ihr fehlschlug, gab sie es auf und ließ Sky seine Arbeit machen. Vielleicht würde sie später noch eine Chance bekommen.

Sie erzählte ihm noch vom letzten Wacken Festival und sie unterhielten sich über Musik. Ihre Flirtversuche hatte sie eingestellt und anscheinend begriffen, dass sie bei ihm nicht landen konnte. Er arbeitete heute unkonzentriert. Seine Gedanken schweiften immer wieder ab zu Mel. Gleich nach der Arbeit würde er zu ihr fahren und sehen ob alles in Ordnung war. Nach etwa einer Stunde nahm Cassandras Haut keine Farbe mehr auf und nässte. Es hatte keinen Sinn die Farbe mit Gewalt in die Haut einzubringen.

„Deine Haut streikt. Diesmal noch viel eher als bei der letzten Sitzung." Sie setzte sich auf und betrachtete das Tattoo. „Du hast recht, leider. Na dann machen wir ein andermal weiter." Er rieb ihre Haut mit Vaseline ein, nachdem er die Farbreste entfernt hatte und er legte die Folie auf."

„Falls du es dir doch noch überlegst, ich kann ja am Donnerstag noch mal reinkommen. Also wegen Wacken meine ich."

„Musst du nicht, ich habe dir doch gesagt, dass ich am Wochenende keine Zeit habe. Wir machen jetzt einen neuen Termin zum weiter stechen und sehen uns dann."

„Okay, aber ich wollte lieber noch einmal nachfragen." Cassandra gab sich mit der Absage zufrieden, zahlte ihre Rechnung und ging mit dem neuen Termin in der Hand, welcher sie in 3 Wochen zu Sky führen würde.

„Vielleicht hat er ja dann bereits die Nase von seiner Flamme voll", dachte sie bei sich und verabschiedete sich mit einem Lächeln.

~ 18 ~

Aus weiter Ferne hörte sie ihr Telefon und blickte durch dichten Nebel, der sich vor ihren Augen ausgebreitet hatte. Sie nahm durch diesen Schleier wahr, dass sie in ihrem Badezimmer war und dass sie auf dem Boden lag. Auf dem Fußboden war eine große Blutpfütze, die sich bis zu ihren Beinen ausgebreitet hatte.

„Shit!" Langsam lichtete sich der Nebel und Mel stellte fest, dass sie immer noch nackt halb in der Dusche, halb vor der Dusche lag. Auf ihrem Unterarm hatte sich eine Kruste gebildet und die Blutung hatte aufgehört. „Shit, Shit, Shit!"

Die Tränen flossen ihr in breiten Strömen über das Gesicht.

„Warum?!" Ihr Telefon klingelte erneut. Ihr fiel ein, dass sie heute arbeiten musste und versuchte, aufzustehen. Wenn sie noch einmal zu spät kam, war sie ihren Job los. In der Vergangenheit war sie ein paar Mal zu spät gekommen und die Chefin hatte immer ein Auge zugedrückt. Doch ihre häufige Unkonzentriertheit und das Zuspätkommen zusammen, hatte ihr bereits die zweite Abmahnung eingebracht. Sie stand auf und trat ans Waschbecken. Kreidebleich im Gesicht und blutverschmiert am Arm und an den Beinen sah sie sich an.

Waschen würde hier nicht viel bringen, aber eine kalte Dusche sollte alle Spuren beseitigen. Nach der Dusche war auch der Nebel ihrer Wahrnehmung gewichen und sie ging ins Wohnzimmer.
„Sky … .“ Sie sah zwei unbeantwortete Anrufe von ihm auf ihrem Handy und stellte fest, dass sie auf Arbeit auch nicht mehr gehen musste. Es war bereits 16 Uhr. Wie lange hatte sie im Bad gelegen? Gleich nach dem Sky gegangen war, war sie doch unter die Dusche gegangen. Da war es noch nicht einmal 10 Uhr. Mel erschrak. Sie war auch früher schon öfter einmal weggetreten, wenn sie sich ritzte. Aber einen so langen Zeitraum hatte sie noch nie ohne Erinnerung verbracht.
Sie wählte die Nummer. Bereits beim dritten Klingeln nahm er ab und sie vernahm seine besorgte Stimme. „Mel! Endlich! Ist alles in Ordnung bei dir?“ „Hei Sky … .“
Mel schwieg. Wie hätte sie auf seine Frage auch antworten sollen?
„Was ist los, geht's dir gut?“ „Ach Sky, wenn du nur bei mir sein könntest … mir geht's nicht gut. Ich habe einen saudummen Fehler gemacht und mir geht's richtig scheiße.“
„Ich bin in einer Viertelstunde bei dir! Er legte auf.
Mel zog sich an und griff zur Zigarette. Sie hatte noch nicht einmal ihre Zigarette zu Ende geraucht, als es klingelte. Langsam öffnete sie die Tür und sah Sky, der wohl auf dem Weg zu ihr geflogen sein musste. Er nahm sie einfach in den Arm und sie fühlte sich sicher.
„Ich bin jetzt bei dir.“ Er hielt sie ganz fest und vergrub seinen Kopf in ihren Haaren. „Was ist passiert?“ Er sah, dass sie kreidebleich war und dass ihre Unterlippe zitterte. Eine Träne lief lautlos ihre Wange

131

hinab und ihr Brustkorb bebte. Er führte sie zur Couch und setzte sich ihr gegenüber.

„Was ist passiert?", fragte er erneut. Sie sah ihn an und ihr schlechtes Gewissen verbot es ihr, zu sprechen. Außerdem versuchte sie krampfhaft, einen erneuten Weinkrampf zu vermeiden.

„Ich habe wieder … ." Er nahm ihren Arm, den sie bis eben unter ihrem Bein versteckt hatte und an dem ein frischer, weißer Verband prangte.

„Warum?!" Nun konnte sie die Tränen nicht länger zurückhalten und warf sich schluchzend in seine Arme. „Ich weiß es nicht, shit, verdammt noch mal, ich weiß es wirklich nicht!"

Besorgt und mitfühlend streichelte er ihren Rücken.

„Aber es ist doch nicht, ich meine, es hat nichts mit mir, mit uns zu tun?"

„Wie kommst du darauf?" presste sie unter Tränen hervor. „Natürlich hat es nichts mit dir zu tun!" Ihre Stimme wurde schrill und er merkte, dass er nicht weiter fragen sollte. Aber er wollte wissen was passiert war und würde nicht eher Ruhe geben, bis er eine Möglichkeit fand, ihr zu helfen.

„Wie ist es passiert?" Sie lachte auf. „Wie immer! Ich habe an die Vergangenheit gedacht, habe mich schmutzig gefühlt und den Dreck aus meinem Körper gespült. Mehr war es nicht."

„Ich habe versucht dich anzurufen, aber du bist nicht ans Telefon gegangen."

„Ich weiß", entgegnete sie. „Ich habe deine Anrufe eben gesehen."

„Müsstest du nicht eigentlich jetzt auf Arbeit sein?" Mel nickte und schaute zu Boden. „Die bin ich wohl los. Als ich dich angerufen habe, bin ich gerade im Bad aus dem Nebel erwacht und nun brauche ich auch nicht mehr los."

„Jetzt würde ich dich auch nicht gehen lassen!" Sky sah ihr tief in die Augen. „Ich möchte dir helfen. Es muss eine Möglichkeit geben, wie du diesem Drang widerstehen und dich gegen das Ritzen wehren kannst. Ich weiß nur noch nicht, wie", gab er mit Nachsatz von sich und bereute in dem Moment wo es aussprach, sofort die Bedeutung seiner Aussage. Aber sie entgegnete nichts, sie machte ihm keinen

132

Vorwurf und schaute ihn auch nicht verschämt an. Sie hatte ihm ja schon einmal gesagt, dass sie keine Hilfe brauchte. Daher befürchtete er, dass sie dicht machen und sich von ihm zurückziehen könnte, jetzt wo er wieder mit dem Thema anfing. „Aber sie hat mich ja angerufen und ihr gesagt, dass es ihr schlecht geht", brachte er sich zur Ruhe. Sie hat es ja von selbst gesagt ... . Sky streichelte in Gedanken versunken ihren Arm und fuhr mit den Fingern über den Verband. Sie ließ ihn gewähren, ohne ihm die Hand zu entziehen oder wegzuzucken.

„Ich bin für dich da. Immer. Verlass dich auf mich, vertraue mir bitte." Dies waren die letzten Worte, die er zu Mel und diesem Thema sagte. Er wollte nicht Salz in die Wunden streuen und dafür sorgen, dass sie ihm gegenüber ein schlechtes Gewissen haben musste. Dass es ihr schlecht ging, sah er. Aber er würde es mit reden nicht besser machen und eher dazu beitragen, dass sie in Depression verfiel.

„Ich werde sie beschützen und wir werden es gemeinsam schaffen."

„Nur muss ich herausfinden, welches Problem aus der Vergangenheit sie so belastet, dass sie immer wieder dahin zurückkehrt", sagte er tonlos zu sich selbst.

„Es war ein Ausrutscher und tut mir leid. Ich wollte es nicht." Von selber ging Mel einen Schritt auf ihn zu und erzählte.

„Als du los bist, war ich unter der Dusche. Und ähm, also ... ich bin durch den Wasserstrahl wieder total erregt gewesen und ich habe mich gefragt, ob ich nymphoman bin. Ich habe es mir nicht gemacht. Aber habe an die Momente gedacht, in denen ich es tat. Unter der Dusche ... und irgendwie bin ich von diesem Thema in meine Vergangenheit geswitcht und habe daran gedacht, wie Josh mich bestraft hat, wenn er mich dabei erwischt hat. Für ihn war es Betrug und Ungehorsam, wenn ich mich berührt und wenn ich es mir selbst gemacht habe. Dafür hat er mich bestraft. All die Erlebnisse überrollten mich mit einem Mal und ich musste es tun."

Sie sprach mit fester Stimme und schaute ihn an, während sie ihm ihre Erlebnisse aus der Vergangenheit erzählte.

„Ich hätte es mir lieber besorgen sollen, dann wäre ich nicht auf die Gedanken gekommen" meinte sie weiter, aber sie zweifelte selber an ihrer Aussage.

„Bist du mir jetzt böse?" Er war ihr nicht böse.

„Nein Süße, warum sollte ich? Aber deine Vergangenheit, die müssen wir aufarbeiten … ich bin bei dir, ich unterstütze dich, wo ich es kann. So etwas wie damals wird dir nie mehr passieren. Nicht solange ich bei dir bin. Ich passe auf dich auf und verspreche dir, dass ich dich nie allein lassen werde."

Zur Bestätigung hielt er sie ganz fest und streichelte sanft ihren Rücken, ihr Haar und ihr Gesicht. Er küsste sie leicht und spürte, wie sie sich entspannte.

„Lass uns raus fahren, irgendwohin." Sky fand, dass ein bisschen frischer Wind in ihrem Haar garantiert die trüben Gedanken verwehen würde. Ihr gefiel der Gedanke und es würde ihr gut tun, über nichts nachzudenken und einfach den Fahrtwind im Haar zu spüren.

„Ich ziehe mir noch schnell was über und dann bin ich dabei."

Mel war schon angezogen, aber mit dem frischen Verband am Arm würde sie das Haus niemals verlassen und musste ihre Armstulpen holen. Wie ein innerer Zwang war das Gefühl, ihre Wunden zu verbergen und niemandem einen Einblick in ihre Seele, ihre Probleme zu geben.

Sky hatte eine Idee, er kannte einen schönen und wenig besuchten Steinbruch ganz in der Nähe. Im Ort gab es auch ein kleines Restaurant, in dem man mit Blick auf den Steinbruch sitzen und sich ohne störende Blicke anderer Menschen unterhalten konnte. Im Auto ließ sie das Fenster herunter und genoss die angenehm warme Luft.

„Ich wollte nicht das es passiert!" Sie schaute Sky an und er merkte, dass sie es ernst meinte und dass ihr der Schnitt mehr Sorgen bereitete als ihre Vergangenheit.

134

„Ich will nur, dass du es weißt."

Er legte eine Hand auf ihr Bein und streichelte die zarte Haut. „Das weiß ich, und genau darum weiß ich auch, dass wir es zusammen schaffen. Mach dir keine Gedanken und entspann dich. Der Ort, an den wir fahren wird dir gefallen."

Ein kleiner Anflug des Lächelns umspielte ihre Mundwinkel. Sie war sicher, dass ihr der Ort gefallen würde und sie vertraute ihm. Sie fuhren über endlos lange Landstraßen, vorbei an Apfelbäumen, Feldern, auf denen gerade geerntet wurde und kleinen Ortschaften im malerischen Flair. Hier war sie noch nie gewesen und genoss diese Ruhe, diese stille Atmosphäre.

„Das letzte Stück müssen wir laufen", meinte Sky und stellte das Auto ab. „Der Steinbruch ist oben auf dem Berg, da komm ich mit dem Auto nicht hoch ohne mir die Ölwanne aufzureißen."

Er nahm ihre Hand und sie liefen einen schmalen Weg entlang, der sie unter großen Bäumen den Berg hinauf führte. Die Sonne stand tief und schon bald würde es dunkel werden. Braute sich ein Gewitter zusammen? Er hoffte es nicht. Unterstellen war hier nicht möglich. Oben angekommen, führte er Mel langsam zu seinem Lieblingsplatz.

„Hier fahre ich immer hin, wenn ich nachdenken oder einfach meine Ruhe haben will."

Sie sah sich um und konnte sehr gut verstehen, dass Sky diesen Platz liebte. Ein kleines Stück Wiese, direkt am Ufer des Steinbruchs und umgeben von großen Bäumen war der Ort, an dem sie sich niederließen. Außer dem Zwitschern der Vögel war kein Geräusch zu hören und die Zivilisation schien vor diesem Ort Halt gemacht zu haben.

„Es ist wunderschön!" Mel war begeistert. Sie saßen am Ufer, warfen Steine ins Wasser und er spürte, wie sie sich zusehends entspannte. Auch Sky genoss die Ruhe und sah in den Himmel, an dem dicke schwarze Wolken aufzogen und ein Gewitter ankündigten.

„Wann warst du das erste Mal hier?" Sie schaute ihn an.

Sky musste überlegen. Den Platz kannte er schon lange und war schon früher, als er Ärger mit seinem Vater hatte, häufig hier gewesen um die innere Ruhe zu erlangen und den Stress von sich abfallen zu lassen.

„Da war ich noch jung. Wenn ich Stress mit meinem Alten hatte, bin ich oft mit dem Bike hierher gefahren und habe die Nacht hier verbracht."

Nebeneinander lagen sie auf der Wiese und Mel hatte ihren Kopf auf seine Brust gelegt. Ihr Blick folgte seinem und blieb an einer dicken Wolke hängen, die immer näher kam und die nach Regen aussah. Er streichelte ihr Haar. In seinem Kopf kreisten Gedanken doch wusste er nicht, wie er mit dem Thema, was ihn beschäftigte, anfangen sollte.

„Willst du wirklich mit mir zusammen sein?" Ihre Frage durchbrach die Stille. Er schaute sie an und nahm ihre Hand.

„Natürlich will ich das. Ich habe mich in dich verliebt, bereits in dem Moment, als ich dich beim Konzert gesehen habe. Als du dich nicht gemeldet hast bin ich fast verrückt geworden und musste andauernd an dich denken."

Ihr Herz schlug bis zum Hals und sie war froh, diese Antwort zu bekommen. Auch wenn die Frage ohne große Überlegung von ihr kam, hatte sie doch einen kurzen Geistesblitz, was wäre, wenn er zögern würde. Sie hätte es verstehen können, aber wäre nicht damit zurecht gekommen.

„So geht es mir auch. Wenn du bei mir bist, ist die Welt super und es geht mir gut. Bin ich alleine, fehlst du mir und die Gedanken an die Vergangenheit holen mich ein. Ich habe Angst. Einfach nur Angst davor, dich zu verlieren und wieder allein zu sein. Es würde mich aber nicht wundern, so wie ich bin … mit all den Problemen … .Du gibst mir Halt, Geborgenheit." Sie sprach leise, aber mit einer tiefen aus tiefster Überzeugung. „Also vorhin, wo ich unter der Dusche stand … wo mir die Beziehung mit Josh wieder in den Sinn kam, da hat mich die Angst überwältigt. Aber nicht die Angst vor dem Verlust, sondern vor den Folgen, die diese Beziehung mit sich brachte. Ich bin sexuell masochistisch, aber nicht devot im wirklichen Leben. Nie mehr möchte ich als Sklavin leben und meine sexuelle Neigung ins tägliche Leben einbringen. Das ist auch der Grund, warum ich mich nach ihm nicht mehr auf eine feste Bindung eingelassen habe. In meinem Kopf schwirrt die Angst mit, dass es immer so sein wird und dass jede Beziehung so endet. Josh war der erste Mann, mit dem ich zusammengelebt habe."

Während Mel erzählte, sah sie Sky an und versuchte, in seinen Augen die Gedanken zu erkennen. Sie fand nur Wärme und eine Sorge. Sie setzte sich auf und ließ einen flachen Stein über die Wasseroberfläche springen.
„Er hat dir wirklich übel mitgespielt. Wenn ich dieses Schwein in die Finger bekommen würde, glaube mir, der
würde nicht mehr aufstehen wenn ich mit ihm fertig wäre. Ich verstehe deine Angst. Du hast nie eine andere Beziehung kennengelernt und weißt daher nicht, dass er mit Sicherheit eine Ausnahme war. Als du dich auf die Geschichte eingelassen hast, warst du jung, unerfahren und hast nicht geahnt, was da auf dich zukommt. Ich habe viel gelesen und gemerkt, dass viele Frauen sich auf dieses 24/7 Spiel einlassen. Was hat dich daran gereizt?"

Mel musste nicht lange überlegen. Was sie daran gereizt hatte, ging ihr immer und immer wieder durch den Kopf.
„Du hast recht, ich war unerfahren",führte sie ihre Gedanken fort.
„Eigentlich kam es alles mehr oder weniger durch das Ritzen. Schon vorher habe ich die Klinge als Erleichterung empfunden, aber gemerkt, dass ich das Gefühl, dass ich suche, umwandeln und es auf sexueller Ebene übertragen kann. Nein, nicht die gleiche, sondern eine viel intensivere Entspannung. Doch im Alltag, im wirklichen Leben, wollte ich immer Mel und keine Gespielin sein."

Sie erzählte ihm, wie sie in den Klub gekommen war und ließ auch ihre Affäre mit Michael nicht aus. Er hatte ihr praktisch gezeigt, wie sie mit BDSM die Erfüllung fand und was es bedeutete, einen bestimmten, wohldosierten Schmerz zu erfahren und dabei Lust zu empfinden. Den Drang spürte sie schon lange, aber erst durch ihn begann sie, diese Neigung auch wirklich auszuleben. Sie ließ auch nicht außen vor, dass Michael sehr viel älter war als sie und dass es außer den Spielen im Klub keine Gemeinsamkeiten gab, dass sie nicht wusste, wie erlebte oder was er beruflich tat. Sie erzählte ihm, wie sie die Aufenthalte im Klub anfänglich genoss und es liebte, nicht nur von einem Meister benutzt zu werden. Auf einmal wurde sie gesehen, war interessant und gehörte zu den beliebten Frauen im Klub. Ihre Attraktivität war dafür sicherlich der wichtigste Grund, denn was sie tief im Inneren fühlte, wussten die Männer nicht.

„Ich habe gefühlt, habe gelebt … hab plötzlich das Leben in mir gespürt und mich zugehörig gefühlt. Zumindest empfand ich es damals so."
Sky sagte nichts, er hielt einfach ihre Hand und wartete darauf, dass sie weiter erzählte. Sie ließ nicht außen vor, dass sie auch mit mehreren Männern, manchmal auch mit Frauen, zum gleichen Zeitpunkt zusammen war. Die Abende im Klub endeten häufig in Gruppenspielen. In Sky's Hirn arbeitete es und er konnte sich vorstellen, wie ihre junge Seele darunter gelitten hatte. Auch wenn sie sich frei fühlte und sich freiwillig in die Hände der Männer begab, konnte das Erlebnis nicht spurlos an ihr vorbeigehen. Sie genoss die Zuwendung, wie sie es bezeichnete. Nicht aber die Narben auf ihrer Seele, die daraus resultierten. In ihrer ganzen Erzählung war von Vertrauen keine Rede.

„Die Treffen mit Micha wurden seltener und irgendwann, nicht lange nach ihm, lernte ich Josh kennen. Was dann passierte, weißt du ja bereits."

Er verspürte einen innigen Hass auf dieses Schwein. Er hatte Mels Unerfahrenheit und jugendliche Naivität ausgenutzt und sie gebrochen.
„Hast du dich, also ich meine damals als du häufig in dem Klub warst, auch geritzt?"

„Nein! Zumindest nicht wirklich. Natürlich ging es mir an einigen Tagen auch nicht gut und ich griff zur Klinge. Aber es war selten, kaum der Rede wert. Und nicht so stark wie vorher … oder wie danach."

„Und bei Josh?" „Da kam ich gar nicht dazu! Er hat mich ja ständig unter Kontrolle gehalten und jede meiner Handlungen beobachtet. Ich konnte nichts tun, was er mir nicht ausdrücklich auftrug … befahl."

Sky versuchte sich vorzustellen, wie sie in der Zeit gelebt haben musste und sein Hass auf diesen Kerl steigerte sich enorm. Wie konnte ein Mensch so grausam sein und ein junges Mädchen halten wie einen Vogel im Käfig? Schlimmer noch, er erzählte ihr von Liebe und war nur darauf aus, sein eigenes Ego zu steigern. Hinter einer verschlossenen Tür zu leben, keine Klamotten zu haben und den ganzen Tag nackt vor fremden Menschen herumzulaufen, stellte er sich sehr grausam vor. Wirklich nachempfinden konnte er Mels Gefühle in dieser Zeit nicht. Es war unvorstellbar für ihn.
„Er war ja nicht immer so. Es begann alles ganz normal. Also so, wie eine 24/7 Beziehung laufen sollte. Verändert hat er sich später. Also kurze Zeit, nachdem wir zusammen lebten."
Er spürte, wie sie in die Position zur eigenen Verteidigung hinüber glitt.
„Du musst dich ihn nicht verteidigen. Er hat dich benutzt, missbraucht, deine Seele gefickt!"
„Ich weiß …", erwiderte sie leise und legte ihren Kopf wieder auf seine Brust.
„Willst du mich immer noch, auch jetzt wo du weißt, wie ich gelebt habe?"
„Mel, natürlich! Und ich helfe dir, die Vergangenheit zu vergessen und sie tief, für immer unauffindbar, in deinem Hirn einzumauern. Du wirst spüren, dass ein wirklicher Freund dich nicht einengt und dir nicht die Luft zum atmen nimmt! Für mich bedeutet Beziehung nicht nur, geilen Sex zu haben und auf dieser Ebene zu harmonieren.

Ich suche in einer Partnerschaft auch einen Freund, einen Menschen mit dem ich Zeit verbringe, den ich achte und respektvoll behandle."

„Ich bin so froh, dass wir uns getroffen haben!" Mel schaute ihn verliebt an und in diesem Moment spürte sie nichts als Glück. Jegliche Angst war fern und ihr Gefühl sagte ihr, dass sie sich in ihm nicht täuschen würde und er es ernst mit ihr meinte. Die schwarze Wolke war direkt über ihnen und ein großer Tropfen landete in ihrem Gesicht.

„Shit, jetzt fängt es wirklich an zu regnen. Wo ist die Gaststätte von der du vorhin gesprochen hast?"

Er zeigte nach rechts und Mel sah in der Ferne ein Licht.

„Wir nehmen das Auto. Sonst laufen wir nachher wieder hierher zurück." Bei einem Glas Caipirinha sah sie in den Regen, der unnachgiebig vom Himmel fiel. Erste Blitze zuckten auf und ein grollender Donner verschaffte ihr ein beruhigendes Gefühl.
„Liebst du Gewitter?"
„Ich mag es, wenn der Donner grollt und die Blitze den Himmel erhellen. Nur möchte ich jetzt nicht draußen sein und darauf warten, bis ich unter Strom stehe."
Mel lachte. „Ich bin früher gern bei Gewitter spazieren gegangen. Einfach nur ziellos gelaufen, immer dem Horizont entgegen."
„Oh Gott, du hast Humor." Er hatte den Arm um sie gelegt und folgte ihrem Blick hinauf in den schwarzen Himmel. Sky nahm einen Schluck von seinem Bier. Nach dem Essen, als auch die Gläser leer waren, hatte sich das Unwetter verzogen und die reine, kühle Luft tat gut.
„Fahren wir nach Hause?"
„Zu dir oder zu mir?" konterte Mel und erinnerte sich an ihren ersten Abend.
„Wie du möchtest", antwortete Sky.
„Lass uns heute zu dir fahren, ich möchte heute nicht mehr nach

Hause."

Er ließ den Motor an und fuhr zurück in die Stadt. „Aber ich habe nicht aufgeräumt, also schau dich nicht so genau um."

Es interessierte Mel nicht, ob er aufgeräumt hatte oder nicht. Sie wollte nicht in ihre Wohnung und würde sich auf jeden Fall in dieser Nacht bei ihm wohler fühlen.

„Und keine Sorge, meine Terror-Ex kommt auch nicht mehr. Wir haben die Wohnung für uns."

„Davon bin ich auch ausgegangen", meinte Mel lächelnd und ließ ihre Hand über seine Hose gleiten. Ihr ging es deutlich besser und sie hatte wieder die Wahrnehmung für Sky, seine Attraktivität und für seine, aber auch für ihre eigenen Bedürfnisse. Auch wenn sie es bis eben nicht geglaubt hätte, das Gespräch mit ihm tat gut und sie war froh, dass es zwischen ihnen keine Geheimnisse mehr gab. Sie hatte ihm ihre Vergangenheit offenbart und er würde vielleicht verstehen, warum sie manchmal deprimiert, in Gedanken und verzweifelt war. Er konnte fühlen, was sie fühlte und Mel war sich sicher, dass er sie wegen ihrer Vergangenheit nicht verurteilte.

Mit quietschenden Reifen parkte er das Auto vor seinem Haus und schaute sie an.

„Darf ich Euch hereinbitten? Mein Reich ist auch Euer Reich und ich heiße Euch in meiner Festung willkommen."

Mel musste lachen, gab ihm einen Kuss und folgte ihm. Als er die Tür aufschloss, hatte sich in ihr ein angenehmes Kribbeln ausgebreitet und sie dachte an die erste Nacht, die sie gemeinsam hier verbracht hatten. Die ersten Momente, die unerfahrenen, für ihn sicherlich neuen gemeinsamen Erlebnisse und die Vertrautheit, die zwischen ihnen herrschte. Es war eine gute Entscheidung zu Sky zu fahren. Mel war glücklich hier zu sein und sie fühlte sich wohl.

„Willst du Wein?" Sky ging in die Küche und holte die angebrochene
Flasche Rotwein ins Wohnzimmer. „Aber gerne doch", gab Mel
zurück und betrachtete die Flasche. Einem schweren Bordeaux
konnte sie nicht widerstehen. Er hob sein Glas und prostete ihr zu.
„Skål, auf uns und den auf den Beginn einer wundervollen Zeit!"
Das Klirren der Gläser gab ihr Sicherheit und sie spürte, dass sie
ihren Bund in diesem Moment besiegelt hatten. Sky beugte sich zu
ihr herüber und berührte ihre Lippen mit einem zarten Kuss. Sie
erwiderte seine Zärtlichkeit und umspielte mit ihrer Zunge seine
Lippen. Ein Kuss von ihm löste in Mel eine Woge von Gefühlen aus
und sorgte dafür, dass sie eine innige Lust auf mehr verspürte. Sie
knabberte an seiner Unterlippe und genoss mit einem wohligen
Geräusch, als er ihre Zungenspitze mit einem leichten Biss bedachte.

Gänsehaut überzog ihren Rücken, ihr Dekolletee und ihre Brüste.
Unter ihrem hautengen Kleid zeichneten sich die Nippel ab, welche
durch die Berührung keck nach vorne standen. Sie ergriff seine Hand
und führte sie an ihren Busen. Er streichelte sie zärtlich, ehe er fester
zugriff und ihre festen Brustwarzen zwischen seinem Daumen und
seinem Zeigefinger festhielt. In seinem Kopf lief ein Film ab und die
Bilder abgeschnürter Brüste nahm Gestalt an. Wie würde er es
genießen, Mel in dieser Position zu sehen und die Härte zu fühlen,
die ihre bezaubernden Rundungen dabei annehmen würden. Er sah
sie lächelnd an.

„Weißt du was ich gerne mit dir machen würde?" Von Erregung
dominiert, presste Mel unter einem wohligen Seufzer hervor: „Was
denn?" Ihre Hand glitt automatisch in seinen Schritt und spürte die
Härte, die sich unter seiner engen Hose abzeichnete.

„Es gibt viele Dinge die ich mit dir erleben möchte. Zeige mir deine
Grenzen und ich werde dich an sie heranführen und dich dazu

bringen mich anzuflehen, sie zu überschreiten."

Seine Worte erstaunten und erfreuen sie zugleich. Dafür, dass er eigentlich unerfahren war, geht er aber ganz schön ran, dachte sie sich. Ihre Gedanken versanken in einer Welt, in erotische Härte ihr unendliche Lust bescherte und sie wollte leiden, mehr als je in ihrem Leben.

„Was willst du mit mir machen?" Ihr Blick wirkte erregt, eine leichte Röte hatte sich über ihre Wangen gezogen. „Ich zeige dir meine Grenzen aber sage dir dazu, dass du um sie zu erreichen, einiges tun musst. Wenn du willst, zeige ich es dir."
Und ob er wollte. Aber Mels nächster Satz ließ ihn erstaunt reagieren. „Mach mal Internet an!"
Er fuhr den Laptop hoch und übergab ihr die Kontrolle. Ehe sie sich aber dem Gerät widmete, zog sie ihr Kleid aus und saß in unvergleichlicher Schönheit neben ihm. Sie griff nach seinem Shirt und zog es ihm über den Kopf.

„Zieh dich aus. Ich möchte dich spüren, deinen Körper fühlen, wenn ich dir zeige was mich berührt." Mit ein wenig Verwunderung und starker Erregung leistete er ihrer Bitte Folge.

„Nur kurz, ja?" Ehe er wusste was sie meinte, beugte sie sich über ihn und nahm seine Männlichkeit zwischen ihre Lippen. Sie umspielte sein bestes Stück mit ihrer Zunge und mit ihren Fingern, ehe sie ihn entließ. „Deine Phantasie wird mit dir durchgehen, das verspreche ich dir." Noch einmal nahm sie ihn in ihren sinnlichen Mund und schürte seine Erregung, die ganz andere Gedankengänge als einen Blick ins Internet beinhaltete. Dann gab sie ihn frei und wandte sich seinem Laptop zu.

„Du bist der erste Mann, dem ich meine Wünsche auf diese Art zeige. Ich spüre deinen Drang und ich denke, dieser Einblick wird dir gefallen."

Sie loggte sich in ein Forum ein er sah einige Vorschauvideos, die Paare bei verschiedenen Praktiken zeigten. Er hätte sich viel erträumen lassen, aber nicht, dass sie gemeinsam mit ihm BDSM-Clips ansehen wollte. In Gedanken hatte er seine Eigenregie, in welcher er regelmäßig die Hand an seinem besten Stück hatte und in der seine Lust allein bei der Betrachtung und bei seinen eigenen Berührungen wuchs. Ob das mal gut geht, dachte er sich und lehnte sich an Mel, die sich derweil entspannt zurück gelegt hatte. Falls sie dachte, er könne still neben ihr sitzen und auf den Laptop schauen, würde sie sich noch wundern. Auch ihr war klar, dass er nicht viel von den Filmen mitbekommen und über sie herfallen würde. Aber der Gedanke gefiel ihr und sie lächelte ihn an.

„Tu was du willst und was du nicht lassen kannst, berühre dich, wenn dir danach ist oder … berühre mich."
Sky wurde leicht verlegen. Auch für ihn war die Situation neu. Noch nie hatte er mit einer Frau gemeinsam Pornos geschaut und wäre auch nie auf die Idee gekommen.

Die vollbusige Frau war komplett mit einem Seil verschnürt, während ihr Meister sein Werk begutachtete und das Tau an einigen Stellen noch nachzog. In der Großaufnahme sah er, dass ihre Brüste dunkelrot angelaufen waren und noch praller wirkten, als sie ohnehin schon waren. Die Kamera schwenkte nach unten und zeigte ihre rosigen Lippen, die mit Seilen auseinander gezogen waren und den Blick auf ihre feucht glänzende Spalte freigab. Seine Männlichkeit zuckte und er stellte sich vor, wie Mel in diesem Seil eingeschnürt und ihm wehrlos ausgeliefert war.
„Der Mann ist ein Künstler!" Vor allem bewunderte er, dass dieser Mann bisher keinerlei Erregung verspüren musste und ohne jegliche Versteifung um sein Kunstobjekt lief und weiter an den Seilen nestelte. „Oh ja, das ist er! Er versteht sein Werk und ist ein Meister im Bondage. Aber warte ab, das war noch nicht alles!" Mel legte ihren Kopf in seinen Schoss und spielte wie beiläufig mit seinem Schwert, das bereits wieder zur vollen Größe angewachsen war.

144

Vorsichtig, langsam, so dass er den Film wahrnahm und seine Phantasie spielen ließ, berührte sie ihn und zeigte ihm gleichzeitig was ihr gefiel. Als der Strick perfekt saß, ging der Mann zum Schrank und holte einen Dildo heraus. Ihr eigener Dildo war klein im Gegensatz zu diesem Monstrum. Sky sah wie gebannt auf den Monitor und atmete schwer. Die Bilder vor seinen Augen und die weichen Berührungen an seinem Schwanz entführten ihn in eine Welt, in der für ihn nichts anderes existierte.

Der Künstler beschäftigte sich derweil weiter mit seinem Objekt, das jede seiner Berührungen und Handlungen sichtlich genoss. Sie hatte einen Knebel im Mund und er vernahm keinen Ton, außer den beruhigenden und animierenden Worten des Mannes.

„Jetzt zeige ich dir, was wahre Größe ist! Ich möchte keinen Ton hören, auch wenn ich weiß, dass es dir gefallen wird. Sobald du einen Ton von dir gibst, ziehe ich den Dildo raus und du wirst leiden, ohne zum Höhepunkt zu kommen!"

Der fordernde Ton entlockte der Frau ein Nicken und Sky spürte, wie sehr sie den Dildo erwartete. Ihre Arme waren über dem Kopf gefesselt, während er ihre Beine breit an den Bettpfosten gespreizt hatte. Durch die Seile, die ihre Schamlippen trennten und den Blick auf ihre Enge freigaben, sah er die grenzenlose Erregung der Frau und konnte sich ihr nicht entziehen.

Mel spielte immer noch mit seiner Männlichkeit, während er seine Hand nahm und seine Finger über ihre bereits pralle und von Tau benetzte Rosenblüte gleiten ließ.

Jetzt berührte er mit dem Dildo ihre empfindlichste Stelle und die Frau versuchte, ihren Körper nach oben zu strecken. Doch die Seile hielten sie zurück und es war ihr unmöglich sich zu bewegen.

„Halt still!" Nun würde Sky einen Einblick erhalten, wie dehnbar eine Rosenblüte sein konnte. Ihm war ja bewusst, dass die meisten

Frauen eine große Männlichkeit bevorzugten, aber dass es so weit ging … . Mit leichten Bewegungen schob er die Kuppe langsam, dann immer schneller zwischen die gierigen Lippen seiner Gespielin. Schmatzende Geräusche begleiteten seine Handlung und die Frau schaute mit weit geöffneten Augen zur Decke. Ganz langsam glitt das Monstrum immer tiefer hinein und auch Sky führte, ohne es bewusst zu bemerken, seine Finger in Mels nasse Spalte. Sie schob sich seiner Hand entgegen, forderte mehr und animierte ihn dazu, seine Finger in ihr zu spreizen.

Derweil verließ der Meister im Video den Raum und kam mit zwei Klemmen zurück. Der komplett in ihr versenkte Dildo hielt allein durch die Muskeln der Frau und bewegte sich nicht. Als er den Raum betrat, grinste er. „Du geiles Miststück, willst du die?" Sie nickte kaum merklich und er führte die erste Klemme zu ihrer dunkelroten Brust. Sie nickte noch einmal. Die Klemme schnappte zu und die Frau verzog dabei keine Miene. Neben ihm stöhnte Mel und bewegte sich rhythmisch auf seiner Hand. Auch ihre saugenden Bewegungen an seinem Schwert wurden intensiver, heftiger und schneller. Derweil schnappte die zweite Klemme zu. Nun endlich wandte er sich ihr zu und zog den Dildo heraus.

„Bewege dich nicht!" Die Aufforderung war makaber, denn in dieser Verschnürung konnte sie sich nicht bewegen. Mit wenigen kräftigen Stößen drang er in sie ein und zog ihn kurz vor seinem eigenen Höhepunkt heraus. Er ergoss sich über ihrem Bauch und stöhnte auf, als sein Vulkan mit brachialer Gewalt explodierte.

Auch Sky verspürte dieses Bedürfnis. Die Frau im Film entspannte sich zusehends. Mel erhob sich leicht, so dass seine Finger aus ihr glitten und sein Schwert ihre Lippen verließ. Trotz vorherrschender Lust hatte sie das Bedürfnis, ihn nach seiner Meinung zu fragen. „Und was sagst du?"
Seine Männlichkeit war immer noch prall. Mit einem Blick darauf und einer Handbewegung sagte er grinsend: „Na siehste doch!"

„Und ob ich es sehe, er ist ja unschwer zu übersehen. Ich erlöse dich … und dann reden wir weiter."

Sie schwang sich rittlings auf ihn und spürte, wie sehr er diesen Moment herbeisehnte. „Bitte, nicht so schnell. Sonst kann ich mich gar nicht mehr beherrschen."
Langsam schob sie sich auf und ab, was er mit einem angenehm berührten Stöhnen quittierte. Von hinten umfasste er ihre Brüste und rieb ihre Nippel zwischen seinen Fingern. Er zog sie nach vorne, um sie sofort zurück schnippen zu lassen. Mel atmete heftig und genoss das Spiel sichtlich. Ihre Hände berührten sich kurz, als sie über ihre Brust streichelte und tiefer bist zu ihrer Rosenknospe vordrang. Sie nahm ihre sensible Blüte zwischen Daumen und Zeigefinger und brachte sich mit dem Gefühl, Sky zu spüren und sich selbst zu massieren, einem explosionsartigen Höhepunkt näher. Unter lautem wohligem Stöhnen kam sie in dem Moment, in dem er die Beherrschung verlor und ihr alles gab. Er sog die Luft scharf ein und explodierte mit ihr gemeinsam, tief in ihrem heißen Körper. Fest krallten sich seine Hände um ihre Brüste und sorgten dafür, dass ihr Höhepunkt sehr lange dauerte. Erschöpft und immer noch wohlig stöhnend ließ sie sich nach hinten fallen. An ihrem Rücken spürte sie seinen schnellen Herzschlag, während seine Haare ihren Nacken kitzelten.

Sie griff zum Weinglas und nahm einen großen Schluck. Sky blickte sie verträumt an und brachte außer Atem hervor: „Jetzt können wir reden. Ich wollte dich ja vorhin nicht knebeln, aber ein klarer Gedanke war nicht möglich. Alles Blut war in meinem Schwanz, was soll da noch Produktives bei herum kommen!"

Mel lachte. „Ich glaube, das Blut fließt gerade wieder zurück in dein Hirn." In dem Moment flutschte er aus ihr und hinterließ einen nicht unbeachtlichen Fleck auf dem Sofa. Auch wenn ihr Lachen über das Geräusch es nicht besser machte, sondern noch mehr Nässe verursachte, konnte sie sich nicht beherrschen und versuchte

147

vergeblich, aufzustehen. „Halb so wild", meine er und hielt ihr aus Spaß die Hand darunter. Sie griff nach der Decke neben sich und zog sie aufs Sofa. Ihr Körper war entspannt und in ihrem Geist hatte sich ein unbeschreibliches Gefühl ausgebreitet.

Wärme und Geborgenheit, Sicherheit und Liebe. Konnte es Liebe sein? Spürte sie wirklich Liebe oder nur ein Gefühl von Verliebtsein, welches im Laufe der Zeit abnehmen würde? Nein, sie liebte ihn. Ihr Gefühl wurde jeden Tag stärker und sie konnte sich ein Leben ohne Sky nicht mehr vorstellen. Sie wäre nur ein halber Mensch, wäre er nicht bei ihr. Mit ihm wurden ihre Träume, Empfindungen und Erlebnisse komplett. Nicht nur beim Sex, auch wenn der zugegebenermaßen, natürlich mehr als geil war.

„Ich muss sagen, mit meiner Frau Pornos schauen ist komisch." Er schaute sie an.
„Wieso?" „Na ist eben komisch. Hab ich noch nie gehabt. Wusste auch nicht, dass es Frauen gibt die da kein Problem damit haben."
„Sky, welches Problem sollte ich bitteschön haben? Mach mal halblang, bin ja keine von diesen prüden Tussis, die du sonst vielleicht kennst. Auch ich habe meine Erfahrungen viel im Internet gesammelt und recherchiert, geschaut, auch den Kontakt mit Gleichgesinnten gesucht. Ist doch eine total normale Sache."
Eigentlich hatte sie ja recht. Nur welcher Mann kam schon einmal in den Genuss, bei einem im Hintergrund laufenden Porno seine Frau zu nehmen? Laut seiner Erfahrung und Kenntnis aus dem Freundeskreis, keiner.

„Und nun willst du also wissen, was ich von dem Film halte oder wie?"
Sie nickte. „Hat er dir gefallen, hast du mich in der Rolle dieser Frau sehen können?"
Sky wurde ein wenig verlegen als sie ihn so direkt fragte, denn in seiner Phantasie war sie die Frau und er der Mann, welcher ihr große Lust bescherte und welcher sich an ihrem Anblick labte.

„Ich sehe immer nur dich in meiner Phantasie. Und du stehst wirklich auf Nippelklemmen? Mir würden die Nippel allein beim Gedanken abfallen! Aber ich gebe zu, die Vorstellung ist geil. Und der riesige Dildo ..., willst du ihn auch?"

Sie sah ihn an und nickte. „Er wäre für mich eine Grenze, die ich bisher noch nicht überschritten habe und bei der ich mir vorstelle, dass ich sie überschreiten kann. Wenn er in deiner Hand ist ... wenn du ihn mir gibst."

Sky würde sich also für die Zukunft mit einigen Spielsachen eindecken, die sie anmachten und mit denen er ihr noch größere Lust bescheren konnte.
„Dann soll es so sein! Aber weißt du, ich hatte noch eine Idee für deine wunderschönen Brüste." Instinktiv ergriff er ihre Brust und hielt die Brustwarzen zwischen Daumen und Zeigefinger. Mit einem versierten Blick schätzte er ab, wie sich ein Nippel-Piercing bei ihr machen würde. „An deiner Brust würden Piercings richtig geil aussehen. So kleine Ringe, in die ich Ketten einbringen und deine Brust so besonders intensiv ins Spiel einbringen könnte."

„Die Idee gefällt mir! Ich hatte früher Piercings, aber Josh fand sie nicht gut und er hat mir befohlen, sie herauszunehmen. Nach der langen Zeit sind die Stichkanäle sicherlich bereits zu, leider. Ich habe vor einiger Zeit probiert, die Ringe wieder durch zu fädeln aber es ging nicht. Warum ich mir keine neuen Piercings habe setzen lassen, weiß ich auch nicht. Mein letzter Besuch beim Piercer war die Schamlippe, aber an meine Nippel habe ich gar nicht mehr gedacht."

Sky grinste sie breit an und Mel merkte, dass seine Idee bereits beschlossene Sache war. Ihr würde es auch gefallen.

„Na dann machen wir es doch einfach. Ich suche mir morgen bei dir den Schmuck heraus und dann darfst du mich stechen."
„Wie, stechen darf ich dich erst morgen? Und ich dachte, wir sind

149

miteinander noch nicht fertig heute." Er zwinkerte ihr zu und Mel musste lachen. „Du weißt schon was ich meine also tue nicht so!" Spielerisch knuffte sie ihn in die Seite und merkte, wie sie in dem Moment von einer Welle des Glücks überrollt wurde. So stark hatte sie schon ewig nicht mehr für einen Menschen gefühlt und sie hoffte, dass dieses Gefühl ewig anhielt und dass sie Sky nie mehr hergeben musste. Mel konnte sich überhaupt nicht mehr vorstellen, wie ein Leben ohne ihn wäre. Selbst nach der kurzen Zeit gehörte er zu ihr und war ein wichtiger Teil ihres Lebens geworden. Ihre Angst vor einer Beziehung war durch ihn in den Hintergrund gedrängt und sie lernte, den Moment zu leben.

„Weißt du worauf ich jetzt richtig Bock hätte? Lass uns ins Studio fahren und steche mir die Piercings gleich. Ich mag nicht mehr bis morgen warten." Sky schaute sie an und war von ihrer Eile ein wenig überrascht.
„Wie, jetzt gleich?" Sie nickte. „Ich kann sonst eh die ganze Nacht nicht schlafen und warte auf morgen."

„Von mir aus. Aber dir sollte klar sein, dass deine Nippel dann für die nächsten Wochen Sperrgebiet sind und dass ich sie nicht berühren darf. Was eigentlich schade ist, aber ich erfülle dir den Wunsch gerne und bin ja selber ganz spitz auf das Ergebnis."

Während er mit ihr sprach, war er aufgestanden und zog sich die Hose und sein Shirt über. Mel saß immer noch auf dem Sofa und grinste glücklich. „Na Ballett junge Dame, wirf dir etwas über und dann fahren wir!"

„Jetzt hast du es aber eilig" bemerkte sie und zog sich an. „Wollen wir anschließend noch was trinken gehen? Hier in der Straße hat eine neue Bar aufgemacht, die ich mir gern ansehen würde." „Gerne, aber erst die Piercings. Lass uns vorher zu mir fahren, ich brauche noch ein bequemes Shirt weil hier komme ich frisch gepierct niemals rein."

150

Sie zeigte auf ihr Oberteil, welches sich straff über ihrem Busen spannte. „Stimmt, das könnte weh tun."

Kurz hielten sie an ihrer Wohnung und Mel schlüpfte in ein kurzes, aber weiter geschnittenes Kleid. „Fertig!" Sie drehte sich vor ihm einmal im Kreis und genoss seine Blicke auf ihrem sehr tief geschnittenen Dekolletee. „Genug Zeit verstreichen lassen, jetzt fahren wir aber endlich! Ich will meine Piercings." Sie schob sich an ihm vorbei zur Wohnungstür und berührte mit ihrem Handrücken sein, wie sie feststellte, schon wieder erregtes Schwert.

Der Fahrtwind wehte durch ihr Haar und sie freute sich total auf die ihr bevorstehenden Kanülenstiche. Mel liebte das Piercen und sie empfand keinen Schmerz beim Stich mit der Nadel. Eher im Gegenteil, es erregte sie und sie genoss es, wie sich die Kanüle langsam durch den Weg durch ihre Haut bahnte. Aus dem Augenwinkel nahm Sky ein Lächeln war und er fühlte, dass sie sich auf die Piercings freute. Seine Ex hatte er vergeblich zu überreden versucht, sich ein Piercing stehen zu lassen. Ihr war das zu außergewöhnlich und sie hatte Angst vor dem Schmerz. Aber Mel war eh anders, wie er immer wieder erfreut feststellte und sich wie so oft fragte, warum er so lange Zeit mit einer Frau verbracht hatte, die gar nicht seine Kragenweite war und alles was er liebte, verabscheute.

Mit quietschenden Reifen parkte er direkt vor dem Studio und schloss die Tür auf. „Treten Sie ein und machen es sich bequem!" Mel lachte und quittierte seine Aufforderung mit einem leichten Knicks. „Wie Sie wünschen. Holen Sie die Werkzeuge und ich werde derweil zum gemütlichen Teil übergehen."

Kaum schloss sich die Tür hinter ihnen, hatte Mel ihr Kleid bereits abgestreift und schritt mit anmutigen Bewegungen auf die Liege zu. „Wenn Du dich so aufreizend vor mir bewegst, werde ich nicht zum Piercen kommen!" Sky lief hinter hier und ließ seine Hand über

151

ihren Po gleiten, um sie ganz fest zu halten und ihr zu zeigen, was sie bei ihm bewirkte. Mit gespielter Empörung drehte sie sich zu ihm um und schaute ihn mit großen Augen an.

„Nehmen Sie Ihre Hände von mir, sonst schreie ich!"

Er nahm die Hand von ihrem Po und griff nach ihren Nippeln.

„Wenn sie schön steif sind, gelingt der Stich besonders gut."

Das brauchte er ihr nicht zweimal sagen, da ihre Nippel bereits jetzt keck nach oben ragten. Ihre Brüste bebten bei jedem Schritt und Sky war von ihrem Anblick so fasziniert, dass er vergaß, die Kanülen zu holen. Mel stolzierte zu den ausgestellten Schmuckstücken und ließ ihren Blick über die Ringe mit Klemmkugel schweifen. „Die da!" Sie zeigte mit dem Finger auf einen Ring, der mit einer Kugel mit blutrotem Stein verziert war.

„Die möchte ich, ja?" Vor Freude sprang sie auf und ab, so dass Sky zu lachen begann. Er hielt sich den Bauch und betrachtete Mel, die er noch nie so gelöst und frei von allen Sorgen erlebt hatte. Wie ein kleines Mädchen freute sie sich und brachte ihre Freude ohne Hemmung zum Ausdruck. Ihre Brüste wippten auf und ab, während Mel immer noch vor dem Schaukasten auf und ab sprang. Er schloss den Kasten auf und griff nach dem Schmuck, um ihn an ihre Brust zu halten und zu prüfen, ob die Größe auch zu ihren Nippeln passte.

„Du bekommst sie! Und jetzt gehe ich das Werkzeug holen."

Mit einem Kuss auf jeden ihrer Nippel und auf ihren verführerischen Schmollmund verabschiedete er sich und verschwand im Hinterzimmer. Mel machte es sich auf der Liege bequem und spielte gedankenverloren an ihren Brustwarzen. Sie spürte die Erregung und hoffte, dass sie beim Piercen nicht vor Lust von der Liege fließen würde.

Sky kam zurück und trug Handschuhe. Die Kanülen legte er auf dem Beistelltisch ab und öffnete eine Flasche mit Desinfektionslösung.

„Soll ich vereisen oder willst du es spüren?"

„Nicht vereisen bitte, ich werde den Stich genießen!"

„Da bin ich sicher!" meinte Sky. „Und wenn Du weiter an deinen

Nippeln spielst, werde ich dir noch einen dritten Stich verpassen!"

Spaßig klopfte er auf ihre Finger und wollte sie davon abbringen, die Nippel weiter zwischen Daumen und Zeigefinger zu drehen. Allein der Anblick hatte seinen Schwellkörper wieder in Wallung gebracht und er hatte große Lust, seine Kanüle ebenfalls tief in ihr zu versenken. Wie meist trug sie keine Unterwäsche und so entging es ihm nicht, dass sich in ihrer Spalte ebenfalls die Tropfen der Lust ausgebreitet hatten.

„Ich fange jetzt an. Alle Einwände, die hervorzubringen sind ‚mögen jetzt geschehen, oder für immer verstummt bleiben!"
„Keine Einwände", murmelte Mel die bereits in einer leichten Trance war. Ihre hibbelige Vorfreude war einer wohligen Entspannung gewichen und ein leichtes pulsieren in ihrem Schritt ließ sie in eine Zwischenwelt entschweben. Hinter einem Schleier nahm sie wahr, dass Sky an jedem Nippel zwei Punkte anzeichnete und ihre Brustwarzen weitaus länger zwischen seinen Fingern presste als es zum anzeichnen notwendig gewesen wäre. Er packte die Kanüle aus und schob ihren Nippel zwischen die Zange, die das Piercen vereinfachen und einen geraden Stich ermöglichen würde.

„Pierce beide Nippel und lass die Kanülen drin", forderte Mel und schaute ihn an. Er blickte verwundert auf. „Ich möchte die Nadeln spüren, ehe du den Schmuck einsetzt!"

Ihr Wunsch war ihm Befehl und er würde den Anblick genießen. Als er die Nadel durch ihren festen Nippel schob, bemerkte er, dass Mel leicht aufstöhnte und dass sich eine kleine feuchte Pfütze unter ihrem Unterleib bildete. Jetzt verstand er, warum er die Kanülen eine Weile in ihren Nippeln belassen sollte.
„Ich habe schon viel erlebt, aber eine Frau die beim Brustpiercing abgeht ist mir noch nicht untergekommen." Sky lächelte und ließ mit der Zange von ihrem gepiercten Nippel ab. Er klemmte die andere Brustwarze in sein Werkzeug und setzte auch hier die Kanüle an. Sie

atmete schwer und ihr Brustkorb senkte sich in schnellen Bewegungen. In seiner Hose wurde es eng und er genoss den Anblick, wie sie durchbohrt von seinen Kanülen vor ihm lag und unter seiner Hand verging, ohne dass er selber eine Aktie daran hatte. Noch immer hatte er die Einweghandschuhe an und ließ seinen Blick über ihren Körper wandern.

Ihre Arme lagen auf ihrem Bauch und ihre Fingerspitzen waren dabei, ganz in Gedanken und zart mit ihrer Rosenknospe zu spielen. Auch wenn er sich gern beherrschen und ihr nur zusehen wollte, konnte er nicht mehr anders und musste sie berühren. Gierig glitten seine Finger durch ihre Spalte und durch die Einweghandschuhe war es ein ganz anderes Gefühl wie sonst. Mel schien es zu genießen und schob ihm ihren Schoss entgegen. Während er mit dem Daumen fest über ihre Knospe fuhr und sich zwei seiner Finger in ihr vergruben, öffnete er mit der anderen Hand seine Hose und genoss die Befreiung, als sich seine Männlichkeit nicht mehr in der beklemmenden Enge fordernd und gierig gegen seine Hose presste. Sie schaute ihn an und ihr verklärter Blick verriet ihm, dass sie ihn in sich spüren wollte.

Er zog sie auf der Liege so weit nach unten, dass er vor ihr stehen und ihr sein Schwert schenken konnte. Nur noch wenige Zentimeter trennten ihn von ihrem Körper und der heißen Rosenblüte, von Tau benetzt, nach der er sich so sehnte.

Ganz langsam, Stück für Stück schob er sein Schwert in sie und mit keuchendem Atem suggerierte sie ihm, dass sie es genauso brauchte. In dem Moment flog die Tür auf und ein fremder Mann stürmte herein.
„Du Schwein!" Ohne überhaupt Notiz von Mel zu nehmen stürzte er sich auf Sky und rammte ihm die Faust ins Gesicht! „Lass die Frau zufrieden und denk nicht, du kommst ungeschoren davon! Ich beobachte dich schon länger und weiß, dass du meine Frau ficken wolltest!"

Sky hatte sich schnell gefangen und schon während dem kassierten Schlag die Hose geschlossen. Mel lag immer noch nackt auf der Liege und war unfähig, sich zu bewegen. Ihre Erregung war verflogen und sie zitterte am ganzen Körper. „Du Arschloch bist doch bloß Tätowierer, weil dir die Frauen zu Füßen liegen und weil du sie nach Belieben ficken kannst!" Der Typ stank nach Alkohol und nach Tabak. Sky langte zu. Genau zwischen den Augen traf er den Fremden und dieser fiel zu Boden.

„Sag mal du Idiot, was hat dich denn geritten?" Er wischte sich das Blut von der Nase und spuckte auf den Boden wo der Fremde lag. Dieser versuchte aufzustehen und erneut auf Sky loszugehen. Mit einem geübten Tritt in die Magengrube bedeutete ihm Sky aber, dort liegenzubleiben und sich besser nicht noch einmal gegen ihn aufzulehnen. Würgende Geräusche zeigten, dass der Kick gesessen hatte.
„Du hast …. hast meine Frau gefickt! Sie kam heulend nach Hause und sagte mir, dass sie mit halb fertigem Tattoo aufgesprungen ist, weil du die Hände nicht von ihr gelassen hast. Sie ist entkommen und jetzt bist du Drecksau dran!"
Er schnappte nach Luft und steigerte sich in eine Rage, die für Sky keinerlei Sinn ergab. Er hatte hier noch nie jemanden gefickt und Mel war die erste Frau, mit der er in seinem Studio überhaupt Sex hatte – beziehungsweise dank diesem Spinner, haben wollte und es aber nicht dazu kam.
„Krieg dich mal ein und dann sag mir, was du überhaupt von mir willst. Wer ist deine Frau und wie kommst du auf so eine dämliche Behauptung?!"
„Cassi … ‚Cassandra", brachte der Fremde hervor und sein stechender Blick ruhte auf Sky. Dieser schlug sich die Hand vor den Kopf.
„Die Schlampe, die hat doch den letzten Schuss nicht gehört!"
Als der am Boden liegende Störenfried hörte, dass Sky seine Frau eine Schlampe nannte, wurde er noch wütender und Sky hatte Mühe, den Saufsack am Boden zu halten. Mel hatte sich zwischenzeitlich

aufgesetzt, war aber nicht in der Lage aufzustehen und sich anzukleiden. Noch immer steckten die Kanülen in ihren Nippeln und machten sich mit einem leichten Brennen bemerkbar.

„Jetzt erzähle ich dir mal was über deine Frau!" Sky wurde ebenfalls von Wut übermannt und wusste gar nicht, wo er beginnen sollte. „Diese Schlampe Cassandra hat mich auf Wacken eingeladen und nichts ausgelassen, um mich anzugraben und mich von ihren Reizen zu überzeugen. Je mehr sie baggerte, umso mehr merkte ich, dass sie es auf mich abgesehen hatte und dass sie alles versuchen würde, damit ich ihr die Ritze stopfe! Aber du kannst beruhigt sein, ich habe deine Alte nicht angefasst und war erleichtert, als sie ging. So etwas Penetrantes wie die habe ich schon lange nichtmehr erlebt."

Er blickte auf Sky und dieser merkte, dass er trotz enormem Alkoholpegel überlegte, ob an Skys Worten nicht doch etwas Wahres war. Mel hingegen nahm das Gespräch in sich auf und bekam Herzklopfen.

„Hatte Sky etwas mit dieser Cassandra oder sprach er die Wahrheit?" Mel hatte Angst, weiterzudenken und sich vorzustellen, wie er eine andere Frau hier auf dem Platz, auf dem sie jetzt saß, genommen hatte. Auch Sky spürte Mels Unsicherheit, hatte aber keine Zeit, ihr jetzt die ganze Sache zu erklären.

„Der Typ spinnt! Du brauchst dir keine Gedanken zu machen" sprach er an Mel gewandt und widmete sich wieder dem unerwünschten Besucher.

„Wieso sollte Cassandra lügen?", brachte er hervor und schaut Sky herausfordernd an.

„Weil sie ihren Willen nicht gekriegt hat und weil sie enttäuscht war, dass ich sie mehrfach abgewiesen habe, darum!"

„Ohne Scheiß, sie hat wirklich versucht, dich anzumachen und mich dann auf dich angesetzt? Ich kann es nicht glauben. Sie hat mich ja schon mehrfach beschissen, aber es immer so gebeichtet, dass sie nicht Herr ihrer Sinne war und dass die Situation ausgenutzt wurde. Irgendwie klingt es aber einleuchtend was du erzählst."

Sky schaute ihn an. „Wenn du dich wieder beruhigt hast, kannst du dich auch hinsetzen und wir reden gleich. Ich möchte meiner Frau erst die Piercings setzen und dann komm ich zu dir."

Er nickte und versuchte aufzustehen. Sky wandte sich Mel zu. „Komm her Süße, ich mache dir die Ringe rein und dann klären wir das Ding hier."

Als sie den Schmuck in ihrer Brust hatte und einen Blick in den Spiegel warf, war die Situation von eben beinahe vergessen und sie war fasziniert von diesem Anblick. Erst jetzt wurde ihr bewusst, dass sie splitternackt vor dem Spiegel stand und der Fremde seine Blicke auf ihr ruhen ließ.

„Glotz nicht so!", zischte sie in seine Richtung und streifte ihr Kleid über.

Sky hatte sich zwischenzeitlich zu dem Typen gesetzt und stieg ins Gespräch ein. Mel überlegte, was sie tun sollte. Am liebsten würde sie nach Hause gehen und den beiden Kampfhähnen das Revier überlassen. Aber ihre Neugier überwog und sie setzte sich in einiger Entfernung dazu, um dem Gespräch zu lauschen.

„Wie kommst du überhaupt auf die Idee, hier aufzutauchen und einen Aufstand zu machen?"

„Ich habe euch reingehen sehen und ich habe euch beobachtet. Als du die Hose aufgemacht hast ist, sind die Pferde mit mir durchgegangen und ich habe mir vorgestellt, wie Cassandra hier vor dir lag."

Er wirkte sehr kleinlaut und von seinem Übermut war nichts mehr zu spüren. Dafür war Sky sauer und machte keinen Hehl darum, dass er ihm am liebsten noch eine ins Gesicht basteln würde und sein Auftauchen hier nicht ohne weiteres akzeptierte.

„Deine Frau hatte nichts besseres zu tun als mich anzumachen und von sich zu überzeugen. Ich habe sie ablaufen lassen und das hat wohl ihre Eitelkeit gekränkt. Dann habe ich zwischenzeitlich versucht, meine Frau zu erreichen und habe die Sitzung mit Cassandra eher abgebrochen. Ihre Haut wollte auch keine Farbe

157

mehr aufnehmen und wir haben einen neuen Termin vereinbart. Du kannst ihr aber ausrichten, dass sie hier nicht mehr auftauchen braucht und sich einen anderen Idioten suchen soll."

Sky würde Cassandra in keinem Fall weiter tätowieren und sie noch einmal in sein Studio lassen.

„Ich wusste nicht, ob ich Cassandra glauben sollte. Es klang so wahr, so realistisch und auch wenn ich anfangs Zweifel an ihrer Aussage hatte, konnte sie mich davon überzeugen. Dann habe ich dich gesehen und da bin ich durchgedreht." Er blickte zu Boden.

„Sorry!"

Sky hatte keine Lust mehr zu diskutieren und gab daher keine Antwort. Mel hörte gespannt zu und auch sie hatte ernsthafte Zweifel an der Aussage, dass Sky auch nur das geringste Interesse an Cassandra gezeigt hatte. Nur arbeiteten die Bilder in ihrem Kopf und sie stellte sich im Unterbewusstsein vor, wie er seinen Schwanz in eine fremde Frau schob, während sie zu Hause auf ihn wartete. Sie schüttelte den Kopf ,um die Gedanken loszuwerden und würde später mit ihm darüber reden.

Der Fremde streckte Sky die Hand über den Tisch entgegen. „Ich bin Karo. Wer du bist, weiß ich ja. Meine Alte hat deinen Namen ja bestimmt 1000 Mal erwähnt."

„Weißt du was, es interessiert mich nicht wer du bist. Aber schön dass du hier warst und es wir noch schöner, wenn du jetzt gehst. Weder dich noch deine Frau möchte ich hier noch einmal sehen. Bestelle ihr, dass sie in Zukunft andere Leute verarschen und denen mit ihren Lügen den Tag versauen kann. Und nun hau ab! Subito!!"

Karo nickte und stand auf. Er konnte verstehen, dass Sky keine Ambition hatte, ihm die Hand zu geben oder sich auf ein weiteres Gespräch einzulassen. „Bye" war sein letztes Wort, ehe die Tür hinter ihm einrastete.

Sky wandte sich an Mel. „So ein Spinner!" Mel schaute ihn an und sah, dass ihm ein großes Veilchen blühte. Mit ihrer Hand strich sie vorsichtig über diese Stelle. „Hau dir mal Eis drauf, sonst kriegst du dein Auge morgen nicht mehr auf."

Sie schaute kurz zu Boden ehe, sie fragte.

„Wer ist diese Cassandra und was sollte der Auftritt?"

„Da war gar nichts, Süße. Sie war eine Kundin die an dem Tag hier war, wo ich dich nicht erreicht habe. Darum habe ich die Sitzung eher abgebrochen. Die ganze Zeit hat sie versucht, mich anzumachen und mich dazu zu überreden, am Wochenende mit ihr zum Festival zu fahren. Ich habe ihr mehrfach gesagt, dass ich mein Wochenende mit meiner Frau verbringe. Das hat sie wohl so gekränkt, dass sie sich eine Geschichte ausdenken und mir ihren Alten auf den Hals hetzen musste."

Er erzählte ihr alle Details und ließ nichts aus. Von ihr wich die Angst Stück für Stück ab und sie merkte, dass Sky ihr die Wahrheit sagte.

„Den Abend hat er uns nicht versaut. Auch wenn er meinen Höhepunkt unterbrochen hat."

„Was soll ich sagen, den ersten Schlag habe ich kassiert, als ich mich dir entziehen musste!" Sky lachte und hatte das Bild der Situation vor Augen. Beim Lachen merkte er, dass er doch besser zum Eisbeutel greifen und etwas gegen die Schwellung an seinem Auge tun sollte. „Lass uns fahren. Ich räume hier morgen auf und wir machen uns jetzt noch einen gemütlichen Abend bei mir, einverstanden?"

Mel nickte und stand auf. „Ich wusste gar nicht, dass Tätowierer so ein gefährlicher Beruf ist. Da muss ich ja richtig Angst um dich haben." Spielerisch klammerte sie sich an seinem Arm fest und imitierte ein Zittern.

„Ich habe dir doch gerade gezeigt, dass ich in keiner Situation der Verteidigung unfähig bin." Er hielt ihre Hand und gemeinsam verließen sie das Studio. Die Stimmung auf Sex war vorübergehend gewichen und Mel war froh, dass ihr Herzrasen aufgehört hatte.

159

„Diese Cassandra war aber auch ein Biest. Oder war doch etwas dran?" Immer wieder kreisten ihre Gedanken und sie konnte sich einfach nicht davon lösen. Sky hatte einen Traumkörper und war aufgrund seines Berufs für Frauen wie ein Magnet. War er ihr wirklich treu oder nutzte er Gelegenheiten, um mit anderen Frauen in die Kiste zu springen? Sie konnte es sich nicht vorstellen und sie war sich sicher, dass Sky sie nicht betrogen hatte.

~ 20 ~

Der Wein stand noch auf dem Tisch und Mel konnte durchaus einen Schluck vertragen. „Du auch?" Sky nickte.

„Nach dem Abend auf alle Fälle. Bin immer noch am Kopfschütteln über soviel Idiotie!" Mel schaute ihn an. „Ich war kurzzeitig am Zweifeln ... wenn ich ehrlich bin."

„Du kannst mir vertrauen, ich würde dich nicht betrügen. Warum sollte ich? Andere Männer wären froh, eine Frau wie dich zu haben und du glaubst, ich würde das was wir haben, aufs Spiel setzen?"

Sie schüttelte den Kopf. „Ich habe diese Angst und das weißt du. Habe ja selber gedacht, dass kann nicht sein. Aber für einen kurzen Moment ..."

Er nahm Mel in den Arm und streichelte über ihr Haar. Sie zuckte zurück. „Was ist los, wieso weist du mich ab?" Erst jetzt wurde ihr bewusst, was ihre heftige Reaktion in ihm ausgelöst hatte. „Ich weise dich nicht ab, aber denk an die Piercings."

Sky fiel es wie Schuppen von den Augen. Die Piercings hatte er durch die Aufregung komplett vergessen.

„Oh Shit, da hab ich gar nicht mehr dran gedacht." Er streichelte ihre Schulter und nahm sie vorsichtig in den Arm. „So besser?" Mel kuschelte sich an ihn und genoss die Wärme, die von ihm ausging. Sie nickte und lächelte ihn an.

„Du kennst Cassandra wirklich nicht weiter?" fragte sie noch ein letztes Mal, ehe sie das Thema abhaken wollte.

„Nein ich kenne sie nicht und habe auch keinen Bedarf sie näher kennenzulernen. Sie war eine Kundin und selbst das ist nicht mehr an dem. Ich möchte diese intrigante Frau nicht noch einmal in die Finger bekommen, sonst … ."

Er verstummte und schluckte herunter, was er sonst mit ihr anstellen würde. Mel gab sich mit der Antwort zufrieden und entspannte sich zusehends.

„Jetzt möchte ich aber deine Piercings sehen. Das ist ja in der Eile total untergegangen und ich bin doch auch neugierig."

Mel schlüpfte aus ihrem Kleid und streckte ihm die Nippel entgegen. „Und?" Mit einem prüfenden Blick betrachtete er sein Werk und war begeistert, wie attraktiv der Schmuck ihre rosigen Brustwarzen betonte und wie gut sie die Wahl für eine Kugel mit rotem Stein getroffen hatte. Wie ein kleiner Blutstropfen in der Sonne glitzerte das rote Glas in der Kugel. Vorsichtig strich er über ihre Nippel und nickte.

„Sie stehen dir. Ich habe es mir geil ausgemalt, aber dass es so geil aussieht übersteigt meine Phantasie bei Weitem."

„Deine Phantasie wird sich noch wundern." Sie küsste ihn auf die Lippen und ließ ihn stehen. Mel verschwand im Schlafzimmer und überlegte was sie anziehen sollte. In dem Moment fiel ihr ein, dass sie ja gar nicht bei sich zu Hause war. „Du hast es aber eilig", ließ Sky vernehmen und folgte ihr. „Ich war gerade in Gedanken woanders und wollte mich umziehen. Wir wollten doch noch in die Bar, oder hast du keine Lust mehr?" An die Bar hatte er gar nicht mehr gedacht aber wenn Mel es wollte, wäre er der letzte, der ihr diesen Wunsch abschlug.

„Klar können wir gehen, nur mit dem umziehen könnte es in meinem Schrank für dich Probleme geben." Mel betrachtete seine Sachen im Regal und musste ihm recht geben. „Du siehst toll aus in deinem Kleid, zieh es einfach wieder an und wir machen los." In der Bar trafen sie Wolf und seine anderen Kollegen wieder, von denen sie mit

161

gegröltem Hallo begrüßt wurden.

„Dass ihr noch lebt!" Sky klopfte mit der Faust auf den Tisch und
setzte sich. Er schob den Hocker neben sich zurück und bot Mel den
Platz an. „Ich hätte nicht gedacht, dass es euch wieder einmal her
verschlägt." Wolf schaute Sky an. „Seit du mit deiner Frau
zusammen bist, hast du uns ja total vergessen." Auch wenn er es
offensichtlich ernst meinte, lächelte er und drückte einfach seine
Freude aus, Sky zu sehen.

„Bin halt derzeit beschäftigt und der letzte an den ich denke, bist du",
meinte er zu Wolf und brach in schallendes Gelächter aus. Heute
bestand die Runde nur aus Männern und Mel genoss es, keine
feindseligen Blicke anderer Frauen auf sich zu spüren. „Zwei
Whisky Cola", rief Sky zum Tresen und hatte damit auch Mels
Geschmack getroffen. „Den haben wir uns zum Feierabend verdient,
oder Süße?" Mel nickte. „Das klingt, als hättet ihr einen harten Tag
gehabt. Kamt wohl gar nicht aus dem Bett? Und ein blaues Auge hast
du ihm auch noch verpasst", stellte Wolf an Mel gewandt fest und
schüttelte in gespieltem Entsetzen den Kopf.

„Ich war das nicht!" verteidigte sie sich und überlegte, ob ihre
Aussage nun richtig war oder ob sie besser auf die Flunkerei
eingestiegen wäre. Wenn sie es nicht war wurde es für die Jungs
interessant und wie weit die Geschichte erzählbar war, ließ Mel
zweifeln.
„Quatsch, wie kommst du drauf, dass ich von Mel Hiebe beziehe?"
wandte sich Sky an die Runde. „Es gab bisschen Stunk im Studio
heute. So ein eifersüchtiger Spinner ging mich an und ehe ich mich
wehren konnte, hatte ich die erste sitzen. Am Arsch habe ich keine
Augen und mit einem Besuch habe ich nicht gerechnet. Ich hatte ja
bereits zu und habe nur nach Feierabend noch was erledigt." Er
schaute vielsagend zu Mel und gab ihr zu verstehen, dass er einen
gewissen Teil der Geschichte auslassen würde. „Was immer du auch
zu tun hattest, irgendwem wird es nicht gepasst haben", meinte Wolf

162

lachend und schlug seinem Kumpel die Hand auf die Schulter.

„Ich habe Mel gepierct. In dem Moment stürmte der Typ rein und meinte, ich hätte seine Frau gefickt." Die Jungs am Tisch gröhlten und Sky gab eine Runde aus. „Warum immer alle denken, dass ich nichts anbrennen lasse verstehe ich auch nicht. Aber der Typ war der festen Meinung, seine Frau wäre mir gerade noch so entkommen und sogar in ihrer Verzweiflung mit einem halb fertigen Tattoo ins rettende Heim geflohen!"

Wie makaber die Geschichte eigentlich war, stellte er beim Erzählen erst richtig fest.

„Ihr denkt doch nicht, wenn ich so eine Traumfrau zu Hause habe, dass mich irgendwelche Weiber im Studio interessieren?"

Sky schüttelte empört den Kopf und legte Mel besitzergreifend den Arm um die Schultern. „Na dem würde ich aber auch was erzählen", sie gab ihm einen Kuss und schaute sich vielsagend in der Runde um. Irgendwie mochte sie seine Freunde auch wenn sie rau, hart und irgendwie eine festgefahrene Gemeinschaft waren. Aber sie waren ehrlich, offen und redeten nicht um den heißen Brei. Mel merkte, dass sie sich bei diesen Jungs nicht verstellen musste um, anerkannt zu werden.

„Auf unseren Schläger!" Wolf erhob das Glas und prostete Sky zu. „Was war denn nun mit der Frau, kanntest du sie überhaupt?" „Kennen wäre wohl übertrieben. Sie war eine Kundin, aber mehr nicht. Und die wollte mich auf Wacken einladen und war wohl gekränkt, dass ihr ein Mann widersteht und nicht in ihre ausgelegten Fallen tappt."

Er fasste sich kurz und deutete an, dass er das Thema gerne wechseln und nicht länger über sein blaues Auge philosophieren würde. „Na Wacken hätte ich mir aber nicht entgehen lassen", erwiderte Wolf.

„Hättest sie ja dort stehenlassen können."

„Na lass mal, wenn ich auf ein Festival will kann ich noch selber fahren und den Eintritt zahlen. Um Almosen betteln muss ich nicht. Wärst du mal wieder erschienen, hätte ich sicher das Festival für mich und Mel zahlen können." Nun war Wolf still und verstand den Seitenhieb … während Sky lauthals lachte. Er hatte sich lang nicht mehr im Studio sehenlassen und dabei noch einige Baustellen am Körper, die beendet werden wollten. „Schon gut, ich komm die Woche mal rum."

Mel genoss die Frotzeleien zwischen den beiden Männern und merkte, dass die zwei sich sehr mochten und sich auch mehr als gut kennen mussten. Aus den Boxen drang ein Gitarrensolo an ihr Ohr, welches ihre Aufmerksamkeit auf die Musik lenkte und sie die Gespräche nur am Rande wahrnehmen ließ.

In Gedanken versunken nippte sie an ihrem Glas und merkte, das es bereits leer war. „Ich nehme noch einen", rief sie zu Bar und hob dabei ihr Glas. In der Zeit in der Mel an einem Glas trank, hatten die Jungs schon einige Runden bestellt und dementsprechend ausgelassen war die Stimmung am Tisch. Wolf hatte Sprachprobleme und Sky konnte sich nur noch sehr schwer und mit großer Mühe auf seinem Hocker halten. Mel amüsierte sich und hielt sich vor Lachen den Bauch, als Sky auf den Tisch stieg und ein Gitarrensolo mit der Luftgitarre zum besten gab. Sie wäre gern auch so ausgelassen, aber ein inneres Gefühl hielt sie immer wieder zurück und sie war nicht in der Lage, sich einfach gehenzulassen und aus sich herauszugehen. Schon als junges Mädchen war es ihr unangenehm, wenn andere Menschen über sie lachten. Sie konnte nicht über sich selbst lachen und hatte daher ein massives Problem, Kind zu sein und ihren momentanen Gefühlen freien Lauf zu lassen. Sky war da ganz anders und machte sich nichts daraus, dass den anderen am Tisch vor Lachen die tränen liefen und er unter lautem Gegröle bei seiner Luftgitarre doch tatsächlich die falschen Töne traf. Er ergriff ihre Hand. Mel schüttelte den Kopf und würde garantiert nicht zu ihm auf den Tisch steigen.

„Jetzt komm schon, komm auf die Bühne und sei deinem Star nahe!" Sky hatte enorme Sprachprobleme und Mel gab ihm mit einem Blick zu verstehen, dass sie das nicht wollte. Auch wenn ihr das Bauchgefühl ihr suggerierte, dass der Spaß garantiert war, sagte ihr eine innere Stimme dass sie sich nicht gehenlassen durfte. Sky bemerkte ihr Zögern und forderte sie nicht mehr auf, ihn auf seinem Ausflug in die Unbeschwertheit zu begleiten. Stattdessen verließ er den Tisch und setzte sich wieder in die Runde.

„Bist doch nicht etwa eine Spaßbremse?" Wolf stupste ihr in die Seite. „Garantiert nicht, aber so voll bin ich auch noch nicht!" entgegnete sie schnippischer als gewollt und ließ ihren Blick in die Runde schweifen. Sie fühlte sich bloßgestellt und alle Blicke ruhten auf ihr. „Tut mir leid", flüsterte Sky ihr ins Ohr und eine Woge von Whisky Cola erreichte sie. Mel war nicht sauer, doch sie fühlte sich aber ein wenig unwohl in ihrer Haut und hoffte, dass die Blicke sich schnell von ihr abwandten. Sie nippte an ihrem Glas und schaute Sky an.

„Wollen wir?" fragte er sie mit prüfendem Blick. Sie schüttelte den Kopf. „Wir können ruhig hier bleiben. Ich wollte nur keine Tanzeinlage und du weißt doch, Gitarre spielen kann ich auch nicht." Sie hatte sich wieder entspannt und wollte nicht als Spaßbremse den Tisch verlassen und den Heimweg einschlagen. Er streichelte ihre Schulter und sie genoss die Zusammengehörigkeit, das Gefühl, dass er für sie da war.

„Ich hab letztens deine Ex getroffen", wandte sich Wolf an ihn. „In der Stadt, mit einem richtig komischen Spinner. Geschniegelt, im Anzug und mit rasiertem Schädel. Die grüßt ja nicht einmal sondern schaut zu Boden, wenn sie jemanden von uns sieht." Das Thema gefiel Sky gar nicht, aber Wolf warf die Aussage in den Raum und Sky wusste nicht, ob er darauf eine Antwort erwartete. „Und wenn sie selber Glatze hätte, es interessiert mich nicht. Bin froh, dass ich seit ihrem Auftritt bei mir nichts mehr von ihr gehört habe. Mit der

165

Glatze wundert mich nicht, sie fand meine Haare schon immer störend und stand eher auf Typen wie Vin Diesel." Wolf lachte und auch Mel konnte sich ein Schmunzeln nicht verkneifen. Sky mit Glatze würde nicht nur ungewohnt aussehen, sondern einen ganz anderen Menschen aus ihm machen. Sie konnte es sich nicht vorstellen und war froh, dass er dem Druck seiner Ex nicht nachgegeben hatte. „Wie sieht es bei dir aus, hast du wieder jemanden?" Sky wandte sich an Wolf. Mit einer abwinkenden Handbewegung schob dieser das Thema vom Tisch und selbst Mel, die ihn nicht so gut kannte merkte, dass er darüber nicht sprechen wollte.

„Lass mal gut sein, ich habe die Nase voll und so schnell kommt mir keine mehr ins Haus." Wolf schaute auf Mel. „Außer mir begegnet mal so eine Granate wie sie." Mel spürte, dass dies ein Kompliment sein sollte, doch klang es aus seinem Mund eher wie eine plumpe und gierige Anmache. Sie war still und verkniff sich den Kommentar, der ihr auf der Zunge lag.
„Dann wirst du wohl ewig Single bleiben. Mel ist einmalig und ich gebe sie garantiert nicht her." Mit diesen Worten legte er seinen Arm um sie und zog sie zu sich heran. Sie genoss die Nähe und verspürte in dem Moment die Lust, den Tisch zu verlassen und mit ihm allein zu sein. „Ich würde dich auch nicht mehr gehen lassen!", meinte sie an Sky gewandt und kuschelte sich an ihn. „Bei dem jungen Glück kann man direkt neidisch werden!" Wolf hob sein Glas und warf einen Blick auf den Rest der sich noch am Boden befand. Mel mochte es nicht, wenn über sie geredet wurde, obwohl sie dabei saß.

Sie liebte Sky und gab es offen zu. Aber irgendwie war die Stimmung dahin und sie merkte, dass an diesem Abend keine ausgelassene Party mehr steigen würde. Zu tief hatten alle ins Glas geschaut und Wolfs Melancholie breitete sich in der gesamten Gruppe aus. Außer ihm hatte keiner irgendwas zu sagen und sie spürte, dass es an der Zeit war, zu gehen. Sky las ihr den Wunsch von den Augen ab und stand auf. „Lass uns gehe Babe. Ich habe da noch

166

eine ganz andere Idee, wie wir den Abend ausklingen lassen." Er warf sich die Lederjacke über und klopfte zum Abschied auf die Tischplatte. Mel tat es ihm nach und verließ hinter ihm die Bar. Die frische Abendluft empfing sie und ließ ihren Blick in den Himmel schweifen. Hell und voll stand der Mond am Firmament und würde sie auf dem Heimweg begleiten. Sky folgte ihrem Blick und er spürte die Faszination, die der volle Mond auf Mel ausübte. Fest nahm er sie in den Arm und ließ seine Zunge über ihre Lippen, über ihren Hals hinab und über ihr Ohr gleiten. Mit einem wohligen Stöhnen signalisierte sie ihre Bereitschaft und den Genuss, den sie bei seinen Berührungen empfand.

Sie spürte. wie sich ihre Brustwarzen schmerzhaft um die frischen Piercings zusammenzogen. Aber es war kein unangenehmer Schmerz, sondern ein Gefühl, welches in Verbindung mit der Berührung seiner Zunge zur Lust auf ihn führte und ihren Schritt feucht werden ließ. Sie presste ihren Körper an ihn und er spürte ihre Erregung. Er zog sie in eine Einfahrt und ließ seine Hand zwischen ihre Schenkel gleiten. Sie sog die Luft ein und presste ihre feuchte Rosenblüte seiner Hand entgegen. Sky hielt seine Finger ganz still und presste nur den Handballen auf ihre geschwollene Knospe. Sie versuchte, ihn mit rhythmischen Bewegungen ihres Unterleibs zu animieren, doch er sah ihr nur tief in die Augen und ließ seine Hand unbewegt auf ihr ruhen. „Was machst du mit mir, ich zerfließe gleich!" Sie sah ihn an und wartete auf eine Reaktion. „Still" flüsterte er und presste seine Hand noch fester über ihre vor lust pochende Blüte. Ihr Lustsaft lief über seine Handfläche ihre Schenkel entlang. Sky genoss den Moment, in dem er spürte, wie willenlos sie ihm ausgeliefert war und dass er sie hier und jetzt ohne eine Bewegung zum Höhepunkt bringen konnte. In ihm regte sich das Bedürfnis, ihr zu zeigen, weiterzugehen und sie an eine Grenze von willenloser Hingabe zu führen. Sie würde betteln, kommen zu dürfen und sie würde zittern, ohne dass er sie nahm und ohne dass sie ihn berühren würde. Sie spürte seine Gedanken und es war geil, dieses Gefühl der Hingabe zu fühlen und diese Macht zu spüren, die

167

er auf sie ausübte.

Immer noch hielt er seine Handfläche fest auf ihre Rosenknospe gepresst und spürte den Strom ihrer feuchten Gier, die über seine Handfläche lief.

„Was willst du?" Ihre Stimme klang heiser und leise. Er schüttelte den Kopf und signalisierte ihr, still zu sein und keine weiteren Fragen zu stellen. Sein vom Whisky getränkter Atem strich über ihre Wange und kitzelte sie angenehm. Er nahm die Hand aus ihrem Schritt und drehte sich um. „Folge mir."

Mit diesen Worten ließ er sie stehen und lief los. Mel zitterte am ganzen Körper und wusste nicht, wie sie den Heimweg schaffen sollte. Am liebsten hätte sie sich jetzt und hier Erleichterung verschafft. An ihren Beinen sah sie die glänzenden Tropfen ihrer Lust und rieb mit ihrem Kleid an ihren Schenkeln, ehe sie im folgte. Vor ihrer Wohnungstür blieben sie stehen.

„Schließ auf!" Seine Stimme duldete keinen Widerspruch. Die Tür fiel hinter ihnen ins Schloss und ehe Mel sich versah, stand sie rücklings vor die Wand gepresst im Flur. Seine Hand legte sich auf ihre Kehle und nahm ihr die Luft zum atmen. Sie empfand keine Angst, als ihr Blick sich vernebelte und seine Hand erneut mit einem kräftigen Druck zwischen ihre Schenkel fuhr.

„Du willst es, du willst von mir genommen werden … genau so … und du willst endlich kommen!" Seine Worte entlockten ihr ein Nicken. „Ja, … nimm mich … lass mich meine Besinnung verlieren!" Sie krächzte unter dem Druck seiner Hand an ihrem Hals. „Vergiss es. Du bist jetzt still und tust, was ich sage!" Ihre Lust verstärkte sich und sie überlegte, was er mit ihr vorhatte. Ihr Schritt pochte und Mel befürchtete, wenn sie ihn nicht gleich spürte, allein bei diesem Gefühl den Gipfel der Lust zu erreichen. Er ließ sie los und gebot ihr, ins Schlafzimmer zu gehen.

„Du wirst nicht kommen. Noch nicht! Nicht jetzt ... und nicht hier."
Mit einem heftigen Ruck zerriss er ihr Kleid und warf sie aufs Bett.
Die Kette auf dem Nachttisch fiel in seinen Fokus und er nahm sie,
um Mel an den Händen und an den Füßen zu fesseln. Mit weit
gespreizten Beinen lag sie vor ihm. Ihr Brustkorb hob und senkte
sich in schnellen Bewegungen. Der Anblick ihrer Lust schürte seine
Gier und führte beinahe dazu, dass er die Beherrschung verlor. Nein,
er würde seiner eigenen Gier nicht nachgeben und sie jetzt nehmen!

Er würde auch nicht die Peitsche nehmen, sondern nur seine Hand,
die Hand, der sie vertraute und die sie streicheln, die ihr aber auch
den im Moment ersehnten Schmerz verschaffen konnte. Er öffnete
seine Hose und schürte ihre Hoffnung, endlich seine Männlichkeit
spüren zu dürfen. Sky kniete sich vor sie und presste seine
pulsierende Eichel auf ihre Rosenknospe, während er sich mit seinen
eigenen Händen erregte. Sie folgte seiner Bewegung mit ihrem Blick
und versuchte, sich seinem besten Stück entgegen zu stemmen. Die
Ketten waren aber so fest, dass sie sich allein beim Versuch in ihre
Haut schnitten und Mel dem Drang ihrer Gier nicht nachgeben
konnte.

„Lieg still! Ich sage dir, wann du dich bewegen darfst!" Weiter
massierte er sein Schwert und tauchte mit seiner Eichel in die
Flüssigkeit ihrer Begierde ein. Ehe er die eigene Beherrschung
verlor, zog er sich zurück und ließ seinen Handrücken gezielt auf
ihre Knospe sausen. Wieder und wieder klatschte seine starke Hand
in ihre klitschnasse Spalte und prallte vor ihre empfindlichste Stelle.
Ihr Körper bebte unter seinen Berührungen und auf ihrer Stirn
standen kleine Schweißtropfen. Der Geruch von Schweiß und ihrer
Gier vermischte sich und setzte in seinem Hirn Gedanken frei, die
ihn fast die Beherrschung verlieren ließen. Sie liebten sich bis kurz
vor der Besinnungslosigkeit. Ihr Körper bebte und sie zitterte am
ganzen Leib. Er erhob sich kurz, ehe er mit seiner Zunge ihre Gier
schmeckte und ihre nasse Spalte nur für sich beanspruchte. Tief ließ
er die Zunge in sie gleiten und leckte mit purer Lust jeden Tropfen

ihrer Hingabe auf. Wieder ließ er die flache Hand auf ihre Rosenblüte klatschen. Sie konnte nicht mehr klar denken und war von ihrer eigenen Lust und dem Gefühl nach Erlösung übermannt.

„Lass mich kommen, bitte lass mich kommen!" Doch anstatt ihren leise geflüsterten Worten Gehör zu schenken, kniete er über ihr, legte ihr seine Hand an die Kehle und gebot ihr, ihren sinnlichen Mund zu öffnen. Der fordernde Druck seiner Eichel an ihren Lippen, die unbändige Kraft mit der er sofort in sie stieß, ließ sie für einen kurzen Moment erstarren und nur mit Mühe einen Würgereiz unterdrücken. Immer wieder schob sich sein Schwert tief in ihren Rachen und sie schmeckte die Geilheit, die er in kleinen Tropfen in ihrem Mund verteilte. Plötzlich entzog er sich ihr und stand auf, ging zum Tisch, zündete sich eine Zigarette an und setzte sich auf die Kante des Bettes.

„Warum lässt er mich liegen? Was soll das?" Mel wollte nicht mit ihrer Lust allein gelassen werden, während er sich genüsslich seiner Zigarette widmete. „Er wird doch nicht ..?" Den Gedanken verwarf sie gleich wieder, er erinnerte sie an Josh. Glühende Kippen auf ihrem Körper ausdrücken würde er nicht. Er tat es nicht, sondern er ignorierte sie und sah sich im Zimmer um. „Wo ist er?" Mel wusste nicht, wen er meinte und konnte in ihrer Erregung keinen klaren Gedanken fassen. Er zog die Nachttischschublade auf und da lag er. Der gläserne Dildo, den er gesucht hatte.

Sky drückte seine Kippe aus und nahm ihn in die Hand. Der Anblick ließ in Mel Hoffnung aufkeimen und sofort spürte sie das Gefühl, wie er in sie eindrang und wie er und ihre engen Lippen mit immenser Kraft auseinander drückte. Aber ihre gierige Rosenblüte interessierte ihn nicht. Mit einer Hand griff er unter ihren Po und drückte sie sanft, aber fordernd, nach oben. Weit ging es nicht, da die Ketten sie daran hinderten. Kurz zog er den Dildo durch ihre triefende Spalte und schob ihn unter sie. Noch immer stützte seine Hand ihren Po und verhinderte, dass sie ihn in ihrer engen Öffnung aufnehmen konnte. Ihr Herz raste bis zum Hals. So hatte sie es noch nie gespürt und sie fürchtete für einen kurzen Moment, dass er sie sprengen würde. Sky positionierte den Dildo so unter ihr, dass er sich tief in sie schieben würde, sobald seine Hand ihren Po losließ. Mit der linken Hand hielt er ihn fest umschlossen und zog die Hand ganz langsam unter ihr hervor. Der leichte Widerstand war kein Hindernis und sie nahm ihn auf, umschloss ihn fest mit ihre Enge und sie erlebte das ihr bisher fremde Gefühl mit diesem Spielzeug sehr intensiv. Er zerriss sie nicht, sondern er glitt weich und fordernd in sie ein. Er sah ihr die ganze Zeit in die Augen und wartete auf eine Reaktion. Sein Schwert pochte vor Erregung und er hätte ihr lieber sein bestes Stück eingeführt als diesen Lustspender.

„Beweg dich nicht!" Er merkte, wie sie versuchte auf dem Dildo hin und her zu rutschen. Die freie Hand, mit der er nicht seinen eigenen Schaft berührte, presste sich auf ihren Bauch und schob sie ganz über den Glasstab. Sie stöhnte auf und ihr Blick vernebelte sich. Was hatte er vor? Er beugte sich über sie und schob sein Schwert zwischen ihre Brüste, die er mit beiden Händen fest zusammenrückte und ihr die frischen Piercings schmerzhaft in Erinnerung rief.

Langsam bewegte er sich auf ihr auf und ab und sein Atem beschleunigte sich. Sie sah ihn an und sie war wehrlos, nicht in der Lage, sich zu bewegen oder ihren Körper nah an ihn heran zu führen. Sie konnte nur abwarten, was er tat. Das Gefühl in ihrer engen Öffnung ließ sie ein Kribbeln wahrnehmen und sie spürte das innige Bedürfnis, dass er sie mit seiner eigenen Männlichkeit dem Höhepunkt nahebrachte. Doch er dachte gar nicht daran und stand auf. Mit einem prüfenden Blick auf sie stand er über ihr und steigerte ihr Verlangen, ihre Lust auf ihn ins Unermessliche. Sie sah seine pralle Männlichkeit und der Saft lief ohne Zutun in Strömen aus ihrem Körper. Einen großen Anteil an ihrer Lust hatte auch der Dildo, der sich fest in ihren Pro drückte und den sie mit minimalen Bewegungen steuern konnte.

„Du willst es. Willst, dass ich dich jetzt zum Höhepunkt führe und dass du mich tief in dir spürst. Tu nicht so, als wenn es nicht so wäre, ich sehe es!"

Er blickte auf sie herab und machte keine Anstalten, seinen Worten Taten folgen zu lassen. Mels Blick war verklärt und sie würde ohne eine weitere Berührung kommen, wenn sich der Dildo weiter in ihr bewegte. Gern hätte sie jetzt ihre Hand zu ihrer Rosenknospe geführt und mit einer einzigen, festen Bewegung ihren erlösenden Höhepunkt heraufbeschworen. Sie konnte es nicht, sie befand sich ganz in seiner Gewalt und war von seiner Gnade und von seinem Willen abhängig.

„Lass mich kommen, bitte erlaube es mir!" In ihrer Stimme mischte sich Gier mit Verzweiflung. „Ich kann nicht mehr warten, ich halt es nicht mehr aus!"

„Still!" Sky merkte, dass sie ihre Grenze bereits erreicht hatte und wusste nicht, ob er sie dazu bringen könnte, diese in jenem Moment zu überschreiten und sich seiner Anforderung zu fügen. Er spürte dass, sie es versuchte, aber von durch ihre starke Lust am Gehorsam scheiterte.

„Ich werde dich nehmen, verlass dich drauf - aber nicht jetzt." Während er sprach, nahm er seine Handfläche und legte sie in ihre feuchte Spalte. Sie streckte sich seiner Hand entgegen und spürte, dass sich der Höhepunkt nicht mehr aufhalten ließ.

„Du kommst jetzt nicht! Konzentriere dich darauf, es aufzuhalten und genieße die Berührung." Mit geübten Bewegungen massierte er ihre Rosenknospe und ließ seine Finger um ihre Spalte kreisen.
„Ich darf nicht kommen, nicht kommen …!" Immer wieder sagte sie sich im Geist, dass sie nicht kommen durfte. Nun schob er den Dildo noch in ihre enge Öffnung und seine Finger sorgten dafür, dass ihre Muskeln automatisch zu kontrahieren anfingen.
„Wie soll ich da nicht kommen?" Sie versuchte sich auf etwas

anderes zu konzentrieren und den Gedanken von diesem Gefühl, seinen Berührungen und dem Dildo abzulenken. „Oh Gott! Bitte, jetzt!"

Sky sah die Feuchtigkeit aus ihr strömen und zog seine Finger aus heraus. Mit einem kräftigen Stoß schob er sein Schwert tief in ihre vor Lust pulsierende Rose. In dem Moment zogen sich ihre Muskeln schmerzhaft und fest um ihn zusammen. Sie schrie ihre Lust heraus und presste sich gegen seinen Unterleib, so weit es die Fesseln zuließen. Sein Atem ging schneller und er drohte, ebenfalls gleich zu explodieren. Nur eine kurze Bewegung und sie kam, wie er noch nie eine Frau hatte kommen sehen. Sie wand sich unter ihm, ihr Blick schweifte in die Ferne und ihr Muskel tat das übrige. Der Schweiß lief über ihren Körper und auch er konnte sich keine Sekunde länger beherrschen. Allein der Anblick, wie sie in Leidenschaft aufging, ließ ihn jegliche Beherrschung verlieren und seinen Höhepunkt nicht länger aufhalten. Skys Hände hatten sich um ihre Nippel gelegt und in seinem Kommen presste er diese so fest zusammen, dass ihr fast das Bewusstsein schwand. Ihre Augen waren geschlossen und die flatternden Lider berauschten ihn, ließen ihn noch fester zudrücken und seinen Schwert noch tiefer in sie schieben.

„Du darfst kommen!" Auch wenn sie bereits mitten in einem heftigen Höhepunkt war, gab er ihr erst jetzt seine Erlaubnis. Ihre Schreie steigerten sich und ebbten nur langsam ab.
Erschöpft und glücklich fühlte er sich und betrachtete die Frau, die er eben ein Stück über ihre Grenzen geführt hatte. Er erhob sich und zündete sich eine Zigarette an. Mel nahm es wahr und wollte ebenfalls rauchen. Aus ihrer Kehle drang nur ein krächzender Laut, den er bewusst überhörte. Genüsslich rauchte er seine Zigarette und sah sie an, wie sie zerbrechlich, befriedigt und unbeweglich dalag. Nach einer gefühlten Ewigkeit entfernte er die Fesseln von ihren Händen und Füßen, zog ihr den Dildo aus der engen Öffnung und spürte ihre Schwäche. Hatte er sie überfordert oder war die Schwäche die Folge des Höhepunkts, den er so lange herausgezögert

hatte bis sie ihn anflehte? Er wusste nicht, wie viel Zeit vergangen war und konnte nur ahnen, dass es sich um einige Stunden handelte.

„Ist alles okay mit dir? Er machte sich ernsthaft Sorgen und hoffte, dass sie ihm hier nicht zusammenbrechen würde. Sie nickte schwach und ihr Blick entglitt in andere Sphären.

„Alles okay" flüsterte sie mit leiser, krächzender Stimme. In dem Moment verspürte er Angst. Richtige Angst. Er war zu weit gegangen und sie würde ihm nicht mehr vertrauen. Mel riss ihn aus seinen Gedanken. „Noch besser würde es mir gehen, wenn du mir endlich eine Kippe gibst." In ihrer Stimme schwang eine leichte Ironie mit und Sky merkte, dass die Schwäche nur eine Folge ihrer inneren Anspannung war. Es ging ihr wirklich gut. Langsam kam sie wieder zu Sinnen und sprach mit ihm.

„Du warst, es war … wow, das hätte ich nicht erwartet! Wie konntest du es aushalten, mich auf die Folter spannen und es einfach aushalten?" Mit leiser und immer noch gefährlich krächzender Stimme sprach sie zu ihm und lächelte ihn an. Das Lächeln glich in diesem Moment eher einer Maske. Sie hatte ihre Körperfunktionen nicht unter Kontrolle und war immer noch dem intensiven Höhepunkt erlegen, den Sie so wie mit Sky noch nie erlebt hatte. Sie war schon häufig an ihre Grenzen geführt und auch bis zur Bewusstlosigkeit diszipliniert worden, doch hatte sie nie dieses entspannte und überraschend vertraute Gefühl dabei gehabt.

Früher fiel es ihr nicht schwer einen Höhepunkt zu vermeiden und sich dem Willen des Meisters zu fügen. Aber in diesem Moment waren ihre Sinne außer Gefecht und sie hätte bald geheult, wäre er nicht in sie gekommen und hätte sie erlöst.

Er errötete leicht und sah sie mit prüfendem Blick an. „Hier, rauch erst einmal eine." Er reichte ihr die angezündete Zigarette und beobachtete, wie sie einen kräftigen Zug nahm. „Das war erst der Anfang! Du hast eine Seite in mir geweckt, die ich weiter entdecken und mit dir ausleben möchte."

Er sah ihr tief in die Augen und streichelte ihre vollen Lippen. Kalter

Schweiß lag auf ihrer Stirn und vermischte sich mit dem Duft von hemmungsloser Leidenschaft.

„Ich stehe dir zur Verfügung und freue mich, wenn ich deine wahren Gelüste ans Tageslicht bringen kann."

Sie versuchte sich aufzusetzen und sank kraftlos in den Kissen zusammen. Er legte sich zu ihr und entspannt, ohne einen Gedanken an irgendetwas schliefen sie ein.

~ 21 ~

Sie wachte auf und sah um sich herum eine große Lache Blut. Mel schrie markerschütternd auf, der kalte Schweiß stand ihr auf der Stirn. An ihren Handgelenken klafften tiefe Wunden, aus denen das Blut auf das frische Laken traf.

„Aufwachen Mel! Ich bin bei dir!" Sie merkte wie sie geschüttelt wurde und schlug die Augen auf. Verstört und verängstigt blickte sie sich um und zitterte wie Espenlaub.

„Du hast nur schlecht geträumt." Sky's Worte drangen aus weiter Ferne zu ihr vor und sie wusste nicht, ob sie jetzt wach war oder schlief. Ein Blick auf ihre Handgelenke zeigte verheilte Narben, kein frisches Blut … keine klaffenden Wunden. Auch das Laken war sauber und die einzige Feuchtigkeit, die sie spürte, war ihr eigener Schweiß und die Feuchtigkeit der Nacht.

„Ja. Ich habe geträumt." Sie sah Sky an und er wischte ihr eine Träne vom Gesicht. Mel hatte überhaupt nicht bemerkt, dass sie geweint hatte. Der Traum saß ihr in allen Knochen und ihr Herz klopfte wie wild.

„Was war so schlimm?" Jetzt begann sie richtig zu weinen und schlug sich die Hände vors Gesicht.

„Hier war Blut, alles war voll Blut und ich lag mittendrin."

„Hier ist nichts Schatz, du hast nur geträumt."

„Es war total realistisch. An meinen Armen waren klaffende Wunden, aus denen das Blut in Strömen floss."

Er hörte ihr zu und versuchte zu deuten, woher der Traum kam und warum sie gerade in dieser Nacht einen derart heftigen Traum hatte. War ihr Spiel gestern zu weit gegangen und hatte sie in die Vergangenheit katapultiert? War ihr Unterbewusstsein nicht in der Lage, die Gegenwart zu lieben und Vergangenes zu vergessen? Er hatte Angst und fürchtete, dass ihr der Traum wieder den Anreiz zum ritzen gab. Schon lange waren ihre Arme abgeheilt und sie hatte keinen neuen Versuch unternommen. Er wusste aber, dass sie nicht geheilt, sondern nur ruhiggestellt war. An Schlaf war nicht mehr zu denken, da auch in seinem Hirn die Zellen arbeiteten und er sich sogar zum Teil die Schuld an ihrem Traum gab.

„Ich mache uns Kaffee." Mit den Worten stand sie auf und lief mit zittrigen Beinen zur Küche. Mit dem dampfenden Getränk kam sie zurück und wirkte schon ein wenig ruhiger.
Doch ihre Augen bereiteten im Sorge. Entrückt, wie in weiter Ferne, in einer anderen Dimension gefangen, blickte sie ihn an, ohne ihn direkt anzusehen. Ihr Blick ging durch ihn hindurch und er wusste, dass ein falsches Wort zu diesem Zeitpunkt mit schlimmen Folgen einhergehen würde. Er nippte an seinem Kaffee und berührte ihre Schulter.

„Es geht vorbei. Der Traum fällt von dir ab und es geht vorbei." Er wusste nicht was er sonst sagen sollte, konnte das Schweigen im Raum nicht ertragen. Vor dem Fenster dämmerte der Morgen und warf erste Lichtstrahlen über die Bettdecke. Langsam erhob sie sich erneut und ging zum Fenster, um eine Blick in den beginnenden Tag zu werfen. Noch immer wirkte sie abwesend und hatte auf seine Worte nicht wirklich reagiert. Gern hätte er jetzt ihre Gedanken gelesen, die sie bestimmt in ihrem Traum gefangen hielten und nach einem Warum suchten.

Dass es mit ihr nicht einfach werden würde wusste Sky von Anfang an. Doch in dem Moment fühlte er sich hilflos. Viel hilfloser als an dem Tag, wo sie ihn um Hilfe bat. Hier konnte er nicht helfen, nicht in ihre Gedanken eindringen und den Traum aus ihrem Hirn waschen. Er konnte nur hoffen, dass der Traum keine Handlung aus Verzweiflung hervorrief und sie in ein tiefes Loch von Depression und Selbsthass stürzte. Er ging zu ihr und legte seine Hände auf ihre Schultern. Bereitwillig ließ sie es zu und schmiegte ihren Körper an ihn. Sie blickte hinaus in die Ferne. Seine Hände lagen beruhigend auf ihren Schultern und Mel war froh, das Sky in diesem Moment bei ihr war. Der Traum saß ihr in den Knochen und wollte lange nicht abfallen. Sie wusste nicht, wie lange sie am Fenster stand und einfach in den Himmel blickte, ohne zu merken, dass die Sonne unterdes aufgegangen war.

Langsam gelangte sie ins Diesseits zurück und nahm seinen muskulösen Körper wahr. Spürte, wie er dicht bei ihr stand und wie sein Atem ihr Ohr streifte. Auch wenn sie ihn nah bei sich spürte und kurz überlegte, ob sie sich umdrehen und vor ihm niederknien sollte, spürte sie in diesem Moment nicht die gewohnte Lust, sondern einfach nur Ruhe und Geborgenheit.

Mel drehte sich um und sah ihn an. Sein besorgter Blick ruhte auf ihr und er hatte sich in der ganzen Zeit nicht bewegt, hatte sie einfach nur festgehalten und sie nicht losgelassen.
„Danke. Danke, dass du für mich da bist." Sie küsste ihn zärtlich und strich ihm eine Strähne aus dem Gesicht, die ihm verwegen in die Augen hing. Er erwiderte ihren Kuss und spürte, dass sie die Geborgenheit genoss und so sehr wie noch nie brauchte. Auch wenn er sie gerne noch einmal verführt hätte, vertrieb er den Gedanken aus seinem Kopf und hielt sie einfach nur fest. Sein bestes Stück verselbstständigte sich und trotz asexueller Gedanken blieb es nicht aus, dass sich sein Schwert so gar nicht seinen Gedanken unterordnen wollte. Die Wärme und ihre weiche Haut, ihre Brüste die sie an ihn presste, erregten ihn. Mel lächelte ihn an und ihr Blick war wieder ganz klar.

„Nein Mel, das bin nicht ich. Der macht sich selbstständig. Lass dich nicht irritieren." Sky wollte sich gerade umdrehen, als sie sich vor ihn kniete und seine Männlichkeit mit ihren verführerischen Lippen umschloss und ihn mit ihrer Zungenspitze verwöhnte. Nun war es um seine Beherrschung geschehen und auch Mel spürte die Feuchtigkeit, die sich in ihrem Schritt ausbreitete und sie lustvoll aufstöhnen ließ. An ihrem schweren Atem merkte er, dass sie die Grenze zu ihrem Traum überschritten und wieder ganz in der Gegenwart war. Er würde sie gewähren lassen, er konnte ihr nicht widerstehen und genoss ihre Lippen die sich um seinen Schaft schlossen und in rhythmischen Bewegungen auf und ab glitten. Mit sanfter Gewalt schob er sie von sich und ging zum Bett.

Sie kniete über ihm und ihre von Tau benetzte Rosenblüte war zum greifen nah über seinen Lippen. Seine Finger berührten sie ganz sanft und Mel stöhnte auf. „Gib mir deine Zunge", flüsterte Mel. Der Aufforderung kam er nur zu gerne nach und genoss es, ihre Lust zu schmecken, während sie ihn hingebungsvoll mit ihrem Mund verwöhnte. Er konnte sich nicht mehr beherrschen und ohne, dass er es wollte, schoss die Lava aus ihm heraus zwischen ihre Lippen. Er vernahm ein lautes Stöhnen und kniff ihr im Moment seines Kommens mit Daumen und Zeigefinger in die Knospe, die zu enormer Größe angeschwollen war. Sie schmecke herrlich und in dem Moment, als sie unter seiner Zunge kam, presste sie ihre sensibelste Stelle fest an seine Lippen.

Erschöpft ließ sie sich fallen und die Wogen glätten, die seine Zunge in ihre Körper aufgewühlt hatte. Sie leckte sich die Lippen und schmeckte seine Lust, die sich in ihrem Mund und ihrem Gesicht verteilt hatte.

„Du geile Sau!" Mel drehte sich zu ihm und kuschelte sich an seine Schulter. „Selber", meinte er nur und kniff sie leicht in die Brust. Sein Blick glitt über ihre Piercings die langsam verheilten und die einfach nur genial aussahen.
„Wie fühlst du dich?" Er sah sie an und merkte, dass sie kurz

178

überlegte. „Bestens. Und müde. Ich brauche noch einen Kaffee, sonst komme ich heute nicht mehr hoch."

Mel stand auf und ging in die Küche. In der Zwischenzeit zog Sky sich an und setzte sich mit seiner Zigarette ans Fenster. Der entrückte Ausdruck von ihr ging ihm nicht aus dem Kopf und immer wieder hatte er das Bild vor Augen, wie sie heute aus dem Traum erwacht und entgeistert vor sich hingestarrt hatte.

Mit zwei Tassen Kaffee kam sie ins Wohnzimmer und setzte sich auf die Couch.

„Hast noch Zeit?" Ihr Blick ging zur Uhr und erst jetzt fiel ihm auf, das er bald die Arbeit verschlafen und wie in letzter Zeit häufiger, zu spät gekommen wäre.

„Oh je, ich muss gleich los!" Er schaute sie an und begann zu lachen. „Irgendwie vergesse ich bei dir immer die Zeit, normal ist das nicht mehr."

„Was ist schon Zeit? Wer braucht sie?" Mel philosophierte gerne über die Zeit und deren Nutzen, den sie in ihren Augen nicht hatte. Als sie noch Arbeit hatte, musste sie sich auch an Zeiten halten, aber es war ihr immer zuwider. Nicht das Arbeiten, aber die festen Zeiten und die stetige Bindung, die Einschnitte in ihrem Leben vornahm und sie in ihrer freien Entfaltung beeinträchtigte.

„Ich weiß ja das du los musst." Sein Blick, als Mel mit dem Thema Zeit anfing sprach Bände, so dass sie noch einen Satz nachschieben musste. Sky nippte noch kurz an seinem Kaffee, ehe er aufstand und sich mit einem Kuss verabschiedete.

„Holst du mich heute Abend ab?"

Sie nickte und erwiderte seinen Kuss leidenschaftlich. Dann fiel die Tür hinter ihm ins Schloss und Mel war alleine.

Immer noch hing ihr der Traum in den Knochen und sie sah vor ihrem geistigen Auge das viele Blut. Sie versuchte diesen Traum zu deuten und wollte erfahren, was er ihr sagen sollte. Eigentlich war Blut in der Traumdeutung ein Zeichen von Lebenskraft und Energie. Doch in ihrem Fall glaubte sie nicht daran und tendierte eher zu der

179

Theorie, dass irgendwer oder irgendetwas ihr Lebenskraft entziehen und sie zur Ader lassen wollte. Sie verspürte Angst und suchte nach Details in ihrem Alltag, die diesen Traum zur Folge hatten und die ihr Kraft und Energie entzogen. Sky war es nicht. Er schenkte ihr Vertrauen und hatte es geschafft sie zu lieben. Sie, Mel, die noch nie jemand wirklich geliebt hatte. Wie auch? Sie sah sich nicht als Göttin, sie fand sich zu fett und verstand nicht, was dieser tolle Kerl, der jede Frau haben konnte, ausgerechnet von ihr wollte.

Sie blickte an sich herab und betrachtete ihren Körper mit Argwohn. Ihr Dekolletee, okay das war ganz nett aber mehr auch nicht. Am Bauch könnte es ein bisschen weniger, am Po dafür ein wenig mehr sein. Auch ihre Rosenblüte stieß bei ihr nicht auf Akzeptanz, obwohl sie noch nie einen eigenartigen Blick von einem Mann wahrgenommen hatte. Aber sie fand ihre Schamlippen zu groß, die Rosenknospe zu klein und die Haut nicht zart genug. Sie spürte eine Unzufriedenheit in sich aufsteigen und zitterte am ganzen Körper. „Nein, ich muss nicht unzufrieden sein. Er liebt mich, mich und keine Andere!"
Immer wieder hielt sich Mel vor Augen, dass Sky sie als Traumfrau sah und dass er sich für sie und nicht für eine der anderen Frauen in seinem Umfeld entschieden hatte. Sie blickte auf ihre Arme. Die Schnitte waren verheilt und schon länger trug sie daher auch keine Armstulpen mehr.

Ein innerer Drang breitete sich in ihr aus, ganz intensiv, keinen Widerspruch duldend. „Nur einen kleinen Schnitt. Nur das Gefühl erleben ... es einmal wieder erleben."
Sie schüttelte den Kopf und klammerte sich an der Tischkante fest, so fest, dass ihre Knöchel weiß hervortraten. Sie würde Sky mit dieser Handlung enttäuschen und ihre Beziehung aufs Spiel setzen. Doch je mehr Mel versuchte, sich vom Thema abzulenken, umso stärker wurde der Drang und das Bedürfnis danach, sich zu spüren. Vor ihren Augen bildete sich Nebel, durch den sie die Umwelt nur durch einen Schleier wahrnahm und in dem sie sich immer mehr aus

der Realität entfernte.

Sie ging ins Bad und hielt die Klinge in ihrer zittrigen Hand. „Nur ein wenig, ein ganz kleiner Schnitt." Ihre Gedanken kreisten und sie setzte die Klinge an. Erleichtert und mit einem ihr Angst machenden Wohlbefinden sah sie die dünne Spur des Blutes über ihre Hand fließen und ins Waschbecken tropfen. Sie spürte sich, merkte das sie lebte und erlebte die Leichtigkeit, die sich alsbald in ihrem Körper ausbreitete. Ihre Hände umklammerten den Waschbeckenrand und gaben ihr Halt. Alles drehte sich vor ihren Augen und sie brach in Tränen aus.

„Warum? Warum habe ich das getan? Er wird mich verlassen, er wird mit mir nichts mehr zu tun haben wollen!"

Die heißen Tränen vermischten sich mit ihrem Blut und versickerten im Abfluss. Mels Phantasie ging mit ihr durch und sie überlegte, wie sie ihm heute Abend den Rückfall erklären sollte und ihm einen Grund dafür nennen konnte, warum sie sich wieder geritzt hat. Sie verband ihren Arm und verließ das Badezimmer. Im Spiegel sah sie eine gebrochene Frau mit fahler Haut und tiefen Augenschatten. Mel zog sich an und warf einen Blick auf ihr Handy.

„Sei 19 Uhr bei unserem Italiener, ich habe eine Überraschung für dich. Ich liebe dich, Sky."

Ihr Herz schlug bis zum Hals und sie überlegte, was er wohl für eine Überraschung für sie haben konnte. Um mit ihr Schluss zu machen, würde er sie kaum zum Italiener einladen. Aber galt das auch noch, wenn er ihre neuen Verletzungen sah? Die Verletzung von eben, von der er noch nichts wusste? Noch immer zitterten ihre Hände.

„Ich werde da sein. Ich liebe dich!"

Sie drückte auf senden und bereute es zutiefst, dass sie ausgerechnet heute schwach geworden und wieder in ihren alten, verhassten Rhythmus verfallen war.

Der Tag zog sich wie Kaugummi. Mel hatte auf nichts Lust und räumte nur ein wenig auf, trank noch einen Kaffee und hing auf der

Couch ihren Gedanken nach. Was hatte es mit dem Traum heute auf Nacht auf sich und was wollte Sky ihr so wichtiges mitteilen, dass er sie zum Italiener einlud? Am späten Nachmittag begann sie mit der Anprobe ihrer Garderobe und konnte sich nicht entschließen. Sie wollte schön sein für ihn, verführerisch und aufreizend. Ihr Blick fiel auf ein langes schwarzes Kleid, welches dank seiner langen Ärmel ihren Anfall von Schwäche zumindest in der Öffentlichkeit verbergen würde. Sie wollte ihn nicht direkt beim Treffen mit ihrem Rückfall konfrontieren und ihn darauf aufmerksam machen, dass mit ihr etwas nicht stimmte. Die Anspannung des Morgens war von ihr gewichen und sie bekam beim Kleider anprobieren sogar gute Laune. Sie warf noch einen prüfenden Blick in den Spiegel und verließ die Wohnung.

Schon von weitem sah sie Sky vor dem Restaurant stehen und ihr Herz klopfte. Was würde er ihr sagen wollen und würde ihm auffallen, dass sie wieder schwach geworden war? Unter dem langärmeligen Kleid sah man ihren verbundenen Arm nicht und so würde es Sky nicht gleich merken ... aber heute Nacht würde es ihm keinesfalls entgehen. Sie hatte Angst und ging unsicher auf ihn zu. Mit einem strahlenden Lächeln empfing er Mel und schloss sie in seine Arme.
„Endlich habe ich dich wieder, ich dachte schon der Tag geht nie herum. Bist du schon neugierig auf meine Überraschung?"
Mel nickte und glaubte, sogar ein wenig verlegen zu werden. Betreten schaute sie zu Boden und schmiegte sich an ihn.
„Lass uns reingehen, ich habe uns einen Tisch bestellt."
Doch ließ sich ihr Zittern nicht verbergen und sie bekam Angst, er würde schneller merken, was mit ihr los war, als es ihr lieb wäre. Sie war neugierig auf seine Überraschung, verspürte aber gleichzeitig die Angst, sie würde ihn enttäuschen und er wollte auf lange Sicht nicht mit einer wie ihr, einer Verrückten, zusammen sein wollen. Mel fasste spontan einen Entschluss, obwohl ihr klar war, sie würde ihn schon in dem Moment bereuen, in dem sie ihn verkündete.

„Ich muss dich verlassen. Es geht einfach nicht ... ich kann nicht."
Sie sah zu Boden und spürte, wie Skys Blick sie über den Tisch
hinweg durchdrang und wie er sich tief in ihre Seele bohrte.
„Du willst was? Was ist in dich gefahren? Das kannst du doch nicht
... !"
Mel sprang auf, die Tränen liefen über ihre Wangen.
„Ich kann und ich werde! Für uns gibt es keine Zukunft oder glaubst
du, ich nehme dir ab, dass du mit einer Verrückten zusammen sein
willst? Genau dafür hältst du mich doch! Du und jeder andere in
meinem Leben!"
Sie redete sich in Rage und sah Sky bestürzt, fassungslos und gar
nicht wissend, was in sie gefahren war, vom Tisch aufstehen. Er hatte
einen romantischen Abend geplant und wollte sie überraschen.
Stattdessen machte Mel einfach Schluss mit ihm, rastete aus und
schmiss alles hin. Er kam auf sie zu und legte die Arme auf ihre
Schultern. Sie schüttelte ihn wie eine lästige Fliege ab und
schluchzte laut.
„Lass mich! Ich weiß doch, was ihr alle von mir denkt und ich werde
nicht länger verstecken, wie ich bin."
„Vor mir musst du dich nicht verstecken. Wir kriegen das hin."

Seine Worte ließen sie einen kurzen Moment innehalten. Doch war
ihre Interpretation eine andere, als Sky gedacht hatte.
„Wir kriegen das hin? Was bitteschön, willst Du hinkriegen? Willst
du, das ich mein Leben wie es ist aufgebe? Willst du, das ich alles
hinter mir lasse?" Mel verspürte eine gnadenlose Wut auf sich selbst
und sie wusste nicht, wie sie mit ihren Emotionen umgehen sollte. Er
hatte ihr doch gar nichts getan. Sie hätte den Schritt am liebsten
rückgängig gemacht und fühlte sich schon jetzt, obwohl er noch bei
ihr war, einsam und verlassen. Doch sie konnte nicht zurück. Sie
würde sie jetzt nachgeben und ihren eigenen Emotionen Einhalt
gebieten. Dann würde sie sich verletzlich zeigen und genau den

Eindruck erwecken, den sie ihr Leben lang zu verbergen versuchte. So gern sie sich hingeben und „normal" leben wollte, sie konnte es nicht. Sie war nicht normal und sie würde nie normal sein. Das dumpfe Pochen in ihrem Unterarm ließ sie die Erinnerungen spüren und ließ sie wissen, was genau sie brauchte. Sie brauchte keine Beziehung, die ihr Sicherheit und Geborgenheit suggerierte. Sie brauchte die Klinge, den Schnitt und die Entlastung, die sich daraus ergab.

Auf dem Absatz drehte sie sich um und stürmte aus dem Restaurant. Stehen blieb ein verwirrter Sky, der ihr am liebsten nachgelaufen wäre. Doch er blieb stehen, konnte das eben Erlebte nicht fassen und war für einen kurzen Moment bewegungslos.

Mel irrte durch die Straßen. Heiße Tränen rannen über ihre Wangen. Ihr war bewusst, dass sie soeben ihr Leben zerstört, den einzigen Funken Hoffnung auf Normalität verspielt hatte. Er würde ihr nicht nachlaufen. Würde sie nicht zurückholen und sich einer Verrückten wie ihr ausliefern. Sie überlegte, was sie nun tun und wo sie hingehen sollte. „Nachhause", kam es ihr in den Sinn. Doch war das nicht die Lösung für ihr Problem. Mel wusste, sie brauchte Hilfe. In dem Moment, in dem sie nicht mehr Herr ihrer Emotionen war und ihnen freien Lauf ließ, wurde ihr klar, wie sehr sie Hilfe benötigte.

Sie hatte Sky nicht verletzen oder ihn gar verlassen wollen. Doch musste sie ihr Leben ordnen, musste lernen, sich sebst zu lieben und mit sich selbst umzugehen. Sie konnte sich nicht vorstellen, wie er ihr dabei helfen sollte und sie liebte ihn so sehr, dass sie ihn nicht in ihre kleine, schmerzhafte Welt aus Gefangenschaft und Dunkelheit hineinziehen wollte. Nie hätte sie sich auf ihn einlassen, nie hätte sie sich in ihn verlieben dürfen.

Ihre Gedanken verdunkelten sich. Sie hatte eine Idee, wie sie dem ganzen Schmerz ein Ende bereiten und frei sein konnte. Nur ihre eigene Furcht vor dem letzten Schritt war ihr dabei im Wege. Ein einfacher Schnitt … Mel's Gedanken kreisten.

„Ein einziger Schnitt und ich falle niemandem mehr zur Last."

Ihr fiel nicht auf, dass sie diesen Satz laut ausgesprochen und somit eine Gruppe Jugendlicher auf sich aufmerksam gemacht hatte. Entsetzte, aber gleichzeitig verängstigte Blicke wandten sich ihr zu. Ein Mädchen näherte sich ihr, legte behutsam die Hand auf ihre Schulter und sah sie an. Mel's Make Up war verlaufen und zog dunkle Spuren über ihr makelloses Gesicht. Sie wusste nicht, warum sie die Hand duldete und nicht versuchte, zu entkommen. Das Mädchen sah sie einfach nur still an und ließ die Hand auf ihrer Schulter liegen. In dem Moment drehte sich alles um Mel und sie spürte, wie sie die Macht über ihren Körper verlor und wie sie in der unendlichen Dunkelheit versank. Sie spürte keinen Schmerz, sie nahm eine Leichtigkeit wahr und fragte sich, ob das nun das Ende sei.

~ 23 ~

Sie erwachte an einem Ort, den sie nicht kannte. Um sie herum war alles weiß, steril. Nein, Mel war nicht zuhause. „Sie ist wach." Nur marginal, aus ganz weiter Ferne, vernahm Mel die Stimme. Verschwommene Gesichter beugten sie über sie, blickten sie an.
„Wo … wo bin ich?" Das Sprechen bereitete ihr große Mühe. Ihr Hals war trocken.
„Sie sind in Sicherheit und müssen keine Angst mehr haben. Wir kümmern uns um Sie."
Langsam lichtete sich der neblige Schleier vor ihrem Gesicht.
„Sie sind in einem Krankenhaus. Sie haben viel Blut verloren und können von Glück sagen, dass Sie nicht an einem unbelebten Ort das Bewusstsein verloren haben."

Langsam erinnerte sie sich. Sie war in dem Restaurant. Sie freute sich auf die Überraschung, die Sky ihr angekündigt hatte. Was dann geschah, wollte einfach nicht in ihren Gedanken auftauchen. War sie im Restaurant zusammengebrochen, hatte sie einen Unfall? Warum hatte sie Blut verloren? Tausend Fragen zermarterten ihr Hirn. Doch eine brannte ihr ganz besonders auf der Seele.

„Wo ist Sky, hat er mich hergebracht?"
Die Menschen um sie herum sahen sich an.
„Eine junge Frau hat den Notarzt gerufen. Ich weiß nicht, wer Sky ist."
Der Mann antwortete ihr langsam, zu langsam, wie sie fand.
„Sollen wir jemanden benachrichtigen?"
Mel's Gedanken kreisten. Wen sollten sie benachrichtigen und warum war Sky nicht bei ihr? Sie waren doch zusammen im Restaurant. Mel versank wieder in einer angenehmen Dunkelheit, in der sie die Stimmen um sich herum nur leise und aus weiter Ferne aufnahm.
„Sie hat sich ein Schädelhirntrauma zugezogen. Beim Sturz ist sie mit ihrem Kopf zuerst aufgekommen."

Mel dämmerte weg und befand sich auf einmal wieder in dem Restaurant. Sie sah sich vor Sky stehen, sah sich wild mit den Händen gestikulieren und schreien. Doch hörte sie nicht, was sie sagte. Es klang beängstigend. Sie schrie Sky an, stritt sich mit ihm. Ihr Herz schlug schneller. Sie wollte aufwachen, wollte diesem Traum entfliehen und in die Realität zurückkehren. Leise vernahm sie die Stimmen um sich herum und spürte eine Nadel, die sich in ihren Arm bohrte.
„Wir müssen sie ruhigstellen."
Um sie herum brach Hektik aus. Mel vernahm Worte wie: „suizidgefährdet … psychisch krank … unberechenbar … am Bett fixieren … . Sie wachte nicht aus ihrem Traum auf und sah sich immer noch vor Sky stehen, hörte sich schreien und verstand aber nicht, was sie sagte. Ein warmer Nebel hüllte sie in gänzliche Schwärze und ließ den Traum ein Ende finden.

186

Gratwanderung

~ Fernab der Realität ~

Sky war die Liebe ihres Lebens. Warum um alles in der Welt hatte sie ihn verlassen und was war danach passiert? Als Mel zu sich kam und das weiße Krankenhausbett, das sterile Zimmer und die besorgten Schwestern um sich herum sah, hätte sie am liebsten laut aufgeschrien. Ihr Blick war noch immer getrübt und sie spürte einen pochenden Kopfschmerz, der wie ein schwerer Stein auf ihr lastete.

Die verbundenen Handgelenke ließen sie erschreckt auffahren. „Bleiben Sie liegen", wurde sie von einer burschikosen Schwester angeherrscht. „Sie können froh sein, dass Sie noch leben", fügte die Dame in Weiß ein wenig beruhigender hinzu und verließ den Raum. Im Gehen murmelte sie noch ein paar Worte, die Mel nicht verstand. Sie hörte nur etwas von einem Doktor, der gleich nach ihr sehen und sich über ihr Aufwachen freuen würde. Sie sank zurück in die Kissen.

„Wenn ich nur wüsste, wie ich hierher gekommen bin." Doch in ihrem Kopf war nichts als schwarzer Nebel. Gar nichts. Ehe sie länger über ihr Schicksal nachdenken konnte, betrat der gutaussehende und noch sehr junge Doktor ihr Zimmer.
„Es wurde ja langsam Zeit", begrüßte er sie mit einem charmanten Lächeln. „Ich glaubte schon, Sie wollen gar nicht mehr erwachen, was mich bei dem Blutverlust nicht gewundert hätte. Danken Sie dem lieben Gott und dem Mädchen, das den Krankenwagen gerufen hat.
"Welches Mädchen? In Mels Kopf wurden die Gedanken immer kruder. „Ich sehe schon, Sie wissen wirklich nichts mehr. Nur wie soll ich den Unfall rekonstruieren, wenn Sie mir keine Information geben können?"
Mel zuckte mit den Schultern, was ihr sofort einen gleißenden Schmerz durch ihren Kopf und Nacken fahren ließ.
„Das sollten Sie vorerst nicht tun. Am besten, Sie bewegen sich überhaupt nicht. Allerdings bin ich nicht hier, um mit Ihnen über Ihr Schädelhirntrauma zu sprechen. Da gibt es etwas Anderes, worüber ich ein paar Informationen benötige."
Der Doktor, der laut Schild an seinem Kittel M. Schmidt hieß, sah sie

188

lange und mit einem durchdringenden Blick an.

„Sie können hier mit mir sprechen, oder Sie schweigen, bis wir Sie in die Psychiatrie überstellt haben. Die Entscheidung liegt ganz bei Ihnen."

So freundlich er Mel eben noch erschien, so nervig wurde er in dem Moment, in dem er die Psychiatrie erwähnte. Mit kratziger Stimme versuchte Mel, ihm ihren Standpunkt zu erklären.

„Ich brauche keine ...", ein Hustenanfall unterbrach ihre Worte, „... keine Psychiatrie. Wie Sie erkannt haben, hatte ich einen Unfall. Ich habe wohl zu viel getrunken und bin gestürzt."

„Dies möchte ich nicht bestreiten. Aber eine Erklärung für die zahlreichen Schnitte an Ihrem Arm ist das nicht. Wir haben Sie verbunden und geeinigt, doch sind wir hier nicht dafür ausgerüstet, psychische Probleme zu bewältigen. Aus diesem Grund kann ich Ihnen nur anraten, sich meiner Entscheidung zu beugen und aus freien Stücken einer Therapie zuzustimmen. Übrigens hat Ihr Freund ... ."

„Ich habe keinen Freund", versuchte Mel zu schreien, woraus nur ein unverständliches Krächzen wurde. Der Doktor nickte verständnisvoll und sprach weiter.

„Wenn der junge Mann, der sich um Sie sorgte und schon mehrfach hier war, während Sie schliefen, nicht Ihr Freund war, dann sollten Sie sich glücklich schätzen, dass sich ein Fremder so um Sie sorgt und dass er Sie täglich besucht."

Mit diesen Worten verließ M. Schmidt das Zimmer und ließ eine verwirrte und erstaunte Mel zurück. Sky war hier? Er hatte sie besucht und das, obwohl Mel ihn angeschrien und ihn aus ihrem Leben gestrichen hatte? Sie atmete schwer und ihr Puls beschleunigte sich. Dies änderte aber nichts an ihrer Meinung, dass sie ganz sicher keine Therapie benötigte und dass sie einfach nur nach Hause wollte. In diesem Moment öffnete sich die Tür und er trat ein. „Was machst Du nur für Sachen, Liebes." Skys besorgter Blick erwärmte ihr Herz und ließ die Wut, die sie im Restaurant verspürte, erneut aufflammen.

189

~ 1 ~

„Was soll das, warum tauchst du hier auf? Woher weißt du überhaupt, dass ich hier bin?" Auch wenn ihre Stimme kratzte und auch wenn ihr jedes Wort wie eine Klinge in den Hals schnitt, konnte Mel ihre Wut nicht zügeln und schrie Sky an.

„Nun beruhige dich doch. Glaubst du, ich will dir etwas tun? Was ist nur los mit dir? Du bist wie eine Furie aus dem Restaurant gerannt und hast geschrien, dass du mich nie wiedersehen möchtest. Ich war wie vor den Kopf geschlagen und wusste nicht, woher dein plötzlicher Stimmungswechsel kam."

Er atmete kurz durch und sah sie mit seinen wahnsinnig warmen Augen an. „Es war doch alles so schön und nun soll es ... es soll einfach vorbei sein? Das kann und möchte ich nicht akzeptieren. Nenne mir nur einen Grund, einen einzigen Grund, warum du mich nicht mehr sehen möchtest und warum ich aus deinem Leben verschwinden soll. Wenn ich dir etwas getan habe, was dich verletzt hat, werde ich gehen und nie mehr zurückkehren."

Mel überlegte. Er hatte also begriffen, dass in ihrem Leben kein Platz mehr für ihn war. Doch welchen Grund sollte sie ihm nennen? Sky hatte ihr jeden Wunsch von den Augen abgelesen, er hatte ihre Bedürfnisse erfüllt und er hatte sich als Partner erwiesen, dem sie vertrauen und auf den sie sich verlassen konnte. Woher ihre plötzliche Wut rührte und warum sie sich allein durch seine pure Anwesenheit so angegriffen fühlte, konnte sie selbst nicht sagen. Also griff sie ein Thema auf, um welches es in ihrer Beziehung hauptsächlich gegangen war.

„Hör mir zu, ich sage es nur einmal. Du glaubst doch nicht, dass ich dir gehöre, nur weil wir ein paarmal gefickt haben? Du hast richtig gehört, es waren Ficks, mehr nicht!"

Sie spürte, wie weh ihm ihre Aussage tat und sie hoffte, er würde ihr glauben. Sie fand sich nicht sehr überzeugend, doch sein Blick sprach Bände.

190

„Wenn es, wie du sagst, nur Ficks waren, warum gab es dann so schöne Momente zwischen uns? Ich gebe dich nicht auf, Mel, auch wenn es mich meine ganze Kraft kostet. Ich weiß, dass du das nicht so fühlst und dass das, was wir hatten, weitaus mehr als belanglose Ficks waren."

Mit diesen Worten drehte er sich um, legte ihr vorher noch den schwarze Rosenstrauß aufs Bett und rauschte aus dem Krankenzimmer. Laut knallte die Tür hinter ihm ins Schloss und ließ die verzweifelte Mel allein zurück.

„Verdammt, warum kann ich nicht wie Andere sein?" Sie riss an ihren Verbänden und versuchte, diese zu entfernen und an die frischen Wunden zu gelangen. In dem Moment kam M. Schmidt zurück und riss ihre Hände von den Verbänden weg.

„Ich weiß zwar nicht, was Ihnen der junge Mann getan hat. Aber so wie er eben an mir vorbeigerauscht ist, haben Sie ihn wohl in seiner Ehre gekränkt. Nehmen Sie die Hilfe an, sonst bringen Sie sich bald um!"

Noch immer hielt er ihre Hände fest und Mel hatte längst jeden Versuch aufgegeben, sich gegen seine Muskeln zur Wehr zu setzen.

„Zu Ihrer eigenen Sicherheit", sprach er und holte einen Strick aus seinem Arztkittel. Sie sah ihn mit großen Augen an und erinnerte sich an eine Zeit, an der Sky Sie mit einem Seil am Bett gefesselt und sie genommen hatte.

„Aber Herr Doktor, Sie werden doch wohl nicht!" Sie lächelte und verfiel in einen lauten Lachkrampf.

„Ich weiß nicht, was Sie von mir denken, aber was ich hier tue, entspricht ganz und gar nicht den Vorstellungen, die Sie von meinem Beruf haben!" Er band ihre Arme über dem Kopf am Geländer des Bettes fest und prüfte mit einem kurzen Ruck, ob sein Knoten auch halten würde.

„Erfahrung scheinen Sie zu haben, Herr Schmidt, das muss man Ihnen lassen."

Der Arzt lief rot an und blickte zu Boden.

„Sie haben wohl gar keine anderen Sorgen? Ich kann mir schon vorstellen, wer der junge Mann für Sie war. Doch wenn Sie Männern reihenweise das Herz brechen, brauchen Sie sich nicht zu wundern, wenn Sie eines Tages allein und in Ihrem Badezimmer auf dem Fußboden krepieren. So hart es klingt, aber ich sehe keinen Grund, Ihre Situation zu beschönigen. Sie sind krank und da Sie von allein keine Bereitschaft zu einer Therapie erklärt haben, habe ich mich um Ihre Einweisung gekümmert. Sie stellen nicht nur eine Gefahr für sich, sondern wie Sie ja vor 3 Tagen unter Beweis gestellt haben, auch für Ihre Mitmenschen dar. Aus diesem Grund war Ihre Zustimmung unnötig und nun halten Sie still, bis sich der Psychologe um Sie kümmert.“

Ohne ein weiteres Wort verließ der Arzt den Raum und ließ Mel erneut allein und diesmal fixiert zurück. Nachdem Sky so gnadenlos aus Mels Zimmer geworfen wurde, traf er den jungen Arzt auf dem Flur und befragte ihn zu ihrem Zustand. Ihm war klar, dass Dr. M. Schmidt ihm eigentlich keine Auskunft geben durfte, doch wollte er es wenigstens versuchen. Schmidt hörte ihm aufmerksam zu und spürte, dass Sky die Wahrheit sagte und dass er die Patientin schon länger kennen musste.
„Wie lange ritzt sie sich schon?“, war eine Frage, mit der der Doktor den Redeschwall des langhaarigen Mannes unterbrach.
„Ich kenne sie gar nicht anders. Es ist mal besser, mal schlimmer. Ihre Stimmungsschwankungen sind so enorm, dass man am Morgen nie weiß, mit welcher Laune sie aufwacht.“
Er klang betrübt, auch wenn die Worte verhältnismäßig hart über seine Lippen kamen. Der Doktor verstand seine Orientierungslosigkeit und überlegte für einen kurzen Moment, wie er in einer solchen Situation reagiert hätte. Mit Borderline hatte er persönlich noch keine Erfahrungen gemacht. Er kannte zwar Frauen, die einen in seinen Augen eigenartigen Fetisch hatten und die er für gestört hielt, aber ein solcher Fall war ihm weder in seinem Privatleben, noch in seiner beruflichen Laufbahn jemals begegnet.

„Wenn Sie Ihre Freundin nicht zu einer Therapie überreden können, dann wird sie zwangseingewiesen. Eine andere Möglichkeit gibt es nicht oder wollen Sie es risikieren, dass sie sich beim nächsten Mal wirklich umbringt?"

Sky konnte nur den Kopf schütteln, was der Doktor sowohl als Zustimmung, wie auch als Beendigung der Konversation betrachtete.

Sky ging den langen Flur hinunter und spürte ein Unwohlsein, welches durch den starken Geruch nach Desinfektionsmittel noch verstärkt wurde. Er verließ das Krankenhaus und ehe er zu seinem Auto gelangte, spürte er die Galle in seiner Kehle aufsteigen und rette sich in ein Gebüsch, in dem er sich die Seele aus dem Leib kotzte. Einige Passanten und Patienten, die den sonnigen Nachmittag vor dem Eingang der Klinik verbrachten, lachten über ihn und zeigten mit ihren Fingern in seine Richtung. Sky schämte sich nicht. Schließlich wurden seine Nerven nicht alle Tage so strapaziert und die Lacher konnten froh sein, dass er sich nicht umdrehte und ihnen direkt ins Gesicht kotzte. Nach dem letzten Würgen drehte er sich um, wischte sich demonstrativ den Mund ab und verbeugte sich angedeutet. „Hiermit ist die Vorstellung beendet. Über eine Spende würde ich mich freuen!"

Seine charmante Art sorgte bei einigen der Gaffer für einen erneuten Lachanfall, während sich andere Menschen beschämt wegdrehten und gar nicht fassen konnten, dass dieser junge ungehobelte Kerl sie noch verarschte. Nun lachte Sky.

„Meine Damen und Herren, da Ihnen meine Vorstellung augenscheinlich nicht gefallen hat, werde ich weiterziehen und woanders mein Glück probieren. Ich wünsche Ihnen noch einen geruhsamen Tag und für alle Gäste dieser Residenz – eine zeitnahe Genesung."

Er zog seinen imaginären Hut und schritt schnellen Schrittes zum Auto. Hinter ihm vernahm er die erbosten Stimmen einiger Gaffer und freute sich, dass seine Ansprache anscheinend Wirkung gezeigt hatte.

„Warten Sie", hörte er eine männliche Stimme hinter sich.

Er drehte sich um und erblickte Dr. M. Schmidt, der ihm im Laufschritt über den Parkplatz folgte.

„Ich habe Ihre kleine Vorstellung gesehen. Ist alles in Ordnung?"

Sky lächelte ob des besorgten Blickes dieses Arztes, der kaum älter als er selbst schien.

„Mir geht's gut. Aber deswegen sind Sie sicherlich nicht hier, oder irre ich?"

Schmidt blickte zu Boden.

„Nein, deswegen bin ich wirklich nicht hier. Mir ist noch etwas eingefallen, bezüglich Ihrer Freundin."

Sky blickte den Arzt an und wartete, was dieser ihm noch zu berichten hatte.

„Versprechen Sie mir, dass Sie das für sich behalten. Ich setze meinen Job aufs Spiel, wenn ich hier mit Ihnen spreche. Ich denke aber, das sollten Sie wissen."

Sky nickte und würde selbstverständlich mit niemandem über das Gespräch auf dem Parkplatz sprechen. Schmidt sah sich noch einmal um und als er keinen anderen Arzt oder Pfleger entdeckte, holte er tief Luft und begann.

„Ich weiß ja nicht, ob Sie Sky oder Josh sind. Dass Sie Roxy sind, schließe ich hiermit aus."

Ein kurzes Lächeln überzog sein Gesicht. Sky fröstelte, als Schmidt die Namen aufzählte.

„Ich bin Sky", sagte er leise und er hoffte, damit keinen Fehler begangen zu haben.

„Dann haben Sie Glück, denn als Ihre Freundin schlief, hat sie sich mit Ihnen, aber auch mit einem Josh und mit einer Roxy unterhalten. Sie sprach wirres Zeug und ich weiß nicht, was davon stimmt. Die starken Schmerzmittel haben wohl ihr übriges getan und für die kruden Träume gesorgt."

Während Schmidt von heißen BDSM Sessions erzählte, spürte Sky die Erregung, als würde er diese Spiele gerade in diesem Moment mit Mel erleben. Nichts von alldem, was der Arzt ihm offerierte, entsprang auch nur im entferntesten der Phantasie, die er im Bezug auf Mel als krude bezeichnete. Vielmehr hatte Mel in ihren Träumen die Dinge aufgearbeitet, die sie in der Realität erlebt und die sie auch gemeinsam mit Sky praktiziert hatte. Sehr wohl bemerkte Schmidt, dass Sky sich in seiner Haut gar nicht so wohl fühlte und nickte wissend.

„Ich entschuldige mich, wenn ich die Worte aus dem Munde Ihrer Freundin als Phantasien abgetan habe. Aber das ist es auch nicht, warum ich mit Ihnen sprechen wollte. Mir ist nicht entgangen, dass Ihre Freundin Sie aus dem Zimmer geworfen hat. Doch wenn die Träume der Realität entsprechen, dann geht Ihre Geschichte noch weiter. Das wollte ich Ihnen eigentlich bloß mitteilen und Sie bitten, die Besuche nicht einzustellen. Wenn Sie morgen kommen, wird die Patientin sich nicht mehr im gleichen Zimmer befinden. Ich habe die Zustimmung der psychiatrischen Abteilung, dass diese sich dem Fall annimmt und sehen wird, was sie tun kann."

Skys Herz schlug bis zum Hals. Wenn ihre Beziehung in Mels Träumen weiterging, hatten sie vielleicht auch im realen Leben eine Chance.

~ 2 ~

Zu Mels Überraschung spürte sie eine in sich aufsteigende Erregung, während sie sich in den Fesseln hin und her warf und versuchte, den lockeren Knoten zu lösen. Sie schämte sich nicht für ihre Gefühle und sie wünschte sich, entweder der gutaussehende M. Schmidt, oder aber Sky würden jetzt über die Schwelle treten und sie von ihrer Pein befreien.

„Von mir aus auch beide", dachte sie still in sich hinein und lächelte breit. Für einen kurzen Moment vergaß sie, das ihr eine Einweisung in die Psychiatrie bevorstand und dass sie länger als geplant hier im Krankenhaus verweilen würde. Natürlich würde sie sich bei dem Mädchen, dem sie dieses Problem zu verdanken hatte, bedanken.

195

Und wie sie sich bedanken würde. Die Kleine durfte sich jetzt schon Gedanken machen, wohin sie nach Mels Entlassung fließen würde. Ihr Gesicht sah sie vor Augen, fast so, als würde das Mädchen neben ihr stehen. Es war ihr egal, dass sie ihr angeblich das Leben gerettet hatte. Hätte diese blöde Kuh nicht den Notarzt gerufen, würde sie nun nicht mit einer Einweisung in die Psychiatrie leben müssen. Also würde Mels Dank sich sehen lassen können, schwor sie sich und grinste böse.

Ihre Gedanken überschlugen sich, als ihr Dr. M. Schmidt ins Gedächtnis kam. Sein wissender Blick und das Seil, konnte das alles noch Zufall sein? Natürlich, als er den Raum vorhin betrat, wollte Mel ihre Verbände entfernen. Aber eine Schwester zur Überwachung hätte auch gereicht und ihr war neu, dass man im Krankenhaus mit Stricken am Bett gefesselt wurde. Ehe sie den Faden weiter spinnen und einen neuen Gedanken an M. Schmidt verschwenden konnte, betrat der Arzt in Begleitung eines älteren Mediziners ihr Zimmer.

„Was haben Sie denn mit meiner Patientin gemacht?", fuhr der ältere Arzt Dr. Schmidt an und eilte zu ihrem Bett, um ihr die Fesseln zu entfernen.
„Nur zum Selbstschutz, Herr Doktor. Ich erwischte sie dabei, wie sie sich die Verbände abreißen und ihre Wunden aufkratzen wollte." Schmidt blickte betreten zu Boden, während der ältere Arzt ihr die Fesseln entfernte.
„Dankeschön, wie nett von Ihnen", säuselte Mel zuckersüß und warf Schmidt einen sarkastischen Blick zu, den der ältere Arzt nicht bemerkte. Sie senkte die Arme und massierte ihre Finger theatralisch.
„Noch ein paar Minuten länger, und ich hätte meine Hände nicht mehr bewegen können. Sie muss ein Engel geschickt haben", säuselte Mel weiter und ließ den Blick dabei nicht vom betreten neben ihr stehenden M. Schmidt weichen.
„Das denke ich auch", äußerte sich der Arzt, der sich als Prof. Dr. Hanschmann vorstellte. „Ich möchte mit Ihnen sprechen, allein", fügte er mit einem Seitenblick auf Schmidt hinzu. Dieser verließ den

Raum und zog die Tür langsam hinter sich ins Schloss.

„Die Fesselung von Dr. Schmidt wird Folgen für ihn haben, sofern Sie dies wünschen. Eine Meldung bei der Krankenhausleitung ist die einzige Entschuldigung, die ich Ihnen für dieses ungebührliche Verhalten anbieten kann."

Mel nickte dankbar.

„Davon werde ich Gebrauch machen, Professor Hanschmann. Doch nun sagen Sie mir, was Sie zu mir führt und wie ich Ihnen weiterhelfen kann."

Hanschmann nickte und zog sich einen Stuhl an die Bettseite von Mel.

„Sie leiden unter Borderline, wurde mir mitgeteilt. Ich habe Ihre Krankenakte studiert und musste zu meinem Entsetzen feststellen, dass Sie bisher jede Therapie abgebrochen haben."

Ah, daher wehte also der Wind. Der freundliche Arzt war der Psychiater, den ihr Schmidt auf den Hals gehetzt hatte. Augenblicklich spürte Mel wieder eine grenzenlose Wut in sich aufsteigen. Sie würde sie zügeln, schließlich wollte sie dem Arzt keinen Anhaltspunkt liefern, der eine Einweisung in die Psychiatrie notwendig werden lassen würde.

„Das habe ich, Professor Hanschmann. Mit Ihrer Aussage liegen Sie genau richtig. Aber ich kann Ihnen auch sagen, warum dies passiert ist. Ich habe kein Borderline. Ich kann nicht abstreiten, dass ich mich eine Zeitlang geritzt habe. Doch lagen die Probleme an den Männern, die mich zu ihrem Besitz machen wollten. Ich habe einfach kein Glück in der Liebe", hauchte sie theatralisch und hielt ihre Erklärung für sehr überzeugend.

Doch der Professor war noch nicht überzeugt. Er kannte diese Fälle von jungen Frauen, die sich gegen ihre Erkrankung wehrten und alles versuchten, um einem Aufenthalt in der Psychiatrie zu entgehen. Er beschloss, dass er ihr Spiel mitspielte und auf den Moment warten würde, in dem sie sich durch eine unüberlegte Äußerung oder einen Wutausbruch verriet. Er hatte Geduld und wenn er wirklich daneben

197

lag, dann sollte es halt so sein. Ob diese Patientin sich in seine Behandlung begab oder nicht, änderte nichts an seinem Leben und an seinem Gehalt. Mit dieser Betrachtung ließ er den Dingen seinen Lauf und hörte sich an, wie Mel sich aus der Affäre zog und die Schuld an ihren Handlungen auf ihre Mitmenschen schob. Ihre Schilderungen ließen nichts aus, sodass der ältere Arzt auf einmal in eine Welt der Phantasie eingeladen wurde, die er in seiner ganzen Karriere noch nicht betreten hatte. Vielleicht, so überlegte er, hatte diese Patientin wirklich keine Borderline-Störung. Ihre Vorliebe für BDSM könnte ein prägnanter Grund für ihre Selbstverletzung und für ihre Lust am Schmerz sein. Er sah keinen Grund, Mel in die geschlossene Abteilung aufzunehmen und der Empfehlung des jungen Arztes Folge zu leisten. Nachdem er genug gehört hatte, wünschte er ihr einen angenehmen Aufenthalt und eine schnelle Genesung und entfernte sich ohne einen weiteren Blick auf sie aus dem Krankenzimmer.

Ihm entging das Lächeln, welches ihre Lippen umspielte und sie den Sieg über den Psychiater genießen ließ. Als sich die Tür hinter ihm schloss, erhob sich Mel langsam und streckte sich. Befreit von den Fesseln, sowie der Angst vor einer Einweisung in die Klinik, setzte sie sich langsam auf und beschloss, einen Blick aus dem Fenster zu werfen. Als sie stand, übermannte sie die Schwäche und sie schlug der Länge nach auf dem Boden auf. Der laute Schlag war auf dem Flur unüberhörbar, so dass die unfreundliche Schwester von vorhin in ihr Zimmer stürmte und ihr grob auf die Beine half.
„Sie können noch nicht aufstehen. Aber das haben Sie ja eben selbst gemerkt!"
Sie zog Mel am Arm zurück zu ihrem Bett und drückte mit ihrem Finger auf die Brust, bis Mel in den Kissen lag und betreten zur Decke starrte.
„Ein bisschen Geduld würde Ihnen gut stehen", fuhr sie fort und ging aus dem Raum. Mel war wieder allein mit sich und ihren Gedanken, sowie mit dem Wunsch, dieses Zimmer und das Krankenhaus endlich zu verlassen. Doch mit der Schwäche, die sich immer noch ihres

Körpers bemächtigte, würde die Geduld noch eine Weile andauern. An eine schnelle Entlassung war nicht zu denken. Wenigstens wurde sie nicht verlegt, wenn sie Professor Hanschmann Glauben schenken und seine Kompetenz nicht in Frage stellen wollte.

Kaum war sie am Einschlafen, betrat Dr. M. Schmidt ihr Zimmer und ließ den Blick auf ihr ruhen.
„Ich weiß zwar nicht, wie Sie den alten Hanschmann überzeugt haben, aber es ist Ihnen augenscheinlich gelungen. Von einer Einweisung in die Psychiatrie sieht er ab, da Sie in seinen Augen gesund sind und lediglich … wie soll ich sagen, … ein paar eigenartige sexuelle Vorlieben haben."

Er lächelte süffisant und trat näher an ihr Bett.
„Diese Vorlieben haben mich neugierig gemacht, wenn ich ehrlich bin."
Seine Hand verharrte auf ihrer Schulter und wanderte tiefer, bis sie wie zufällig über ihren Nippel glitt. Mel stöhnte leise auf und auch wenn ihr diese Berührung nicht wirklich angenehm war, schloss sie die Augen und ließ es geschehen. Wie lange hatte sie keinen Sex mehr gehabt? Sie wusste es nicht, aber seit ihrem letzten Zusammensein mit Sky mussten schon Tage vergangen sein. Hart knetete der Arzt ihre Brust, sodass Mel sich fragte, ob er überhaupt schon einmal einen weiblichen Körper unter seinen Händen gehabt hatte. Nach Erfahrung fühlten sich seine Berührungen nicht an, aber sie wollte sich nicht beschweren. Ihr Blick glitt in seine Augen und suggerierten ihm, dass er weitermachen und dass er es ihr besorgen sollte.
„Schließ die Tür ab, oder willst du, dass sie uns hier erwischen? Ich meine, mir ist es egal. Wenn die Schwester das Abendbrot bringt und du dir gerade auf mir einen abrunkelst, dann schreie ich um Hilfe und erzähle ihr, dass du mich vergewaltigt hast. Wie wäre es damit? Das wäre doch ein schöner Schritt in deiner Karriere, findest du nicht auch?"
Schmidt wurde kreidebleich. Daran, dass die Patientin ihn verraten

könnte, hatte er in seiner Geilheit überhaupt nicht gedacht. Als er draußen auf dem Parkplatz mit Sky sprach und er ihm die Wahrheit der Worte von Mel bestätigte, hatte er einen gefährlichen Plan gefasst und nur gehofft, dass der alte Psychiater schnell mit ihr fertig sein würde.

„Was denkst Du, wer einer Borderline gestörten Patientin glaubt?" Bei seinen Worten umschloss er ihren üppigen Busen fest mit seiner Hand und presste das Gewerbe so stark zusammen, dass Mel vor ihren Augen eine Explosion der Sterne erlebte. Doch anstatt sich ihm zu entziehen, schob sie ihren Körper noch näher an ihn heran und lächelte.

„Wer sagt, dass ich eine Borderline-Störung habe? Du hast doch Hanschmann gehört. Ich bin kerngesund und bis auf die paar Blessuren auf meinem Körper bald entlassungsfähig. Nun seien wir mal ehrlich. Wem würde der Vorstand eher glauben? Einem Arzt, der eine hilflose Patientin vergewaltigt, oder der Patientin, die selbst einen erfahrenen Psychiater von ihrer geistigen Gesundheit überzeugen konnte."

Gerade konnte sie sich ein lautes Lachen verkneifen. Schmidt ging zur Tür und sperrte sie von innen ab. Ein Blick in den Flur zeigte ihm, dass die Schwester bis zum Abendbrot noch eine Weile brauchen und dass sie ihm genug Zeit lassen würde, die Verrückte zu nehmen und seine Gier zu stillen.

„Nur schnell abspritzen, mehr will ich gar nicht", dachte er bei sich und öffnete seine Hose, während er auf das Krankenbett zutrat. Ein verräterischer Tropfen seiner Gier hatte sich vor seiner Eichel gesammelt und zog Mels Blick an. Sie genoss den Anblick und griff nach Schmidts Schwert, an dem sie ihn näher zu sich ans Bett zog. Er beugte sich über ihr Gesicht, so dass sie ihre Lippen um seine Männlichkeit schließen und mit ihrer Zunge die pralle Eichel umspielen konnte.

„So ist es gut, kleine Schlampe!"

Er stöhnte, während er die Worte zwischen zusammengepressten Lippen hervorstieß. Fast hätte sie ihn in die Eichel gebissen, doch irgendwie törnten sie seine Worte auch an.

Nicht hingebungsvoll, aber doch gierig, bearbeitete Mel das Schwert des Arztes. Ihre feuchte Rosenblüte war ihm nicht entgangen, da er die Decke zur Seite gelegt hatte und da ihr Krankenhaushemd längst nach oben gerutscht war. Während sie ihn noch immer mit den Fingern massierte und er ihre Brust umklammerte und sie fest zusammendrückte, nahm er die andere Hand und schob sie grob zwischen ihre Schenkel. Mel spürte, wie zuerst zwei Finger und dann drei in ihr verschwanden. Um nicht laut zu stöhnen und Verdacht zu erregen, saugte sie weiter an seinem Schwert, bis er sich ihr entzog. „Das reicht!" Er zog die Finger aus ihrem Körper, ließ ihre Brust los und zog sie seitlich auf das Bett. Er stand vor ihr und blickte tief zwischen ihre Schenkel, ehe er sich ohne jegliche Vorwarnung in sie schob. Mel hielt sich ein Kissen vor die Lippen und biss dort hinein, während Schmidt es ihr besorgte und sich mit immer schneller werdenden Bewegungen an ihr verging. Sie spürte, wie er sich in ihr ergoss und stieß ihn mit einem wütenden Blick von sich, ohne dass sie selbst einen Höhepunkt hatte.

„Du Idiot, denkst du, ich will ein Kind von dir?" Betreten sah er sie an, während sein Schwert noch immer prall war und pumpte. Mel setzte sich auf, so dieser Moment, in dem sie sich vergessen hatte, aus ihrem Körper floss.

„Um ein neues Laken kannst du dich nun aber kümmern und ich rate dir, beeile dich. Du weißt, dass ich dich in der Hand habe und über deine Karriere oder deinen Rauswurf aus dem Etablissement entscheiden kann."

Am liebsten hätte er sie gewürgt, ihr den letzten Lebenshauch aus ihrem unheilvollen, aber, wie er zugeben musste, sehr geilen Körper gepresst und diesen Verlust seiner Kontrolle rückgängig gemacht. Er schloss seine Hose in dem Moment, als es laut an der Tür klopfte.

„Scheiße", entfuhr es ihm. Doch wenn er nun losrennen und die Tür öffnen würde, welches Licht würde es auf ihn und auf seine Anwesenheit im Patientenzimmer werfen? Mel sah ihn mit einem kalten Lächeln an und fragte: „Willst du nicht aufmachen oder hast du Schiss, dass sie dir auf die Schliche kommen? Ach ja, so schlecht warst du gar nicht, aber das nächste Mal vergiss nicht, dass ein Kondom vielleicht praktisch wäre. Und bilde dir nichts drauf ein", fügte sie an. Sie hatte sich das Hemd längst wieder über ihre bloße Scham gezogen und verdeckte mit der Bettdecke den nassen, verräterischen Fleck. Sollte sich Schmidt doch Gedanken machen, wie er die verschlossene Tür erklärte. Sie hatte nichts zu befürchten und wenn es eng würde, könnte sie den Arzt einfach feuern lassen und vom Krankenhaus sogar noch eine Entschädigung einklagen.

Schmidt ging zur Tür, strich sich auf dem Weg sein Haar zurecht und versuchte, den Riegel so leise wie möglich zu lösen. Wenn niemand direkt vor der Tür stand, würde es auch niemand hören. Anderenfalls …. darüber mochte er nicht nachdenken und riss die Tür mit einem Ruck auf. Er sah sich dem jungen Mann gegenüber, dem er vorhin auf dem Parkplatz nachgelaufen war.

„Was machen Sie denn hier?"
„Ich wollte noch einmal mit Mel reden. Nach dem, was Sie mir vorhin erzählt haben … ."
„Komm rein Sky. Ich bin hier und wenn Du mit mir reden möchtest, solltest Du nicht länger über mich reden, als wäre ich nicht hier."
Sie wirkte auf einmal so entspannt, so fröhlich und gar nicht mehr launisch wie vorhin. Fast so, als hätte sie Sex gehabt. Sky warf einen prüfenden Blick zwischen Schmidt und Mel hin und her.

„Nein, niemals. Das kann nicht sein." Er schüttelte den Kopf und lief auf ihr Bett zu.
„Warum hat es so lange gedauert und niemand hat Herein gerufen?" Mel blickte ihm ohne Skrupel in die Augen.
„Weil er erst seine Hose zumachen musste, der geile Herr Doktor." Auf seinen entsetzten Blick hin brach sie in lautes Gelächter aus.
„Nun komm her, warum lässt Du Dich so leicht auf die Rolle nehmen? Er hat mit mir über den Psychiater gesprochen, mit dem ich übrigens keine weitere Liaison habe. Sobald das Schädelhirntrauma

erledigt ist, komme ich hier aus dem Scheißloch hier raus."

Er strahlte sie an. Vergessen war das kurze Misstrauen, welches sie mit ihren Worten auch noch geschürt hatte. Warum stellte er auch eine so blöde Frage. Es war doch klar, warum der Arzt bei ihr war und dass er sein Gespräch nicht unterbrach, nur weil jemand an der Tür klopfte. Medizinisches Personal klopfte nicht und hätte sich ohne Ankündigung Zutritt verschafft. Also konnte es ja bloß ein Besucher sein, der den Arzt in seiner Unterredung mit der Patientin störte.

„Mel, ich wollte noch einmal mit Dir ... über uns sprechen. Was im Restaurant passiert ist ... ."

„Schweig", säuselte sie und nahm seine Hand. „Was passiert ist, ist passiert. Aber was hat die Vergangenheit mit der Zukunft zu tun? Du bist für mich mehr als nur ein Fick und wenn ich ehrlich sein soll, dann liebe ich dich sogar. Also nimm dir meine Worte von vorhin nicht zu Herzen und vergiss sie am besten."

Ihr atemberaubendes Lächeln ließ jegliche Zweifel dahinschmelzen und brachte ihn auf einen Gedanken, den er am liebsten hier und auf der Stelle umsetzen wollte. Sanft glitt seine Hand über ihren Busen, den er so liebte und so gerne berührte. Mel versteifte sich und schlug seine Hand weg. Mit einem Mal hatte sich ihre Stimmung gewandelt und sie wirkte unnahbar, fast als hätte er sie belästigt. Schnell zog er seine Hand zurück und sah sie mit einem entschuldigenden Blick an. „Nicht hier. Hier kann jederzeit die Schwester, der Doc oder sonst irgendwer hereinkommen und ich möchte nicht, dass sie uns dabei erwischen. Verstehst Du?"

Sie lächelte wieder und klopfte auf die freie Stelle im Bett. Er setzte sich und sprang abrupt auf, als er die Nässe durch seine Hose spürte. Er riss das Laken zur Seite und blickte auf einen Fleck, der ihm mehr als bekannt vorkam. Ehe er etwas erwidern konnte und Mel auf den Fleck ansprach, zog sie ihn erneut zu sich herunter und lächelte ihr charmantestes Lächeln. „

Der doofe Doc hat beim Tropf wechseln gekleckert. Das sind nur Elektrolyte und Antibiotika, Du kannst Dich also getrost hinsetzen."

Sky setzte sich, auch wenn ihm der Fleck gar nicht wie Elektrolyte mit Antibiotika vorkam. Glitschig und nach Sex riechend, breitete er sich auf dem Laken auf und ließ ihn daran glauben, dass Mel im Bezug auf Schmidt wohl die Wahrheit gesagt hatte. Doch er wollte sie nicht verärgern und verhielt sich still. Wenn irgendwas zwischen den beiden lief, würde er es in Erfahrung bringen und dafür sorgen, dass Schmidt seine Position im Krankenhaus nicht mehr lange hatte.

„Was denkst Du, wie lange Du noch hier drinnen bleiben musst?" Sky streichelte ihren Arm und war froh, dass sie diese Form der Zärtlichkeit nicht auch abwies.
„Keine Ahnung", antwortete sie wahrheitsgemäß. „Aber bei guter Führung wird es wohl nicht mehr lange dauern." Ihren Humor hatte sie also nicht verloren und auch wenn Sky bezüglich des M. Schmidt und des Urteils des Psychiaters skeptisch war, freute er sich über ihre Worte und noch mehr darüber, dass sie die Beziehung nicht beendete und weiter mit ihm zusammen sein wollte. Ihm war klar, dass er die gleichen Höhen und Tiefen wie vor ihrer Einlieferung mit ihr erleben und stetig unter Strom stehen würde. Aber war es nicht genau das, was er an Mel liebte und was ihn so sehr an dieser mysteriösen Frau reizte? Wenn er nur diesmal alles richtig machte, würde er sie von ihrem Problem erlösen und dafür sorgen können, dass sie sich nicht länger ritzte und ihn stetig in grenzenlose Sorge versetzte.

Die Schwester kam und knallte einen Teller mit Brot, Wurst und wenig ansprechend aussehendem Käse vor Mel hin.
„Ihr Abendbrot, klingeln Sie, wenn Sie fertig sind und lassen den Teller nicht wieder die ganze Nacht neben Ihrem Bett stehen."

Mit dieser Aufforderung verließ sie das Zimmer und zeigte Sky auf, dass er mit ihr kommen sollte. „Ich glaube, ich muss jetzt los", verabschiedete er sich. Mel zog ihn zu sich heran und küsste ihn so leidenschaftlich, dass sich die Schwester mit einem angewiderten Blick abwandte und vor der Tür wartete.
„Kommst Du morgen wieder?"
„Gleich nach der Arbeit", versprach er und winkte ihr zum Abschied

noch einmal zu. Mel legte sich zurück und betrachtete den Abendbrotsteller mit angewidertem Blick.

~ 3 ~

Am kommenden Morgen trat Dr. M. Schmidt zur Visite an ihr Krankenbett und bedachte sie mit einem prüfenden Blick. Nachdem er den Verband an ihrem Kopf und ihren Händen abgenommen und die Wunden geprüft hatte, ordnete er noch ein MRT an und befand, dass bei einem positiven Ergebnis die Entlassung in greifbare Nähe rücken würde. Mel freute sich, auch wenn sie die Worte des Arztes eher als eine Selbstschutzmaßnahme für seine Karriere empfand. Doch es war egal aus welchem Anlass, Hauptsache sie kam hier raus und musste nicht länger in diesem befleckten und unbequemen Bett liegen. Sky würde sich schon um sie kümmern, so viel stand fest. Nachdem sich Schmidt mit seinem Visite Team verabschiedet hatte, kam die unfreundliche Schwester und suggerierte Mel, dass sie sich in den Rollstuhl setzen sollte.

„Aufstehen können Sie ja selbst, nachdem Schmidt sogar schon über Ihre Entlassung nachdenkt."
Diese Frau tat keinen Handschlag mehr als nötig, aber das störte Mel nicht. Beschwingt und leichten Fußes erhob sie sich aus dem Bett und verspürte gar keinen Bedarf, den Rollstuhl für den Transport zu nutzen. Doch ein Widerspruch war bei dieser Schwester immer sinnlos, so dass sich Mel ihrem Schicksal ergab und sich in die abgewetzten Polster fallen ließ.
„Nun mal langsam, der Rollstuhl wird noch für andere Patienten gebraucht", polterte die Schwester los und schob Mel im eiligen Tempo über den Gang. Am Ende des Flures erblickte sie Sky, der weitaus früher als versprochen im Krankenhaus erschien. Sie winkte ihm fröhlich zu und verschwand mit Hilfe der Schwester um die Ecke und im Fahrstuhl, der sie ein paar Geschosse nach unten beförderte. Sky blickte ihr nach und verstand, dass er ihr jetzt nicht nachlaufen musste und dass er lieber in ihrem Zimmer warten sollte.

Bei dieser Gelegenheit konnte er sich gleich mit dem mysteriösen Fleck auf ihrem Laken beschäftigen. Er ging auf Mels Zimmer zu und öffnete die Tür. Niemand beobachtete ihn, so dass er ohne gesehen zu werden, eintrat und es sich auf ihrem Bett gemütlich machen konnte. Das Laken erweckte heute noch mehr den Anschein nach dem, wonach es schon gestern Abend ausgesehen hatte. Der Fleck war steif und zeigte sich in einem leicht gelblichen Farbton, welcher auf der steril weißen Krankenhauswäsche besonders auffallend zur Geltung kam und gar keinen anderen Schluss zuließ.

Als er gerade die Decke über den offensichtlichen Spermafleck decken und sich auf den Stuhl neben das Bett setzen wollte, ging die Tür zum Zimmer auf. Herein kam Schmidt, der beim Anblick von Sky erschrak. Über seinem Arm lag ein frisches Laken.
„Guten Tag", meinte er freundlich und lächelte Mels Besucher an.
„Guten Tag, Herr Schmidt. Ich bin erstaunt, dass bei Ihnen im Krankenhaus die Ärzte die Bettlaken wechseln. Haben Sie Personalmangel oder soll niemand wissen, dass Sie auf die Betten Ihrer Patienten wichsen oder noch andere Dinge mit den Patienten tun?"
Auch wenn Skys Herzschlag sich beschleunigte und er das innige Bedürfnis verspürte, diesem Schleimbeutel die Faust ins Gesicht zu schlagen, blieb er reglos sitzen und verfolgte den Arzt nur mit seinem Blick. Schmidt war nervös, auch wenn er es gekonnt überspielte.
„Ich war nur gerade hier und habe vorhin bei der Visite gesehen, dass das Laken einen dringenden Wechsel bedarf. Ihre Freundin hat wohl wieder den Teller mit der Suppe umgekippt."
Sky reichte es. Mel erzählte ihm, der Arzt hätte Elektrolyte vergossen und dieser meinte, Mel hätte die Suppe ausgeschüttet. Für wie blöd hielten ihn die beiden eigentlich? Er sprang auf und packte Schmidt am Kragen seines Arztkittels.
„Ich weiß nicht, ob Sie sich wirklich für einen Gott in weiß halten. Aber wenn Sie dies tun, dann sollten Sie Ihr göttliches Sperma am besten nicht auf den Krankenbetten verteilen. Ich werde auf jeden

206

Fall Meldung machen und dafür sorgen, dass Sie hier nicht länger Ihr Unwesen treiben!"

Er ließ den Arzt los, der durch die abrupte Entfernung von Skys Hand ins Straucheln kam und stürzte.

„Warten Sie! Es ist nicht das, was Sie denken!"

Sky blieb stehen, auch wenn er von diesem Schleimscheißer nichts mehr hören wollte.

„Ihre Freundin, sie hat es sich gerade besorgt, als ich gestern ins Zimmer kam. Sie saß auf der Bettkante und machte es sich mit der Banane, die es mittags als Nachtisch gab."

Etwas intelligenteres war ihm auf die Schnelle nicht eingefallen, aber es klang glaubwürdiger, als ein Vergleich der zähen Substanz mit Elektrolyten oder Nudelsuppe. Sky schüttelte den Kopf. Darauf hätte er auch selbst kommen können. Er wusste um Mels Lust und wenn sie nicht täglich ihre Befriedigung bekam, dann sorgte sie selbst dafür.

„Gut. Ich glaube Ihnen", merkte Sky an und lächelte wieder. „Ich kenne sie ja, meine kleine geile Frau mit ihrer unstillbaren Lust."

Schmidt atmete erleichtert auf. Warum war er nicht eher auf diese Idee gekommen? Mel würde ihrem Freund sicherlich nichts vom Fick mit dem Arzt erzählen. Und wenn doch, so würde er ihr nicht glauben. Das Problem war also vom Tisch. Nun noch schnell das Laken wechseln und nichts wie weg von hier.

Wenn er sich nicht irrte, würde das MRT die Entlassung begünstigen und noch heute wäre er die nervige Patientin mit ihrem Sockenschuss los. Er schwor sich, dass er seine Gier auf frisches Fleisch in Zukunft im Zaum halten und sie aus seinem Beruf heraushalten würde. Er konnte doch auch nichts dafür, dass hier im Krankenhaus so viele geile und willige Weiber eingeliefert wurden und sich ihm förmlich anbiederten. Schmidt war auch nur ein Mann, auch wenn er sich manchmal wie DER Mann fühlte. Sein weißer Kittel tat das Übrige, was ihn für die Patientinnen so interessant machte und ihm mehr als nur eine kleine Affäre pro Woche einbrachte. In den meisten Fällen waren seine Patientinnen aber verheiratet und kämen nie auf die

Idee, ihn bei der Klinikleitung wirklich anzuschwärzen und seine Dienstleistung anzuprangern. Dass die Verrückte Probleme bereiten würde, hätte ihm eigentlich klar sein müssen. Aber seit er sie das erste Mal gesehen hatte, war er diesem Weib verfallen und wünschte sich nichts sehnlicher, als ihre prallen Rundungen zu spüren und ihr seine Männlichkeit zu zeigen. Fast wäre er erwischt worden. Aber nur fast. Im letzten Moment fiel ihm ein, wie er seinen Arsch retten und der Entdeckung entgehen konnte. Einen so aufmerksamen Freund hatte er auch noch bei keiner Patientin erlebt. Sie konnte sich glücklich schätzen, dachte er bei sich und hatte in dem Moment seine eigene Ehe vor Augen, in der schon lange nichts mehr lief und in der es nur noch um das Papier und sein Geld ging. Eine Scheidung stand außer Frage, denn seine Frau hatte mehr Macht in dieser Klinik, als es gut für ihn war. Sie hatte ihm die Position besorgt und würde auch in Zukunft darüber entscheiden, ob er ein beliebter und bekannter Arzt, oder aber ein Niemand in irgendeiner Notaufnahme sein würde. Also machte er gute Mine zum bösen Spiel und verschaffte sich seinen Kick in den Momenten, in dem er seine Frau in weiter Ferne wusste.

Die Fahrstuhltür ging auf und heraus kam Mel, die nicht mehr im Rollstuhl saß und die lachend vor der fluchenden Schwester herlief. „Sie hätten mich nicht begleiten müssen, ich bin entlassen!"
„Noch sind Sie das nicht, auch wenn ich mir den Moment sehnlichst herbeiwünsche!", rief diese ihr nach und blieb stehen, als ihr Mel die Zimmertür vor der Nase zuschlug.
„Was macht ihr beiden Hübschen denn hier?", fragte Mel fröhlich, als sie Schmidt und Sky zusammen in ihrem Zimmer sah. „Da könnte ich glatt auf Ideen kommen." Ihr lautes Lachen hallte von den Wänden wieder, so dass Sky und Schmidt stumm blieben. Der Doktor hatte sich als erster wieder gefasst und sah zu Mel.
„Wie ich Ihrer freudigen Aufregung entnehme, können Sie nun nach Hause und müssen unser Etablissement nicht länger in Anspruch nehmen, wie Sie sich auszudrücken pflegen."
Mel nickte. „Wenn er mich hier mitnimmt?" Ihr fragender Blick

ruhte auf Sky, dessen Herzschlag sich bei ihrem Anblick beschleunigt hatte.

„Welch eine Frage", meinte er und umarmte sie. Sie schmiegte sich eng an ihn und bedachte den Arzt mit einem Blick, der jedes Wasser auf der Stelle hätte gefrieren lassen.

„Dann mache ich die Papiere für Ihre Entlassung fertig", sagte Schmidt, froh aus dem Zimmer zu gelangen und noch glücklicher, diese Patientin nicht länger in seinem Haus zu wissen.

„Schreib es dir hinter die Ohren Alter: Fange nie etwas mit Psychos an!" Die Worte sprach er nicht laut, murmelte sie nur in Gedanken vor sich hin und schaffte sich so eine Grundlage, an die er sich in Zukunft halten und von der er um keinen Preis der Welt mehr abweichen würde. Diese Psychotante hätte ihn fast den Job gekostet. Und nicht nur das. Für ihn stand alles auf dem Spiel.

Während Schmidt die Anweisung zur Ausstellung der Papiere gab, hielt Sky seine Mel fest im Arm. „Noch einmal wegen gestern. Ich hätte wissen müssen, warum der Fleck auf deinem Bett ist."
Sie riss sich los und starrte ihn mit einem bösen Blick an.
„Fängst du schon wieder damit an? Ich dachte, das Thema wäre durch! Ich habe dir doch gesagt, der Arzt war schuld!"
Sie drehte sich zum Schrank und kramte ihre Sachen heraus.
„Oder die Banane und deine Geilheit", merkte Sky an und bedachte sie mit einem breiten Grinsen. Wie kam er auf eine Banane? Schmidt, dieses Arschloch! Wer weiß, was der Sky erzählt hatte. Aber sollte er glauben, sie hätte es sich mit einer Banane gemacht. Hauptsache er kam nicht auf den Gedanken, ihr eine Affäre mit einem Arzt oder sonst wem vom Personal zu unterstellen. Sie drehte sich um und ihr Blick war wieder warm und weich.
„Wenn ich dir sage, dass ich dabei an dich gedacht habe, würde dir das genügen und dich für das entgangene Schauspiel entschädigen?"
Sky nickte und ging auf sie zu. Sie wehrte sich nicht und schob seine Zunge tief in seinen Mund. „Wenn wir endlich zu Hause sind, wirst du dich nicht länger mit Bananen begnügen müssen. Jetzt bin ich ja da", flüsterte er in ihr Ohr und knabberte an ihrem Ohrläppchen.

„Das hoffe ich doch. Schließlich konntest du dich die letzten Tage erholen und hast nun genug Kraft, mich ausgehungertes Weibsbild zu zu nehmen!" Sie griff zwischen seine Schenkel und spürte, dass ihre Worte in seinen Gedanken nicht ungehört geblieben waren und eine herrliche Erektion erzeugt hatten. „Komm schnell, ich will nach Hause!"

~ 4 ~

So ausgelassen wie Mel auf Skys Auto zulief, hatte er sie schon lange nicht mehr erlebt. Nichts erinnerte in dem Moment an ihr Problem, welches sie nach wie vor abstritt und als wenig wichtig abtat.

„Nun komm schon, oder glaubst du, ich will länger als nötig hier bleiben?" Sie blieb kurz stehen, aber nur, um augenblicklich in hüpfenden Schritten auf sein Auto zuzulaufen. Wie ein kleines Mädchen, dachte er bei sich und war froh über ihre gute Stimmung. „Ich komme ja schon, nur mit der Ruhe!"

Aus der Ferne öffnete er das Fahrzeug und beobachtete sie, wie sie auf dem Beifahrersitz Platz nahm. Er war noch nicht einmal am Auto, als ihre Hand bereits unter ihren kurzen Rock glitt und ihr so heiße, verführerische Blick auf ihm ruhte. Sky legte einen Zahn zu und wünschte sich, Mel würde die Autotür schließen.

Doch sie dachte überhaupt nicht daran und er sah sich um, ob sonst noch jemand auf dem Parkplatz Wind von Mels Absichten bekam. Als er am Auto ankam, schlug er ihre Tür von außen zu und ging um das Auto herum zur Fahrerseite.

„Ey, was soll das?" Als er sich gerade setzen wollte, hatte ihre Stimmung in Sekundenschnelle umgeschlagen und sie bedachte ihn mit einem strafenden Blick.

„Es ist dir wohl peinlich, wenn ich es mir hier mache und jemand zusieht? Du bist so prüde, das hätte ich von dir nicht gedacht!"

Mit einem flutschenden Geräusch zog sie den Finger aus ihrem Unterleib und schob ihn sich in den Mund. Für einen kurzen Moment sah er wieder ihren verklärten Blick und er hoffte, sie hatte noch

210

immer Lust und würde ihm seine Handlung verzeihen. Doch Mel schmollte, wie sich an ihren vollen Lippen nur unschwer übersehen ließ. Sky wollte ihr etwas sagen, doch sie sah provokativ aus dem Fenster der Beifahrerseite und lächelte dem jungen Pfleger zu, der an ihrem Fenster vorbei über den Parkplatz lief.

„Dann eben nicht", ließ sie zwischen zusammengepressten Lippen vernehmen und gab Sky damit das Zeichen, er könne den Motor anlassen. Am liebsten hätte er sie augenblicklich aus dem Auto geworfen und in die Klinik geschleift. So unrecht hatte ihr behandelnder Arzt nicht, dass er den Psychiater hinzuziehen und sie gegen ihre Störung behandeln lassen wollte. Das ging ja schon wieder gut los.

Er drehte den Schlüssel um, ließ den Motor kurz aufheulen und brauste mit quietschenden Reifen aus der Parklücke. Mel wurde in ihrem Sitz nach hinten gedrückt und schwieg. Sky fuhr zu ihrer Wohnung. Dort angekommen, sah Mel ihn mit einem fragenden Blick an.

„Willst du noch mit hinauf kommen oder bist du nun beleidigt?"

Sie schenkte ihm ihr bezauberndstes Lächeln und auch wenn Sky ein wenig Wut in seinen Gedärmen grummeln hörte, spürte er doch den Entzug der letzten Tage und würde sich nicht zweimal bitten lassen. „Was für eine Frage!" Er streckte die Hand nach ihr aus, doch Mel sprang bereits aus dem Auto und er griff ins Leere. Er zog die Hand zurück, stieg ebenfalls aus und folgte ihr zur Haustür. Mit einem Klick verschloss er die Türen und wusste noch immer nicht so recht, was diese Frau eigentlich von ihm wollte oder, warum er sich überhaupt mit ihr einließ. Doch ihre Heckansicht ließ ihn alle Zweifel vergessen und er war sich im Klaren darüber, warum er sich von Mel so vorführen ließ und ihr förmlich hörig war.

Wie sie die Hüften wiegte und wie verführerisch sich ihr praller Po vor ihm die Treppen hinauf bewegte. Er liebte sie und er war verrückt nach ihrem heißen Körper. Das war Grund genug, ihre Launen zu ertragen und über die ein oder andere Äußerung von ihr gekonnt hinweg zu hören.

„Man bist du langsam, so wirklich scheinst du ja keinen Bock zu haben!"

Mel war bereits vor ihrer Wohnung angekommen und klackte ungeduldig mit dem Absatz ihres Highheel. Sky nahm zwei Treppen auf einmal und hatte nicht den Anflug einer Absicht, sie nun so kurz vor dem Ziel noch zu verärgern.

„Ich spare mir meine Energie für dich auf, meine Süße. Immerhin musst du doch ausgehungert sein und wirst mich ganz schön fordern."

Er lächelte und war zwischenzeitlich bei ihr angelangt. Mel erwiderte nichts und Sky dachte für einen kurzen Moment an den Fleck, der ihr Krankenbettlaken zierte und für den es so viele Ausführungen, aber doch keine wirklich glaubwürdige Erklärung gab. Damit würde er sich jetzt aber nicht näher auseinandersetzen. Sie packte seine Hand, zog ihn in ihre Wohnung und ließ die Tür ins Schloss fallen. Sky schob sie an die Wand, riss ihr Top vom Körper und genoss den Anblick der prallen Brüste, die ohne BH und mit aufgestellten Nippeln förmlich in sein Gesicht sprangen. Seine Hände griffen nach ihnen, er knetete sie und beugte sich zu ihr herab. Seine Lippen umschlossen die Brustwarzen und er saugte, biss und malträtierte ihre Nippel so, wie sie es liebte. Mels Stöhnen quittierte ihre Leidenschaft und zeigte ihm, wie sehr sie seinen Überfall genoss und wie gierig sie auf ihn war. Während er sich an ihren Brüsten zu schaffen machte, riss sie ihren Rock von den Hüften und stand splitternackt in Highheels vor ihm. Sie packte seine Hand, ergriff sie mit aller Härte und schob sie in ihre feuchte Spalte. Als seine Handfläche über ihre Lustknospe fuhr, stöhnte sie auf und erhöhte den Druck. Sie bewegte sich unter seiner Hand wie der Teufel und Sky spürte, wie sein Schwert gegen die enge Jeans drückte und Freiheit wollte. Noch immer gruben sich seine Zähne in ihr weiches Fleisch, seine Zunge umspielte ihre Nippel und seine Hand fuhr in ihrer klatschnassen Spalte hin und her. Als sie ihre Hand unter seiner fortnahm, fuhr er mit den Bewegungen weiter for und hoffte, sie würde endlich seine Hose öffnen und ihre vollen Lippen um seine fordernde Männlichkeit schließen. Mel bückte sich, packte den Reißverschluss mit ihren Zähnen, während ihr Saft von Skys Hand

212

auf den Boden tropfte. Er lehnte sich gegen die Wand und schob ihr seinen Unterleib entgegen. Mel hatte keine Probleme, die Hose zu öffnen und seine Boxershorts mit den Zähnen herunter zu ziehen. Als sie sein pralles Schwert erblickte, lächelte sie ihn kurz an und fletschte dabei die Zähne, ganz so, als wollte sie herzhaft in sein bestes Stück beißen.

Er schloss die Augen und spürte die Wärme, als sie ihn in ihrem Mund aufnahm und ihn mit purer Leidenschaft verwöhnte. Er genoss es und stöhnte, wünschte sich, sie würde nicht aufhören und ihn lecken, bis der Vulkan explodierte. Doch den Gefallen tat Mel ihm nicht. Nachdem sie kurz mit ihrer Zunge seine Eichel umrundet und kräftig an ihm gesaugt hatte, entließ sie ihn in die Kälte des Flures und erhob sich.

„Komm mit", befahl sie und ging ihm voran ins Schlafzimmer. Sky, die Hose noch immer in den Kniekehlen, stolperte ihr unbeholfen hinterher und versuchte bei Gehen, sich von der Hose zu befreien. Er riss sich das Hemd vom Körper und ließ es auf den Boden fallen. Endlich gelang ihm die Flucht aus der Hose und er wäre fast gefallen, als er mit dem Fuß im Hosenbein hängenblieb und dabei die Türschwelle überquerte. Gerade noch so konnte er sich am Rahmen abfangen und vermeiden, von hinten wie ein unbeholfener Teenager über Mel sprichwörtlich herzufallen und sie ohne eigenen Willen zu Boden zu reißen.

„So unbeherrscht habe ich dich gar nicht in Erinnerung" feixte sie und beobachtete ihn dabei, wie er versuchte, den Sturz abzufangen und wie er dabei ins Straucheln kam.
„Leg Dich hin", befahl sie mit herrischer Stimme und ließ ihren Blick zum großen schwarzen Bett schweifen. Er gehorchte ohne Widerworte und ließ sich auf ihr Bett fallen. Mel kramte noch kurz im Schrank und kam mit einer Peitsche zurück, die sie genüsslich durch ihre Finger gleiten ließ und dabei stöhnte. Glänzende Spuren ihrer Lust liefen die Oberschenkel hinab und hatten bereits ihr Knie erreicht.

213

Sein Schwert schmerzte und sehnte sich nach ihrer Öffnung, die so verlockend feucht und heiß auf ihn wartete. Doch so wie er Mel einschätzte, würde sie ihn noch lange nicht zum Zug kommen lassen. Sie stand neben dem Bett, blickte herablassend auf ihn und gab ihm das Gefühl, nicht mehr als der Dreck unter den Fingernägeln zu sein. Früher hätte er eine Frau mit diesem Blick umgehend verlassen und ihr noch einen entsprechenden Satz gedrückt. Doch Mel war anders. Wenn sie ihn von oben herab ansah, wusste er, was er zu erwarten hatte und er musste sich eingestehen, dass er es genoss. Noch nie hatte eine Frau bei ihm diese Leidenschaft verursacht und ihn so weit gebracht, dass er alles dafür getan hätte, dass er endlich – am besten in ihr – kommen durfte.

Doch genauso war es bei Mel. Wenn sie Striemen auf seine Haut schlug, in von sich stieß oder ihn beschimpfte, entfernte er sich nicht von ihr und begann nicht, sie dafür zu hassen. Im Gegenteil, je härter und abweisender sie ihn behandelte, umso mehr sehnte er sich nach ihr und nach ihrem Körper, nach ihrer Zuwendung und dem Moment, in dem er endlich kommen und sich in ihr ergießen durfte. Ihm war es egal, ob Mel gestört war. In diesen Momenten spielte ihre Psyche für ihn keine Rolle. Er wollte nur ihren Körper und er wollte sie, ihre Hitze und ihre hemmungslose Lust. Sollte sie doch ihre Stimmungen wechseln, solange sie ihm das gab, was er sich wünschte und was ihm so gut tat.

Dann tat Mel etwas, was Sky verwunderte. Sie legte die Peitsche zur Seite und das, obwohl er sich schon auf die Striemen gefreut und gedanklich bereits auf die Session eingestellt hatte. Immer noch schmerzte sein Schwert und war so stark durchblutet, dass er schon befürchtete, in seinem Hirn würden die Zellen langsam absterben. Sie setzte sich aufs Bett und legte ihre Hand auf seinen Brustkorb. Dabei starrte sie an die Wand gegenüber des Bettes. Sky sah sie fragend an. In dem Moment lichtete sich ihr Blick und sie setzte sich auf ihn, führte seine Männlichkeit in ihre immer noch klatschnasse Spalte und ritt ihn. Immer schneller und schneller wurden ihre

Bewegungen. Sie benahm sich, als wäre sie der Teufel persönlich und würde ihm mit ihrem Ritt die letzten guten Geister austreiben. Ihr Blick ging zur Decke, ihre langen Fingernägel gruben sich in seine Brust und hinterließen tiefe Spuren. Er stöhnte vor Schmerz, aber auch in Aussicht auf den Höhepunkt, der nicht mehr lange auf sich warten ließ. Mel beschleunigte ihr Tempo, ihr Atem ging abgehackt. Er spürte die Kontraktionen ihrer Muskeln und vernahm ihren Schrei in dem Moment, als er wie ein Vulkan explodierte und ihr alles gab. Ihre Fingernägel gruben sich tief in sein Fleisch und er spürte ein Brennen, als würde sie glühende Nägel unter seine Haut jagen. In einigen Stößen und unter heftigem Pumpen gab er ihr alles und wand sich dabei in der Hoffnung, den Krallen in seinem Fleisch zu entkommen. Mel sah das Blut nicht und spürte nicht den Schmerz, der bei Sky gleichermaßen Erregung und Panik schürte. Er hätte sie am liebsten von sich gestoßen, doch würde seine Männlichkeit nicht freiwillig aus ihrer Rose fliehen, sie würde sich noch enger machen und ihn damit festhalten.

Erschöpft brach sie auf ihm zusammen und lockerte ihre unterdes auf seiner Brust verkrampften Hände. Er spürte, wie seine Erektion nachließ und wie sich sein Schwert entspannte. Mit einem hörbaren Geräusch rutschte er aus ihr heraus und vernahm die Wärme, die sich in einer Mischung aus seinem und ihrem Lustsaft bildete und zwischen ihren Pobacken aufs Laken lief. Mel bewegte sich nicht. Ihr heißer Körper lag still auf ihm und nahm ihm die Luft zum Atmen. Er hob den Kopf leicht an und versuchte einen Blick in ihr Gesicht zu erhaschen. Sie hatte ihren Kopf seitlich auf seine Brust gelegt und war vom Blut, welches aus seinen offenen Wunden quoll, beschmiert.

Sanft hob er ihren Kopf mit den Fingern unter ihrem Kinn an und sah in ihre Augen, in denen sich Tränen gesammelt hatten. Als ihre Blicke sich trafen, ließ sie den Tränen freien Lauf und schluchzte. „Was ist los, meine Süße, was ist passiert?" Sie weinte hemmungslos und brachte kein Wort über ihre Lippen. Er streichelte ihr Haar, ließ seine Hand über ihren Rücken gleiten und versuchte, ihr Sicherheit und Geborgenheit zu geben. Mel erhob sich so abrupt, wie sie sich kurz zuvor über seinen Körper fallengelassen hatte.

„Geh:" Ihre Tränen waren versiegt und einem ausdruckslosen, beängstigenden und leeren Blick gewichen.
„Wie? Warum soll ich gehen?"
Er berührte ihren Rücken erneut, doch sie trat einen Schritt zur Seite und wollte seine Hand nicht spüren.
„Ich habe gesagt, hau ab!" Sie schrie ihn an. Ihr Gesicht war zu einer Fratze der Wut verzerrt. Sky erhob sich langsam und blickte an sich herab. Das Blut lief aus den immer noch offenen Wunden und floss in kleinen Rinnsalen über seinen Bauch. Von dort aus bahnte es sich den Weg auf das Laken und sammelte sich dort in erst kleinen, dann in größer und größer werdenden Pfützen.
„Hau endlich ab, ich will dich nicht mehr sehen!"
Erneut schluchzte sie auf und rannte aus dem Zimmer. Zurück blieb ein verwirrter Sky, der hinter ihr die Badezimmertür ins Schloss knallen und den Schlüssel im Schloss drehen hörte.
„Nicht schon wieder", murmelte er vor sich hin und folgte ihr. Als er die Türklinke herunterdrückte, spürte er seine Vermutung bestätigt.
„Mach auf Mel, was soll das? Es war so schön und nun … nun machst du alles kaputt! Erzähl mir doch wenigstens was los ist und warum du mich nicht mehr sehen willst!"
„Hau ab", vernahm er ihre Stimme noch einmal. Diesmal aber leiser und unter einem heftigen Schluchzen.
„Vergiss es. Ich gehe nicht, ehe ich nicht weiß, was ich dir getan habe." Sky sprach ruhig und ließ sich von ihrem Wutausbruch im Schlafzimmer nicht beirren. Jedenfalls würde er nicht warten, bis sie endlich von selbst die Tür öffnete oder sich die Arme aufschnitt. Er überlegte. Egal wie, aber er würde diese Tür eintreten und Mel zur Rede stellen. Noch länger konnte er es nicht vermeiden und aus Rücksicht auf sie nicht reagieren. Entweder er handelte, oder sie würde sich über kurz oder lang während seiner Anwesenheit umbringen. Er ging zurück durch den Flur und zog sich die

Boxershorts an. Wenn er die Tür eintrat, so musste er dies nicht nackt tun. Als er zurückkehrte, war das Schluchzen im Badezimmer verstummt.

„Mel?"
Keine Antwort. Er rief noch einmal, diesmal ein wenig lauter.
„Mel? Ich bitte dich das letzte Mal, öffne die Tür!"
Wieder wartete er vergeblich auf ihre Antwort. Er nahm Anlauf und warf sich mit seiner Schulter gegen die Tür, die unter seinem Gewicht nachgab und samt Sky ins Badezimmer fiel. Ein entsetzter Aufschrei war das erste, was er im halb benommenen wahrnahm. In dem Moment spürte er einen Fuß auf seinem Bauch, stöhnte kurz auf und sah Mel an sich vorbei rennen. Ohne weiter nachzudenken, sprang er auf und folgte ihr. Mel lief ins Schlafzimmer und warf sich heulend aufs Bett. Sky sah, dass sie sich nicht geritzt hatte und atmete erleichtert auf.
Auch seine Wunden auf der Brust hatten aufgehört zu bluten, brannten aber noch immer wie Feuer. Was war in diese Frau gefahren? Leise und vorsichtig setzte er sich auf die Bettkante. Bewusst vermied er jegliche Berührung, er wollte Mel nicht aufscheuchen und ihr einen Anlass geben, erneut vor ihm zu fliehen. Er würde gar nichts machen und hoffen, sie würde sich beruhigen und ihn nicht länger mit Hass und Abscheu begegnen. Sky stellte sich auf eine lange und nervenaufreibende Nacht ein und wünschte sich noch immer, sie hätte ihn einfach nur gedemütigt, unterdrückt und ihn mit Striemen verziert. Doch daran war im Moment nicht zu denken. Er atmete hörbar aus und ließ seinen Blick über ihren bebenden Körper schweifen.

~ 5 ~

Nach einer gefühlten Ewigkeit hörte das Schluchzen auf und Mel drehte sich auf den Rücken. Sie sah ihn mit roten Augen an und er spürte, dass sie nicht mehr wütend war oder dass sie seinen Weggang wünschte. Nein. Die pure Verzweiflung war in ihren Augen zu lesen.

217

Doch als er sich ihr nähern und seine Hand über ihren Rücken gleiten lassen wollte, schüttelte sie kaum merklich den Kopf. Er zog seine Hand zurück.

„Es, ... es ist nur so ...", sie atmete schwer und sah zur Zimmerdecke.

„Was ist nur so, was belastet dich?" Sky versuchte nicht mehr, sie zu berühren oder ihr nahe zu sein. Doch das etwas nicht stimmte, dass etwas passiert sein musste, war ihm klarer als je zuvor.

„Ich weiß nicht, was im Moment in mir vorgeht", begann Mel. „Ich habe mich so auf dich gefreut, hab mich so auf diese Nacht gefreut ... doch irgendwie ... ."

Sie brach ab.

„Habe ich etwas verkehrt gemacht? Ist es vielleicht wegen vorhin, als ich auf dem Parkplatz die Autotür zuschlug?"

Mel schüttelte den Kopf.

„Da war die Wut schon in mir. Schon im Krankenhaus hätte ich schreien und diesen Idioten von Arzt prügeln können. Kannst du dir vorstellen", sie schnaufte verächtlich, „dass der mir tatsächlich einen Psychodoktor geschickt hat? Wäre ich nicht so schlau gewesen, läge ich jetzt wohl in der geschlossenen Anstalt und würde mit Tabletten zugepumpt. Die glauben doch tatsächlich, das mit mir etwas nicht stimmt. Dass ich nur wegen einem Unfall überhaupt ins Krankenhaus kam, das hat niemanden interessiert. Meinte der Arzt doch noch zu mir, ich sollte mich bei der Göre bedanken, ohne die ich wohl angeblich tot gewesen wäre."

Sky hörte ihr zu, auch wenn er die Geschichte ihrer Einlieferung bereits kannte und ihre Meinung nicht so ganz teilte. Sie war wie eine Furie aus dem Restaurant gestürmt und vor ihrem Abgang in Nullkommanichts von seiner geliebten Freundin zu einer Frau geworden, die ihm nur Hass und Abscheu entgegenbrachte. Es war also wohl kaum die Schuld des Mädchens, dass sie im Krankenhaus gelandet war. Aber würde er darauf eingehen und etwas dazu sagen, würde sie nur erneut einen Wutanfall kriegen und wenn es ganz schlimm kam, würde sie wieder ins Badezimmer laufen und sich einschließen.

„Ich denke, du solltest die Story ruhen lassen. Du bist nicht mehr im Krankenhaus und ich bin kein Psychiater. Immerhin hat dich niemand zu etwas gezwungen. Der Arzt hat dir einen Tipp gegeben, mehr nicht. Die Entscheidung lag bei dir und du hast sie für dich getroffen. Ich will, dass du weißt, das ich hinter dir stehe und dass ich immer für dich da bin."

Automatisch glitt seine Hand zu ihrer Schulter und streichelte über ihren Arm. Sie entzog sich ihm nicht, erwiderte seine Berührung aber nicht und blickte weiterhin zur Decke. Sky war mit seinem Latein am Ende und wusste nicht, was er zu ihrer Aufmunterung sagen oder tun konnte.

Mel stand auf und verließ das Schlafzimmer ohne ein Wort. Skys Herz schlug schneller, doch das gefürchtete Geräusch der Tür zum Badezimmer blieb aus.

Stattdessen hörte er Geräusche in der Küche.

„Willst Du auch einen Kaffee?", rief Mel, deren Stimmung sich erneut gewandelt hatte. Sie klang beinahe fröhlich. Sky stand auf und folgte ihr in die Küche. Er trat hinter sie, legte seine Arme um ihre Hüften und zog sie an sich.

„Klar doch, aber stark. Du weißt ja, wie ich meinen Kaffee mag. Schwarz und süß, so wie du es bist."

Sie drehte sich zu ihm um und legte ihren Kopf an seine Schulter. Sky schloss seine Arme fest um ihren Körper und sog den Duft ihrer Haut in sich auf. Sie roch nach Blumen, nach Sex und nach seinem Saft, den er vor Kurzem in sie gespritzt hatte. Ein leichter Schweißfilm erinnerte an den Moment, in dem sie ihn wie der Teufel geritten und in dem sie seine Lust gestillt hatte. Schon wieder spürte er eine Erektion und versuchte, diese zu verhindern. Mel entging es nicht und sie nahm ihre Hand, griff zwischen seine Schenkel und rieb ihre Handfläche über den Shorts an seiner Männlichkeit.

„Du bist heute unersättlich", merkte sie an und grinste.

Sky blickte beschämt zu Boden. War jetzt wirklich der richtige Zeitpunkt? Doch was konnte er dafür, wenn ihr nackter Körper, ihre üppige Oberweite und ihre Hand in seinem Schritt ihren Tribut forderten?

„Ich habe dich so vermisst", meinte er kleinlaut und presste seinen Unterleib an ihre Hand.

„Das spüre ich", gab sie lachend von sich und griff beherzt in den Bund seiner Shorts. Ihre Hand umschloss seine Männlichkeit mit einem festen Griff und rieb ihn mit der Kraft und Geschwindigkeit, die niemand besser als Mel beherrschte. Sky stöhnte, als sie ihre vollen Lippen auf seinen Mund legte und ihre Zunge fordernd zwischen seine Lippen schob. Sie küssten sich leidenschaftlich, während ihre Hand immer schneller rieb und ihn erneut auf einen Gipfel der Lust zutrieb. Sky ließ die Kante der Arbeitsplatte los und griff nach ihren Nippeln, die er in seiner Hand zwirbelte und an denen er spürte, dass auch ihre Erregung längst neu entflammt war und keinen Aufschub duldete. Während seine Hände an ihren Brüsten spielten, griff Mel hinter sich in die Schublade und holte mit der freien Hand ein langes und im Küchenlicht glänzendes Messer heraus. Skys Herz blieb für einen Augenblick stehen. Sie lachte laut, löste ihre Lippen kurz von seinen und blickte ihn süffisant an, während sie mit dem Messer seine Shorts aufschnitt und er die kalte Klinge auf seiner Haut spürte. Augenblicklich dachte er an die Wunden auf seiner Brust, die er bis eben vergessen und die er gar nicht mehr gespürt hatte. Ihr Blick glitt an seinem muskulösen Körper hinab und haftete an seiner prallen Männlichkeit.

Kein Blutstropfen war an der Stelle zu sehen, an der das Messer seine Haut berührt hatte. Mel hatte das Messer längst zur Seite gelegt und kniete vor ihm, während sie mit ihrer Hand und ihrer Zunge mit seinem Schwert spielte und ihn verrückt machte. Abrupt ließ sie ihn los, zwinkerte ihm zu und drehte sich mit dem Rücken zu ihm. Sie beugte sich tief und wackelte verführerisch mit ihrem Po, während sie ihren Oberkörper auf der Arbeitsplatte auflegte und ihm genau zeigte, was sie nun von ihm erwartete. Sky konnte sich nicht beherrschen und nahm sein Schwert in die Hand, während er sich herabbeugte und seine gierige Zunge über ihre Rosenblüte gleiten ließ. Nur ganz leicht berührte er sie mit seiner Zungenspitze. Umso intensiver leckte ihre Blüte und nahm den Geschmack ihrer Lust in sich auf. Wenn er noch länger mit sich selbst spielte und sie nicht endlich nahm, würde er hinter ihr auf dem Küchenboden kommen.

Er stützte sich auf der Platte auf und führte mit seiner freien Hand die Eichel an die Stelle, an der er einen sanften Druck verspürte und schon beim Gedanken an den Einlass in ihre Rosenblüte ein intensives Pulsieren in sich selbst verspürte. Mel stöhnte leise auf, als er sich ganz langsam in ihre Enge schob. Ebenso langsam entzog er sich ihr wieder, nur um erneut in sie einzudringen und seine Bewegung zu steigern. Dabei spürte er ihre Hingabe und ihre Leidenschaft, die sich nicht nur in ihren Bewegungen, sondern auch durch die Feuchtigkeit in ihrem Schritt ausdrückte.
„Halt es aus, geile Sau! Wenn Du jetzt schon kommst, bist du ein Weichei!"
Ihre Worte klangen fordernd, aber auch voller Erregung und Gier. Sie sehnte sich den Höhepunkt und seinen heißen Saft in ihrer Öffnung ebenso herbei, wie er es sich wünschte, endlich Erleichterung zu bekommen. Langsam bewegte sie sich in seinem Takt und erhöhte das rhythmische Geräusch, welches jeden seiner Stöße begleitete und welches ihn fast durchdrehen ließ. Während er sie mit aller Härte von hinten nahm, massierte sie sich zärtlich ihre Rosenknospe und ließ ihre Hand durch die Spalte gleiten.
„Warte", flüsterte sie und verharrte. Sie griff erneut in die Schublade und förderte einen Dildo zutage.
„Den will ich auch noch", flüsterte sie und schaute ihn kurz an. In diesem Moment wollte sie alles … sie wollte Sky, sie wollte den Dildo … sie wollte das ganze Gefühl … ohne Kompromisse.

„Gefällt dir das?", hauchte sie mit vor Erregung zittriger Stimme. Und wie es ihm gefiel. Seine Stimme versagte und außer einem heiseren Krächzen brachte er nichts über seine Lippen.

„Dann mach dich auf was gefasst", hauchte sie und lächelte

geheimnisvoll. Sky hörte ihre Worte, doch über die Bedeutung dahinter machte er sich keine Gedanken. Längst war sein Hirn nicht mehr wirklich durchblutet und er verstand nur die Hälfte von dem, was sie mit ihren Worten bezweckte.

„Darf ich ...", flüsterte er. Sie schob ihren Po über seine Männlichkeit und die Frage hatte sich in dem Moment bereits erledigt, als er sie stellte. Auch Mels Stöhnen verriet, das sie auf dem Gipfel ihrer Lust war. Fest presste er sich an sie und verharrte in ihr, ohne sich zu bewegen. Auch ihre Hand mit dem Dildo, der in ihrer Rosenblüte steckte, verharrte und Mel lag still und entspannt mit ihrem Oberkörper über der Arbeitsplatte.

Währenddessen war der Kaffee in der Maschine durchgelaufen. Als wäre nichts gewesen, erhob sie sich und widmete sich dem Kaffee, den sie vor dem heißen Liebesspiel gekocht hatte. Sky lehnte sich erschöpft und befriedigt an die Arbeitsplatte auf der gegenüberliegenden Seite und beobachtete sie. Sie nahm zwei Tassen aus dem Schrank, tat in eine Zucker und füllte beide mit Kaffee auf. „Hier mein Kämpfer, die hast du dir verdient. Damit du wieder Energie tankst und ich dir den Wunsch erfüllen kann, den du geäußert hast."

Auch wenn Sky im Taumel seiner Emotionen nicht wusste, von welchem Wunsch sie sprach, fragte er nicht nach und nippte an dem heißen Getränk. Er wollte nach seinen Shorts greifen, doch beim Aufheben fiel ihm ein, das Mel ihm diese vom Körper geschnitten hatte. Er ließ sie liegen und stand splitternackt in der Küche, den Kaffee in der Hand und schwer atmend. Sie verließ die Küche und ging ins Wohnzimmer, wo düstere Musik aus den Boxen lief.
Sky ging zu ihr und ließ sich neben sie aufs Sofa fallen. Er legte die Beine auf ihren Tisch und lehnte sich ganz entspannt zurück. Ein Tropfen des heißen Kaffee landete auf seiner Brust und ließ ihn kurz aufstöhnen. Es war klar, dass der Tropfen natürlich genau in einer Wunde landen musste. Scharf sog er die Luft durch die Zähne. Mel

lachte laut und nahm ihren Finger, um ihn über seine Wunden zu streichen und um in seinem Gesicht den Anflug von Schmerz zu sehen.

<h2 style="text-align:center">~ 6 ~</h2>

„Es tut mir leid", sagte sie leise. Sky reagierte nicht. Auch wenn die Wunden geblutet und gebrannt hatten, so waren sie doch eine Erinnerung an einen Moment, den er genossen und in dem er sich ganz in ihre Hände begeben, sich ihrem Willen gefügt hatte.
„War ich ... zu hart zu dir?"
Wieder strich sie mit ihrer Hand über seine Wunden, die unterdes von einem Grind verschlossen waren. Gerne hätte er genickt und hätte sie gefragt, ob sie noch alle Tassen im Schrank hatte. Doch verkniff er sich seinen Unmut und schüttelte mit dem Kopf. Wenn er ehrlich zu sich selbst war, und das wollte er in diesem Moment sein, hatte es ihm im Nachhinein sogar richtig gefallen.
„Ein bisschen Schwund ist immer", meinte er lächelnd und war erstaunt, wie ernst er es meinte.
„Ich bin erleichtert", hauchte sie und küsste ihn leidenschaftlich. Erneut schwappte der Kaffee über, doch diesmal war er nicht mehr so heiß, dass Sky ihn schmerzhaft auf seiner Haut spürte.
„Ich bin dann doch ein wenig müde", meinte sie und sah ihn an.
„Wenn ich nach Hause fahren soll, sag es mir. Ich bin dir nicht böse und kann verstehen, wenn du ein wenig Ruhe haben und dich vom Krankenhaus erholen möchtest."
Eigentlich hatte er keine Lust zu sich zu fahren und darüber nachzudenken, was sie in dieser Zeit tun und ob sie sich etwas antun würde. Aber er machte ihr den Vorschlag und hoffte, sie würde sein Angebot ausschlagen.
„Man, ich habe noch einen Kunden!" Er sprang auf, als ihm sein Termin mit dem Freund einer guten Bekannten einfiel. „Den hätte ich fast vergessen!" Seitdem Sky als Tätowierer arbeitete, hatte er noch nie einen Termin vergamet und war nicht nur für seine ruhige Hand und die kreativen Ideen, sondern auch für seine Zuverlässigkeit

bekannt.

„Na dann komm einfach wieder, wenn du fertig bist. Ist es ein Kunde oder eine hübsche Kundin?"

Mel lächelte ihn an und Sky verspürte den Stich, den ihm ihre Eifersucht immer versetzte. Sie verstand nicht, dass er bei einem Kunden, egal ob weiblich oder männlich, die Haut als Element seiner Arbeit sah. Diesmal war es ein Mann, so dass er ihr ohne Probleme reinen Wein einschenken konnte und keine Eifersucht befürchten musste.

„Ein Mann, meine Süße. Mach dir keine Gedanken und sobald ich fertig bin, bin ich wieder bei dir. Wir könnten uns ja einen schönen Abend machen, lecker Essen, Kerzenschein ...."

„Pha,Kerzenschein und Essen! Ich habe eine andere Idee, was ich mit dir machen werde. Denk an deinen Wunsch und sei dir sicher, ich werde ihn dir erfüllen."

Noch immer wusste er nicht, von welchem Wunsch sie sprach. So sehr er sich auch zu erinnern versuchte, ihm fiel kein Wunsch ein, den er geäußert haben sollte.

„Behalte ihn vor deinem Auge, denn er ist es, der dich glücklich machen und der deinen süßen Arsch einweihen wird."

Mel lachte laut auf und ihre Brüste wippten, so sehr amüsierte sie sich über sein erschrockenes Gesicht. Mit einem Mal fiel es ihm wie Schuppen von den Augen. Sie hatte doch nicht wirklich vor, ihm einen Dildo in den Arsch zu schieben? Schon allein beim Gedanken daran verspürte er ein Gefühl, als würde er innerlich zerreißen und als müsste sich sein Blut literweise auf den Boden ergießen.

„Wenn du das meinst, was ich gerade denke, so haben wir uns missverstanden. Ich bin doch keine Schwuchtel!"

Noch immer lachte Mel. Skys entsetzter Blick, mit einem Hauch von Panik untermauert, ließ die Lust in ihr aufsteigen. Am liebsten hätte sie ihn gleich genommen und ihm gezeigt, dass nur sie seine heimlichen Gelüste stillen konnte. Aber natürlich ging der Termin vor. Das hatte sie in ihrer kurzen aber intensiven Beziehung gelernt.

„Hab keine Angst und nein, du bist garantiert keine Schwuchtel. Aber das musst du auch nicht sein, nur weil du Lust dabei empfindest, wenn ich dich nehme."

Ihr Lachen hatte sich in einen ernsten Gesichtsausdruck verwandelt, während Sky aufgestanden und auf die Suche nach seinen Klamotten gegangen war. Die Lust, sie nach dem Termin zu besuchen, war derzeit sehr gering. Um nicht zu sagen, sie hatte sie gänzlich gelegt. Das würde er sich, so schwor er sich in diesem Moment, niemals bieten lassen und wenn es zu einem Streit kam, so würde er seinen Mann stehen und ganz sicher nicht hinhalten.

„Bin dann mal weg", sagte er und beugte sich über die Schönheit auf dem Sofa. Ehe er ihre Lippen küsste und seine Zunge kurz in ihrem Mund spielen ließ, zupfte er zart mit seinen Zähnen an ihren Nippeln und ließ seinen Finger über ihre Rosenblüte gleiten. Sie nahm seine Hand und führte den Finger mit ihrem Saft zwischen ihre Lippen, leckte ihn genüsslich ab und sah ihn mit einem verwegenen Blick an.

„Stell dich drauf ein, mein Liebster. Heute wirst du etwas erleben, was du in der Form noch nie erlebt hast. Du darfst gespannt sein und dich freuen."

Sky wollte und konnte jetzt nicht mit ihr diskutieren, also überhörte er ihre Worte, küsste sie zum Abschied und ließ die Tür hinter sich ins Schloss fallen. Glaubte sie wirklich, er würde sich von ihr mit dieser Granate ficken lassen? Nicht nur, dass er seinen Arsch niemals hinhalten würde. Nein, hatte sie überhaupt eine Vorstellung von den Ausmaßen, die dieser Dildo hatte? Ein Darmriss wäre noch das harmloseste, was ihm passieren konnte. Vor seinem geistigen Auge sah er sich schon mit einem Paar zusammengerollter Socken in seinem Arsch mit Blaulicht in die Notaufnahme fahren und sah den lachenden Arzt, dem er eine erfundene Geschichte erzählen musste und der ihm doch nicht glauben würde. Sollte sie doch Roxy einladen und es ihr besorgen. Er erinnerte sich sehr gut an diese Frau, mit der Mel zu Beginn ihrer Beziehung heißen Sex gehabt und ihm davon erzählt hatte. Seit diesem Gespräch ließ ihn der Gedanke nicht mehr los, den beiden beim Spielen zuzusehen und wenn er durfte, die beiden geilen Weiber zu nehmen. Er lächelte und spürte, dass sich in seiner Hose schon wieder etwas regte.

„Nun ist mal gut. Erst die Arbeit und dann das Vergnügen", schalt er sich selbst und drehte die Musik bis zum Anschlag auf. Aus den Boxen dröhnte Dragonforce und er schüttelte sein langes Haar, wippte mit dem Fuß rhythmisch auf dem Gaspedal und brachte das Auto damit zum springen. Hinter ihm hupte ein roter Ford, der ihn überholte und dessen Fahrer ihm einen Vogel zeigte. Sky lachte, hob den Mittelfinger und grinste den Spießer an. Der schimpfte und überholte ihn schnell, ehe Sky noch auf die Idee kommen und ihn rammen würde. In den Momenten genoss er es, durch seine Optik für Furcht zu sorgen und beim normalen Bürger Unwohlsein zu verursachen. Er fuhr gar nicht erst nach Hause, sondern parkte das Auto mit quietschenden Reifen direkt vom Tattoo-Studio und holte sich beim Imbiss gegenüber einen Kaffee.

Wach war er noch nicht, aber was spielte das schon für eine Rolle. Bis zum Termin war nicht mal mehr eine Stunde Zeit und wäre er nach Hause gefahren, hätte er diesen auf jeden Fall verpasst und wäre der Versuchung eines kurzen Schlafs erlegen.
„Hey Alter, das du dich auch mal wieder blicken lässt!" Sky erschrak, als er die warme und weiche Stimme hinter sich vernahm.

„Deani, wo kommst du her und warum, in Teufelsnamen, schleichst du dich so heran?" Deani grinste ihn mit ihrem neuen Tattoo auf dem Schneidezahn an und legte die Hand auf seine Schulter.
„Mein Gott, warum bist du so schreckhaft? Früher bist du nicht gleich zwei Meter in die Luft gesprungen, nur weil dich jemand gerufen hat. Seit du mit dieser Psychobraut zusammen bist, wirst du immer wunderlicher."
Sky schnaubte verächtlich und warf Deani einen bösen Blick zu.

„Red nicht so über Mel! Du kennst sie nicht einmal, also halte einfach die Fresse und kümmere dich um deinen eigenen Scheiß." Mit Deani war er früher mal zusammen gewesen und wollte die Beziehung schon länger beenden. Doch wie in so vielen anderen Dingen, hörte Deani ihm einfach nicht zu und bekam nicht mit, dass er an ihr kein Interesse mehr hatte. Sie war bildhübsch und die Männer rissen sich um sie. Aber wenn sie noch etwas war, so war es dümmer als ein Stück Feldweg. Wenn er mit ihr unterwegs war, schoss sie sich regelmäßig ab und hatte keine anderen Sorgen, als der versammelten Mannschaft ihre Titten zu präsentieren oder sich für ein Freibier auch mal vom Kneiper nageln zu lassen. Nein, mit so einer Schlampe wollte er nicht zusammen sein. Er war froh, dass er Mel kennengelernt und so einen endgültigen Schlussstrich gezogen hatte. Die einzige die das nicht begriff ‚war Deani. Auch schon in seiner letzten Beziehung hatte sie ihn weiter gestalkt und war immer der Meinung, dass er ihr doch erlegen sein musste.

„Oh, aggressiv wirst du auch noch! Schlag doch zu, wenn es dich befriedigt!! Ach halt, befriedigt bist du sicherlich schon, kommst ja geradewegs von der Schlampe. Brauchst es nicht abzustreiten, Dein Auto stand vor ihrer Tür wenn du nun überlegst, woher ich das weiß, dann frag mich einfach."

Natürlich wusste Sky, dass Deani bei Mel um die Ecke wohnte und es somit kein Wunder war, dass sie sein Auto vor ihrer Tür sah. „
Ich weiß aber noch etwas, was sie dir bestimmt nicht erzählt hat. Du hast sie doch aus dem Krankenhaus abgeholt, wenn die Information richtig war. Hat sie dir erzählt, wie sie sich durch die Krankenhausbetten gefickt hat? Sicherlich nicht, oder irre ich?"
Sky ging drohend einen Schritt auf Deani zu und packte sie am Kragen ihrer Jacke.
„Wenn du nichts besseres zu tun hast, als hier zu zünden und kein gutes Haar an Mel zu lassen, dann verpiss dich und lass mich mit deinem Scheiß ein für alle Mal in Ruhe!"
„Wenn es Scheiß wäre", murmelte Deani und riss sich aus seiner

Hand los. „Aber da es dir ja anscheinend egal ist, brauche ich es ja nicht zu erzählen. Doch wenn du etwas über den feinen Herr Dr. Schmidt wissen möchtest, meine Nummer hast du ja noch, hoffe ich."

Mit diesen Worten setzte Deani ihr schönstes Lächeln auf, drehte sich um und ging zu ihrem Auto. Sky blieb allein am Imbiss zurück und hörte nun endlich, dass der Betreiber ihm den Kaffee schon länger hinhielt und ihn zur Zahlung aufforderte. Er griff in seine Tasche, warf zwei Euro auf den Tresen und schnappte sich den Becher heißes Gebräu.

Wie kommt die nur darauf, dass Mel ... und was weiß sie über Schmidt? Woher kennt sie diesen unsympathischen Arzt und was denkt sie sich überhaupt? In dem Moment erinnerte sich Sky wieder an den Fleck, der nun einem Spermafleck immer ähnlicher wurde. Wenn doch etwas dran war? Immerhin war Mel auch so komisch und die Ausreden für den Fleck waren auch sehr skurril. Sky schüttelte den Kopf und lief über die Straße, wo er den Kunden bereits vor der Tür des Studios stehen sah. Mit einem Handschlag begrüßten sich die beiden und Sky schwappte erneut mit dem Kaffee.

„Verdammte Scheiße, das Kaffee saufen sollte ich heute wohl lassen."

Wütend knallte er den Becher in den Papierkorb neben der Tür und schloss das Studio auf.

„Was ist dir über die Leber gelaufen?"

Micha, der Kunde von Sky, blickte zu ihm und setzte einen fragenden Blick auf.

„Ist es wegen dieser Deani?"

Sky winkte ab, doch Micha ließ sich nicht beirren.

„Ich hab gesehen, wie sie versucht hat, dich auf sich aufmerksam zu machen. Der brauchst du kein Wort glauben, die lügt, sobald sie ihr Maul aufmacht. Wenn Du meine Meinung hören willst, Blasen kann sie gut ... aber zu etwas anderem taugt sie nicht."

Micha lachte und klopfte Sky kumpelhaft auf die Schulter. Dieser hätte am liebsten ausgeholt und seine Faust in seine grinsende Fresse geschlagen. Sicher, wahrscheinlich hatte Deani ihm einen geblasen, während sie mit ihm zusammen war. Aber das spielte nun auch keine Rolle mehr und immerhin hatte er recht. Blasen konnte sie, aber dann hörte es auch schon auf. Auch wenn er sich nun vollständig seiner Arbeit widmete und keinen weiteren Gedanken an Mel und den Dildo oder gar an Deani und Dr. Schmidt verschwendete, ergriffen die Gedanken bruchstückhaft Besitz von seinem Geist und ließen ihn unkonzentriert arbeiten.

„Hallo, bist du noch da?" Erst jetzt vernahm er Michas Stimme, die fordernd klang und immer lauter wurde. „Mach keinen Scheiß, Alter!"

Sky konzentrierte sich und betrachtete Michas Arm, auf dem er die letzten Minuten ohne Konzentration gearbeitet hatte. Das Bild war einwandfrei und er verstand nicht, warum Micha ihn auf seine Abwesenheit ansprach.

„Keine Sorge, ich bin hier und noch etwas, hast du mich je Scheiß machen sehen?" Nun war es Sky, dessen lautes Lachen über den Lärm der Maschine erklang und das Studio erfüllte.
„Na dann ist ja gut. Ich wollte mich nur noch einmal ins Gedächtnis rufen, nachdem ich hier anscheinend mit der Wand rede. Oder warum antwortest du sonst nicht?"

Worauf sollte Sky antworten? Er hatte keine Frage gehört, aber so wie Micha sich aufführte, würde er wohl eine gestellt haben.
„Ich wollte doch nur wissen, wie es mit dir und deiner neuen Flamme läuft. Ich habe euch letztens gesehen und muss sagen, die Braut ist der Hammer. Wenn du sie dir nicht geangelt hättest, für die hätte ich auch Maria verlassen."
Maria war eine Freundin von Sky, durch die sich die beiden Männer überhaupt erst kennengelernt hatten.
„Erzähl nicht so etwas, oder soll ich Maria mal darüber in Kenntnis

setzen?"

Auch wenn Sky lächelte und niemals einen Kollegen bei seiner Freundin anscheißen würde, war Micha nun still.

„Was Mel angeht, bei uns läuft es super. Sie ist nicht nur die geilste Braut ever, sondern in allen Lebenslagen eine Granate."

Nun geriet er ins Schwärmen und genoss es, wie Micha die ihm vorgesetzten Details und seine sich im Mund sammelnde Spucke schwer schluckte.

„Ich sage doch, du hast es drauf." Sky steckte die Maschine in den Sterilisator und grinste. „Eben. Darum habe ich auch Mel und du nun ein neues Tattoo." Er klopfte ihm heftiger als beabsichtigt auf die Schulter, so dass Micha zuckte und sich lautstark beschwerte.

„Hab Dich nicht so mädchenhaft", meinte Sky und legte die Folie über das frische Bild. Mit ein wenig Klebeband und fester als nötig fixierte er sie.

„Anweisungen brauchst du ja keine. Bist ja nicht zum ersten Mal hier."

Micha wollte noch mehr über Mel erfahren, doch Sky gab sich beschäftigt und verabschiedete sich schon einmal, auch wenn Micha bisher keinerlei Ambitionen zeigte, das Studio zu verlassen. Der Türgong schellte und er sah Deani im Türrahmen stehen. Schon wollte er ihr ein paar Takte erzählen, als diese beschwichtigend die Hand hob.

„Keine Sorge, ich wollte nicht mit dir sprechen und ehe du falsche Schlüsse ziehst, ich will auch nichts mehr von dir. Das Einzige, weshalb ich hier bin, ist deine Arbeit. Hast du Zeit für ein Piercing?"

Sky nickte, auch wenn er wenig Lust verspürte, ihr ein Piercing zu stechen. Andererseits würde Micha nun aber gehen und ihn nicht länger über Mel ausfragen. Sky konnte zwischen Pest und Cholera wählen und entschied sich, das beides erträglich war, sofern es ihm Kohle brachte und er sich schnell damit auseinandergesetzt hatte. Micha nickte noch einmal und verschwand durch die immer noch offenstehende Tür.

„Wenn das dein einziges Anliegen ist, dann setzt dich hin."

230

Deani grinste. „Wenn ich sitze, kommst du an die Stelle wohl kaum ran. Ich muss mich schon hinlegen. Dort drüben." Mit ihrer Hand wies sie auf den Stuhl, der dem in einer gynäkologischen Praxis ähnelte. Sky horchte auf. Wie jetzt, was wollte sie?

„Auch wenn du mit der Nadel umgehen kannst, ein Piercing in meine Schamlippe kriegst du im Sitzen nicht gestochen."

Nun war es Sky, der sich am liebsten hinsetzen wollte.

„Ich soll dir ein Piercing in der Schamlippe setzen?", fragte er ungläubig.

Sie lachte. „Wenn du ein Problem damit hast, stelle ich deine Professionalität in Frage. Du sollst es mir nicht besorgen, du sollst mich piercen. Aber das scheint hier im Tattoo- und Piercing Studio wohl zu viel verlangt."

„Leg dich hin", erwiderte Sky, ohne auf ihre provokanten Äußerungen einzugehen. „Ich habe eigentlich schon Feierabend, aber wenn dir dein Anliegen so wichtig ist, werde ich dich natürlich nicht enttäuschen."

„So kenne ich dich", meinte Deani und nahm auf dem Stuhl Platz. Sie hob ihren Rock und Sky erblasste, als sie ihm ihre nackte Weiblichkeit entgegenstreckte. Ein leichter Glanz lag in ihrer Spalte und der kam, so war ihm durchaus klar, nicht von ungefähr. Auch wenn sie nicht das Kaliber von Mel hatte, so war sie doch stetig willig und hatte ihn in der Erotik keine Hemmungen. Noch konnte er einen Rückzieher machen. Aber für sein Geschäft und seinen Ruf wäre das weniger gut.

„Einen Ring möchte ich, einen kleinen aber. Er muss richtig eng sitzen und die Lippe perfekt umrunden. Eben so, dass sie richtig zur Geltung kommt. Du weißt sicher, wie ich es meine."

Während sie erzählte, hatte Sky den Ring aus dem Kästchen geholt und seine Utensilien zum Piercen zurechtgelegt. Er zog sich die Handschuhe über, was Deani mit einem süffisanten Lächeln quittierte.

„Ganz professionell heute, der Herr. Früher hättest du mich nicht nur mit Handschuhen angefasst. Aber ich weiß, die Zeiten ändern sich."

Sky ließ sich immer noch nicht beirren und beugte sich über ihren

Unterleib. Sein heißer Atem berührte ihre Spalte und er spürte, wie sich immer mehr lustvolle Feuchtigkeit sammelte.

„Hier, wisch dich ab", meinte er beiläufig und warf ihr ein Stück Zellstoff hin. Sie nahm es und zog es sich langsam durch ihre feuchte Spalte, ehe sie es ihm unter die Nase hielt. Er wich zurück, griff instinktiv nach dem Tuch und legte es neben sich. Als er das Eisspray aufbrachte, zuckte sie leicht zusammen und ließ ihn eine kleine Gänsehaut auf ihren Schamlippen erkennen. Auch wenn er es nicht wollte, erinnerte er sich an die Zeit, als er diese Lippen liebkost und mit seiner Zunge so lange verwöhnt hatte, bis sie zum Höhepunkt kam.

„Hierhin?", unterbrach er seine Gedanken und hielt einen kleinen Spiegel vor. Sie nickte und legte den Kopf zurück. Sky setzte die Nadel an und durchbohrte die Lippe, aus der nur ein winzig kleiner Blutstropfen austrat. Deani zuckte kurz kurz auf und reagierte mit einem Schwall an Feuchtigkeit, der Sky das Verschließen des Ringes bald unmöglich machte.

„Fertig", verkündete er, zog sich die Handschuhe aus und wandte sich ab. Deani machte keine Anstalten, sich von dem Stuhl zu erheben und das Piercing zu zahlen. Als Sky sie ansah, stieß er auf ihren verklärten Blick und sah, wie sie sich langsam streichelte und hier und jetzt, in seinem Studio … in diesem Moment, kommen wollte. Die Augen hatte sie geschlossen. Das durfte nicht wahr sein! Sie besaß echt die Frechheit, in seinem Studio auf seinem Stuhl zu sitzen und es sich zu besorgen?! Er wollte sich gar nicht ausmalen, welchen Eindruck er jetzt erweckte, wenn Mel unverhofft in seiner Tür stand. Als das Handy klingelte, erschrak er und ließ es beim Herausnehmen aus der Hosentasche fallen. Hektisch ging er ran.

„Hey mein Schatz, sag mal, wie lange brauchst Du noch?"

Mels Stimme klang verführerisch und erregt. „Ich bin gleich …", er stotterte und legte eine längere Pause ein. Seinen Blick konnte er nicht von Deani abwenden, die leise zu stöhnen begonnen hatte und deren Finger sich immer schneller und lustvoller auf und in ihrer Blüte bewegten. Er war auch nur ein Mann … und der Anblick . .

„Was ist das für ein Geräusch? Ich höre jemanden stöhnen!"

Sky verließ den Raum und überließ Deani ihrer Phantasie.
„Süße, hier ist nichts. Du hörst nur die Mucke aus der Box."
Nachdem er in den Vorraum gegangen war, hörte sie wirklich nichts
mehr. „Komm schnell, ich warte auf dich." Mit diesen Worten
verabschiedete sie sich und legte auf. Sky spürte den dünnen
Schweißfilm, der sich auf seiner Stirn gesammelt hatte. Das wäre
beinahe in die Hose gegangen, dachte er sich und spürte, dass sich in
seiner Hose etwas regte. Es half nichts, er musste Deanis Session
unterbrechen und sie aus dem Studio schmeißen. Nichts wollte er
lieber, als endlich zu Mel, endlich nach Hause.

Dieser Tag hatte es wahrlich in sich und wenn Sky die Möglichkeit
gehabt hätte, hätte er sich verkrochen und wäre für niemanden
erreichbar gewesen. Unterdes drang das laute Stöhnen bis in den
Vorraum und riss in einem verzückten Schrei ab. Gerade wollte er
Deani aufsuchen, als sie bereits in den Vorraum kam und ihn
lächelnd ansah. Die Wölbung untter seiner Hose entging ihr nicht.
Ihre Hand strich durch die hautenge Jeans fordernd über sein
Schwert und so sehr er ihr auch entkommen wollte, so sehr war er
von ihr gebannt und stand da wie ein Reh, das durch den Anblick des
Jägers ins Angesicht des Todes sah. Fest packte sie zu und ihm
entfuhr ein wohliges Stöhnen. Als sie ihre Lippen auf seine pressen
und sich mit ihm in einem innigen Kuss ergehen wollte, riss er sich
los und sah sie drohend an.
„Verpiss dich!" Er wollte sich umdrehen, doch sie hielt ihn am Arm
fest. Körperlich war ihm Deani bei Weitem unterlegen, doch in ihrer
Art war sie einmalig. „Du wagst es, mich aus dem Studio zu
schmeißen und das, obwohl ich hier den Beweis habe, dass du es mir
besorgt hast?" Sie lachte laut und wedelte mit dem Zellstoff vor
seiner Nase.
„Deine kleine Schlampe wird sich sicherlich freuen, wenn sie dies
hier in ihrem Briefkasten findet." Deani steckte den Zellstoff
vorsichtig, fast liebevoll ein.
„Du Miststück! Ich habe dich nicht angerührt und du wirst es nicht
wagen, irgendetwas anderes zu behaupten!" Erneut ging er auf sie zu

und packte sie am Kragen.

„Scheißt dich ein Sky, du der mutige Metaller und Tätowierer scheißt sich vor seiner kleinen Psychoschlampe ein. Wie tief kann man sinken!" Sie lachte lauthals.

„Wer hier Psycho ist, das ist die Frage. So wie du dich aufführst, würde ich dich augenblicklich in die Klapse stecken. Aber ich will dir noch eines sagen: Hör auf, dich in mein Leben zu hängen. Das was jemals zwischen uns war ist Geschichte. Finito, Ende, aus und vorbei! Ich will nichts von dir und es gibt nichts, was Du dagegen tun kannst. Also überlege dir, ob du dich wirklich wie ein Schulmädchen benehmen und Märchen erfinden musst."

Für ihn war das Thema vom Tisch, auch wenn er befürchtete, dass sie ihre Drohung wahrmachen und dieses Tuch in Mels Briefkasten stecken würde. Auch wenn nichts von ihm daran zu finden war, so würde es ihn doch als Lügner dastehen lassen. Von einem Piercing an der Schamlippe war keine Rede, als Mel ihn vorhin nach ihrem Kunden fragte und er darauf schwor, dass es ein Mann war.

„Ich gehe dann mal und gehe davon aus, das Piercing hast du mir aus Gefälligkeit gestochen. Oder willst du etwa noch Geld von mir?"

Sky schüttelte den Kopf. „Wie ich eben schon gesagt habe, will ich von dir gar nichts. Nichts, auch nicht dein scheiß Geld! Halt doch, eins war noch! Lass dich hier nie mehr blicken, egal welche Intension dich treibt!"

Mit diesen Worten hielt er ihr die Tür auf und blickte ihr nach, als sie die Hüften schwingend den Gehsteig entlang schlenderte. Sie drehte sich nicht noch einmal um und doch wusste er, dass ein süffisantes Grinsen ihre Lippen umspielte und dass sie bereits nach einem Plan sann, wie sie Sky und Mel auseinanderbringen konnte.

„Das wird dir nicht gelingen, kleine Schlampe", sagte er zu sich selbst und ging noch einmal zurück ins Studio, um sein Telefon vom Tresen zu nehmen und seine Jacke zu holen. Dabei fiel ihm auf, dass das Telefon die ganze Zeit an gewesen war. Aus seiner Sorge wurde schiere Panik.

Er legte es ans Ohr und fragte: „Mel, bist Du dran?" Am anderen

Ende der Leitung war nichts zu hören. Er atmete kurz auf. Doch auch wenn sie jetzt nicht am Hörer war, was hatte sie von dem Gespräch gehört und wie hatte sie es aufgefasst? Würde sie ihm glauben oder würde ihn bezichtigen. Deani gefickt und sie betrogen zu haben? Vielleicht war sie bereits wieder in ihrem Badezimmer und so sehr er sich auch beeilte, er würde nicht rechtzeitig da sein, um sie zu retten?

Sky schmiss die Tür hinter sich zu, drehte den Schlüssel um und kramte nervös nach seinem Autoschlüssel. Noch im Laufschritt riss er die Fahrertür auf, stieg ein und wendete den Wagen mitten auf der Straße. Verkehrsregeln oder Ampeln übersah er, als er sich auf den Weg zu Mel machte und hoffte, dass seine Phantasie in diesem Moment nur mit ihm durchging. Hinter der Kreuzung sah er Deani, die gerade um die Ecke bog und den Weg in die Innenstadt einzuschlagen schien. Mit quietschenden Reifen fuhr er in die entgegengesetzte Richtung und kam erst vor Mels Eingang zum Stehen. Er sprang aus dem Auto, hechtete die Treppen nach oben und klingelte an ihrer Tür. Zweimal, dreimal, doch niemand öffnete. Wie wild hämmerte er an die Tür, als er dahinter leise Schritte hörte. „Wer ist da?", vernahm er Mels Stimme. „Ich bin es", rief er so laut, dass es alle Leute im Haus hören mussten. In dem Moment ging die Tür auf und Mel stand in einem hautengen Kleid aus Lack vor ihm. Um ihren Mund spielte ein Lächeln, welches so echt war, das sich seine Befürchtungen in Rauch auflösten. Er fiel ihr in die Arme und wenn seine Erleichterung ein Stein wäre, dann wäre dieser mit einem lauten Poltern und Einschlag bis zum Grundwasser von seinem Herzen gefallen.

„Was ist los? Du wirkst so gehetzt? War was im Studio?" Mels Frage ließ ihn fast einen falschen Schluss ziehen, doch ihr noch immer auf den Lippen liegendes Lächeln belehrte ihn eines Besseren.
Wenn sie auch nur ansatzweise etwas von Deanis Aussagen gehört hätte, dann wäre sie vor Eifersucht geplatzt und hätte ihn nicht mit einem Lächeln empfangen.
"War ein scheiß Tag", meinte er nur knapp und ging an ihr vorbei in

die Wohnung. Überall brannten Kerzen, aus der Küche roch es nach chinesischen Gewürzen und aus dem Wohnzimmer vernahm er leise Klänge von Metallica. „Alles ist gut", dachte er bei sich und ließ sich aufs Sofa fallen. „Du wirkst erschöpft, mein armer Schatz."

Ihre Worte waren ehrlich, so aufrichtig, dass er fast schon von einem schlechten Gewissen geplagt wurde. Doch warum? Er hatte doch nichts getan? Außer, ihr nicht die Wahrheit zu sagen und Deanis Aktion mit keinem Wort zu erwähnen. Hier war er wieder. Einer der Momente, in denen er sich eine weniger psychisch instabile und eifersüchtige Freundin wünschte. Ein Moment, in dem er am liebsten ehrlich zu Mel gewesen wäre und ihr alles erzählt hätte.

„Wir haben allen Grund zu feiern", gab Mel fröhlich zum Besten und lächelte ihn an. Feiern? Wie kam sie jetzt auf Feiern? Er verstand überhaupt nichts mehr. Er überlegte, wie er ihr die Wahrheit sagen und ihr von Deanis Anfall im Studio berichten konnte und sie dachte an Feiern?
„Vorhin war Deani hier. Du weißt schon, das Mädchen aus deiner Clique."
Aus Skys Gesicht war jegliche Farbe gewichen und er sah Mel an, als wäre sie ein Geist oder hätte drei Brüste.
„Was wollte die denn von dir?" Seine Worte klangen verstört.
„Hey, was hast du gegen sie? Sie ist nett und hat mir einen Job angeboten. Du weißt doch, dass Deani als Model arbeitet und sie braucht jemanden für ein Gruppenshooting. Ich finde es total geil, dass sie dabei an mich gedacht hat und das, obwohl wir uns eigentlich überhaupt nicht kennen."
Sky wusste gerade nicht, ob er erleichtert sein, laut lospoltern oder sich umdrehen und zu Deani gehen und ihr den Hals umdrehen sollte. Er entschied sich für keine der drei Varianten. Stattdessen sah er zu Mel auf, die über ihn gebeugt vor dem Sofa stand und eine Reaktion erwartete.
„Ich freue mich für dich." Mehr brachte er nicht über die Lippen.
„Wie Freude sieht das aber gar nicht aus. Ich dachte, ihr seid

Freunde. Zumindest klang Deani so. Sie hat mir erzählt, wie lange ihr euch schon kennt und wie viel ihr früher gemeinsam gemacht habt. Du bist ihr bester Kumpel, waren ihre Worte."

Als Kumpel bezeichnete sie ihn? Anstatt von hier fernzubleiben, gab sie sich als bester Kumpel aus und wollte, das Mel mit ihr ein Shooting machte? Irgendetwas stimmte hier ganz gewaltig nicht und es stank zum Himmel. Klar, Deani hatte häufiger Jobs als Model, auch wenn es ihr nie das große Geld gebracht hatte. Aber für Szene Magazine oder FTP-Shoots wurde sie, das musste er zugeben, öfter gebucht. Bis dahin sah er auch kein Problem, doch würde er um nichts in der Welt akzeptieren, dass sie vielleicht zu einer Freundin von Mel wurde. Wenn Deani sich für eine andere Frau interessierte, geschah das nur aus einem Grund. Sie wollte etwas zerstören, sich in ein Leben drängen und mit ihrer falschen Art und Dummheit Dinge kaputtmachen, die ihr nicht vergönnt waren. Warum sie bei Mel klingelte und sie in ihren Bann ziehen wollte, war ihm durchaus klar. Nur wusste Sky noch keine Lösung, wie er Mel von diesem Gedanken abbringen konnte. Außer, er erzählte ihr die Wahrheit. Aber dann durfte er nicht verschweigen, dass er lange vor Mel mit Deani zusammen war und dies würde dafür sorgen, dass Mel sich im Badezimmer einschloss. Wenn er eine Ausrede erfand, würde Mel sich wieder hässlich fühlen und mit gleicher Handlung reagieren. Egal in welche Richtung er dachte, ihm fiel absolut nichts ein, wie er sie von diesem Gedanken abbringen und eine Freundschaft mit Deani unterbinden konnte.

„Sie wollte übrigens zu dir kommen und dir davon erzählen", gestand Mel kleinlaut. „Aber nachdem Du nichts von ihrem Besuch erwähnt hast, wird sie es wohl vergessen haben."
Nun musste Sky wirklich schwer schlucken. Für einen kurzen Moment hielt er die Wahrheit für die einzige Lösung. Doch kam sie zu spät, also flunkerte er.
„Es kann schon sein das sie da war. Aber ich hatte die Tür zu und wenn die Maschine läuft, höre ich nicht wenn jemand klopft.

Angerufen hat sie mich jedenfalls nicht." Wenigstens der letzte Satz war nicht gelogen und Mel schien sich, so hatte es zumindest auf den ersten Blick den Anschein, damit zufrieden zu geben.

„Hätte ich mir eigentlich denken können, so erstaunt wie du geschaut hast. Und außerdem hättest du es mir ja eh gesagt, wenn Du Besuch gehabt hättest, oder?"

Sky nickte und blickte geradeaus. In ihre Augen konnte er nicht sehen. Nicht, wenn er ihr eine Lüge erzählte, die so sinnlos und dumm war, dass er sich selbst schon wie ein kleiner Schuljunge führte und an sich zweifelte.
„Ich halte nur nichts von dieser Modelei", erwiderte er. „Auch Deani habe ich damals abgeraten, doch sie wollte nicht auf ihren besten Kumpel hören und ging zu diesen Shootings."

~ 7 ~

„Findest Ddu mich etwa nicht hübsch genug für ein Model?" Mel sah ihn entrüstet an. Doch er merkte, das ihre Entrüstung nur aufgesetzt war und griff nach ihrer Hand.
„Nicht hübsch genug? Du bist die tollste Frau die ich kenne. Aber nun mal ehrlich. Glaubst du nicht, dass ich da ein wenig eifersüchtig werde?"
Diese Geschichte hatte Sky sich spontan ausgedacht und er hoffte, dass Mel die Pille schluckte.
„Wieso eifersüchtig? Du hast jeden Tag tolle Körper vor dir, fasst sie an und verschaffst ihnen ein individuelles Aussehen und dann sagst du zu mir, du bist eifersüchtig, wenn ich in verführerischen Posen vor einem Fotografen stehe? Du musst dir keine Sorgen machen, Deani ist ja dabei."
Das war ja sein Problem. Sky war nicht eifersüchtig und wenn Mel als Model arbeiten wollte, dann sollte sie dies seinetwegen tun. Aber doch nicht mit Deani!
„Ich rieche Essen", lenkte er das Thema um und stand auf. Sein Weg

238

führte ihn in die Küche, wo die Verpackungen vom Lieblingschinesen auf dem Tisch standen.

„Dann lass uns erst essen und nachher weiter reden", sagte Mel und verteilte den Reis, die Nudeln, das Fleisch und die Saucen auf die bereitstehenden Teller. Sky hoffte, dass ihr nach dem Essen etwas anderes einfiel und sie nicht wieder mit dem Thema anfing. Er würde die Lüge nicht lange durchhalten und es würde im Streit enden. Gleich morgen würde er sich Deani schnappen und ihr eine Ansage machen, auf die sie sich nie mehr bei Mel melden würde. Das schwor er sich. „Und wenn es das letzte ist, was ich tue", fügte er in seinen Gedanken an und schloss das Thema für heute ab.

Das Essen schmeckte hervorragend und Sky erzählte von Micha, den er heute tätowiert hatte. Er beschrieb das Bild und erwähnte, dass ihr Anruf gerade in dem Moment kam, als er die Maschine zur Seite gelegt hatte. Sie redeten über belangloses Zeug, über alles Mögliche, nur nicht über den Model Job oder über Deani. Sky war zufrieden und würde nach dem Essen über sie herfallen. Die Lust, die ihn im Studio heimgesucht hatte und eine Folge der Vorführung von Deani war, hatte ihn noch nicht wieder verlassen. Er würde sie zu seinem Vorteil nutzen und Mel den Gedanken an eine Modelkarriere aus ihrem Hirn ficken. Er lächelte bei der Vorstellung und schob sich einen großen Bissen Nudeln in den Mund. Die Hälfte landete auf seiner Hose, über die sich Mel rasch beugte und die Nudeln mit ihren Lippen aufnahm.

„Baby, beim nächsten Essen kannst du dich zwischen einem Latz oder einem Nude-Diner entscheiden."

Sie war so glücklich, so ausgelassen wie Sky sie schon lange nicht mehr erlebt hatte. Er überlegte, ob sie überhaupt jemals so locker war. Abgesehen von dem Abend, an dem er sie kennengelernt und das an dem er sie das erste Mal gespürt hatte. Je mehr er darüber nachdachte, umso mehr wurde ihm bewusst, dass es nur wenige ausgelassene Momente bei Mel gab. Nur beim Sex war sie ungezwungen und hemmungslos. Doch ihr Alltag war von

Selbstzweifeln und Problemen gezeichnet, eine ausweglose Gasse, aus der Mel den Weg nach vorne nicht erkannte und entweder stehenblieb, oder aber den Rückwärtsgang einlegte. Wenn sie doch nur ... .

„Worüber denkst Du nach? Du hast mir gar nicht zugehört!" Mels Stimme erreichte sein Ohr wie aus weiter Ferne. Er hatte wirklich nicht zugehört und war mit seinen Gedanken woanders. Wurde er selbst wunderlich? Er ertappte sich immer häufiger, dass er in ferne Welten entfloh und gar nicht wirklich bei der Sache war. Wenn er ehrlich zu sich war, so nahm diese Frau keinen guten Einfluss auf ihn.
„Ich bin doch hier", flachste er betont lässig und blickte ihr tief in die Augen.
„Dann sag mir", konterte Mel, „was du von der Idee hältst."
„Welche Idee", fragte er beiläufig und grinste sie schief von der Seite an.
Mels Gesicht verfinsterte sich. „Sag mir nicht, du hast mir nicht zugehört! Wenn es anders wäre, könntest du mir ja antworten. Ich finde, du interessierst dich überhaupt nicht mehr für mich und ich wüsste gern, wer in Deinen Gedanken herumspukt."

Sky platzte der Kragen.
„Jetzt hör mir mal zu! Ich habe die Schnauze gestrichen voll und ich bin nicht dein Spielzeug. Jeder muss nach deiner Pfeife tanzen und für dich rund um die Uhr verfügbar sein! Wenn du beim Sex die Hosen an hast, von mir aus. Aber im realen Leben bin ich ein Mann nicht nicht das, was du gerne aus mir machen würdest. Kommst du damit klar?"

Aus Mels Gesicht war alle Farbe gewichen. So hatte noch niemand mit ihr geredet. Zumindest nicht in dem Leben, was sie nach Josh führte und in dem sie keine Sklavin war.
„Was bildest du dir ein? Du denkst an andere Weiber oder an sonst irgendwas und sagst mir, ich würde dich nach meinem Willen

formen? Wenn es dir nicht passt, dann hau doch einfach ab! Ich bin sowieso bedient davon, ständig Angst vor einem Verlust zu haben und täglich damit zu rechnen, dass deine Traumfrau ins Tattoo Studio kommt und dass du mir sagst, dass du keinen Bock mehr auf mich hast! Deani hat vollkommen recht!"

„Deani, Deani, ich kann diesen scheiß Namen von dieser scheiß Fotze nicht mehr hören! Willst du wissen, wer sie ist? Sie war eine Ex von mir, lange bevor ich dich kennenlernte … und auch vor meiner Ex, die ihre Sachen geholt ht. Ja, nun krieg den Mund zu, wir waren mal zusammen! Bist du jetzt zufrieden?"

Wutentbrannt sprang Sky auf, so dass der Teller mit den chinesischen Nudeln über den Teppich flog und seinen Inhalt im Flokati verbreitete. Mel war still. Sie hatte mit vielem, nicht aber mit diesem Wutausbruch von Sky gerechnet. Erstaunlich ruhig stand sie auf, kam auf ihn zu und legte die Hände auf seine Schultern. Ihr Blick bohrte sich tief in seine Augen, als sie langsam und überlegt sprach. „Sie war deine Freundin?" Schlagartig und ehe Sky nicken konnte, war es mit der Ruhe vorbei. Ihre Hand traf seine Wange, die Nägel rissen seine Haut auf und er hielt ihre Hände fest, ehe sie ihm die Augen auskratzen konnte. Aus Mel war eine Furie geworden, die keine Gnade kannte und die ihn auf der Stelle vernichten wollte. Wenn sie die Kraft dazu aufgebracht hätte.

„Wann wolltest du es mir sagen? Du sprichst von Ehrlichkeit, von Vertrauen! Lügner! Betrogen und belogen hast du mich! Hast du immer noch was mit ihr?" Die Worte kamen voller Hass und Verachtung auf ihn über ihre Lippen.

Er hielt ihre Hände, die sie ihm entziehen wollte. „Lass mich los, fass mich nicht an du Arschloch! Du fickst mit Deani und denkst, du könntest mit mir spielen! Verschwinde aus meinem Leben und lass dich hier bei mir nicht mehr blicken!"

241

Sie entriss sich ihm und stürmte aus dem Zimmer. Zurück blieb ein mit Nudeln bekleckerter und von Herzklopfen geplagter Sky, dessen Faust hart auf den Couchtisch krachte und die Glasscheibe zum Bersten brachte. Auf dem Absatz drehte er sich um und schmiss die Wohnungstür hinter sich ins Schloss. Er stieg ins Auto, ließ den Motor laut aufheulen und fuhr los. Sein Blick war getrübt, die Wut hatte ihn übermannt und er hätte, wäre er von irgendwem provoziert worden, diesen jemand in Grund und Boden gestampft. Sein Wagen beschleunigte, als er das Gaspedal bis auf die Bodenplatte durchtrat. Aus den Boxen dröhnte Dragonforce und die schnellen Klänge, die Gitarrensolos, schürten seine Wut nur noch mehr. Erst als hinter ihm das Blaulicht aufflackerte und als er die Sirene vernahm, wurde ihm das Ausmaß seiner Handlung bewusst. Mit über 100 Sachen war er durch die Stadt gerast und war direkt auf eine Gruppe Fußgänger zugefahren. Im letzten Moment konnte er den Wagen abbremsen, schlingerte über die Straße und kam am Geländer der Gegenfahrbahn zum stehen. Hart schlug er mit dem Kopf aufs Lenkrad, so dass seine linke Augenbraue aufplatzte und er für einen kurzen Moment benommen über dem Lenkrad liegenblieb.

„Hören Sie mich? Wenn Sie mich hören, heben Sie leicht die Hand!" Eine freundliche Stimme sprach zu ihm, doch sah er kein Gesicht, zu dem sie gehörte. Sky öffnete die Augen und sah Sterne, die vor ihnen tanzten. Ein Schmerz, ähnlich einem Blitz, breitete sich in seinem Schädel aus. Er stöhnte leise. „Bewegen Sie sich nicht. Der Notarzt ist bereits unterwegs." Nun erkannte er die blonde Polizistin, die über ihn gebeugt vor dem Wagen stand und die ihren Blick auf ihm ruhen ließ. Als er versuchte den Kopf zu heben, explodierten tausend Bomben in seinem Schädel. Derweil hatte die Polizistin den Weg zur Anlage gefunden und die Musik ausgeschaltet.
„Kein Wunder, dass Sie uns bei diesem Lärm nicht gehört haben. Haben Sie getrunken? Drogen?" Sky wollte den Kopf schütteln oder ihre Frage verneinen. Nichts von beidem gelang, so dass er weiter mit dem Kopf auf dem Lenkrad liegenblieb und abwartete. Aus der Ferne hörte er die Sirenen und erneut die Stimme der Polizistin, die

sich kurz darauf hin von seinem Wagen entfernte. Kurz darauf kehrte sie an der Seite eines Sanitäters zurück. Worte kreisten um ihn, die Stimmen verschmolzen miteinander und Sky sank in die Arme der gnädigen Bewusstlosigkeit.

Als er wieder zu sich kam, befand er sich in einem cleanen und sterilen Zimmer.

„Wo bin ich?", krächzte er und spürte, wie sein Schädel erneut zu explodieren drohte.

„Sie sind im Krankenhaus. Sie hatten einen Unfall." Eine junge Schwester stand neben seinem Bett und lächelte ihn freundlich an. „Durst", krächzte er weiter und sah, wie die Schwester davon eilte und mit einem Glas Wasser zurückkehrte. Gierig trank er es in einem Zug aus, hustete und spuckte die Hälfte auf sein Bettzeug. „Langsam, Herr Hensler. Sie haben drei Tage geschlafen und sollten sich nun nicht übernehmen. Sie können froh sein, dass Sie den Unfall überlebt haben."

Sky erinnerte sich an nichts. Herr Hensler? Das war wohl er, wie er stark vermutete. Mit einem fragenden Blick sah er die Schwester an. „Was für ein Unfall, warum bin ich hier?" „Das wird Ihnen der Doktor erklären", sagte sie und verließ den Raum.

„Halt, bleiben Sie hier!" Seine krächzende Stimme verhallte in der Leere des Raumes. Erst jetzt bemerkte er, dass sein linkes Auge von einem Verband verschlossen war und dass er nur auf dem rechten Auge sehen konnte. Es dauerte nicht lange und der Arzt betrat den Raum.

„Guten Tag, Herr Hensler. Schön, Sie wieder unter den Lebenden zu wissen."

„Woher kenne ich dieses Gesicht?", fragte sich Sky im Stillen. Irgendwo, da war er sich sicher, hatte er diesen Arzt schon einmal gesehen. „Dr. Schmidt mein Name, wie Sie vielleicht noch wissen. Ich habe Sie nach Ihrem Unfall behandelt und muss mich schon wundern, wie schnell Sie den Weg hierher gefunden haben. Noch letzte Woche waren Sie zu Besuch hier und nun liegen Sie auf der Station, auf der ich Ihre Freundin behandelt habe. Zum Glück saß sie nicht bei Ihnen im Auto. Sie hätte den Unfall nicht überlebt und Ihnen kann ich nur sagen, dass die Schutzengel in Ihrem Fall Überstunden gemacht haben. Äußere Verletzungen haben Sie bis auf die Platzwunde über dem Auge, sowie einen Riss in der Hornhaut nicht. Aber um Ihre Nackenwirbelsäule haben wir uns ernsthaft Gedanken gemacht."

Sky lauschte dem Arzt und überlegte die ganze Zeit, wer dieser Dr. Schmidt war. Es wollte ihm partout nicht einfallen, warum er das Gesicht kannte. Noch weniger verstand er die Wut, die er beim Anblick des Doktors verspürte. In dem Moment ging die Tür auf und das nächste bekannte Gesicht beugte sich über ihn.

„Sky, Sky da bist du ja! Du bist wach, schön … ich habe mir solche Sorgen gemacht! Warum bist du nur einfach gegangen und ins Auto gestiegen?"
„Mel?!" Erstaunen und eine Mischung aus Wut und Freude verwirrten ihn. Wie kam sie hierher und woher wusste sie von einem Unfall, an den er selbst sich nicht erinnern konnte?

„Lassen Sie uns allein, Dr. M. Schmidt?" Mel säuselte die Worte zuckersüß, dass sie fast an den Klang einer Flöte erinnerten. „Selbstverständlich, junge Dame. Aber denken Sie daran, überfordern Sie Herrn Hensler nicht. Er ist noch immer ein wenig benommen und er darf sich nicht aufregen. Und passen Sie auf, dass er sich nicht bewegt."
„Das werde ich, ich verspreche es." Sie warf dem Arzt einen vielsagenden Blick nach, ehe dieser aus dem Zimmer und somit aus Skys Blickfeld verschwan. Mit dem Arzt ging auch die Wut, die in ihm überzukochen drohte. Mel setzte sich auf die Bettkante und lächelte ihn an.
„Was machst du nur für Sachen. Da streiten wir uns einmal und du rast wie ein Irrer durch die Stadt und parkst das Auto vor einem Eisengeländer?! Hätte ich das gewusst, hätte ich dir nie von meinen Plänen erzählt. Es tut mir leid Sky, egal was passiert ist. Es tut mir

leid."

Sie begann zu weinen und streichelte sein Gesicht.

„Was hast du denen hier über deine Wunden erzählt? Also über die Wunden auf deiner Brust? Schmidt sah mich vorhin so an, als wüsste er, was wir getan haben."

Sky war noch immer benommen. Wunden auf der Brust und Schmidt? Er schüttelte den Kopf, was eine erneute Explosion in seinem Hirn auslöste.

„Nichts habe ich erzählt. Falls es dir entgangen sein sollte, bin ich eben aufgewacht."

Langsam fand seine Stimme zurück in seine Kehle. Mel winkte ab und hob die Hand, signalisierte ihm, er solle sich keinesfalls aufregen.

„Dann bleib ruhig. Ist doch alles gut Sky. Wenn es dir wieder besser geht, muss ich dir unbedingt etwas zeigen."

Er hoffte, sie würde endlich aufhören zu reden. Ihre grelle Stimme und die Hektik in ihrem Ton nervten ihn. Doch irgendetwas, auch wenn er nicht wusste was, hielt ihn davon ab, ihr einfach zu sagen sie möge die Schnauze halten.

„Das Shooting mit Deani, es war so geil. Die Bilder sind echt der Hammer und Deani ist so lieb, ich bin echt froh, sie kennengelernt zu haben. Und all das habe ich nur dir zu verdanken. Wärst du nicht mit ihr zusammen gewesen, hätte ich Deani nie getroffen und wir wären nie Freundinnen geworden."

Wer war nun schon wieder Deani? Er kannte diesen Namen, aber ein Gesicht dazu wollte ihm partout nicht einfallen. Sky drehte den Kopf zur Seite. Was war nur mit ihm los? Wo waren seine Gedanken, seine Erinnerung?

„Aber wer ich bin, weißt du noch, oder mein Schatz?" Sky nickte leicht, worauf sein Kopf mit tausend Nadelstichen reagierte.

„Mel", flüsterte er und versuchte zu lächeln.

„Siehst Ddu, mehr musst du auch nicht wissen. Ich bin Mel und wir

245

sind zusammen. Bald wird es dir wieder besser gehen und dann zeige ich dir die Bilder. Du wirst stolz auf mich sein, das verspreche ich dir. Und außerdem ..."; sie lächelte süffisant. „Du wirst über mich herfallen wie ein hungriger Wolf und darauf mein Lieber, darauf freue ich mich schon ganz besonders."

Sky dämmerte, worauf sie hinauswollte. Er erinnerte sich plötzlich an den letzten Sex mit ihr. Er dachte an die Peitsche, an ihre Nägel in seinem Fleisch und an die Nächte, die er in ihren Fesseln verbracht oder in denen er sie ausgepeitscht hatte. Auf einmal war alles wieder da. Sein Herz schlug, als er die Bilder wie einen Film vor seinen Augen ablaufen sah und er spürte, wie sich in seiner Körpermitte etwas regte. Mel entging die Erhebung unter der Bettdecke nicht und sie berührte ihn sanft mit ihrer Hand.
„Ich würde dich jetzt gerne ... ."
Sie entzog ihm die Hand, da sie wusste, er durfte sich nicht bewegen. Fast schon wollte Sky nach ihrer Hand greifen und sie wieder auf seine pralle Männlichkeit legen, als ihm die Schwäche in seinen Armen zeigte, das er dazu nicht in der Lage sein würde. Mit einem entschuldigenden Blick bedachte er die Schönheit, die im schwarzen kurzen Kleid mit ihrem zauberhaftem Dekolletee auf seiner Bettkante saß und die ihn fast zum Schmelzen brachte.

„Bald bin ich wieder fit, versprochen. Ich bin schneller hier draußen, als ich reingekommen bin."
Wie um sich selbst die Worte zu bestätigen, nickte er leicht und ignorierte den stechenden Schmerz, der sich daraufhin in seinem Kopf ausbreitete.
„Das glaube ich dir, mein Lieber. Und bis dahin pass gut auf M. Schmidt auf. Wenn er sich dir nähert, dann bekommt er es mit mir zu tun." Mel lächelte ihn an und küsste ihn sanft auf die Lippen. Er spürte den abgestandenen Geschmack in seinem Mund und die Risse, die auf seinen Lippen brannten.
„Da bin ich mir ganz sicher", frotzelte er und grinste sie an. „Ich muss auch wieder los", sagte Mel und stand auf. „Habe heute noch

ein Shoot mit Deani und morgen früh treffe ich mich allein mit dem Fotografen."

Sie tänzelte aus dem Zimmer, so dass Skys letzte Worte von ihr ungehört verhallten.

„Pass auf Dich auf", rief er ihr nach. Doch die Tür war bereits hinter Mel ins Schloss gefallen und ging erst wieder auf, als dieser M. Schmidt sich seinem Bett näherte.

„Ich hoffe doch, Ihre Freundin hat Sie nicht zu sehr gefordert?"

Sky blickte den Arzt an und ersparte sich eine Antwort. Was wollte er nur und was sollten diese gottverdammten Anspielungen? Er würde es herausfinden, aber jetzt war er einfach nur müde und schloss die Augen.

Sollte Schmidt doch die ganze Nacht hier stehen und ihn beobachten. Vor seinem geistigen Auge erschien ein Fleck auf dem Laken und ließ ihn aufschrecken. Seine Hand ertastete nichts und er war erleichtert, dass dies wohl nur ein makaberer Traum gewesen ist. Doch erinnerte er sich an diesen Fleck. Nur lag nicht er, sondern Mel im Krankenbett und unter ihr prangte dieser riesige Fleck, der ihn stark an seinen eigenen Lustsaft erinnerte.

„Dieses Schwein", entfuhr es ihm mit einem Gedanken an Schmidt.

Sky fiel in einen unruhigen Schlaf und wachte erst wieder auf, als die Schwester mit dem Frühstück erschien und als die Sonne bereits aufgegangen war.

„Guten Morgen Herr Hensler, ich hoffe, es geht Ihnen schon besser?"

„Bei diesem Lächeln muss es mir gut gehen", erwiderte er und blickte in ihre strahlend blauen Augen.

~ 8 ~

Mel saß zu Hause und überlegte, was es mit Skys Meinung zu Deani auf sich haben konnte. Klar, er hatte ihr die frühere Beziehung verheimlicht und eigentlich sollte sie sauer sein. Doch irgendwie wollte sich diese Wut, diese Enttäuschung nicht einstellen und wenn Mel ehrlich war, war sie sogar froh darüber. Es ging sie ja auch nichts an, es war lange vor ihrer Zeit … sogar noch vor der Ex, mit der Sky vor Mel zusammen war. Seit sie aus dem Krankenhaus entlassen wurde, hatte sie sich keinen Schnitt mehr gesetzt. Sie war kurz davor, als sie von Skys Unfall erfahren und sich die Schuld daran gegeben hatte. Aber nur fast. Sie hatte es nicht getan und sich gesagt, dass es ja nicht ihre Schuld war, wenn er mit dem Auto wie ein Gesengter losfuhr, auch wenn sie sich zuvor gestritten hatten.

Mel wollte etwas in ihrem Leben verändern. Sie spürte, dass die Zeit reif war und dass sie einen neuen Weg gehen musste. Dieses Shooting mit Deani hatte ihr den Mut gegeben, nach dem sie schon so lange suchte. Der Fotograf war attraktiv und wie Mel unschwer erkannte, war er sehr von ihr begeistert. Das Shooting war Erotik pur und sie verspürte große Lust, mit Deani mehr als nur Fotos zu machen. Bisher hatte sie diesen Wunsch für sich behalten und weder Deani, noch Sky gegenüber etwas geäußert. Denn zuerst wollte sie mehr über die Frau erfahren und eine Möglichkeit finden, sie sich hörig zu machen. Wenn sie das geschafft hatte, dann würde sie sie verführen und ihr zeigen, dass Sex zwischen Frauen ganz anders war als das, was Sky oder sonst ein Mann ihr bieten konnte.

„Ich werde allen beweisen, dass ich nicht gestört bin. Ich bin eben anders, aber das heißt ja nicht, das ich einen Knall habe!"
Mel sprach laut zu ihrem Spiegelbild und betrachtete sich. Sie war hübsch, hatte eine traumhafte Figur und lange schwarze Haare. Ein Männertraum, wie es nicht viele Frauen waren. Dazu kam ihr Stil, der erotisch und einzigartig war. Was hatte sie schon zu befürchten? Deani, die in Jeans und einem Top herumlief, würde ihr nie das Wasser reichen können. Mit einem Lächeln rief sie sich Deanis Körper in Erinnerung, den sie in ledernen Dessous und oben ohne gesehen hatte. Sie schloss die Augen und stellte sich vor, wie diese Frau ihren Körper liebkoste, wie sie Mel in Fesseln legte und wie sie ihre Zunge über ihre empfindlichsten Stellen gleiten ließ. Sie spürte, wie sich ihr Atem beschleunigte und ihre Lust die Oberhand gewann. Ein Blick auf die Uhr im Wohnzimmer verriet ihr, dass sie noch eine

Weile Zeit hatte. Mel ging ins Schlafzimmer und nahm einen Dildo aus ihrer Schublade. Sie setzte sich auf den Sessel, der gegenüber des Spiegels stand und von dem aus sie sich selbst beobachten konnte. Ihren kurzen Rock schob sie weit nach oben und spreizte die Beine leicht. Der Anblick ihrer feuchten Spalte ließ die Erregung noch weiter steigen und sie ein Prickeln in ihrem Unterleib spüren. Allein der Gedanke an die Dinge, die sie gleich anstellen würde, sorgten für eine Beschleunigung ihres Herzschlags und für die Tropfen ihrer Lust, die auf das Leder des Sessels liefen.

Langsam strich sie mit ihrer Hand durch die Spalte. Den Kopf hatte sie zurückgelehnt und die Augen geöffnet. Sie wollte sich dabei zusehen, wollte die Reaktion ihres Körpers genau beobachten und den Dildo verfolgen, der sich langsam und tief in sie hinein schob. Sie stellte sich vor, dass es nicht ihre, sondern Deanis Hand war, die den Dildo führte und ihn in ihre Rosenblüte schob. Ein schmatzendes Geräusch begleitete ihr Liebesspiel und verleitete Mel dazu, die Augen zu schließen und in ihre Welt der Phantasie einzutauchen. Immer schneller wurden die Bewegungen, immer lauter wurden die Geräusche und immer feuchter wurde ihre Spalte, die den Dildo nur zu zu bereitwillig aufnahm und ihn förmlich einsaugte. Ihr Atem ging schnell, sie stöhnte und schrie, als die Woge der Lust über ihrem Kopf zusammenschlug.

„Ja, stoß zu … heftig, gib mir mehr", stöhnte sie zwischen ihren leicht geöffneten Lippen hervor und hatte Deanis Gesicht vor ihren Augen. Ihre Rose zog sich in rhythmischen Bewegungen zusammen und umschloss den gläsernen Lustspender, der seine Kühle längst verloren hatte. Ihr Becken bewegte sich kreisend und unterstützte die Bewegungen ihrer Hand, die den Dildo führte und die sich den Weg zu ihrer empfindlichsten Stelle bahnte. Nur sehr langsam ebbte der Höhepunkt ab und hinterließ eine Leichtigkeit, die Mel den restlichen Tag über begleiten würde.

Als es plötzlich an ihrer Tür klingelte, erschrak sie und sprang, den Dildo noch in der Hand, auf. Schnell legte sie das glitschige

Spielzeug auf die Lehne des Sessels und ging zur Tür. Ihre Augen glänzten, als sie Deani im Türrahmen stehen sah. Die Deani, die eben noch ihre Phantasie beflügelt hatte und der Körper ihrer erotischen Gedanken gewesen war.

„Hi Mel, ich wollte nur fragen ….."

Mel ließ sie nicht ausreden und ergriff ihre Hand. „Komm rein. Fragen kannst du mich auch drinnen in Ruhe."

Mels mitreißende Art war für Deani ungewöhnlich und wenn sie ehrlich war, fühlte sie sich nicht ganz wohl in ihrer Haut, sobald sie mit Mel zusammen war. Aber sie musste es durchziehen. Nur so kam sie Sky eventuell wieder näher oder hatte eine Chance, die beiden zu trennen. Wenn diese Psychotante glaubte, sie würde sie mögen, dann war sie noch dümmer als Deani es geglaubt hätte. Mit einem falschen Lächeln auf den Lippen ließ sie sich von Mel in die Wohnung ziehen.

„Was treibt dich her?" Mels Stimme klang heiser, fast so, als hätte sie eben Sex gehabt. Doch da Sky im Krankenhaus lag, schloss Deani diese Option aus.

„Ich wollte fragen, ob wir nach dem Shooting gemeinsam zu Sky gehen."

Mels Blick verfinsterte sich für einen kurzen Moment, doch die Frage, was Deani bei Sky wollte, schluckte sie herunter. Um herauszufinden, was diese Frau mit ihm verband, musste sie die beiden gemeinsam sehen.

„Klar, können wir machen. Er freut sich bestimmt."

Deanis Blick glitt durch den Raum und bleib auf dem glänzend nassen und glitschigen Dildo hängen, ehe er zu Mel wanderte und ein wissendes Lächeln in ihr Gesicht zauberte. Mel sah in Deanis Augen und grinste. „Wenn Sky schon nicht hier ist, dann kann der da", ihre Hand wies auf den Dildo, „mir ein wenig Ablenkung verschaffen. Und Sky steht darauf, auch wenn er bei mir ist."

Deani wusste, dass Sky voyeuristische Neigungen hatte. Wie jeder Mann, fügte sie in Gedanken leise hinzu und spürte die Abneigung, die sie jedes Mal empfunden hatte, wenn er ihr zusah und dabei seinen gierigen Blick aufgesetzt hatte.

250

Wie zufällig berührte Mels Hand Deanis Busen, über dem sich ihr hautenges schwarzes Top verführerisch spannte. Deani zuckte zurück, doch so schnell die Berührung sie verunsicherte, so schnell war Mel aufgestanden und hatte den Dildo in der Hand.

„Ich mache ihn nur schnell sauber", sprach sie und war aus dem Zimmer verschwunden.

Der Anblick des gläsernen Schwanzes, der von glitschigen Schlieren überzogen war und der nach Sex hoch, ließ Deanis Lust aufkeimen. Sie dachte daran, dass ihr letztes Mal auch schon einige Zeit zurücklag und das es mal wieder Zeit wurde. Das die Erregung nun gerade hier in Mels Wohnung in ihr aufstieg, war ihr peinlich und unangenehm. Warum musste sie auch so hübsch sein und eine Figur haben, die nicht nur Männer ins Schwärmen brachte. Deani stand nicht auf Frauen und hatte diesbezüglich gar keine Erfahrung. Doch in dem Moment war es ihr egal, wer sie verwöhnte. Selbst Mel hätte ihre Brust nicht nur versehentlich, sondern mit klaren Absichten berühren und sie davon überzeugen können, sich ihr hinzugeben.

Schnell schüttelte Deani den Kopf und versicherte sich selbst, dass es soweit nicht kommen würde.

„Das macht meine ganzen Pläne kaputt", sagte sie sich in Gedanken und war froh, das Mel nicht im Raum war.

„Sauber", rief diese fröhlich, als sie mit dem glänzenden Schaft ins Zimmer zurückkehrte und damit vor Deanis Nase herumfuchtelte. Sie fasste ihn an, als ob es ein empfindlicher Schwanz, als ob es Skys Schwanz wäre und packte ihn in eine Schublade neben dem Sofa.

„Willst einen Kaffee?", fragte sie lächelnd und Deani spürte, dass ein Kaffee ihr nicht schaden konnte. Viel zu früh war sie nach einer fast schlaflosen Nacht aufgestanden. Die Müdigkeit ließ eine Schwere in ihren Gliedern verspüren.

„Gerne doch", meinte sie und lächelte. Diesmal war das Lächeln echt und ließ Deani Verwunderung verspüren. Verwunderung war beinahe der falsche Ausdruck. Bewunderung für diese Frau, die sich so verführerisch bewegte und vor ihr auf und ab lief, hätte es besser bezeichnet. Mel verschwand in der Küche und kehrte kurz darauf mit

251

zwei Tassen dampfendem Kaffee zurück. Währenddessen sah sich Deani weiter in der Wohnung um. Eine ganz normale Wohnung, wie sie fand. Nichts wies auf Mels Störung hin oder ließ auch nur ansatzweise vermuten, dass diese Frau einen Schaden hatte. Doch Deani war sich sicher, dass sie sich die Störung von Mel nicht nur einbildete. Einige Dinge waren bereits zu ihr durchgedrungen, ohne dass sie die Frau überhaupt kannte. Sie wohnten zwar im selben Viertel, aber wäre Mel nicht mit Sky zusammen, hätten sie sich nie kennengelernt und Deani hätte sie keines Blickes gewürdigt.

„Wie fandest Du das Shooting gestern?", fragte Mel, um ein Gespräch in Gang zu bringen. Auch wenn sie mit Deani am liebsten andere Dinge getan und sich lieber mit ihrem Körper, als mit einem Gespräch befasst hätte, wollte sie die Sache langsam angehen.
„War super. Der Fotograf hat es echt drauf", meinte Deani.
„Fand ich auch", bestätigte Mel.
„Wie lange arbeitest du schon mit ihm?" Deani überlegte.
„Seit gut 2 Jahren, mal häufiger, mal seltener. Aber er ist wirklich gut und von allen Shootings muss ich sagen, sind die mit Andreas die besten. Auch wenn ich mit seinem Fetisch nichts anfangen kann. Die Atmosphäre entschädigt dafür und über die Bilder kann man wirklich nicht meckern."

Genau das wollte Mel hören. Nicht nur, dass sie sich über ein paar erotische Fotos immer freute. Sondern auch, dass Deani das Shooting und die Bilder ebenso interessant fand. Dass die Frau mit einem Fetisch nichts anfangen konnte, störte Mel eher weniger.
„Ich freue mich schon wenn Sky die Bilder sieht. Er wird begeistert sein."
Mels Lächeln zog sich über ihr ganzes Gesicht und sparte auch ihren Blick, der sonst immer nachdenklich und fern wirkte, nicht aus.
„Du zeigst Sky die Bilder?" Deani runzelte die Augenbrauen.
„Klar doch, warum nicht? Oder passt es dir nicht?" Deani zuckte die Schultern. Eigentlich war das ihrem Plan doch dienlich und würde vielleicht sogar dabei helfen, ihn zurückzugewinnen. Wenn er sie so

sah, vielleicht erinnerte er sich an die Zeit, als sie sich für ihn ausgezogen hatte.

„Wir zwei bringen ihn um den Verstand, soviel ist sicher. Wenn du magst, zeig ihm die Bilder und sag mir, wie er sie fand."

Deani traf die

Entscheidung spontan. „Was hat er eigentlich beim nächsten Shoot mit uns vor? Er tat so geheimnisvoll." Mels Augen ruhten in Deanis Gesicht. Diese druckste ein wenig herum, ehe sie mit der Antwort herausrückte. „Er arbeitet nebenbei für eine Internet Plattform und hat mich gefragt, ob wir … einige Dinge miteinander tun können, bei denen er uns fotografiert." Mel war begeistert und sprang vom Sofa auf.

Der Kaffee schwappte aus ihrer Tasse und ergoss sich über dem Boden.

„Ich Trottel, das war doch wieder mal typisch", sprach sie und stellte die Tasse ab. Mit einem Zellstoff wischte sie die Flecken vom Boden auf.

„Ich weiß nicht, ob ich die Idee für gut befinde", meinte Deani, die sich vor Küssen und Berührungen, vor einem Liebesspiel mit Mel scheute. Auch wenn es nur für die Kamera war. Sie musste Dinge tun, die sie bisher noch mit keiner Frau getan hatte und wenn sie daran dachte, dass sie die Dinge ausgerechnet mit Mel tun musste, war sie nicht wirklich begeistert.

„Was für Dinge denn? Mit mir musst du nicht in Rätseln sprechen, ich bin offen für alles. Und das meine ich wörtlich", fügte sie lachend und mit einem Augenzwinkern an. Das war Deani schon klar, genau aus diesem Grund war sie so unschlüssig.

„Ist ein Lesbenportal", meinte sie knapp und blickte an die gegenüberliegende Wand.

„Na wenn es nicht mehr ist", meinte Mel nur beiläufig. „Das kriegen wir zwei hübschen doch ohne Probleme hin."

Mel kam auf Deani zu und ehe diese sich versah, saß sie auf ihrem Schoss und presste ihre Lippen fest auf Deanis. Diese wollte etwas erwidern, doch ihre Lippen öffneten sich automatisch und ließen Mels gierige Zunge ein. Ein Puckern in Deanis Schritt ließ sie erschrecken und reagieren. Sie entzog sich, auch wenn sie den Kuss mehr als nur genossen hatte.

„Beim Shooting, üben brauchen wir nicht", meinte sie mit heiserer Stimme und rückte ihr Top zurecht, welches sich durch Mels Überfall verschoben und einen Blick auf ihren steifen Nippel freigegeben hatte. Mel lachte laut, zupfte an Deanis Top und dabei wie zufällig an ihrem Nippel. Sie spürte den Herzschlag dieser Frau. Den lauten Herzschlag, der in ihren Ohren pulsieren und wie ein Donnerschlag klingen musste. Egal was sie auch sagte, sie konnte nicht verbergen, wie sehr sie sich von Mel angezogen fühlte. Aber die Zeit war noch nicht reif.

Mel war sich sicher, dass dieses Shooting eine ganz neue Wende in ihrem Leben bringen und ihre Phantasie mit Deani erfüllen würde. An Sky dachte sie in diesem Moment nicht. Er hatte über ihre Liaison mit Roxy hinweggesehen und mit seiner Reaktion eher Interesse, als irgendeine Form der Eifersucht gezeigt. Also würde er auch bei Deani nicht anders reagieren und ob er es jemals erfuhr, das war eine andere Sache.

Mel würde nicht darüber sprechen und wie sie Deani einschätzte, würde diese aus Scham erst recht nicht darüber reden, dass sie sich mit Mel eingelassen hatte. Sie trank den letzten Schluck Kaffee aus und stellte die Tasse auf den Tisch. Wie sehr sich Mel in Deani und ihren Absichten täuschte, würde ihr noch früh genug klarwerden. Wenn sie diese Absichten kennen würde, säße sie mit ihr nicht auf dem Sofa und würde gemütlich Kaffee trinken oder ihre erotische Phantasie in Gedanken mit Deani ausleben.

„Lass uns losfahren, ich freue mich schon total auf Sky und auf sein Gesicht, wenn er Besuch von zwei geilen Frauen bekommt."

Mel grinste bis über beide Ohren. Ihr Outfit sprach Bände und Deani kam sich im Vergleich zu ihr wie eine graue Maus vor. Doch spielte es eine Rolle? Sky hatte ihr Outfit immer gemocht und früher behauptet, er wolle keine Frau, die nur mit ihrem Aussehen begeistert und alle Blicke der Männer auf sich zieht. Warum er sich nun ausgerechnet so eine Frau gesucht hatte, verstand sie nicht.

„Los geht's, wir wollen ihn ja nicht länger als nötig warten lassen und außerdem", Deani lächelte, „haben wir ja noch unser Shoot vor uns." Sie stand auf und folgte Mel, deren Hand sie erneut wie zufällig berührte und sanft über ihren Po strich. Mel nahm auf dem Beifahrersitz Platz. Sie selbst besaß kein Auto und hätte die Bahn genommen, wäre Deani nicht auf die Idee gekommen zu fahren. Aus den Boxen dröhnte Juli, wobei sich Mels Zehnägel schmerzhaft nach oben rollten.

„An Deinem Musikgeschmack sollten wir aber noch feilen", merkte sie scherzhaft an und wühlte in den CD's, die im Handschuhfach lagen. Doch eine bessere Alternative war nicht zu finden. Alles was Deani hörte war Musik, die Mel in keinster Weise ansprach. Also beließ sie es dabei und bekam durch ihre Suche auch nicht mit, das Deani ihr einen bösen Blick zuwarf.

„Ich mag Juli", meinte sie nur beiläufig. „Skys Metallgekrache kann man sich ja nicht anhören!"

Ehe sich aus der begonnenen Konversation ein wirklicher Streit über den Musikgeschmack entwickeln konnte, waren die beiden am Krankenhaus angelangt. Mel sprang aus dem Auto und lief schnellen Schrittes auf den Eingang zu. Deani ließ es langsamer angehen, Mel würde schon warten. Mit dem Fahrstuhl fuhren sie nach oben und die erste Person, die Mel sah, war Dr. M. Schmidt, der sie süffisant angrinste.
„Haben Sie heute Verstärkung mitgebracht? Da wird sich Herr Hensler aber freuen."
Der Blick des Arztes ruhte länger als nötig auf Deani, die sich anhand dieser Aussage und den Blicken, mit denen sie der Doktor förmlich auszog, sichtlich unwohl fühlte.

255

„Aber klar doch", erwiderte Mel. „Würden Sie sich nicht über zwei Frauen freuen?"

Ohne ihn eines weiteren Blickes zu würdigen, bog Mel im Gang nach links ab. Deani folgte ihr schnellen Fußes und spürte, wie sich die Blicke dieses Arztes in sie bohrten.

"Ein unsympathischer Mensch, so schmierig", bemerkte sie, als die beiden um die Ecke und aus dem Blickfeld des Arztes verschwunden waren.

„Das kannst Du laut sagen. Was meinst Du wie ich geschaut habe, als er mir hier zum ersten Mal über den Weg lief. Ich war letzte Woche hier und schon da habe ich ihn nicht gemocht."

„So gut wie er aussieht, so penetrant scheint er zu sein", ließ Deani vernehmen.

„Bleib hinter mir", flüsterte Mel, ohne auf ihren letzten Satz einzugehen. Sie standen vor dem Zimmer, an dessen Schild Skys Name stand. Mel riss die Tür auf und stürmte ins Krankenzimmer. Sie lief direkt auf Skys Bett zu und umarmte ihn stürmisch. Ein lautes Stöhnen erinnerte sie daran, dass er sich nicht bewegen durfte. Sie küsste ihn leidenschaftlich, was er erwiderte und sie spüren ließ, dass er schon kräftiger als am Vortag war. Sein Blick glitt an ihr vorbei und ruhte auf Deani. Ehe er etwas sagen konnte, lächelte sie ihn zuckersüß an.

„Ich wollte dir auch mal einen Krankenbesuch abstatten", meinte sie. „Jetzt wo Mel und ich Geschäftspartner und Freundinnen sind."

Sein Blick verfinsterte sich und ruhte fragend auf Mel. Auch wenn sie gestern bereits angekündigt hatte, dass Deani und sie gemeinsame Shootings machten … halt, war es wirklich erst gestern gewesen? Seine Gedanken kreisten um den Streit, wegen dem er den Unfall verursacht hatte. Ein böser Blick bohrte sich durch Deani, ehe er sich Mel zuwandte.

„Mir geht's heute nicht so gut, aber ich freue mich über euren Besuch. Wenn Schmidt kommt, muss ich noch mal in die Röhre und dann entscheidet sich, wie lange ich hier noch dumm rumliegen muss."

Mel spürte, dass ihm etwas unangenehm war. Gestern hatte er sich keine Sorgen um Schmidt gemacht und war enttäuscht, dass sie nicht so lange Zeit hatte. War es mit Deani vielleicht doch keine so gute Idee?

„Das klingt doch super! Ich hoffe, du bist schnell hier raus und dann fangen wir ganz neu an!" Die Leichtigkeit und ihr fröhliches Lächeln freuten Sky, auch wenn er skeptisch blieb und sich im Klaren darüber war, dass diese Freundschaft mit seiner Ex zu einem richtigen Problem werden konnte.

„Aber nicht ganz neu, oder? Ich möchte nichts von dem vermissen, was uns verbindet."

Sein Lächeln war umwerfend, auch wenn der Kopfverband und seine Blessuren sich ein wenig auf seine Attraktivität auswirkten.

„Natürlich nicht ganz neu, mein Engel. Du weißt doch, wie sehr sich mein Körper nach dir verzehrt und dass es immer so sein wird."

Ihr Lächeln entwaffnete ihn. Diese Wirkung verlor sie nicht, auch wenn sie mit seiner Ex im Schlepptau hier auftauchte.

Schmidt trat herein und blickte zuerst Deani und Mel, dann Sky an. „Ich reiße Sie ja ungern von Ihren beiden Damen fort, aber die Röhre wartet." Sky nickte und blickte entschuldigend zu Mel. Deani ignorierte er vollständig. Noch nie hatte er sich so über Schmidts Anwesenheit und ein Date mit der Röhre gefreut.

„Kein Problem, wenn ich wieder draußen bin, haben wir noch genug Zeit", meinte er gekonnt gelassen und hoffte, der Arzt würde endlich handeln und nicht dumm in der Gegend herumstehen. Mel hatte den Wink mit dem Zaunpfahl verstanden und küsste Sky zum Abschied. Ihr entging nicht, mit welchem Blick sie von Dr. M. Schmidt bedacht wurde und dehnte den Kuss länger aus.

„Bis morgen, mein Schatz. Ich hoffe doch mit guten Nachrichten." Sie drehte sich um und schob die verdutzte Deani vor sich zur Tür hinaus. „Und nun widmen wir uns der Arbeit", verkündete sie fröhlich. Deani, verdattert durch die aufdringlichen Blicke des Arztes und schmerzhaft berührt von Mels inniger Zuneigung zu Sky, ließ sich willenlos aus dem Zimmer schieben. Ihr war nicht entgangen, wie unwohl sich Sky in ihrer Anwesenheit fühlte und wie wenig Wert er auf ihren Besuch legte. Allerdings spürte sie auch das Gefühl, dass ihn die Freundschaft zu Mel beschäftigte. Sie würde an ihrem Plan festhalten, auch wenn es einige Nerven kosten und viel Zeit in Anspruch nehmen würde. Wenn sie sich dafür mit Mel anfreunden musste, würde sie diese Last auf sich nehmen.

~ 9 ~

„Diese falsche Schlange!" Wütend brummelte Sky in seinen nicht vorhandenen Bart, als Schmidt ihn zum Fahrstuhl schob.
„Was haben Sie gesagt?" Sky schüttelte leicht den Kopf. „Galt nicht Ihnen", meinte er beiläufig. Der Rest des Weges verlief schweigend.
Als Sky aus der Röhre kam, war Schmidt verschwunden und an seiner Stelle stand die hübsche Krankenschwester, die ihm heute Morgen das Frühstück ans Bett gebracht hatte.
„Der Doktor hatte einen Notfall. Ich hoffe, Sie sind mit mir auch einverstanden."
Sie lächelte ihn entwaffnend an. „Einverstanden? Ich bin froh über Ihre Anwesenheit", gab er ehrlich zu und grinste verwegen. Wenn er nicht mit Mel zusammen wäre, würde er diese sagenhafte Frau um ein Date bitten. Dass sie sich mehr als nur beruflich für ihn interessierte, war ihm nicht entgangen und er spürte, wie sehr er dieses Gefühl genoss.
„Sie werden uns ja bald verlassen", meinte sie mit leichter Enttäuschung in ihrer warmen Stimme. Er blickte auf. Sie nickte leicht, wie um ihre Worte zu bestätigen. „Nachdem die Gehirnerschütterung abgeklungen ist und sich keine Blutungen oder andere Folgeschäden eingestellt haben, besteht kein Anlass, Sie länger als notwendig in unserer Obhut zu behalten. Den Verband nehme ich Ihnen nachher noch ab und werfe einen Blick auf Ihre Wunde. Ihre Freundin wird sich freuen und sie wird sich gerne um Sie kümmern, nehme ich an?"
Woher wusste die Krankenschwester von Mel?
„Das wird Sie bestimmt", meinte Sky und ließ seinen Blick über die

Frau schweifen. „Über Ihre Pflege beschwere ich mich aber auch nicht", fügte er an. „Allerdings liegt mit das Ambiente hier nicht so, wenn ich ehrlich bin."
Er sah auf ihre Namensschild. Schwester Iris, stand dort.
„Übernehmen Sie auch private Pflegedienste, Schwester Iris?"
Die Verlegenheit, die sich in leichter Röte auf ihrem Gesicht ausbreitete, stand ihr gut. Iris lachte.
„Das liegt nicht in meiner Macht, Herr Hensler. Wieso fragen Sie? Sorgt Ihre Freundin nicht gut für Sie oder warum möchten Sie mich?"
Sie zwinkerte ihm zu und schob ihn in den Fahrstuhl. Sky wusste auch nicht, warum er auf einmal flirtete. Die Krankenschwester war hübsch, klar. Doch war sie eigentlich gar nicht sein Typ und hätte sicherlich auch andere Sorgen, als sich privat um ihn zu kümmern.
„War nur ein Joke", meinte Sky grinsend und blickte geradeaus. Sie schob ihn ins Zimmer, lächelte ihn noch einmal kurz an und ging. „Bis später, Herr Hensler!"
„Halt", rief er ihr nach. „Nennen Sie mich doch Sky und nicht Herr Hensler. Ich konnte mir meinen Namen leider nicht aussuchen."
Sie nickte. „Kein Problem, den Wunsch kann ich Ihnen erfüllen Sky. Aber beim Sie bleibt es."
Sie zwinkerte ihm zu, was bei Sky den Herzschlag beschleunigte. Als sie den Raum verließ, schalt er sich für seine Gedanken, die eine eindeutige Richtung einnahmen. Vor seinem Unfall war er vollständig auf Mel fixiert und hätte keiner anderen Frau auch nur einen Blick zugeworfen. Ob der Unfall und seine daraus resultierende neue Erkenntnis der Endlichkeit an seinen Gedanken Schuld war, vermochte er nicht zu entschlüsseln.
„Sie erfährt es eh nicht. Warum soll ich nicht ein wenig Spaß in diesem tristen Gebäude hier haben? Immerhin vergnügt sie sich mit dieser Schlampe Deani."

Erst als Iris an ihn herantrat, wurde ihm bewusst, das er die Worte laut ausgesprochen hatte. „Sie möchten also Spaß haben, Sky? Wenn das so ist, sollte ich Ihnen wohl Dr. Schmidt schicken. Der ist hier auf der Station dafür bekannt, dass er die Patienten weit über seine Verpflichtungen hinaus unterhält."

Sie lachte. Vor Skys Blick formierte sich erneut der Fleck, den er auf Mels Lacken entdeckt hatte.

„Wie meinst du, ähm, wie meinen Sie das, Iris? Was macht dieser Schmidt? Vielleicht sollte ich für mich behalten, dass ich ihm nicht von der Wand bis zur Tapete traue. Aber jetzt wo Sie es ansprechen … ." Iris atmete hörbar aus und setzte sich auf die Kante von Skys Bett.

„Am besten vergessen wir die ganze Sache. Was ich eben gesagt habe, könnte mich meinen Job kosten."

„Also steckt doch mehr dahinter?"

Iris seufzte und ließ ihre Schultern hängen. „Ist 'ne lange Geschichte, die ich hier nicht erzählen kann. Da Sie sowieso bald rauskommen, können wir uns ja außerhalb des Krankenhauses treffen und ich erzähle Ihnen, was über Schmidt so behauptet wird. Vielleicht bei einem Bier im Pub?" Mit diesen Worten stand sie auf und verließ den Raum. Zuvor hatte sie Sky eine Visitenkarte unter die Bettdecke geschoben. Als er mit seiner Hand zu der Stelle tastete, an dem bis eben noch Iris gesessen hatte, ergriff er sie und hielt sie sich vors Gesicht.

„Iris Walter" stand dort. Darunter waren nur ihre Berufung als Krankenschwester, ihre Anstellung hier im Spital und ihre Handynummer zu finden. Schnell steckte er das Kärtchen weg, als er auf dem Flur Schritte vernahm. Seine Tür ging auf und Schmidt trat ein. Er grinste über beide Ohren und wippte mit dem Fuß, als er von der Krankenakte auf zu Sky blickte.

„Ich hoffe, Schwester Iris konnte mich gut vertreten. Aber darüber mache ich mir eigentlich keine Sorgen. Nur noch eine Nacht, dann können Sie nach Hause. Soll ich jemanden benachrichtigen, der Sie abholt? Ihr Auto ist Schrott, wie Sie sich vielleicht denken können." Sky schüttelte den Kopf. Schmidt brauchte niemanden zu benachrichtigen.

„Nehmen Sie mir bitte den Verband ab, das hat Schwester Iris vergessen." Schmidt hatte die Binde mit einem schnellen Handgriff entfernt, warf noch einen kurzen Blick auf die Naht und nickte zufrieden.

„Nächste Woche kommen Sie dann zum Fädenziehen. Alles Weitere wird Ihnen Iris bestimmt schon gesagt haben. Ich mache noch Ihre Papiere fertig und dann können Sie nach Hause."

Sky erhob sich und ging zum Schrank, in dem seine blutige Jeans, das Shirt und die Lederjacke hingen. Auch die Schuhe standen fein säuberlich am Boden des Schrankes. Nach seinen Shorts suchte er allerdings vergebens. Ihm fiel ein, dass diese seinem letzten heißen Fick mit Mel zum Opfer gefallen war und gleich dachte er wieder an das Messer, mit dem sie ihn aus den Shorts geschnitten hatte. Ein Lächeln umspielte seine Lippen. Mel war wirklich ein Kaliber, was es kein zweites Mal gab. Er wollte sofort zu ihr und freute sich auf ihr Gesicht, wenn er unverhofft in ihrer Tür stand. Schnell zog er sich an, wartete noch auf Schmidt mit den Entlassungspapieren und sog die frische Luft auf dem Parkplatz tief in seine Lungen. Nach einigem Kramen in der Jacke fand er ein Päckchen Zigaretten und sein Feuerzeug. Er schob sich eine Fluppe zwischen die Lippen und genoss den Rauch, der alsbald seine Lungen füllte.

„Zeit wird es", brummelte er in seinen imaginären Bart und nahm einen weiteren tiefen Zug. Sein Blick schweifte über den Parkplatz. „Scheiße, verdammte Scheiße aber auch!" Ihm wurde klar, dass er nach seinem Auto vergebens suchte. Ob es noch zu retten war? Darum wollte er sich gleich morgen kümmern. Heute, so viel stand fest, würde er auf direktem Weg zu Mel fahren. Sie war sicherlich schon zu Hause.

„Sky, warten Sie!" Die sympathische Stimme hinter ihm ließ ihn herumfahren. „Iris, was machen Sie hier?"

„Ich habe Feierabend und wie ich sehe, suchen Sie nach einem Fahrer. Wenn Sie möchten, nehme ich Sie mit. Aber jetzt, wo wir schon einmal hier sind, können wir das alberne Sie auch lassen. Ich bin Iris", sprach sie und streckte ihre Hand aus. Er ergriff sie, deutete eine leichte Verbeugung an und meinte:

„Ich bin Sky, Tätowierer, Piercer und für dich, was immer du dir wünscht!"

Ihr Blick verfinsterte sich für einen kurzen Moment, doch das laute Lachen aus ihrem Mund erreichte in Sekundenschnelle auch ihre Augen. „Was immer ich mir wünsche? Du nimmst den Mund sehr voll, mein Lieber. Dabei kennst du mich doch gar nicht."

Noch immer grinste sie und entblößte dabei eine Reihe strahlend weißer Zähne. Seinen Plan, sofort zu Mel zu fahren, verwarf er.

„Wo soll ich Dich absetzen?", fragte sie. Sky griff in seine Hosentasche, ließ seinen Blick provokativ über die Visitenkarte wandern und meinte: „Im Pub, den den dir aussuchen kannst. Ich erinnere mich grob, das du mir noch etwas erzählen wolltest. Und ich wüsste keinen besseren Zeitpunkt als jetzt. Nach dieser kulinarischen Vielfalt hier", seine Hand wies in Richtung des Krankenhauses, „kann ich ein Bier gut vertragen." Iris schaute ihn prüfend an, nickte dann aber und lenkte ihren Kleinwagen vom Parkplatz. Sie hielt in der Stadt, in unmittelbarer Nähe seines Tattoo-Studios und wies auf den Iris Pub.

„Wie wäre es mit dem Kilkenny? Ich bin öfter hier, schöne Atmosphäre und nette Leute."

„Eine gute Wahl", befand Sky. „Verwunderlich, das wir uns hier noch nie begegnet sind. Schau, dort drüben ist mein Studio. Nach Feierabend bin ich gelegentlich noch auf einen Absacker im Kilkenny, aber ich habe ich leider dort noch nicht getroffen."

„Das liegt wohl daran, das sich dein Feierabend und meinem zeitlich ein wenig unterscheidet."

Die Uhr am Kirchturm am Ende der Straße zeigte gerade 13 Uhr an.

„Das wird es wohl sein. Wenn du Feierabend hast, geht mein Job meist erst los und dann bis in die Nacht hinein."

Sie lachten, unterhielten sich und tranken ihr Bier. Um diese Uhrzeit war der Pub wie leergefegt. Kein Wunder, wer ging schon um die Mittagszeit ins Kilkenny und genehmigte sich ein Bier?

„Nun erzähle mir, was es mit Schmidt auf sich hat. Ich habe mit ihm, das glaube ich mit an Sicherheit grenzender Wahrscheinlichkeit, noch eine Rechnung offen."

Iris hörte aufmerksam zu, als er von Mel und von ihrem Krankenhausaufenthalt, von seinem Besuch und von dem Fleck auf Mels Laken berichtete. Ihr Blick verfinsterte sich und sie schnaufte. „Dieses Schwein. Er tut immer, als wäre er ein solventer und seriöser Arzt. In Wirklichkeit ist er ein Stück Scheiße, der die Hilflosigkeit seiner Patienten ausnutzt. Früher, also als ich neu im Krankenhaus war, hat er es bei mir probiert. Die anderen Schwestern haben mich vor ihm gewarnt und so war nicht nicht überrascht, als er einige unverkennbare Anspielungen verlauten ließ. Als er mir nach Feierabend auflauerte und mir seinen stinkenden Atem ins Gesicht blies, ging ich am folgenden Tag gleich zur Krankenhausleitung. Doch die sind taub, wenn es um Schmidt geht. Er wäre der beste Arzt und bei den Patienten, sowie im Kollegium beliebt. Wenn ich ein Problem mit ihm hätte, dann sollte ich an mir und meinem Outfit arbeiten und es nicht auf Schmidt schieben. Das war die Antwort, die ich bekam und die meine Neugier geweckt hatte. Ich glaubte nicht, dass ich mir seine Anzüglichkeit eingebildet und sie selbst verschuldet hatte. Doch dass ich bei der Leitung nicht punkten konnte, ließ mich in Zukunft schweigen und auf meine Art mit Schmidt und seinen Avancen umgehen."

Iris nahm einen kräftigen Schluck aus dem Glas und winkte dem Keller, der ihr ein neues Bier brachte.
„Du auch?", fragte er Sky. Er nickte. Nicht nur das Bier, sondern auch die Erinnerung an Schmidt sorgen dafür, dass sich ihre Augen mit Tränen füllten. Ihre Stimme war zittrig und Sky verspürte das Bedürfnis, diese Frau zu beschützen. Er ergriff ihre Hand, die auf dem Tisch lag und streichelte ihre Finger. Iris umschloss seine Hand und blickte ihn an, während eine Träne ihre Wange herab rann und auf dem Tischtuch aufkam.
„Geh doch in ein anderes Krankenhaus. Ich bin sicher, du findest einen Job, in dem dir Schmidt nicht mehr begegnet."

„Ach, es geht doch nicht um mich. Ich kann mich schon wehren. Nur was ist mit den ganzen Patienten, die ihm hilflos ausgeliefert sind und nicht weg können? Warum behält die Klinikleitung einen wie Schmidt? Ich war sicherlich nicht die Einzige, die sich über ihn beschwert hat. Jeder schweigt, fast so, als würde die Klinik Schmidt gehören."

Sie schnaubte und griff fester nach Skys Hand. Er erwiderte den Druck und streichelte weiter ihre Finger. Langsam beruhigte sie sich. „Du hast ja recht, Sky. Es geht auch gar nicht um meinen Job. Verstehst du, wenn ich dir sage, dass ich ein schlechtes Gewissen gegenüber den Schwestern und Patienten hätte, wenn ich gehe? Ich kann zwar nichts ändern, aber ich kann wenigstens aufpassen, wie weit er geht."

Sky verstand genau, wie sie es meinte. Auch wenn sie bei Mel anscheinend nicht aufgepasst hatte. Aber überall konnte sie mit ihrem Blick auch nicht sein. Er machte ihr keinen Vorwurf und würde seinen eben gefassten Gedanken gar nicht erwähnen. Aber die Geschichte mit Mel musste er ihr erzählen. Vielleicht war ihr etwas aufgefallen und sie erinnerte sich, wenn er sie darauf ansprach. Als er an Mel dachte, spürte er den Anflug eines schlechten Gewissens. Doch er konnte ihre Hand nicht loslassen, konnte nicht aufhören ihre Finger zu streicheln und tief in ihre traurigen und fast verzweifelt wirkenden Augen zu blicken.

„Ich bring Dich jetzt nach Hause", flüsterte sie und trank ihr Glas in einem Zug leer. Sky schüttelte den Kopf und hielt ihre Hand fest. „Du fährst nirgendwo mehr hin." Als sie aufstehen und den Tisch verlassen wollte, taumelte sie leicht. Das Bier und die Aufregung über den Tag, die Gespräche über Schmidt und wer weiß, welche Gedanken noch so zugesetzt hatten, dass sie taumelte und mit dem Oberschenkel vor die Tischkante knallte.

„Verdammt", fluchte sie und hielt sich am Tisch fest. „Du hast recht, ich sollte nicht mehr fahren. Aber von hier ist es noch ein Stück bis nach Hause, das ich wohl laufen muss."

Sky stand auf und hielt ihre Hand immer noch fest.

„Ich begleite dich, u musst nicht allein gehen. Allerdings muss ich nochmalkurz ins Studio und schauen, ob alles okay ist. Wenn es dir nichts ausmacht."

Es machte ihr nichts aus. Er ließ ihre Hand los, als sie das Kilkenny verließen und über die Straße zum Studio gingen. Sky fingerte in seiner Tasche nach dem Schlüssel und hielt ihr charmant die Tür auf. Fast wäre Iris über die Schwelle gestolpert. Sie fing sich und fand sich in seinen Armen wieder. Ihren Kopf lehnte sie an seine Schulter. Sie spürte die Wärme, die seine Haut ausstrahlte, hörte seinen Herzschlag und fand das Kitzeln seiner langen Haare an ihrem Gesicht sehr angenehm. Zu schade wäre es gewesen, hätte er diesen scheiß Unfall nicht überlebt. Was hatte seine Freundin getan, um ihn so in Wut zu bringen, dass er den Unfall verursachte und sich bald tot fuhr? Sky strcichelte ihr Haar, berührte ihre Schulter und hielt sie in seinen starken Armen. Als er sich von ihr lösen und nach hinten gehen wollte, schnappte sie seine Hand und ließ sich hinter ihm herziehen. Sie sah sich fasziniert um. Dieses Tattoo -Studio war für sie wie eine andere Welt. Sie hatte zwar ein paar Piercings, aber beim Tätowierer war sie noch nie gewesen. Ihr fehlte der Mut, auch wenn sie Bilder auf ihrer Haut sehr schön finden würde.

„Das ist mein Reich", sagte er lächelnd und wies auf die Räume, die voller bunter Bilder waren und nach Desinfektionsmittel rochen.

„Also wenn dir mal nach einem Tattoo oder einem Piercing ist, bist du bei mir in den richtigen Händen. Warte, ich muss noch schnell in den Kalender sehen und die Kunden anrufen, die aufgrund meines Aufenthalts in deinem Etablissement warten mussten. Hast du noch ein wenig Zeit?"

Sie nickte. Zeit hatte sie heute wahrlich genug. Sie musste erst morgen Mittag wieder arbeiten und war froh über ein wenig Ablenkung, die sie seit der Scheidung von ihrem Mann und dem Tod ihrer Katze nicht mehr hatte. Ihr graute es vor der leeren Wohnung, die sie jeden Tag empfing und sie zu verhöhnen schien. Schon länger war sie auf Wohnungssuche, aber mit ihrem schmalen

Schwesterngehalt musste sie große Sprünge meiden und ihre Ansprüche genau abwägen. Sky wählte ein paar Nummern, führte ein paar Gespräche und kam lächelnd hinter dem Tresen hervor. Währenddessen hatte sich Iris umgesehen und saß mit einem Ordner voller Bilder auf dem ledernen Sofa.

„Die hast alle du gestochen?" Er nickte und spürte den Stolz, der sich in seiner Brust breitmachte. „Die und noch viele andere. Willst du sie sehen?"

Als sie nickte, nahm er einen weiteren Ordner aus dem Schrank und zwar einen, von dem er fand, die Bilder darin würden viel besser zu Iris passen als die in dem Ordner, den sie gerade in den Händen hielt. Blüten, Schmetterlinge und Tribals auf ihrem zierlichen und doch sp wohlgeformten Körper konnte er sich sehr gut vorstellen.
Sie nahm ihm den Ordner aus der Hand und blätterte gedankenverloren darin herum.
„Mein Ex Mann hat Tattoos gehasst. Ich wollte selbst immer eines haben, aber er hat mir mit der Scheidung gedroht und gemeint, Tattoos sind was für Versager und Asoziale und nichts für eine Frau wie mich. Also habe ich um des lieben Friedens willen verzichtet und was habe ich davon gehabt? Ganze 5 Jahre meines Lebens habe ich verschenkt und scheiden lassen hat er sich trotzdem, auch wenn ich nicht tätowiert bin. Seine Sekretärin gefiel im besser und nun halt dich fest. Sie hat ein Tattoo auf dem Bein und bei ihr fand er es anscheinend nicht asozial."

Sky spürte, wie sehr sie an der Scheidung noch zu knabbern hatte und wie sehr dieser Typ an ihrem Ego gekratzt hatte. Er hatte eine Idee, die er ihr lächelnd offerierte. „Weißt du was? Ein Tattoo ist die beste Möglichkeit, um mit einem alten Thema, mit einem vergangenen Lebenabschnitt abzuschließen und einen Schritt ins neue Leben zu gehen. Wenn du magst, würde ich Ddir bei diesem Schritt helfen und werde dir ein Bild auf deinen Körper zaubern, welches deine Wünsche und Phantasien aufzeigt und welches perfekt zu dir passt."

Sky war Feuer und Flamme und auch Iris lächelte, als sie seinen Vorschlag hörte.

„Das würdest du echt tun?" „Das und noch viel mehr", meinte Sky und beugte sich über sie. Ihre Lippen rochen verführerisch nach Erdbeeren und waren so rot, dass sie an das Blut, welches nach der Verletzung durch Mel aus seiner Brust lief, erinnerten. Einen kurzen Kuss ließ sie zu, dann zog sie sich zurück und legte ihren Finger auf seine Lippen. Sky verstand nicht, warum sie ihn abwies. Sein Blick ruhte tief in ihren Augen.

„So nicht", flüsterte sie. „Um mich zu küssen, musst du mich lieben. Das kannst du nicht, da du eine Freundin hast und da du sie liebst. Aber ich weiß etwas, was auch ohne Liebe eine Menge Spaß macht. Schließ die Tür ab, oder willst du, das uns jemand überrascht?"

Sky stand auf und verschloss die Tür, ehe er schnell und mit einer Portion Neugier zu Iris zurückkehrte. Nur einen kurzen Moment war er weg gewesen, doch nun lag sie da, nackt und in voller Schönheit, mit zwei Piercings in ihren Nippeln und einem kleinen goldenen Ring in ihrer empfindlichsten Stelle.

„Berühre nur die Lippen einer Frau, die du liebst und der du treu sein möchtest. Das meine ich aber nur bei den Lippen im Gesicht. Die da", ihr Blick glitt nach unten und ihre Finger zeigten ihm, welche Lippen sie meinte, sollst du berühren und spüren lassen, wie sehr du eine Frau begehrst."

Er spürte die Lust, die dieser Körper in ihm emporsteigen ließ. Iris war ganz anders als Mel. Ihre Brüste waren klein, ihre Haut bis auf die Piercings unversehrt und von einer sonnigen Bräune. Mel war vergessen, als er diese Schönheit vor sich liegen sah und die Situation als so normal empfand, wie er schon lange nichts mehr in seinem Leben als normal empfunden hatte. Seine Finger berührten ihre Haut, streichelten ihre Brüste und glitten tiefer über ihren Bauch, bis sie sich zwischen den Lippen ihrer Gier befanden. Er spürte eine angenehme Wärme, die leichte Feuchtigkeit die er mit seinen

267

Fingern erzeugte und die seinen Zeigefinger wie ein Spinnennetz umgab. Iris hatte die Augen geschlossen und wand sich unter seinen Händen. Als sie seine Zunge zwischen den Lippen und über ihre Knospe streichen spürte, stöhnte sie kehlig auf und hob ihren Unterleib an, damit er noch besser herankäme und sie mit seiner Zunge verwöhnen konnte. Er ließ sich nicht zweimal bitten, fuhr mit seiner Zunge durch ihre unterdes klatschnasse Spalte und schob ihr die Zungenspitze in ihre zierliche Rosenblüte. Sie bäumte sich auf und ließ ihn spüren, wie sehr ihr seine Leidenschaft gefiel.

„Ich will dich, jetzt und auf der Stelle! Bitte fick mich und weise mich nicht ab ...", stöhnte sie mit geschlossenen Augen. Sky riss sich die Jeans vom Leib, kniete sich über Iris und schob ihr seine längst harte Männlichkeit in ihre Rose. Sie bäumte sich erneut auf, er entzog sich ihr. Aber nur, um seine Schwert in seine Hand zu nehmen und es sanft aber fordernd vor ihre geschwollene Knospe zu schlagen. Wieder und immer wieder klatschte seine Eichel auf ihre Knospe, bis er die Flüssigkeit spürte, die aus ihr spritze und sich auf seinem Bauch ergoss. Kurz erschrak er, doch überrollte ihn die Welle der Gier so enorm, das er seinen Schwert erneut in sie schob und es ihr besorgte, bis sich ihre Hände fest in seine Hüften krallten und ihn ihre Lust spüren ließen. Er beugte sich über sie, saugte an ihren Nippeln und spielte mit den kleinen Ringen, die auf seiner Zunge für einen Reiz der besonderen Art sorgten. Leicht und vorsichtig knabberte an ihren Brüsten, schob seine Männlichkeit in ihren Körper und wollte am liebsten ganz in sie eintauchen. Mit einem spitzen Aufschrei kam sie, presste ihre Hände auf seinen Po und schob ihn so bis zum Anschlag in sich hinein.

„Nicht bewegen, bitte bitte, nicht bewegen", flüsterte sie und hielt seine Pobacken fest umklammert. Sky spürte, wie die Hitze in ihm aufstieg und wie er still in ihr verharrte, erregt durch die Kontraktionen ihrer Muskeln und am Abspritzen, ohne sich in ihr zu bewegen. Er stöhnte auf, spürte das Pumpen und seinen eigenen Herzschlag, ihre Lust die nicht enden wollte und ihre Haut, die so weich unter seinem Körper lag und die ihn so antörnte. Die Haut, die unberührt und ohne Bilder vor ihm lag und sich wie die schönste

Leinwand präsentierte, die Sky in seinem Leben gesehen hatte.

Sein Zopf hatte sich im Eifer des Gefechts gelöst. Die langen Haare kitzelten Iris an der Nase, so dass die pustete und versuchte, seine Haare ohne die Zuhilfenahme ihrer Hände aus dem Gesicht zu bekommen. Er lächelte, küsste noch einmal ihre Nippel und stand auf. Beim Hose verschließen wurde ihm bewusst, was er gerade eben getan hatte. „Oh man, wie konnte das passieren?" Die Frage richtete er im Stillen an sich. Denn wie es passiert war, erschloss sich ihm noch sehr deutlich. Sie lag immer noch da, die Augen geschlossen und die Wogen abebben lassend. Er fand sie toll, aber nie, um nichts in der Welt hätte er schwach werden dürfen.

„Iris", begann er und setzte sich auf den Hocker, auf dem normalerweise seine Kunden saßen.
„Was ist?" Sie öffnete ein Auge und blinzelte ihn zufrieden an.
„Was gerade eben geschehen ist, es hätte nie passieren dürfen."
Iris setzte sich auf. „Ist es aber", antwortete sie keck. „Und nun?"
Er saß wie ein unbeholfener Schuljunge da und starrte auf den Boden.
„Hör mal. Was war eben? Also ich kann mich an nichts erinnern. Es war nur Sex, mehr nicht. Du bist mir zu nichts verpflichtet und ich werde garantiert nicht zu deiner Freundin rennen und ihr davon erzählen. Ich habe dich gewollt, ich habe dich gebraucht und es ich habe es genossen. Doch schon jetzt", sie fuhr mit dem Finger über ihre Lippen, „ist es vergessen und nie geschehen. Aber was dein Angebot mit dem Tattoo angeht", fuhr sie fort, „darauf komme ich gerne zurück und ich vergesse es nicht. Meine Karte hast du ja."

Sie war aufgestanden und zog sich an. Sky fiel ein, dass er sie eigentlich nach Hause begleiten wollte. Als Kavalier würde er es tun, als vergebener Mann waren seine Signale auf Alarm eingestellt und er überlegte, wie er am besten aus der Situation herauskam und Iris dabei nicht enttäuschte.
„Nachdem ich mir bereits genommen habe, was ich von dir wollte,

brauchst du mich nicht mehr begleiten. Eigentlich wollte ich dich hereinbitten und ich mit einem Kaffee locken. Doch den Kaffee haben wir uns erspart und sind gleich zur Sache gekommen. Also geh heim zu deiner Freundin und ich gehe nach Hause und werde mich ausschlafen … und von dem eben Erlebten träumen."

Mit diesen Worten stand sie auf, hauchte ihm einen zarten Kuss auf die Wange und schloss die Studiotür auf. Er hörte die Tür ins Schloss fallen und warf einen letzten Blick auf Iris, die mit wiegenden Hüften zu ihrem Auto ging, einstieg und den Motor anließ. Fort war sie. Doch sein schlechtes Gewissen blieb. Zu Mel konnte er jetzt auf keinen Fall. Er zog es vor, in seine Wohnung zu gehen und den Tag in Ruhe ausklingen zu lassen. Gleich morgen früh würde er Mel anrufen oder direkt mit einem Strauß Blumen vor ihrer Tür stehen. Mit den Blumen, das überlegte er sich schnell anders. Er hatte ihr noch nie Blumen geschenkt und wenn er das tat, würde sie umgehend Verdacht schöpfen und damit gar nicht verkehrt liegen. Heute, so wie ihm einfiel, war sie eh mit Deani bei einem Shooting und würde nicht an ihn denken. Ein Glück aber auch, dachte er bei sich und machte sich auf den Heimweg.

In seiner Wohnung fand er keine Ruhe. Er schlief ein, wachte wieder auf und sah auf die Uhr, nur um festzustellen, dass seit dem letzten Blick erst eine halbe Stunde vergangen war. Er war müde, doch ein ruhiger Schlaf wollte sich nicht einstellen. Kein Wunder, tauchten in seinen Träumen Iris, Mel und Deani auf. Er stand auf, setzte sich an den Computer und entschied sich, ein wenig zu pokern. Was sollte er sonst in einer Nacht tun, in der der Schlaf nur Schuldgefühle brachte und nach der er am Morgen müder aufwachen würde, als er sich hingelegt hatte? Doch auch am Pokertisch wollte sich das Glück heute auch nicht einstellen. In kurzer Zeit verlor er eine Menge Geld und so machte er den PC wieder aus. Heute würde er es sich nicht zurückholen können. Er war unkonzentriert und schon von Weitem als Fisch zu erkennen. Also drehte er die Musik auf und hoffte, das ein wenig Metal ihn auf andere Gedanken bringen und endlich die kruden Gedanken aus seinem Hirn streichen würde.

~ 10 ~

Mel und Deani gingen gemeinsam zum Shooting. Während Deani ihren Gedanken nachhing und mit Skys Reaktion beim Besuch im Krankenhaus zu kämpfen hatte, malte sich Mel verschiedene Situationen aus, in denen sie Deani nicht nur auf den Fotos, sondern auch real verführen konnte. Sie spielte mit ihrem Haar, ließ die Zunge in ihrer Phantasie über den Körper der Frau wandern und spürte, wie diese sich unter ihren Berührungen wand und nach mehr verlangte.

Fordernd streckte sie ihr die Brüste hin und hob ihren Unterleib, damit Mel die empfindliche Knospe erreichen und ihre Spalte verwöhnen konnte. „Deani an Mel, bitte aufwachen." Mel schrak aus ihrem erotischen Traum und spürte, wie sie allein der Gedanke schon erregt hatte.

„Freust dich wohl schon so sehr auf Sky, dass du gar nicht mehr bei mir bist?" Deani lächelte so falsch, dass Mel sich erschrak und ein Stück von ihr abrückte. Dies entging Deani nicht, doch wusste sie nicht, warum Mel sich von ihr entfernte.
„Wenn die wüsste", dachte Deani erneut und lächelte, diesmal echt und freundlich. Hatte sich Mel dieses falsche Grinsen eben nur eingebildet und war so sehr in ihrer Phantasie gefangen, dass sie die Realität gar nicht mehr einschätzen konnte? Sie schüttelte sich leicht und sah zu Deani.

„Eigentlich war ich in Gedanken bei dir", flüsterte sie und berührte Deanis Arm. „Ich freue mich auf das Shooting und bin gespannt, was der Fotograf mit uns zwei Hübschen vorhat." Deani war auch gespannt, aber weniger in dem Ausmaß an das Mel dachte. Doch von Mels Gedanken hatte sie keine Ahnung, sonst wäre sie augenblicklich umgekehrt. Denn wie schnell sich der Spieß sich drehen und sich zugunsten von Mel wenden konnte, war für Deani noch nicht vorstellbar. Sie war der festen Meinung, dass sie die Zügel in der Hand hatte und die Regie in diesem Streifen führte. Tat sie das wirklich oder machte sie sich nur etwas vor? Wenn sie an Sky dachte und seinen abweisenden, sogar bösen Blick von vorhin dachte, hätte sie ihren Plan am liebsten negiert und in den sauren Apfel gebissen. Doch nun war sie so weit gegangen, hatte alles ausgeklügelt und würde um nichts in der Welt mehr davon abweichen.

Wenn sie ihn nicht haben konnte, so sollte ihn diese Psychotante auch nicht bekommen.

Andreas kam auf das Auto der beiden zu und hielt Mel die Tür auf. „Da seid ihr ja, ich dachte schon, ihr habt es euch anders überlegt. Jetzt wo es heiß wird." Er strahlte übers ganze Gesicht und Mel stellte einmal mehr fest, dass ihm die Sommerbräune sehr gut stand und seinen nordischen Typ fremdartig und geheimnisvoll wirken ließ. Deani war zwischenzeitlich ausgestiegen und lief auf Andreas zu. Ein Küsschen links und ein Küsschen rechts, wie theatralisch. Mel schmunzelte, als sie das gekünstelte Verhalten von Deani beobachtete. „Wie eine Diva", dachte sie sich und schritt hinter den beiden her. In dem Moment verging Mel die Lust, die sie eigentlich spürte und mit der sie Deani in ihren Bann ziehen wollte. Doch würde sie es trotzdem tun, schon allein aus dem Grund, das sie Skys Ex war und Mel ihr eins auswischen würde. Sie würde sie in der Hand haben und es genießen.
„Ihr wisst, was ich heute von Euch erwarte?" Andreas blickte von Mel zu Deani. Als beide nickten, lächelte er und gab ihnen jeweils einen kleinen Koffer.

„Die kannst Du ruhig zur Ruine hoch tragen, oder glaubst du, wir möchten uns abschleppen und dann schwitzen?"
Andreas schnappte sich die Koffer.
„Schwitzen werdet ihr, das kann ich euch versprechen."

Ohne ein weiteres Wort ging er mit den Koffern vor und lief über den schmalen Pfad, der hinauf zur alten Burg führte. Von einer Burg im eigentlichen Sinne konnte nicht mehr die Rede sein. Das Einzige was davon übrig geblieben war, war die Ruine. Hier trafen sich Pärchen für ein ungestörtes Stelldichein, oder eben Fetisch Fotografen und Models, die ihre Fotos ohne Erregung öffentlichen Ärgernisses in den Kasten bringen wollten.

Genau der richtige Ort, stellte Andreas noch einmal anerkennend an sich selbst fest und hoffte, dass er mit den beiden die richtige Entscheidung getroffen hatte. In Mel setzte er große Hoffnungen, doch ohne seinen Star Deani würde das nichts bringen. Die Lesben im Portal waren verrückt nach ihr. Kein Wunder, immerhin verkaufte er sie als Lesbe, auch wenn Deani bisher nie Sex mit einer Frau gehabt hatte. Im Endeffekt zählte für ihn nicht die Realität, sondern die Phantasie, mit der er sein Geld verdiente und die er den Leuten verkaufte. Als er den Berg endlich erklommen hatte, atmete er durch und ließ sich auf eine Mauer fallen. Er war erschöpft. Mel und Deani ging es nicht anders, so dass eine kleine Verschnaufpause von allen dreien als willkommener Anlass betrachtet wurde. Mel trank einen großen Schluck Wasser und ließ sich rücklings auf den Boden fallen. Ihr Blick glitt in den Himmel und ließ einen Wunsch in ihr aufkommen, über den sie bisher noch gar nicht nachgedacht hatte. Wie schön wäre es, wenn Sky jetzt bei ihr wäre und wenn er das Shooting beobachten würde. Nicht nur wegen der erotischen Stimmung, die vor ihm garantiert nicht Halt machen würde. Auch wegen der Nähe, die sie so sehr vermisste. Im gleichen Moment ärgerte sie sich über den sinnlosen Streit, nach dem er gefahren war und nachdem er den Unfall gebaut hatte.

„Zieht Euch um und lasst uns das gute Licht nutzen", meinte Andreas und riss Mel aus den Gedanken. Deani nickte und zog ihr Top über den Kopf. Mit bloßen Brüsten stand sie vor Mel, die einen bewundernden Blick über ihren Körper schweifen ließ. Doch als sie daran dachte, dass Sky diesen Körper berührt, ihn geküsst und behandelt hatte wie ihren, spürte sie die Eifersucht, auf die sie bisher vergeblich gewartet hatte.

„Nicht jetzt", schalt sie sich. „Außerdem, er hat sie nie so berührt wie er mich berührt. Zwischen ihm und mir, das ist etwas Besonderes."

Sie riss sich ebenfalls ihr Kleid über den Kopf und versteckte ihren hasserfüllten Blick, der kurz zuvor noch auf Deani geruht hatte. Während der Frau die wechselnde Stimmung ihrer Begleiterin entgangen war, hatte der Fotograf es deutlich bemerkt.

„Das kann ja heiter werden", dachte er sich. Gestern noch die dicksten Freundinnen und heute wo es darauf ankommt, zickt eine von beiden herum." Professionalität war das, was er neben seiner voyeuristischen Neigung in den Vordergrund seiner Arbeit stellte. Natürlich wollte er Frauen in Action sehen und bekam gar nicht genug von ihren wohlgeformten Körpern. Es ging ihm nicht darum, diese zu berühren. Allein der Anblick war das, was seine Phantasie anregte und was ihn erregte. Dass er aus seinem Hobby und mit seiner Leidenschaft noch Geld machen konnte, sah Andreas selbst als angenehmen Nebeneffekt seiner Arbeit.
Er gab ein paar Instruktionen, schnürte Mel in die hautenge Korsage und zupfte ein wenig an den Lederdessous von Deani.
„ So passt es und nun zeigt, warum ich euch ausgewählt habe."
Mel ging zur bröckeligen Mauer, schwang sich auf diese und legte sich, sowie Andreas es ihr instruiert hatte, obenauf. Deani folgte ihr, blieb vor der Mauer stehen und berührte Mels Körper.

„Natürlich Mädels, natürlich, nicht so verkrampft. Tut einfach so, als wäre ich nicht hier!"

Längst war Andreas hinter der Linse seiner Kamera verschwunden. Deani drehte sich in seine Richtung.
„Wärst Du nicht hier, wäre ich es auch nicht, also was soll der Scheiß?"
Sie berührte Mels Körper erneut, diesmal weniger gespielt. Mel sah

in ihre Augen. „Er hat recht. Er spielt doch gar keine Rolle. Was würdest du mit mir tun, wenn wir beiden Hübschen allein wären und ich so vor dir liege?"

Nichts würde sie tun! Sie fand Mel zwar hübsch, aber sie verabscheute diese Person und würde sie nicht berühren. Doch dafür war es jetzt zu spät. Sie hatte die Session selbst eingerührt und nun musste sie das tun, was Andreas von ihr erwartete. Ohne Vorwarnung streichelte Deani Mels Körper, ließ ihre Hände über ihre Brüste, über ihre Oberschenkel und den flachen Bauch gleiten. Dabei blickte sie in Mels Gesicht, beugte sich über sie und berührte mit ihren Lippen Mels Mund, der sich leicht öffnete und der Deanis Zunge Einlass gewährte. Auch wenn Mel bis eben noch nicht an die Initiative Deanis geglaubt hatte, so ergab sie sich dem Gefühl, welches sie wie eine Woge überrollte und unaufhaltsam von ihrem Körper Besitz ergriff.

„Weiter, ihr seid super. Genau so möchte ich euch haben! Tut alles, was ihr ohne Kamera auch tun würdet!"

Die Worte des Fotografen verhallten ungehört, denn längst war nicht nur Mel, sondern auch Deani im Feuer einer ihr unbekannten Leidenschaft gefangen. Die Küsse auf Mels Lippen, die Zunge die sanft über ihre Zähne fuhr und mit ihrer Zungenspitze spielte war nichts, was Andreas auf den Fotos sehen würde. Deanis Augen waren geschlossen und ihr Herzschlag beschleunigte sich. Wie automatisch glitten ihre Hände immer intensiver über Mels Körper und fuhren unter den knappen Rock, der nicht mehr als ein breiterer Gürtel war. Als ihre Finger durch Mels Spalte fuhren, ihre Knospe berührten und sich in ihren Unterleib schoben, spürte Mel eine echte Leidenschaft in Deani und sie genoss es, als diese auf ihre Liebeskugeln stieß und sie aus ihrer gierigen Rosenblüte zog. Die vor Gier glitschigen Kugeln klirrten leise auf der Mauer, ehe sie lautlos ins Gras fielen. Längst hatten die beiden Andreas, die Kamera und alles um sich herum vergessen.

„Gefällt es ir?", flüsterte Mel.

275

Deani stöhnte, unfähig ein Wort von sich zu geben. Noch immer küssten sich die beiden leidenschaftlich, doch Mel lag nicht länger bewegungslos auf der Mauer, sondern stand vor ihr und berührte ihren heißen Körper. Als sie den Träger des BH von Deanis Schultern strich und ihre Lippen um deren Nippel schloss, quittierte sie dies mit einem spitzen Aufschrei, der ihre Erregung nicht länger verbarg. Nun war Mel am Zuge. Ihre Finger fuhren wie selbstverständlich in Deanis Spalte, zupften an deren Schamlippen und um ihre Knospe, Deani schrie erneut auf, warf ihren Kopf nach hinten und begann laut zu stöhnen.

„Ja, genieß es, lass dich gehen", flüsterte Mel ihr zu und rieb ihre Rosenknospe, bis Deani in einem Schwall aus Feuchtigkeit und spitzen Schreien kam. Immer noch spürte Mel die Hand in ihrer Spalte und presste ihren Unterleib auf die Handfläche, die sich zwischen ihren Schenkeln hin und her bewegte. Als sich Deanis Atem beruhigte und der erste Höhepunkt abebbte, befreite sich Mel.

„Moment, bin gleich wieder bei dir." Sie griff nach ihrer Tasche, in der sie in weiser Voraussicht einen Dildo und zwei Plugs verstaut hatte. „Beug Dich ein wenig vor"flüsterte sie zu Deani, die immer noch wie paralysiert vor Mel stand und verträumt in den Abendhimmel sah. Ohne auf den Plug in Mels Hand zu sehen oder gar eine Frage zu stellen, streckte sie ihr ihren Po aufreizend entgegen. Dabei massierte sie ihre Brüste, dabei stöhnte sie erneut und Mel spürte, dass allein das Einführen des Plug zu einem unvergleichlichen Höhepunkt führen würde. Da sie bei diesem Liebesspiel mehr als nur ein wenig zu kurz kam, schaltete sie den Vibrator ein und ließ ihn über ihrer Klit kreisen. Während sie sich den Luststab tief in ihre Rose schob und verzückt stöhnte, spuckte sie in Deanis Poritze und versenkte den Plug danach in ihrem gut angefeuchteten Loch. Deani wich leicht nach vorne aus, quittierte den Plug aber mit einem schrillen Aufschrei, der ihre Gier nur schwer überhören ließ. Der einzige, von dem Mel und Deani nichts mehr hörten, war Andreas, der hinter seiner Kamera stand, diese auf automatische Aufnahme gestellt hatte und sich die eigene Gier aus dem Körper wichste. Erst als er laut stöhnte und beim Kommen lustvoll schrie, bemerkte Mel seine Gier und hätte sich am liebsten umgedreht, um ihm eine Anweisung zu geben. Sie begnügte sich mit dem Dildo und rammte ihn mit Genuss in ihre mehr als bereite Rose und kam, während sie Deani das Gefühl des Plug festhielt und dafür sorgte, dass er keinesfalls aus ihr glitt. Deani massierte ihre Rosenblüte, rieb sie mit ihrer Hand und führte sich erst einen, dann zwei und drei Finger in ihre gierige Spalte ein.

„Warte"; rief sie und blickte zu Andreas, der mit seinem Schwanz in der Hand neben der Kamera stand und den beiden beim Spielen zusah.
„Komm her, bitte", seufzte Deani. „Ich bin so geil und du kommst mir genau recht."
Andreas ließ sich nicht zweimal bitten und näherte sich von hinten, nachdem Mel das Feld geräumt hatte. Andreas trat hinter sie, führte sein Schwert in ihr freies Loch und gab es ihr mit kräftigen Stößen. Mel war noch immer mit ihrem Dildo beschäftigt und beobachtete die beiden, die sichtlich eine Menge Spaß hatten. Fast wäre sie in Versuchung geraten, doch ihr Gedanke galt Sky, dessen Schwert sie sich anstelle des Spielzeugs in ihrem Körper vorstellte. Als Deani kam und Andreas seinen Saft in ihr verteilt hatte, ging dieser auf Mel zu und riss ihr den Vibrator aus der Hand.
„Leg Dich hin", befahl er. Ehe sie wusste, wie ihr geschah und aus welcher Intension heraus sie seinem Befehl folgte, spürte sie seinen kräftigen Körper über sich. In seiner Hand war der Dildo, den er ihr gnadenlos in ihre Rosenblüte trieb und dessen Bewegungen sie bis zum Anschlag spürte.

„Nimm das. du Hure, du geile Sau!" Er schrie sie an, ließ sie sich wie ein Stück Dreck fühlen und er ließ sie spüren, wie sehr sie diese Erniedrigung genoss. Während er ihr mit der flachen Hand ins Gesicht schlug und ihre Rose mit dem Dildo bearbeitete, beugte sich Deani über sie, küsste ihre Nippel und rieb ihre Händ über den schweißnassen Körper. Er riss Deanis Hand von Mel, drückte ihr den

Dildo in die Hand und befahl ihr, ihn in Mels Rosenblüte zu schieben. Mit einem lauten Plopp zog Deani den Dildo raus, so dass Andreas das Loch mit seinem Fleischprügel stopfen und dabei wie ein Tier an ihren Brüsten saugen konnte. Sie spürte seine Kraft, seine Stöße, in denen so viel Energie und Erfahrung steckte.

Längst dachte sie nicht mehr über Sky oder über sonst irgendetwas nach. Als der Fotograf ihr das Hirn aus dem Kopf fickte, gab es keine Gedanken in ihr. Es gab nur sie, Deani, die es sich vor ihren Augen mit dem Dildo selbst besorgte und Andreas, der sich an ihr verging und der sie mit einer grenzenlosen Lust und Härte nahm. Als Mel sich in einem Höhepunkt verging, entzog er sich ihr und nahm seinen Schwanz in die Hand, um ihn zwischen ihren Brüsten zu platzieren und nach kurzen Bewegungen direkt unter ihr Kinn zu abzuspritzen. Er stöhnte wie ein Tier, schrie seine Lust heraus und bedachte Mel mit Beschimpfungen, die ihren Höhepunkt verlängerten und sie in ihrer Gier vergehen ließen. Dabei war die Kamera die ganze Zeit mitgelaufen.

~ 11 ~

Seine Gedanken waren bei Mel, auch wenn er den Moment mit Iris genossen hatte. Klar war es schön, aber wo war seine Beherrschung, seine grenzenlose Hingabe zu der Frau die er liebte? Er beschloss, keinen Gedanken mehr an Iris und diesen Moment seiner Unbeherrschtheit zu verlieren. Warum musste es ausgerechnet ihm passieren, warum hatte er sich nicht unter Kontrolle? Fast schon tat ihm leid, dass er Mel so wegen Deani angegangen war. Anstatt sich über Mel zu beschweren und ihr vorzuschreiben, mit wem sie sich abgeben sollte, müsste er erst einmal seine eigene Lust in den Griff bekommen.

Er stand auf und beschloss, Mel zu besuchen und herauszufinden, was er wirklich für sie empfand. Liebte er sie noch so wie am Anfang oder war er so auf Körperlichkeiten fixiert, dass die Liebe in seinem

Leben keine Rolle mehr spielte? Wenn es an dem war, war es eh egal. Wenn er Mel liebte und sie nicht verlieren wollte, dann würde er ebenfalls schweigen und dieses Erlebnis mit der Krankenschwester aus seiner Erinnerung streichen. Es war ja nun nicht der erste Sex, den er in seinem Leben außerhalb einer Beziehung hatte. Es war aber das erste Mal, dass er nach dem Fremdgehen sein schlechtes Gewissen spürte und sehr über seinen Fehler nachdachte. Allein dass er die Lust als einen Fehler bezeichnete, ließ ihn schon überlegen, was aus dem einstigen Draufgänger und Frauenschwarm geworden war.

„Ich bin doch kein Pantoffelheld! Nur weil ich mit Mel zusammen bin, muss ich nicht jeder Lust am Leben entsagen und nur noch für sie da sein!"

Er sprach laut, auch wenn niemand seine Worte hörte und auch wenn sie nicht einmal die lauten Klänge aus der Anlage übertönten. Er griff zum Handy und wählte Mels Nummer. Als niemand abnahm, sprach er ihr auf die Mailbox.
„Hey Süße, brauchst nicht ins Krankenhaus zu kommen, bin zu Hause. Wenn du mich sehen willst, weißt du ja, wo du mich findest. KissU.

Er legte auf. Sie würde die Nachricht schon abhören und wenn sie ihn sehen wollte, zu ihm kommen. Solange würde er versuchen, das Geld der nächtlichen Poker Session zurückzugewinnen und seine Verluste auszugleichen. Am Nachmittag wollte er noch einmal ins Studio und nachsehen, ob es keine Spuren seines Treffens mit Iris gab. Er disponierte um. Das würde er gleich tun. Wenn Mel bei ihm war, wollte sie mit und wenn dann noch irgendetwas im Studio verdächtig wirkte, brauchte er sich nicht länger Gedanken um seine Liebe zu ihr oder um ein Leben mit ihr machen. Er machte den Computer zum wiederholten Mal aus und griff nach dem Autoschlüssel.

„Schöne Scheiße, ein Auto wäre auch mal eine Idee." Aber zuerst ging er los. Um ein Auto konnte er sich auch in Mels Anwesenheit kümmern. Nichts wies im Tattoo Studio auf seinen Besuch mit Iris hin. Das Sofa war sauber, keine Spuren und Flecken. Die Räume rochen nach Desinfektion, so wie es immer war und wie es sein musste. Erleichtert machte er sich auf den Heimweg. Als er gerade die Tür aufschließen wollte, rief Mel an.

„Du bist schon zu Hause? Warum hast du denn nichts gesagt, ich hätte dich doch abgeholt!"
Sky überlegte kurz.
„Ich bin gestern schon raus und wusste doch, dass du das Shooting mit Deani hast. Da wollte ich dich nicht stören. Ich bin heim, habe mich hingelegt und bis eben geschlafen. Nun war ich kurz im Studio und jetzt gehe ich nach Hause. Wenn du mich sehen willst ... ."

Mel unterbrach ihn. „Ich würde mich freuen, wenn du zu mir kommst", säuselte sie mit ihrer zuckersüßen Stimme, die nicht einfach nur eine Ansage, sondern ein Versprechen war. Auch wenn Sky im Moment keinerlei sexuelle Lust in sich verspürte, willigte er ein. Er freute sich auf Mel.
„Soll ich uns was vom Chinesen mitbringen", fragte er, da er gerade am Imbiss vorbeilief.
„Gerne doch, ich habe einen Mordshunger", verkündete Mel. „Dann will ich dich nicht weiter stören. Ich warte auf dich und bereite schon mal alles vor." Sie legte auf, ehe Sky fragen konnte, was sie eigentlich essen wollte. Also bestellte er das Übliche und schnappte sich den Beutel, in dem er das dampfende Essen zu Fuß zu Mel transportieren musste. Einmal mehr fluchte er über den Unfall und über sein Auto, welches als wirtschaftlicher Totalschaden nicht mehr reparabel war. Er hatte den Finger noch nicht mal auf dem Klingelknopf, als Mel die Tür aufriss und ihm um den Hals fiel.

„Ich hätte dich gerne abgeholt, aber wenn du nichts sagst!" Ihre Entrüstung war nur gespielt. Ihre Freude über seinen Besuch allerdings war echt und sorgte dafür, das Sky sich noch miserabler fühlte. Er hielt sie im Arm und spürte, dass sie die Frau seines Lebens war. Egal welche Probleme sie mit sich herumtrug und welche Macken sie hatte.

„Spielt doch keine Rolle, ich bin doch hier"; meinte er lächelnd und überreichte ihr den Beutel mit dem Essen. „Außerdem musstest du ja nicht unbedingt nochmal in diese doofe Klinik und dem schleimigen Schmidt über den Weg laufen."

Beim Namen des Arztes zuckte Mel zusammen. Sky wurde erst bewusst, was er gesagt hatte, als es bereits über seine Lippen kam. „Sorry, ich wollte ihn nicht erwähnen. Vergiss es einfach. Ich habe mir den Kopf wohl doch derber gestoßen, als es den Anschein machte."
Er überspielte seinen Fauxpas mit einem breiten Grinsen und schob Mel rückwärts durch die Tür.
„Du hast es aber eilig", meinte sie und ließ sich bereitwillig von ihm vor die Wand in der Diele drücken. Er umarmte sie und küsste sie innig, verlor sich in ihren Lippen und spürte, wie sehr sie ihn erregte. Das mit Iris war nur ein dummes Ding, mehr nicht. „Ich wollte nicht mehr an sie denken", schalt er sich und widmete sich weiter der Frau, die er wirklich liebte.
„Ich liebe dich", hauchte er in Mels Ohr und umschlang sie noch fester.
„Dann lass mich leben, ich ersticke gleich", brachte sie hinter einem gespielten Hustenanfall hervor und machte sich von ihm frei. „Und Hunger habe ich auch!"
Sie lief mit schnellen Schritten in die Küche, riss die Tüte auf und verteilte das Essen auf den Tellern. Von einem Déja-vu geplagt, verfolgte Sky jeden Handgriff. Er erinnerte sich an den Abend, an dem er letztendlich einen Unfall baute und im Krankenhaus landete. Er hatte ebenso begonnen. Chinesisches Essen, die Aufteilung auf den Tellern und dann der Streit, der eine enorme Wut in ihm aufkochen ließ. Heute würde er nicht abrauschen. Wie auch, ein Auto hatte er ja nicht und außerdem hatte er nicht vor, sich mit Mel zu

streiten.

„Wie war dein Shooting mit Deani?", fragte er, um vom Thema abzulenken und ein Gespräch in Gang zu bringen.

Nun war es Mel, der die Bissen förmlich im Hals stecken blieben.

„Es war gut. Nichts besonderes, aber auch nicht schlecht."

Hastig schob sie sich eine neue Gabel Nudeln in den Mund.

„Nur gut, mehr nicht?" Sky grinste sie an. So wortkarg hätte er sie gar nicht erwartet, nachdem sie in so großen Tönen von ihren Shootings mit Deani geschwärmt hatte. Wenn da nichts ungewöhnliches passiert war, dann wollte er einen Besen samt Stil fressen.

„Hast die Bilder schon da?" Neugierig sah er sie an.

Mel versteifte sich, schluckte den Bissen in ihrem Mund herunter.

„Noch nicht, der ist etwas langsam. Also Andreas, der Fotograf."

„Musst nicht gleich ersticken, ich habe doch nur gefragt."

Ihr Verhalten stieß bei Sky auf Misstrauen. Wenn sie ihm die Bilder nicht zeigen wollte, brauchte sie es doch nur zu sagen. Aber so zu tun, als hätte er ihr die Nachricht vom Tod ihres Hundes überbracht, das war nun wirklich eine mehr als makabere Reaktion. Er beschloss, auch dieses Thema zu lassen und widmete sich schweigsam seinem Essen. Mel bemerkte sehr wohl, dass sie mit ihrem Rückzug einen Stein ins Rollen gebracht hatte, der in einem unüberlegten Moment zu einer Lawine werden und alles mitreißen würde. Klar könnte sie ihm erzählen, dass sie Sex mit Deani hatte und sie könnte ihm die Fotos zeigen. Aber dass sie sich im Anschluss von Andreas ficken und beschimpfen ließ und wie sehr sie diese Erniedrigung genossen hatte, das ging zu weit. Ihr schlechtes Gewissen peinigte sie schon den ganzen Tag und hatte sie fast dazu gebracht, sich einen Schnitt zu setzen und die schlechten Gedanken aus ihren Blutbahnen zu spülen. Nur der Gedanke an Sky hatte sie davon abgehalten. Sie meinte es ernst mit ihm und sie wollte eine Beziehung, die nicht von ständigen Streits und Problemen durchzogen war. Super. Durch den Fick mit Andreas hatte sie sich selbst gegenüber natürlich nicht den besten Beweis dafür geliefert. Noch schlimmer war, dass Deani nicht nur davon wusste, sondern auch, dass sie daran beteiligt war. Mel

282

hatte die Bilder noch immer vor Augen, wie sie von Andreas und Deani gemeinsam genommen und auf den Gipfel ihrer Ekstase getrieben wurde. Sie berührte Skys Wunde und ließ ihre Finger langsam über die Stiche seiner Verletzung schweifen.

„Armer Schatz, und das alles nur wegen mir."
Sie küsste seine Wunde und spürte, wie er sich an sie schmiegte.
„Nichts ist wegen Dir. Wenn ich Idiot nicht wie ein Irrer durch die Stadt gerast wäre, dann wäre ich auch nicht im Geländer gelandet. Wenn sich einer Vorwürfe machen muss, dann bin ich es selbst. Hör auf, dich für mich verantwortlich zu fühlen, ich kann schon gut auf mich selbst aufpassen. Zumindest sollte ich es können."
Skys Stimme hob sich, ohne dass er es wollte oder die Absicht hatte, einen lauten Ton anzuschlagen. Mel zuckte augenblicklich zurück und sah ihn mit vor Schreck geweiteten Augen an.

„Es tut mir leid, Süße. Ich wollte dich nicht anschreien. Ich bin nur so brastig auf mich selbst", er schlug mit der Faust auf den Tisch, dessen Glaseinsatz schon beim letzten Aufschlag in tausend Teile zersprungen und der nun durch eine Holzplatte ersetzt war.

„Du kannst nichts dafür. Ich muss mich zügeln und das weiß ich jetzt. Vielleicht habe ich diese Lektion gebraucht."

Es ließ sich nur schwer überhören, wie gereizt er wirklich war. Aber auch Mel spürte, dass dieser Abend wohl kein gutes Ende nehmen würde. In ihr pulsierte die Schuld. Nicht die Schuld an Skys Unfall, die sie eben erwähnt hatte. Eigentlich galt ihre Schuld einer ganz anderen Handlung, über die sie aber nie im Leben mit ihm oder sonst irgendwem sprechen konnte. Wieder und wieder warf sie sich vor, warum sie stetig, von der Geilheit übermannt, in Situationen schlitterte, die ihr jede freie Handlung absprachen und sie zu einer willenlosen Sklavin werden ließen. Sie hätte wohl, dessen war sie sicher, am besten bei Josh bleiben und sich seiner Strenge ein Leben lang unterwerfen sollen. Dafür war sie geboren und es war das

283

einzige, was ihr wirklich ohne Fehler gelang. „Halt", schalt sie sich in Gedanken. Nicht einmal das konnte ich ja, ohne ihm davonzulaufen und plötzlich ohne alles dazustehen. Die Lust auf einen Schnitt gewann die Oberhand und Mel konnte sich nur mit Mühe auf dem Sofa halten. Wäre Sky jetzt nicht bei ihr, hätte sie dem Drang nachgegeben und wäre ins Badezimmer gegangen. So aßen die beiden schweigend weiter, unfähig ein Gespräch zu beginnen und nicht in einen Streit zu geraten.

Sky brach das Schweigen als erster. Er war ruhig und besonnen, als er ihr vom Gespräch mit Iris erzählte. Er erwähnte nicht, dass er sich mit der Krankenschwester privat getroffen und … dass er tief in sie getroffen hatte. Aber vom Gespräch über den Doktor erzählte er und erwähnte, wie er die Krankenschwester belästigt und in die Enge getrieben hatte. Mel überlegte. Kannte sie eine Schwester Iris? Die unfreundliche Krankenschwester, mit der sie sich herumgeärgert hatte, konnte es unmöglich sein. Da blieb nur die zierliche Blonde, die immer freundlich war und der alle Männer auf der Station gleichermaßen nachblickten.

Sie sah Sky mit einem fragenden Blick an. Wie kam die Schwester dazu, ihm über Schmidt zu berichten? Hatte er vielleicht von ihr erzählt und gezielt nachgefragt? Was spielte es für eine Rolle, sie würde nicht darüber sprechen und hörte ihm einfach zu. Er erzählte, dass Iris sogar bei der Krankenhausleitung war und von Schmidts Verhalten berichtet hatte. Auch das man ihr dort kein Gehör schenkte, ließ er nicht unerwähnt.
„Schmidt muss schon einige Patientinnen und nicht wenige vom Personal belästigt haben. Der Typ ist krank, so viel steht fest. Warum er noch immer in der Klinik praktiziert, das wüsste ich gerne. Ich habe als Mann wohl Glück gehabt, aber ein sympathischer Arzt sieht anders aus."
Mel nickte. „Ne, sympathisch ist er wirklich nicht. Das kann ich bestätigen. Aber ich denke, diese Krankenschwester übertreibt schon ein wenig. Vielleicht hat sie sich ihm angebiedert, wurde abgewiesen

und hat nun nichts Besseres zu tun, als dem Arzt das Leben zur Hölle zu machen. du weißt doch, wie die sind. Wenn sie nicht gewollt werden, können sie auch anders."

Sky glaubte seinen Ohren nicht zu trauen. Wieso bezichtigte Mel Iris der Lüge und nahm wieso nahm sie den Arzt in Schutz?

„Iris hat nicht gelogen, da bin ich mir sicher."
Mel sah ihn auffordernd an. „Und woher willst du das wissen? Wieso nennst du sie überhaupt Iris? Sie war deine Krankenschwester, wenn ich es richtig verstanden habe. So wie du von ihr sprichst könnte man meinen, du würdest sie besser kennen."

Sky schnaubte. Da war sie wieder. Die Mel, die er nicht noch einmal sehen wollte. Die eifersüchtige Mel, die bei jedem Wort gleich einen Verrat witterte und die an mangelndem Selbstbewusstsein litt. Das Schlimme daran war nur, dass Mel diesmal recht hatte und dass er es nicht bestreiten konnte.

„Jetzt nur nichts Falsches sagen", hielt er sich innerlich vor und hoffte, es würde ihm auch gelingen. „Ich kenne sie so gut, wie ich sie jeden Tag erlebt habe. Sie war die einzige in der Klinik, die mir regelmäßig das Essen gebracht und meine Wunde versorgt hat. Dass mit Schmidt hat sie mir erzählt, als der mich in der Röhre hat liegenlassen und die Verantwortung auf sie übertragen hat. Im Fahrstuhl hat sie mir dann erzählt, wie Schmidt ihr mitgespielt hat und dass ich noch froh sein kann, dass er mich nur in der Röhre hat liegenlassen."

Das entsprach zwar nicht ganz, aber wenigstens zum Großteil der Wahrheit und war eine Erklärung, mit der Mel sich vielleicht zufriedengeben würde.
„Ich glaube dir ja und habe mich nur gewundert, warum du sie Iris nennst. Ich kenne den Namen meiner Krankenschwester nicht einmal, wenn ich ehrlich sein soll. Und Schmidt habe ich mir auch

nur gemerkt, weil er sich gleich zu Anfang mit seinem Namen vorgestellt hat. Was die Schwestern ja nicht tun, soweit ich es in Erinnerung habe."

„Ich denke, diese ganze Krankenhausgeschichte sollten wir ruhen lassen. Es war dumm genug, das wir beide nacheinander dort gelandet sind. Jetzt sollten wir uns auf das konzentrieren, was wir selbst beeinflussen können. Ich denke, wir sollten ein paar Tage verreisen und diesen ganzen Scheiß hier einfach mal hinter uns lassen."
Sky meinte es ernst. Wenn er ein paar Tage Poker spielte, würde er das Geld für einen Kurztrip schon verdienen und müsste es nicht von seinem Geld zum Lebensunterhalt abzwacken.

„Ein paar Tattoo Termine mehr, und wir können abhauen"; meinte er zu Mel und nahm ihre Hand. Wie weich und zerbrechlich sie sich doch anfühlte. Ganz anders als die starke Hand von Iris, die seine Finger fest umschloss und sich förmlich an ihn klammerte. Mels Blick wirkte fröhlich, als sie ihn lächelnd ansah.

„Meinst du das ernst? Du willst wirklich mit mir verreisen? Weißt du, was ich schon immer einmal sehen wollte?" Er schüttelte den Kopf. Bisher hatten sie nie über einen Urlaub gesprochen. Er wusste nicht, was sie reizte und wo sie sich wirklich wohlfühlen würde. „Schottland", meinte sie beiläufig. „Die ganzen magischen Orte, die Mystik, die das Land umgibt und die Legenden, die sich über die zahlreichen Orte dort erzählt werden. Ich würde mir wünschen, wir reisen nach Schottland."

Nun war Mel wie ein kleines Mädchen, welches sich auf die Ferien freute. Am liebsten hätte sie gleich gepackt. „Wann fahren wir überhaupt?" Sie sah Sky an und wartete auf eine Antwort.
„Ein paar Tage dauert es noch und fahren, wir haben doch kein Auto."
Mel ließ die Schultern sinken, daran hatte sie überhaupt nicht mehr

gedacht. „Scheiße und wie kommen wir ohne Auto nach Schottland?" „Fliegen", wollte Sky gerade sagen, als er sich an Mels Flugangst erinnerte.

„Wir könnten ja fliegen", schlug sie zeitgleich vor, auch wenn ihr dieses Angebot sehr schwer fiel. Mel hatte noch nie in einem Flugzeug gesessen und verspürte schon allein bei dem Gedanken eine Angst, die sie in keinem anderen Zusammenhang kannte.

„Ich denke, Du magst Fliegen nicht?" Sky sah sie mit einem hoffnungsvollen Blick an.

„Ich mag es auch nicht. Obwohl ich nicht einmal weiß, wie es ist. Aber ich würde es probieren und dir beweisen, das ich einen Schritt in ein neues Leben wagen möchte. Die ängstliche Mel, die du kennst wird es bald nicht mehr geben. Und davon mal abgesehen … dein Auto ist Schrott."

~ 12 ~

Während Mel und Sky Urlaubspläne schmiedeten, schmiedete Deani einen ganz anderen Plan. Auch ihr lagen die Fotos von Andreas und Mel, sowie ihrer eigenen Person vor. Mit ein wenig Nacharbeit im Fotoshop würde sie Sky dorthin bringen, wo sie ihn haben wollte. Nämlich weit weg von dieser Mel, die es geschafft hatte, ihr für einen kurzen Moment den Verstand zu rauben. Doch als Andreas sein Schwert in Mel steckte, war Deanis Verstand wieder glasklar. Sky würde sich über die Bilder freuen, die sie ihm von seiner geliebten Mel zuspielen würde. Noch ein paar Nacharbeiten, ein bisschen Fine-Tuning und vor allem die Entfernung ihres Körpers aus den Bildern waren noch notwendig, dann würde ihr Plan in die Endphase gehen.

Auch Iris hatte ihre Pläne, die sich so gar nicht mit ihren eigentlichen Wünschen deckten. Seit diesem Liebesspiel mit Sky ging er ihr nicht mehr aus dem Kopf. Sie dachte bei Tag an ihn, träumte in der Nacht von ihm und konnte sich auf nichts anderes mehr konzentrieren.

Täglich sagte sie sich, dass er eine Freundin hatte und dass das mit ihr nur ein Ausrutscher für ihn war. Doch anstatt an ihre Vernunft zu appellieren und den Mann aus ihren Gedanken zu streichen, bewirkten die Worte an sich selbst das genaue Gegenteil. Sie musste ihn wiedersehen. Auch wenn es bedeutete, dass sie sich schnell für ein Tattoo entscheiden würde. Sie hatte ihm einige Nachrichten geschrieben, diese aber nie abgeschickt. Doch würde ihre Geduld nicht mehr lange andauern. Er hatte ihr den Kopf verdreht und sie wollte ihn sehen. Nur noch einmal und wenn er dann nichts mehr von ihr wollte, würde sie sich damit abfinden.

Aber sie glaubte nicht, dass es bei einem Tattoo Termin bleiben würde. In Gedanken sah sie sich wieder auf der ledernen Couch, Sky über sich und seine Zunge auf ihrem Körper. Diesmal würde sie ihm den Kuss nicht verwehren und müsste dabei nicht einmal von ihrer Einstellung abweichen.
„Man küsst nur, wen man liebt." Ja, sie hatte sich in ihn verliebt.
Bisher ahnte Sky noch nicht, das drei Frauen um seine Gunst buhlten und dass er sich im Moment in einer sehr schlechten, in einer für ihn sehr unangenehmen und gefährlichen Lage befand. Er genoss die Momente mit Mel, freute sich auf den Urlaub und hatte schon eine ansprechende Summe beim Pokern gewonnen.

„Noch eine Session und wir können die Reise buchen." Er meldete sich für ein Turnier mit hohem Preisgeld an und hoffte, in den Geldrängen zu landen und so die Restsumme zu gewinnen. Sie hatten sich für eine Flugreise entschieden, da er so schnell kein neues Auto fand und wenn er das noch bezahlte, der Urlaub sprichwörtlich im Auto stattfinden müsste. Um einen fahrbaren Untersatz würde er sich im Anschluss kümmern, aber dann wirklich und mit aller Energie. Wenn er die denn noch hatte, nachdem er eine Woche lang mit Mel 24 Stunden am Tag zusammen war. Er hatte sie schon darauf aufmerksam gemacht, dass sie die Peitschen und Co. Zuhause lassen sollte. Sie hatte zwar geschmollt, aber letztendlich auch verstanden, das dies beim Zoll für einiges Aufsehen sorgen würde. Vielleicht würde der Urlaub ihm ja zeigen, dass sie ihn auch anders lieben konnte.

Seit dem Sex mit Iris war er wieder auf den Geschmack gekommen und hatte erkannt, das BDSM zwar gelegentlich schön, aber dass es nicht alles war. Wenn es mit Mel passte, dann könnte diese Reise ein Start in eine gemeinsame Zukunft sein. Wenn nicht, würde der Urlaub vielleicht beiden die Augen öffnen und ihnen zeigen, dass ein gemeinsames Leben auf der Basis, die die beiden verband, nicht möglich war. Er wünschte sich ein Leben mit Mel und dachte mit keinem Augenblick mehr an Iris.

Mit jeder Nacht, die er in den Armen seiner Traumfrau verbrachte, geriet der Fauxpas mit Iris für ihn in den Hintergrund. Fast hätte er sein Versprechen vergessen, hätte nicht eines Mittags sein Telefon geklingelt.
„Wann hast du Zeit? Ich habe Lust auf ein Tattoo", meinte Iris. Sofort sah er sie wieder nackt vor sich, hörte ihr Stöhnen und spürte ihre weiche Haut unter seinen Händen

„Du, ich wollte jetzt eigentlich mit meiner Freundin in den Urlaub. Aber weil du es bist, können wir vorher noch einen Termin machen. Wie wäre es mit morgen Mittag? Da hätte ich Zeit. Hast du ein Motiv oder soll ich dir eins zeichnen?"

„Super", meinte Iris. „Ein Motiv habe ich, ich brauche nur deine einfühlsame Hand, die es aus dem Buch der Magie auf meine Haut zaubert." Sky lächelte. Aus dem Buch der Magie also. Das konnte ja heiter werden. Er dachte an eine farbenfrohe Fee, oder vielleicht ein Ornament, welches mit der Hexenkunst in Verbindung stand. Iris würde sich auf jeden Fall ein schönes Motiv ausgesucht haben. „Wohin soll das Zauberwerk?", fragte er sie.
„Auf meine Schulter, gleich über den Leberfleck, an den du dich vielleicht noch erinnern kannst."
Und ob sich Sky an den Leberfleck erinnerte. Diesen kleinen

dunklen, der aussah wie eine chinesische Blüte.

„Also gut, dann sei um 12 hier und vergesse das Buch nicht", meinte Sky. „Schönen Abend noch, bye bye." Er legte auf.

Gut, das war noch ein wenig Geld für den Urlaub und er würde nicht schwach werden. Beim besten Willen würde er nicht schwach werden. Warum ihm Iris allerdings von ihrem Leberfleck erzählte und ihn fragte, ob er sich noch daran erinnern konnte? Irgendwie schien sie mehr als nur ein Tattoo zu wollen. Doch Sky war nicht mehr so schwach wie nach seiner Entlassung und er würde das nicht aufs Spiel setzen, wofür er gerade arbeitete. Dieser Urlaub mit Mel war das, was er wollte. Der Sex mit Iris war nichts als eine Erinnerung, die bis zum Anruf eben bereits verblasst war.

Ehe er zu Mel ging, setzte er sich noch ein wenig an seinen Computer, da ihm der Turniergewinn leider verwehrt blieb. Also entschied er sich für Cash Game, zumal er in der kurzen Zeit bis zum Abend eh kein Turnier beginnen brauchte. Kaum hatte er einen Tisch gefunden und machte seinen Einsatz, klingelte sein Telefon erneut.

„Ich bin es, Mel. Hast Du gerade Zeit?" Sie klang aufgeregt und er versuchte zu deuten, ob es eine Aufregung positiver oder negativer Natur war.

„Ich habe Zeit, was liegt an?"

„Kannst du schnell vorbeikommen? Es geht um Deanie."

Er schnaubte hörbar. „Warum soll ich wegen Deani kommen?"

„Ich denke, ihr versteht Euch so gut?" Sie schniefte.

„Das ist eine längere Geschichte. Aber ich bitte dich, komm zu mir. Ich weiß sonst nicht, was ich tun soll. Also doch keine positive Aufregung und wie er bei Deani von Anfang an vermutet hatte, sicherlich was wenig interessantes, aber für Mel sehr aufregendes.

„Ich bin gleich bei dir, in etwa einer halben Stunde. Lass dich von ihr nicht ärgern und vertraue mir, nichts von dem was sie sagt oder tut, sollte für dich irgendeine Bedeutung haben."

Mit diesen Worten legte er auf.

Am anderen Ende der Leitung stand Mel und hielt die Bilder in der

Hand, die sie zusammen mit dem Fotografen in eindeutigen Posen, aber auch mit Deani in ebenso eindeutigen Posen zeigten. Schon bereute sie, dass sie Sky angerufen hatte. Wie sollte sie ihm das bloß erklären? Er redete noch schlecht über Deani und machte ihr Mut, dabei war sie das Arschloch. Sie hatte ihn betrogen und den Beweis hielt sie direkt in ihren Händen. Nicht nur einmal. Während er im Krankenhaus lag und sie gebraucht hätte, ließ sie sich von seiner Ex und von diesem Fotografen ficken. Niemals hätte sie sich auf die Session einlassen dürfen, niemals!

Die Fotos hatten heute in ihrem Briefkasten gesteckt, in einem Kuvert, welches der Schrift nach zu urteilen auf Deani hinwies. Auch Mel hatte bereits Fotos von dieser Session, doch die harten Bilder mit Andreas über und in ihr gehörten nicht zu den Fotos, die sich in ihrem Besitz befanden. Dass die Bilder nicht mit der Post gekommen waren, war nicht nur an der fehlenden Briefmarke zu erkennen. Auch die Uhrzeit der Zustellung sprach für sich und wies darauf hin, dass Sky die Bilder finden sollte. Diese Uhrzeit war die Zeit, in der Sky meist zu ihr kam und wenn sie ihn beispielsweise vom Studio abholte, war es die Zeit, in der sie den Briefkasten leerte. Sie hatte den Brief geöffnet und die Bilder wären herausgefallen. Doch anders als Deani es geplant hatte, war Sky noch nicht bei ihr. Mel hätte es ihm gar nicht sagen müssen. Aber sie spürte instinktiv, wenn sie es nicht tat und wenn sie sich etwas wirklich Gutes einfallen ließ, würde Deani es tun und dann wäre die Beziehung ein für alle Mal am Ende.

„Diese falsche Schlange! Das hat sie doch von Anfang an geplant. Sie wollte mich in eine Falle locken und sich Sky angeln. Ich werde ihm ganz einfach erzählen, das ich es tun musste."
Sie verzweifelte bei dem Gedanken, wie sie Sky die Bilder erklären sollte. Eigentlich bedurfte es keiner Erklärung, da alle Posen auf diesen Fotos mehr als offensichtlich waren. Ihr Gesicht ließ erkennen, wie sehr sie Spaß an diesen Spielen hatte.
„Ich kann ihm die Fotos nicht zeigen, niemals!" Schnell ließ sie die Bilder im Schrank verschwinden und überlegte, was sie Sky erzählen

sollte. Sie musste ihm von Deani berichten und sie musste ihm auch erzählen, was bei der Session passiert war. Aber sie durfte ihm die Bilder nicht zeigen, wollte sie ihre Hände in Unschuld waschen und der Schlange Deani, sowie dem Fotografen die Schuld daran geben. In dem Moment klingelte es an der Tür.

„Ich komme", rief Mel und rannte förmlich zur Tür. Sie warf sich in Skys Arme, der sie festhielt und ihren Körper schützend umschloss.
„Es tut mir leid, dass ich nicht auf dich gehört habe! Deani ist so eine falsche Schlange und dabei hat sie so schön getan, so unschuldig …." Mel schluchzte.
Sky führte sie in ihre Wohnung. Es musste ja nicht das ganze Haus hören, wie Mel weinte und wie sie ihm ihr Leid klagte. Er hob ihren Kopf mit seinem Finger unter dem Kinn an.

„Was ist passiert. Was hat dir Deani getan?" Mel schnaufte. Noch immer wusste sie nicht, wie sie die Wahrheit sagen und dabei einiges für sich behalten konnte. Es war ja nicht nur Deani und der Fotograf, es gab ja auch noch Schmidt. Und immer hatte sie Lust empfunden. Immer hatte sie ihr Schicksal herausgefordert und war die Sklavin ihrer eigenen Lust geworden.

„Ich bin wahrscheinlich nymphoman", gestand sie und blickte Sky aus verweinten Augen an.
Er atmete erleichtert aus. „Wenn es mehr nicht ist, da erzählst du mir nichts Neues. Ich dachte schon, es wäre was Schlimmes passiert."
„Es ist schlimm", schrie sie. „Oder glaubst du, ich habe mich freien Willens mit Deani und dem Fotografen eingelassen? Nicht ich war es, sondern mein Trieb, der einfach mit mir durchging! Ich habe an dich gedacht, die ganze Zeit habe ich an dich gedacht. Aber das hat nicht verhindert, das Deani mich verführen und dass der Fotograf seine Bilder schießen konnte."

Nun schnaubte Sky. Also hatte sie ihn schon wieder betrogen und noch dazu mit seiner Ex. Vielleicht auch noch mit dem Fotografen …

und mit Schmidt? So sauer Sky auch war, so sehr trieb ihn die Neugier.

„Auf die Gefahr hin, dass ich Dinge erfahre, die ich besser gar nicht wissen möchte, erzähle mir was los ist."

Einen kurzen Moment dachte er auch an Iris. Aber nein, er würde Mel nichts davon erzählen, egal von wem sie sich hatte ficken lassen. Schon um Iris Willen würde er kein Wort darüber verlieren und mit seinem schlechten Gewissen leben. Mel würde eh nicht verstehen, wie er sie betrügen konnte. Er war nicht nymphoman, er hatte mit seinem Willen gehandelt.
Sanft drückte er Mel auf die Couch, nahm ihre Hand und wartete, bis sie sich ein wenig beruhigt hatte.

„Nun erzähl schon. Ich verspreche dir, das ich dich nicht unterbreche, nicht wütend werde und auch nicht davonlaufe. Ich höre dir zu und erst wenn du fertig bist, werde ich etwas dazu sagen."

Es würde ihm nicht leicht fallen, doch würde er nie erfahren, was sie bedrückte, wenn er sie unterbrach. „Fang an", forderte er sie auf und drückte beruhigend ihre Hand. Mel holte noch einmal tief Luft, ehe sie von vorne begann und von Deani erzählte, über deren Besuch sie sich schon gewundert hatte. Sky lauschte aufmerksam, folgte Mels Worten und erkannte bereits sehr zeitig, welche Absicht Deani verfolgt hatte. Das lag aber nicht daran, dass er Mel für dumm hielt. Nein, er kannte Deani und außerdem war sie ja bei ihm im Studio und was sie dort abgezogen hatte, passte perfekt zu dem, was er von Mel zu hören bekam. Als sie mit ihren Worten das letzte Shooting beschrieb, wurde ihre Stimme leise und lies ihn wissen, wie sehr sie sich für das Geschehene schämte. Gerne hätte er eine Zwischenfrage gestellt, aber er hielt sich an sein Versprechen und hörte weiter schweigsam zu. Als sie von Andreas erzählte, spürte er die Wut in sich aufkochen. Deani war ja eine Sache, aber ein fremder Kerl, den würde er sich vorknöpfen und dem würde er erzählen, was passierte, wenn jemand sich an seiner Freundin verging – egal ob sie es wollte

293

oder nicht.

„Ich habe es nicht bewusst gemacht, ich bin wirklich nymphoman und ich verspreche, ich werde eine Therapie machen und lernen, meine Lust zu zügeln." Mit diesen Worten endete sie und sah Sky mit einer Mischung aus Furcht und Neugier an.

Auf eine Reaktion wartete sie noch vergebens. Viel zu entsetzt war er über das Gehörte, viel zu verstört waren die Bilder, die sich vor seinem geistigen Auge abspielten.

„Dazu möchte ich jetzt nichts sagen. Aber wenn du schon einmal am gestehen bist, was war mit Schmidt?"

Mel schüttelte den Kopf. Erneut stiegen Tränen in ihre Augen.

„Nichts war mit Schmidt. Er hat sich über meinem Bett einen gewichst, aber ich schwöre dir, ich hatte nichts damit zu tun. Ich konnte mich nicht einmal bewegen, das schwöre ich!"

Nun lief Sky vor Wut rot an. „Ich habe es doch gewusst! Die ganze Zeit habe ich es gewusst. Aber nein, du strittst es ab und behauptetest, da wäre nichts gewesen. Suppe vom Mittag! Was glaubst du oder dieser Schmidt, wie blöd ich bin? Ne Mel, so geht's nicht! Über das Ding mit Deani und dem Fotografen sprechen wir noch, aber was Schmidt betrifft, das kläre ich alleine."

Mel heulte wie ein Schlosshund, klammerte sich an Sky und spürte, wie er sich innerlich von ihr entfernte.

„Geh nicht, bitte geh nicht. Ich liebe dich doch!"

„Pha, du liebst mich? Nymphoman oder nicht, das ist mir egal! Aber denkst du wirklich, du kannst mich an der Nase herumführen?"

Sie unterbrach ihn und warf sich vor ihn auf den Boden.

„Ich habe dir doch die Wahrheit gesagt. Alles habe ich dir erzählt! Ich war ehrlich und was habe ich jetzt davon? Du bist sauer! Hätte ich geschwiegen, hättest du nie etwas davon erfahren! Aber ich habe dir doch gesagt, ich möchte neu beginnen, immer ehrlich zu dir sein und dir beweisen, dass ich dich mehr als mein Leben liebe!"

In Sky brodelte es unaufhaltsam. Doch wusste er gerade nicht, auf wen er wütender war. Auf Mel, auf Deani, Schmidt oder Iris oder einfach nur auf sich selbst. Er hätte merken müssen, was hier gespielt wurde. Aber nein, er hatte ihr geglaubt, hatte immer allen geglaubt und am Ende haben sie sich über ihn amüsiert. Er sprang auf, lief im Wohnzimmer auf und ab und überlegte, wie er mit dem Gesagten am besten umgehen sollte. Am liebsten würde er nach Hause gehen, sich an den Computer setzen und das Urlaubsgeld auf eine Karte am Pokertisch setzen. Er atmete ein paarmal tief durch, setzte sich wieder hin und sah Mel an. Diese blickte zu Boden, wirkte nicht teilnahmslos, sondern ehrlich geknickt. Er verspürte kein Bedürfnis, ihre Hand zu halten oder sie gar zu trösten. Aber er verspürte das Bedürfnis ihr etwas zu sagen.

„Mel", begann er. „Ich liebe dich und das weißt du. Ich könnte dich nie betrügen und doch habe ich eine Andere gefickt. Und weißt du warum? Weil ich spürte, was mit Deanie und weil ich wusste, was mit Schmidt war. Gut, der Fotograf war mir neu und hat das Fass zum Überlaufen gebracht. Aber du sollst wissen, dass ich dir nicht böse bin. Ich habe mir auch genommen, was ich in dem Moment wollte und was soll ich sagen, außer wir sind quitt?"

Nun war es heraus. Mel sah ihn mit großen Augen an und Sky dachte nicht länger darüber nach, ob seine Ansage ein Fehler war. Von ihm fiel eine zentnerschwere Last ab und gleichzeitig gab er Mel das Gefühl, welchem sie ihn mit ihren Worten ausgesetzt hatte. Gleiches mit Gleichem, vergelten nannte er es. Sie begann herzzerreißend zu weinen. Doch nun war er in der Lage sie zu trösten, sie in den Arm zu nehmen und kein schlechtes Gewissen mehr zu spüren. Gleiches mit Gleichem … warum war er da nicht schon eher darauf gekommen? Sie hatte ihn betrogen. Er hatte sie ebenfalls betrogen. Was gab es da noch zu diskutieren? Es war geschehen und es war nicht mehr rückgängig zu machen. Der Moment war so voller Reinheit, frei von allen Geheimnissen. Er spürte, wie er sich zu ihr hingezogen fühlte und sah ihr tief in die Augen. Er küsste ihre sinnlichen Lippen, ohne einen negativen Gedanken.

~ 13 ~

„Wer war es?", fragte Mel. Sky wollte es ihr eigentlich nicht erzählen und die Stimmung zerstören.

„Was spielt das für eine Rolle?", fragte er sie.

„Keine", antwortete Mel", „aber ich muss es einfach wissen". Noch immer war sie ruhig und zeigte keinerlei Anzeichen die darauf hinwiesen, dass sie ihm böse wäre. Sie hatte auch gar keinen Grund, vielmehr, sie hatte sie nach ihrer Beichte auch nicht das Recht dazu. Das wusste Mel genau, zumal sie mit diesem Thema begonnen und Sky ihre Fehltritte gebeichtet hatte.

„Wann war es?"

Er wollte nicht darüber reden.

„Es war gestern, du kennst sie nicht und ich denke, das sollte auch so bleiben. Ich sehe sie nicht wieder, es war ein Fauxpas und hätte nie passieren dürfen."

Sie nickte, spürte, dass er ihr nicht mehr erzählen wollte.

„Aber gestern warst Du doch noch im Krankenhaus?"

Nun war es raus. Er konnte ihr erzählen, dass er noch im Krankenhaus war, oder er konnte ihr sagen, dass er gestern bereits entlassen wurde.

„Nein, war nicht mehr. Ich bin gestern schon raus. War ja nicht auszuhalten dort", fügte er an.

Sie blickte auf und Sky merkte, dass sie sehr stark mit ihren Emotionen kämpfte.

„Es ist nicht der Rede wert, aber ich wollte ehrlich zu Dir sein."

Mel nickte erneut und begann zu schluchzen.

„So weit ist es also gekommen. Erst liege ich im Krankenhaus und betrüge dich mit deiner Ex und …", sie schluckte schwer, „und dann liegst du dort und gehst auch fremd. Was soll nur aus uns werden?"

Unter lautem Schluchzen stand sie auf. Er blickte ihr nach und hörte die Tür zum Badezimmer aufgehen. Kurz darauf kam Mel mit einem Päckchen Zellstoff zurück, warf es auf den Tisch und setzte sich wieder auf die Couch. Sie zog ihre Beine an und umschloss sie mit ihren Armen. Sky spürte, wie sehr sie nachdachte und wie stark sie sich beherrschte. Wie sehr er sie verletzt hatte. Aber es war richtig. Er spürte, das er keinen wirklichen Fehler begangen hatte. Keinen anderen, den sie nicht ebenfalls begangen hatte. Auch er hatte die Beine angezogen und blickte stumm auf die gegenüberliegende Zimmerseite. Was sollte er auch sagen? Er würde nicht von Iris reden. Wenn er das tat, würde er Mels Wut schüren und sie dazu bringen, eine Frau zu hassen, die sie nicht einmal kannte und die er nach diesem Tattoo Termin nicht wiedersehen würde.

„Wie kam es dazu? Sag es mir. Es ist das Einzige, was ich darüber wissen muss. Wie kamst du dazu, es mit einer anderen Frau zu tun? Liebst du mich nicht mehr oder hast du gespürt, dass ich fremdgegangen bin?"

Er atmete hörbar aus und ergriff ihre Hand. „Ich habe es nicht gespürt. Bin ja kein Hellseher. Wie es dazu kam, ich weiß es selbst nicht. Es ist einfach passiert und es war ... nichts Besonderes. Ich habe es in dem Moment bereut, in dem es passiert ist und ich habe es beendet."

Diese Worte entsprachen nicht ganz der Wahrheit, würden sie aber beruhigen, meinte er. Etwas Wahres war auch dran. Er hatte es nicht geplant und es würde keine Wiederholung geben. Von seinem schlechten Gewissen ganz zu schweigen, welches ihn ehrlich begleitete und welches ihm sowieso jeden Spaß am Sex mit Iris genommen hatte. Gut, ganz ehrlich war sein Eingeständnis an ihn selbst nicht. Aber immerhin hatte er Mel reinen Wein eingeschenkt und musste diese Bürde nicht länger mit sich herumtragen.

„Nachdem wir nun so ehrlich zueinander waren und beide nicht treu sein können, wie soll es weitergehen?"

Mel hatte sich beruhigt und blickte Sky aus ihren wundervollen Augen an. In ihrem Blick lagen so viel Schmerz und Liebe, dass er sie am liebsten fest an sich gezogen hätte. Doch er nahm sich zurück. Sie erwartete eine Antwort, obwohl er sich nicht in der Position fühlte, sie zugeben.

„Frag nicht mich, sondern sage mir, was du dir vorstellst. Ich bin zwar auch fremdgegangen, aber warum soll immer ich meine

Meinung kundtun und du nimmst sie auf? Ich wünsche mir, dass du den Anfang machst und dass du mir sagst, ob du überhaupt noch mit mir zusammen sein möchtest."

Mels Augen füllten sich erneut mit Tränen. „Du überlässt mir die Entscheidung und fügst dich einfach? Ich dachte, du hättest mehr Arsch in der Hose. Mir kommt es so vor, als ob du mit jeder Entscheidung einverstanden wärst und gar keinen so großen Wert auf uns legst. Sonst wärst du ja wohl kaum bei der ersten Gelegenheit über eine Andere gerutscht."
Sky reichte es langsam. „Nun mach mal halblang! Ich bin über eine Andere gerutscht, na und? Hast du nicht das gleiche und das sogar in doppelter Ausführung getan? Mir Vorwürfe machen, das ist es, natürlich! Wer im Glashaus sitzt ...", fuhr er fort und beendete mitten im Satz.
Er wollte sie nicht anschreien, denn in einem Punkt hatte Mel auf jeden Fall recht. Er, der immer von Beherrschung sprach und glaubte, er habe sich im Griff, hatte die erstbeste Gelegenheit beim Schopfe ergriffen. Er fasste sich ein Herz und befand, dass seine Einlenkung einem Streit vorbeugen konnte. Was er ihr sagte, meinte er ehrlich und sprach nicht nur aus seinem Mund, sondern tief aus seiner Seele.

„Ich will mit dir zusammen sein, das steht außer Frage. Ich könnte mir selbst eins über den Schädel ziehen, weil ich mich nicht unter Kontrolle hatte. Wenn du mich also noch willst und mir versprichst, das auch di dich in Zukunft auch zusammenreißen wirst, dann bin ich gerne mit dir zusammen. Egal was ist und unabhängig davon, was war", er berührte sie zärtlich und meinte weiter, „Du bist doch meine Traumfrau."
Die Erleichterung war unschwer zu übersehen. Mel kuschelte sich an ihn und streichelte seine Brust, auf die die Wunden ihres letzten Liebesspiels langsam verheilt waren. Nur ein paar Grinde erinnerten noch an ihren Anfall, in dessen Zuge sie ihm ihre Fingernägel tief in die Brust gebohrt hatte. Fast so, als wollte sie ihn damit erstechen

und sie hätte sich gewünscht, dass ihre langen Nägel noch länger werden und sich zu Krallen umformten.

„Es wird nicht zwischen uns stehen. Zumindest von meiner Seite aus nicht. Aber um eines bitte ich dich, meine Süße. Hör auf, ständig daran zu denken und zu fragen. Ich will nicht wissen, wie es bei dir war und bitte dich, mich auch nicht ständig daran zu erinnern. Wir sollten es ganz einfach … vergessen."

„Vergessen kann ich es nicht. Weder bei dir, noch bei mir. Doch spielt das auch keine Rolle. Wir sollten einfach nicht mehr darüber reden, da sich alte Wunden doch nur neu öffnen. Und was Deani anbelangt ...", sie legte eine kurze Pause ein. „Ich werde mich nicht noch einmal mit ihr treffen. Ich glaube selbst, dass sie es von Anfang an geplant hatte und versucht hat, uns auseinander zu bringen."

Der Türgong riss sie aus ihren Gedanken und ließ sie verstummen.
„Erwartest Du noch jemanden?", fragte Sky, der lustlos in seinem kalten chinesischen Essen herumstocherte.
„Nö. Mich besucht doch keiner", meinte sie grinsend.
„Dann gehe ich zur Tür, wenn es dir nichts ausmacht." Sky wartete ihre Antwort gar nicht erst ab und war längst an der Tür, als Mel ihm hinterher rief, er soll einfach nicht aufmachen. Deani kam die Treppen herauf gerannt und grinste Sky an.
„Oh, Du bist ja schon wieder draußen", säuselte sie zuckersüß und so falsch, dass er ihr am liebsten die geballte Faust in ihre Visage gedrückt hätte.
„Damit hast du wohl nicht gerechnet, Miststück!" Er sprach leise, Mel sollte seine Worte nicht hören. Doch da sie bereits hinter ihn getreten war und er ihre beruhigende Hand auf seiner Schulter spürte, würde er kein weiteres Wort mit dieser Schlange wechseln und überließ Mel das Feld.
„Hi Süße", flötete sie, als Mel sich vor Sky stellte. Sie wollte Mel umarmen und ihr einen Kuss auf die verführerischen Lippen drücken.

„Verpiss dich, Miststück! Oder hast du Sky nicht verstanden?" Mels Stimme schwoll an und schallte laut durchs Treppenhaus.

„Oh oh, welch ein Stimmungswandel. Gestern, klangst du noch ganz anders." Erneut versuchte Deani, Mel zu küssen und sich ihr zu nähern. Sky entging nicht, das seine Ex eine Show abzog und dass nichts von alldem echt war.

„Was interessiert mich mein Geschwätz von gestern!", warf Mel ein und lächelte überlegen. „Und ehe du denkst, du kannst weiter zwischen uns funken", ihre Hand berührte Sky, „solltest du wissen, dass ich ihm alles erzählt habe. Du kannst dir also jegliche Mühen und Intrigen sparen. Wenn sonst nichts mehr ist?"

Auch wenn Mels letzte Worte wie eine Frage klangen, waren sie für sie nur der Startschuss, um Deani die Tür vor der Nase zuzuschlagen.

„Wow", meinte Sky. „Der hast du es aber gegeben und das, obwohl sie so zuckersüß war."

Er umarmte seine Mel und spürte, wie seine Brust vor Stolz ein wenig anschwoll. Eigentlich ist sie doch ganz normal, befand er und ließ seine Hände über ihren nackten Rücken fahren. Mel trug ein schulterfreies Kleid, welches auch ihre Wirbelsäule frei ließ und ihn daran erinnerte, dass ein Rückentattoo ihren Körper noch verschönern würde. Dies war ein Projekt, dem er sich als nächstes widmen und welches er als Überraschung für seine Liebste umsetzen wollte.

Bei seinen Gedanken an ein Tattoo fiel ihm augenblicklich Iris ein. Er ließ Mel los. Nicht, weil er für Iris irgendetwas fühlte. Sondern weil er ihr sagen musste, dass er noch einmal fort musste und erst später am Abend zurückkehren würde. Hoffentlich wollte sie ihn nicht begleiten. Sonst würde sie merken, dass Iris die Frau war, mit der er sich vergnügt hatte. Da er nicht wusste, wie diese reagierte und ob sie vielleicht eine Spitze fallen ließ, wäre ihm Mels Begleitung in diesem Moment mehr als unrecht.

„Ich muss noch mal ins Studio. Ein Termin liegt noch an und dann haben wir die Kohle für Schottland zusammen."

Er hoffte, dass er ihr mit der Aussicht auf den Urlaub gute Stimmung schaffte und sie nicht auf den Gedanken brachte, dass sie ihn begleiten wollte.

„Super, ich wollte eh noch einmal raus. Wenn es dir nichts ausmacht, würde ich einfach mitkommen. Ich verspreche dir auch, dass ich mich mucksmäuschenstill verhalte und dass du überhaupt nicht merkst, das ich bei dir bin. Bitte, nimm mich mit!"

Mel sah ihn mit einem gespielten Dackelblick an und umarmte ihn.

Wie könnte er ihr diesen Wunsch abschlagen. Er atmete einmal hörbar durch, ehe er nickte.

„Dann zieh dir Schuhe an, ich bin schon spät dran. Und versprich mir, dich wirklich still zu verhalten. Die Frau wird es sicherlich nicht schätzen, wenn sie bei ihrer Tattoo Session gestört wird."

Als Mel von einer Frau hörte, verspürte sie einen kurzen Stich. „Kenne ich sie?", fragte sie vorsichtig nach. „Ich weiß es nicht", erwiderte Sky und fügte im Stillen hinzu: „Eigentlich wollte ich auch, dass es so bleibt." Er ließ unerwähnt, woher er sie kannte und hoffte, dass Mel nicht herausfand, wer sie wirklich war. Da Sky immer noch ohne Auto war, liefen die beiden Hand in Hand zum Studio. Fast schon romantisch, dachte er sich und verlangsamte seinen Schritt. Mel blieb ebenfalls stehen und schmiegte sich an ihn, als er sie umarmte und sie leidenschaftlich küsste.

„Ich verspreche dir, es dauert nicht lange. Sie will nichts Großes, wenn ich es richtig in Erinnerung habe."

Etwas großes wollte Iris nicht, aber sie würde sich entkleiden und ihm ihren Rücken präsentieren. Den Rücken, den er bereits kannte und den er schon berührt und geküsst hatte.

Als die beiden bei Skys Tattoo Studio ankamen, stand Iris bereits vor der Tür.

„Die ist ja richtig hübsch. Da war es wohl besser, das ich mitgekommen bin."

Auch wenn Mel flachste, überhörte Sky nicht, dass ein Funken Ernst und Eifersucht in ihren Worten mitschwangen.

„Mucksmäuschenstill", erinnerte er sie leise und drückte ihre Hand.

Iris entging das frisch verliebte Pärchen nicht. Warum musste er seine Freundin mitbringen, fragte sie sich. Sie hatte sich in ein verführerisches Top geworfen und sie hatte es bewusst vermieden, einen BH anzuziehen. Nun bereute sie ihre Entscheidung und hoffte, Mel würde abbiegen und nicht im Studio sitzen und sie beobachten. Iris Wünsche erfüllten sich nicht. Stattdessen kam Sky auf sie zu, gab ihr lächelnd aber sehr unpersönlich die Hand und ließ mit keinem Funken erkennen, wie nahe sich die beiden schon gekommen waren. Iris wirkte enttäuscht und hoffte, sie konnte ihre Emotionen vor ihm verbergen. Doch selbst Mel merkte, dass zwischen den Beiden irgendetwas komisch war. So unpersönlich ging Sky doch nie mit seinen Kunden um. Sie hoffte, dass die Frau nicht die war, von der sie dachte, dass sie es sein könnte.

„Ich bin Mel, Skys Freundin", stellte sie sich vor und streckte Iris die Hand entgegen. Diese ergriff sie und bedachte Mel mit einem festen Händedruck. Sky schloss die Tür auf und ging voran. „Das war gerade noch einmal gut gegangen", dachte er bei sich und steuerte direkt den Weg zu seinem Arbeitsplatz an. Derweil ruhten Mels Blicke auf Iris. Lauernd, beobachtend und mit der Ahnung, dass diese Frau Skys Affäre war.

Ohne jegliches Interesse an Smalltalk ging Sky gleich zum geschäftlichen Teil über. „Du hast das Bild mitgebracht?", fragte er Iris. Diese nickte und schlug das Buch auf. „Magische Zeichen und Symbole", stand auf dem Titelblatt.
„Hier, das passt doch zu mir, oder was meinst du?" Mel spürte, dass die beiden etwas verbargen. Obwohl sie sich duzten, wirkten sie wie Fremde. Aber fremd auf eine andere Art. Ihr wurde schlagartig klar, dass es sich bei dieser Iris nur um Skys Affäre handeln konnte. „Wegen mir müsst ihr euch nicht verstellen", gab sie preis und lächelte Sky an. Als er rot anlief und verlegen zur Seite sah, fühlte sich Mel in ihrer Vermutung bestätigt.
„Woher kennt Ihr euch?", wollte sie wissen. Sky und Iris tauschten einen unauffälligen Blick, der Mels wachsamen Augen aber nicht

entging.

„Aus dem Krankenhaus", antworteten beide wie aus einem Mund. „Ich habe ihm das Frühstück gebracht und mich um die täglichen Dinge gekümmert."

Iris lächelte und Mel versuchte, die in sich aufsteigende Wut zu kontrollieren.

„Dann gebt Euch nicht, als würdet ihr Euch heute zum ersten Mal sehen." Mit diesen Worten drehte sie sich auf dem Absatz um und nahm auf der Ledercouch im Vorraum Platz. Iris spürte, wie unwohl sich Sky in seiner Haut fühlte. Gerne hätte sie ihm etwas gesagt oder ihn einfach berührt. Aber Mels Anwesenheit hemmte sie und das war, wie sie fand, auch besser so.

„Lass uns anfangen", meinte Sky und griff nach der Tätowiermaschine, die bereits im Sterilisator steckte.

„Okay", meinte Iris. „Wo soll ich mich hinsetzen?" Sky wies auf den Hocker und positionierte seinen Arbeitsstuhl hinter ihr. Iris versuchte, die Träger ihres Tops so weit nach unten zu schieben, dass er ihre Schulter erreichen konnte und sie sich nicht vollständig entblößen musste. Noch einmal verfluchte sie ihren Wunsch, mit Sky noch einmal Sex zu haben und ihrer Intension gefolgt zu sein, den BH zu Hause zu lassen. Er half ihr und zog an dem Träger, der unter seinen Händen mit einem lauten Ratsch riss.

„Na super, kannst Du nicht aufpassen? Ich muss schließlich mit diesem Top auch wieder nach Hause."

„Tut mir leid", murmelte Sky schuldbewusst und versuchte, den Träger irgendwie unter den Stoff zu schieben. „Sieht auch so gut aus", flüsterte er so leise, das ihn außer Iris niemand hören konnte.

„Ich würde die Outlines von Hand zeichnen, wenn du es nicht anders wünscht. Aber da du den Leberfleck auf der Schulter hast und ich diesen aussparen muss, könnte ich dir das Bild Freihand am besten anpassen. Was bedeutet das Symbol, wenn ich fragen darf?"

Nun drehte sich Iris zu ihm um und bedachte ihn mit einem mehr als zauberhaften Lächeln.

303

„Sinngemäß bedeutet es so viel, wie das jeder bekommt, was er sich wünscht. Man muss nur seiner Intuition folgen und ausdauernd sein. Sich in Geduld beweisen und auf den richtigen Moment warten."

Tiefgründig war es nicht gerade, fand Sky. Noch mehr stieß ihm aber auf, dass Iris das Motiv wahrscheinlich nur aus einem Grund gewählt hatte und das sich die Aussage auf ihn bezog. Wenn es das war, hätte sie sich das Tattoo lieber noch einmal überlegen sollen. Ihn würde sie nicht bekommen, egal wie geduldig sie war und wie lange sie wartete. Er liebte Mel und auch, wenn die Frau vor ihm durchaus ihren Reiz hatte, würde er nicht noch einmal schwach werden.

„Bist du dir sicher?", frage er, ehe er nach ihrem Nicken den Stift ansetzte und die zarten Linien vorzog.
„Ich bin mir sicher", sprach sie laut und leise fügte sie hinzu, „das solltest du dir auch sein."

Für ihn war das Gespräch mit dieser Frage beendet. Wenn sie die Erinnerung auf ihrem Körper tragen wollte, dann sollte es eben so sein. Sky würde den Moment mit ihr vergessen und schwor sich, Iris nicht noch einmal wiederzusehen. Das Summen der Maschine ließ seine Gedanken ordnen und verhinderte, dass Iris ihm weiter Dinge erzählte, die er eigentlich gar nicht wissen wollte. Auch von Mel hörte er keinen Ton mehr und ging in seiner Arbeit auf. In den Momenten, in denen er tätowierte und die Nadel über die Haut des Kunden jagte, sah er jedes Körperteil nur als Arbeitsfläche und es war ihm egal, ob es ein Männerbein oder eine verführerische Frauenbrust war.
Auch Iris Schulter war für ihn nicht mehr als eine Leinwand, die er mit einem Kunstwerk verzierte und in die er sich einbrachte. Mel lauschte, ob die beiden sich unterhielten. Doch sie hörte nichts, außer dem Surren der Maschine, welche durch den monotonen Ton dazu beitrug, dass sich in Mel eine angenehme Entspannung und leichte Müdigkeit ausbreiteten. Sie hätte auf der Stelle einschlafen können, trotz ihrer Wut, die wie ein Ball fest in ihrer Magengrube saß und die

304

fast dazu geführt hatte, das sie die Beherrschung verlor. Auch wenn sie ihrem Gespür vertraute, würde sie sich nicht dazu hinreißen lassen, Iris oder Sky eine Szene zu machen. Schon gar nicht, wenn er arbeitete. Allerdings würde sie auf dem Heimweg nicht schweigen und wollte erfahren, ob Iris die Frau war, mit der Sky etwas gehabt hatte. Sie wusste, dass sie eine Antwort von ihm nur noch mehr verletzen würde, sofern diese ihre Vermutung bestätigte. Eigentlich hatte sie ihm ja versprochen, nicht länger auf dem Thema herumzureiten.

Aber es ging nicht anders. „Verdammt", fluchte sie leise und hoffte, dass ihr Fluch vom Geräusch der Tattoo Maschine übertönt wurde oder dort hinten gar nicht mehr zu hören war.
Für Mel und Sky zog sich die Session endlos in die Länge. Für Iris war es ein Moment, der noch länger hätte dauern können. Als das letzte Geräusch verstummte und sie das vibrierende Gefühl nicht mehr auf ihrer Haut spürte, drehte sie sich um und sah Sky fragend an.
„Fertig", meinte er lächelnd und holte einen Spiegel, so dass sie sich sehen und ihr neues Bild auf der Haut bewundern konnte.
„Hammer, ich danke dir!" Ihre Freude war echt. „Gefällt es?" Iris nickte nur. Sprachlos blickte sie in den Spiegel und vergaß dabei, dass ihr Top ohne den Träger rutschen würde. Nur ein kleines Stück ihrer Brustwarze blitzte hervor und sprang Sky förmlich ins Gesicht. „Sorry", meinte sie verlegen.

~ 14 ~

Sky versuchte wegzusehen, doch automatisch dachte er an den Sex mit Iris. „Kein Problem", meinte er und wandte sich ab. „Beim letzten Mal hast du dich nicht so mädchenhaft angestellt", flüsterte sie leise und zog das Shirt wieder über ihre weiblichen Rundungen. Sein böser Blick traf sie und er suggerierte ihr, dass sie sich lieber leise verhalten und nicht länger über seinen Ausrutscher philosophieren

305

sollte.

„Wie ich höre, seid ihr fertig?" Mel betrat das Zimmer und legte ihre Arme um Skys Hals. „Dann hab ich dich jetzt endlich ganz für mich allein", flüsterte sie ihm mit heiserer Stimme zu. Er gab ihr einen kurzen Kuss. „Gleich, ich muss das Tattoo noch abdecken und den Arbeitsplatz aufräumen, dann ist Feierabend." Er ließ sie stehen, griff zur Folie und dem Klebeband, mit dem er Iris Schulter abdeckte. „Hier", meinte er beiläufig und drückte ihr einen Zettel in die Hand. „Du kannst die Folie ein paar Stunden drauf lassen und dann wäscht du das Tattoo vorsichtig mit handwarmen Wasser ab. Wie du es pflegst, steht hier auf der Anleitung."

Iris warf nur einen kurzen Blick darauf, nickte und verstand, dass sie nun besser gehen sollte.

„Alles klar. Ich danke dir und wenn was ist, melde ich mich." Er nickte. „Dann viel Spaß mit dem Tattoo und einen schönen Abend." Sky wandte sich ab, räumte in Ruhe seinen Platz auf und hoffte, Iris würde diesen Wink mit dem Zaunpfahl verstehen und nicht länger rumstehen und sich umsehen. Doch Mel hielt sie auf, in dem sie ein Gespräch begann.

„Das hat mir gerade noch gefehlt", murmelte Sky in seinen imaginären Bart. „Hast du was gesagt, Schatz?"

Mel hatte natürlich nicht überhört, dass Sky vor sich hin murmelte. „Nichts, nichts. Ich habe nur geflucht, weil die Nadel abgebrochen ist." Er hielt die Nadel in die Höhe, warf noch einen letzten prüfenden Blick darauf und warf sie in den Eimer neben sich.

Iris hob ihre Hand zum Abschied und verließ das Studio. Mel fiel ein Stein vom Herzen und auch Sky spürte die Erleichterung, dass es zu keiner näheren Konversation zwischen den beiden Frauen gekommen war.

„Sie ist nett", meinte Mel. „Ich kann verstehen, das du ihr nicht widerstehen konntest, denn hübsch ist sie obendrein."

Skys Verlegenheit ließ sich nicht überspielen. „Wie kommst du darauf?" Mel lächelte ihn wissend an. „Ich bin nicht auf der Wurstsuppe durchs Leben geschwommen und so wie ihr euch verhalten habt, war es ja nun mehr als offensichtlich. Du kannst mit der Geheimniskrämerei also aufhören."

Er konnte kaum glauben, wie normal und ohne jegliche Anfeindung Mel auf ihre Entdeckung reagierte.

„Da kommt noch was", dachte er bei sich und hoffte, dass er sich in diesem Punkt irrte. Mels Arme schlangen sich um seinen Hals und sie presste ihren Körper an ihn. Auch wenn Sky sich von ihr angezogen fühlte und ihr kaum widerstehen konnte, verspürte er in diesem Moment keine Lust auf Sex. Mel spürte seine Ablehnung und ließ ihn los. Von einer Sekunde auf die nächste wurde aus der verständnisvollen Mel eine Furie.

„Ist klar, ich bin nicht so hübsch wie sie! Schau mich nur an!"

Mels Gesicht verzog sich zu einer hässlichen Fratze, so dass er ihr am liebsten zugestimmt hätte.

„Du willst mich nicht mehr, das merke ich doch! Erst fickst du diese Schlampe und wenn ich dich spüren will, schiebst du mich von dir!"

„Hör endlich mit dem Scheiß auf", schrie Sky sie an. „Ich habe echt keinen Bock auf deine Kinderkacke. Wenn du glaubst, ich will immer und überall ficken, dann liegst du weit daneben. Kannst du dir vorstellen, dass es auch noch andere Dinge im Leben gibt?"

Er war nicht einfach nur wütend, er war nahe der Raserei.

„Du hast mich schon richtig verstanden!", meinte er, als sie ihn entsetzt ansah.

„Wenn Beziehung für dich heißt, dass du zu jederzeit einen Fick beanspruchen kannst, dann bist du bei mir definitiv an der falschen Adresse. Ich räume jetzt hier auf und du kannst dir ja überlegen, was du machst. Auf jeden Fall sage ich dir, dass ich mich einfach mal ausruhen will und keinen Bock habe, dir als Sklave zu dienen. Basta!"

Ihr Atem beschleunigte sich. „So siehst du mich also, als einen Sklaventreiber? Wenn das deine Meinung ist, dann sollte ich wohl doch besser verschwinden!"

Sie lief los und knallte die Tür des Studios hinter sich zu. Mel stand auf der Straße, den Blick von Tränen getrübt und nicht in der Lage, einen klaren Gedanken zu fassen. Sie könnte nach Hause gehen, sich auf ihr Bett werfen und ihren Schmerz herausschreien. Sie könnte aber auch ihrem Leben ein Ende setzen und endlich damit aufhören, Sky und ihre Mitmenschen zu verletzen. Unkontrolliert brachen die Emotionen aus ihr heraus. Die Passanten blickten sie verstört an und machten einen großen Bogen um die junge Frau, die Krokodilstränen weinend auf dem Gehsteig stand.

Sky hörte die Tür und atmete durch.

„War klar, dass sie rumzickt."

Er wollte sich wieder seiner Arbeit widmen.

„Verdammte Scheiße", entfuhr es ihm und er lief zur Tür und sah hinaus. Sie stand auf dem Gehsteig, in Tränen aufgelöst und von den Passanten wie eine Verrückte beobachtet. Leise näherte er sich ihr und legte seine warmen Hände auf ihre Schultern.

„Sorry Mel. Ich wollte dich nicht anschreien."

„Was du wolltest, ist mir egal. Du hast mir ja eindeutig gesagt, was du von mir hältst!"

Sie war immer noch aufgebracht und sorgte mit ihrem Geschrei dafür, dass einige Passanten stehenblieben und das Paar beobachteten.

„Was gibt's hier zu glotzen?" fragte Sky die umstehende Menge.

Schnell löste sich die Versammlung auf und er vernahm Wortfetzen, die zum Geisteszustand seiner Person und seiner Freundin gebrabbelt wurden.

„Du hast deinen Auftritt gehabt", meinte er zu ihr. „Kommst du wieder mit rein oder willst du hier draußen für noch mehr Aufregung sorgen? Ich wäre dir sehr verbunden, wenn mein Ruf nicht hier auf der Straße vernichtet wird. Falls es dir entgangen ist, stehst du vor meinem Studio und flennst wie ein Baby."

Er packte sie grob an den Schultern und schob sie in Richtung der Tür. Auch wenn sie sich wehren wollte, tat sie es nicht und ließ sich von ihm ins Tattoo Studio schieben. Mel würdigte ihn keines Blickes. Auch als er sie auf die lederne Couch zuschob, ließ sie sich bereitwillig von ihm führen und fiel ins Polster.

„Hör auf, immer wegzulaufen, wenn dir was nicht passt!"

Auch wenn Sky ihr die Ansage klar und deutlich machte, schrie er nicht. Sie sah ihn mit traurigen Augen an.

„Was soll ich denn tun, wenn du mir sagst, das ich dir egal bin?"

In Sky kochte erneut die Wut hoch. Mit keinem Wort hatte er erwähnt, dass sie ihm egal wäre. Doch wenn sie es so sah, hatte sich ein weiteres Gespräch sowieso erledigt. Er wandte sich ab und räumte weiter auf. Mel stierte in die Leere und versuchte sich zu beruhigen. Auch er atmete ein paar Mal durch, ehe er nach vorne ging und sich neben ihr auf die Couch fallen ließ. Ihre Augen blickten nicht in seine Richtung und ließen ihn spüren, dass sie sauer war.

„Hör zu", begann er. „Ich sage es dir noch einmal und du kannst entscheiden,was du damit machst." Er holte tief Luft, ehe er weitersprach und er hoffte, dass seine Worte bis zu ihr vordrangen. „Ich habe was mit Iris gehabt, ja. Ich habe es dir gesagt und du warst auch nicht ohne. Warum setzt du zwei verschiedene Maßstäbe an? Es war nicht fair, natürlich nicht. Aber auch deine Aktion mit Deani und mit diesem verfickten Fotografen war nicht fair! Glaubst du, an mir geht es spurlos vorbei?"

Er legte seine Hand unter ihr Kinn und drehte Mels Gesicht in seine Richtung. „Sieh mich an und dann sag mir, was der Unterschied zwischen deinem und meinem Fremdgehen ist."

Mels Tränen waren versiegt. Sie hörte seine Worte, auch wenn sie keinen Bedarf nach Konversation verspürte. Er hatte ja recht. Natürlich gab es keinen Unterschied zwischen ihrem und seinem Fehltritt. Der einzige Unterschied war, dass er anscheinend besser damit umgehen konnte als sie.

„Ich hätte ja damit umgehen können. Nur wo sie da stand und ich mir vorstellte, das du ihren Körper berührt hast … ich meine nicht jetzt beim Tätowieren, sondern vorher, als du sie …. Ich kann es einfach nicht."

„Was kannst du nicht?", fragte Sky, ohne auf ihre vorherigen Worte einzugehen. „Ich kann nicht so tun, als wäre nichts gewesen. Glaube mir, ich wäre froh, wenn es ginge. Aber es geht nicht."

„Soll heißen?", fragte er.

Mel sah ihn an. „Ich weiß nicht, was es heißen soll. Aber ich denke, dsas die Zeit die Wunden heilt wie es so schön heißt. Und wenn nicht, dann habe ich auch keine Ahnung. Es tat nur so weh, als du mich abgewiesen hast. Darum bin ich ausgerastet. Nicht einmal wegen dieser Frau, sondern einfach deswegen, dass du mich nicht wolltest."

Darauf hatte Sky nicht viel zu erwidern. Was er ihr gesagt hatte, war sein voller Ernst. Er hatte keine Lust, einfach nur ihr Sexsklave zu sein und immer dann zur Verfügung zu stehen, wenn sie Lust verspürte. Schon gar nicht, da die Lust bei Mel praktisch rund um die Uhr kam und er sich auf nichts anderes mehr konzentrieren konnte. Dass er sie angeschrien hatte, tat ihm leid. Aber an der Ehrlichkeit seiner Worte änderte sich dadurch nichts.

„Ich habe dich nicht abgewiesen. Ich habe dir nur gesagt, dass ich jetzt keinen Bock zum Ficken habe. Kennst du den Unterschied?" Sie nickte. „Dann weiß ich nicht, wo dein Problem liegt. Ich habe gearbeitet und war dabei, hier aufzuräumen. Ist nicht gerade erotisch, wenn man den Arbeitsplatz aufräumt, findest du nicht?"

Wieder nickte sie.

„Du kannst mir glauben, dass mir dieser Termin auch nicht recht war und dass ich die ganze Zeit nur darauf wartete, dass das Bild auf ihrer Schulter fertig ist und dass sie geht. Für mich stand fest, dass ich Iris nach dem Fehltritt nicht wiedersehe. Aber das hier ist meine Arbeit, verstehst du? Hätte ich ihr den Termin nicht gegeben, wäre das alles andere als professionell gewesen. Also habe ich mich zusammengenommen und das getan, was man als Tätowierer tut. Und dann kommst du und denkst, ich könnte in Nullkommanichts umschalten und von meinen Gewissensbissen auf Sex kommen. Es geht nicht! Hier gibt es keinen Schalter, den ich einfach so umlegen kann. Und ehe du fragst, deine Aktion hat mich auch verletzt. Nur habe ich beschlossen, dass sie nicht zwischen uns stehen soll und dass ich damit umgehen kann."

Sie rückte an ihn heran und legte ihren Kopf auf seinen Schoß. Gedankenverloren strich er durch ihr Haar und nun war es Sky, der ins Leere blickte.
„Warum muss es so schwer sein? Andere Paare haben diese Probleme nicht." Mel sah ihn an.
„Ich weiß es nicht. Aber es ist, wie es ist", meinte er und beugte sich über sie. Ihre Lippen trafen sich und vereinigten sich zu einem leidenschaftlichen Kuss. Er schmeckte das Salz, welches die Tränen auf ihrem Gesicht hinterlassen hatten und er spürte, wie sich in seiner Hose etwas regte. Seine Finger fuhren über ihren Körper und bahnten sich einen Weg in ihren Ausschnitt, der tiefe Einblicke auf ihre verführerischen Rundungen frei gab. Zärtlich und hingebungsvoll streichelte er ihre Brüste, ehe er ein wenig fester zugriff und ihre Nippel verwöhnte. Ihr Stöhnen klang wie Musik in seinen Ohren. Wie konnte er nur daran denken, ihr Sex zu verwehren? Er war süchtig nach dieser Frau und wenn sie ihn den ganzen Tag ficken wollte, dann würde er es genießen. Langsam öffnete er ihr Oberteil und genoss den Anblick, der sich ihm Stück für Stück offenbarte.

Seine Hände umschlossen ihre festen und doch weichen Brüste, die er nun mit seiner Zunge liebkoste und mit zärtlichen Bissen übersäte. In keinem Moment dachte er an die offene Tür und bemerkte nicht, dass Iris vor der Scheibe stand und dass sie den beiden zusah. Mel erhob sich und kniete sich vor ihn, öffnete seine Hose und griff nach seiner Männlichkeit. Skys Atem beschleunigte sich, als sie sein Schwert tief in ihren Mund nahm und ihn sinnlich, aber auch fordernd, verwöhnte. Sie blickte sich im Raum um und entdeckte die Figur, die auf dem Tresen stand. Die runden Formen der Frau aus Edelstahl brachten sie auf eine Idee, die sie nicht mehr aus ihren Gedanken bekam. Sie stand auf, verfolgt von seinem Blick und griff nach der Figur. Er ahnte, was sie vorhatte und würde diesen Anblick genießen. Mel klemmte die metallene Frau zwischen den Polstern ein und kniete sich mit weit geöffneten Schenkeln über sie. Verführerisch leckte sie sich die Lippen und ließ ihren Blick nicht von Sky. Mit beiden Händen zog sie ihre prall durchbluteten Lippen auseinander und senkte sich langsam, ganz langsam mit geschlossenen Augen über die Skulptur. Er beobachtete, wie zuerst die in die Höhe gestreckten Arme, dann der Kopf, die Brust und der pralle Hintern der Skulptur in Mels Rosenblüte eindrangen. Ganz langsam und hingebungsvoll bewegte sie sich auf der Skulptur, die ihr unübersehbar größte Lust verschaffte. Mit einer Hand hielt sie die Skulptur, die andere Hand schloss sie fest um Skys bestes Stück und verwöhnte ihn mit rhythmischen, geübten Bewegungen.

Skys Hände fanden den Weg zu ihrer Knospe, die er zwischen seinen Fingern zwirbelte und über die er mit seiner Handfläche strich. Ihre Brüste wippten verführerisch vor seinen Augen und er saugte an ihren Nippeln, jedes Mal wenn sie sich über die Skulptur schob. Seine Gier kannte keine Grenzen mehr und er wollte sie, wollte ihr alles geben und nicht länger nur zusehen. Er nahm ihre Hand, riss sie von der Skulptur und schloss seine kräftigen Finger um die Beine der Frau aus Metall. Mel ließ sich nach hinten in die Polster fallen und präsentierte ihm ihre Rosenblüte, die schon jetzt vor Lust und Leidenschaft pulsierte.

Ganz langsam schob er ihr den metallene Frauenkörper zwischen ihre Schenkel und drückte dabei leicht auf ihre Roenknospe. Immer schneller bewegte e seine Hand, aber nicht nur die, mit denen er es Mel besorgte, sondern auch die, mit der er sich selbst zum Höhepunkt brachte. Er stöhnte auf und entließ sein Schwert aus seiner Hand, ehe er sich über ihrem Bauch ergoss und nicht in den Genuss kam, vorher noch in sie einzudringen. Sky beugte sich über sie, schmeckte ihre Lust und sog die Feuchtigkeit, den Lust und Leidenschaft gierig in sich auf. Mit seiner Zunge drang er in die glühende Blüte vor und schmeckte sie so intensiv, dass er sich kaum noch beherrschen konnte.

„Komm zu mir", flüsterte sie zwischen den spitzen Schreien, die aus ihrer Kehle drangen und die seine Erregung erneut auf die Spitze trieben. Er ließ sich nicht zweimal bitten und schob seine Männlichkeit in die Öffnung der Lust, die sich ihm so bereitwillig und einladend darbot. Er sah zu, wie ihre Spalte ihn aufnahm wie sie ihn und förmlich in sich aufsaugte. Ganz langsam drang er in sie ein, entzog sich ihr wieder, nur um erneut zuzustoßen.

Tief presste er sich in sie und spürte sie, sie, die ihre Leidenschaft so zügellos und ohne Hemmungen mit ihm auslebte. Niemand bemerkte die Frau, die vor der nicht verschlossenen Tür stand und deren Tränen über ihre Wangen rannen.

„Tu es … tu es jetzt, " Mels Schreie ließen ihn jeglichen Wunsch nach einer Verlängerung vergessen und nahm sie so intensiv, als ob es das letzte Mal wäre. Fest umklammerte sie seine Hüften und zog ihn an sich, schob ihn weg und zog ihn erneut zu sich heran. Er schloss seine Augen, stellte sich ihr erregtes Gesicht mit dem fernen Blick vor und kam. Sein Schrei der Lust hallte von den Wänden wider und mischte sich mit ihren spitzen Schreien, die einen endlosen Höhepunkt untermalten. Als er die Beherrschung verlor, verharrte er ganz still in ihr und ließ es einfach nur geschehen. Er spürte, wie ihre Rosenblüte pulsierte und wie sie sich immer fester zusammenzog. Er sank über sie, legte seinen Kopf zwischen ihre Brüste und schnaufte atemlos. Die Sterne vor seinen Augen trübten den Blick für die Beobachterin, die noch immer vor der Tür stand. Aus ihrem traurigen Gesicht war eine Fratze der Wut geworden, ehe sie sich umdrehte und mit wirren Gedanken und dem Sinnen nach Rache den Ort ihrer Pein verließ.

„Ich liebe dich, mehr als du es dir überhaupt vorstellen kannst", hauchte Mel und lächelte ihn an.

„Ich liebe dich auch, meine Süße." Skys Stimme war nicht mehr als ein heiseres Flüstern.

Der Streit von eben war vergessen. Mel rückte ihr Kleid zurecht und Sky zog sich die Hose hoch. „Welch ein Chaos", meinte er grinsend, als er das zerwühlte Sofa, die Flecken auf dem Bezug und die von Mels Leidenschaft verschmierte Skulptur betrachtete.

„Schlimm?", fragte sie und küsste ihn. Er schüttelte den Kopf.

„Ne, aber aufräumen sollte ich noch. Muss ja niemand sehen, was ich hier neben der Arbeit sonst so treibe."

Er reinigte die Skulptur und stellte sie zurück an ihren angestammten Platz auf dem Tresen. Das Sofa bekam eine kleine Desinfektion und wurde wieder in Position gebracht. Derweil blätterte Mel in einem Ordner, den er am Vortag für Iris herausgesucht hatte.

„Komm, wir gehen", meinte er und griff nach ihrer Hand.

„Für heute habe ich genug Action gehabt und wäre begeistert, wenn ich nun ein Bier zur Entspannung bekomme. Lass uns ins Pub gegenüber gehen."

Fröhlich und unverkennbar erleichtert und befriedigt folgte sie ihm und ließ sich bereitwillig an der Hand über die Straße führen. Mit einem lauten Hallo begrüßte sie der Kneiper und fragte gar nicht, was die beiden wollten. Im Kilkenny war Sky Stammgast und jeder wusste, womit man ihm eine Freude machen kann. Nur der verschwörerische Blick des Kneipers beunruhigte ihn und ließ ihn hoffen, dass er seine letzte Begleitung mit keinem Wort erwähnte. Doch dieses Glück war ihm nicht hold und als er mit dem Bier und einem Wein für Mel an den Tisch kam, war seine erste Frage gleich auf den Zustand der Frau bezogen, mit der er vor zwei Tagen hier war.

„Ich gehe davon aus, deine Begleitung ist trinkfester als die Schönheit, die nach dem zweiten Bier fast die Einrichtung zerstört hat?" Sein kehliges Lachen verstummte auch dann nicht, als er bereits wieder in Richtung des Tresens und hinter diesem verschwand. Na super, das war genau der Spruch, der ihm heute noch gefehlt hatte. Ehe Mel ihm eine Szene machen konnte, nickte er ihr zu und ergriff ihre Hand.

„Ich war mit ihr hier. Eigentlich wollte sie mich nach Hause bringen. Doch ich wollte wissen, was es mit Schmidt auf sich hat. Darum habe ich mich hier mit ihr hingesetzt und sie hat mir erzählt, was ich dir über ihn berichtet habe. Sie verträgt nichts", fügte er noch an und bestätigte damit die Worte des Kneipers.

Auch wenn sich Mel augenblicklich nicht mehr wohl in diesem Pub fühlte, blieb sie sitzen und blickte in ihr Glas.

„Warum schleppst du mich dann hierher? Ich bin nicht irgendeine Gespielin, mit der du mal schnell vor oder nach dem Fick einen saufen gehst!" Sie sprach leise, aber ihr Ton sprach dafür Bände.

„Nicht vor dem Fick, aber danach als Absacker", versuchte er die Situation zu entschärfen und schenkte ihr ein warmes Lächeln. Mels Augen blitzten und Sky wurde bewusst, dass sie seine Worte nicht als Aufmunterung empfand und dass er mit seiner Aussage eher für einen Stimmungsumschwung gesorgt hatte.

„Halt, damit will ich nicht sagen, dass du eine Gespielin bist. Ich liebe dich und das weißt du. Aber ein Bierchen nach eben ... ist das, was diesen Abend abrundet, was ihn perfekt macht."

Er hoffte, mit seiner Erklärung nicht wieder ins Leere getroffen zu haben und eine Reaktion zu begünstigen, die er nicht kontrollieren konnte und die ihm einen so peinlichen Moment einbrachte, dass er das Kilkenny in Zukunft meiden würde.

„Ich muss mal ums Eck", meinte er und stand auf. Die Toilette lag links neben dem Tresen, so dass er die Gelegenheit nutzen und dem Kneiper ein paar Takte erzählen würde. Dieser sah ihn mit einem verschwörerischen Blick an und zwinkerte.

„Du bist so ein Arschloch! Den Ausspruch eben hättest du dir verkneifen können. Aber ist schon klar, das Hirn hast du dir weg gesoffen!"

Sky ballte die Faust, aber nur als Zeichen, was dem Kneiper blühen würde, wenn er noch einmal in sein Leben funkte.

Dieser erstarrte für einen kurzen Moment, ehe er laut zu lachen begann und sich seinen dicken Bauch hielt.

„Willst du mir drohen, du Wixer? Sieh zu, dass du deine Alte schnappst und von hier verschwindest. Solche Gäste wie dich brauche ich hier nicht!"

Sky hätte die Faust am liebsten ins grinsende Gesicht des Kneipers gedrückt und ihm gezeigt, was er von Menschen wie ihm hielt.

„Keine Sorge mein Guter, wir gehen gleich", ließ er mit unüberhörbarem Hochmut vernehmen und setzte seinen Weg zur Toilette fort. Der Kneiper folgte ihm und riss ihn an der Schulter zu sich herum. Mel beobachtete das Schauspiel und spürte, dass es bei dieser Auseinandersetzung um sie ging. Klar, Sky hatte dem Typen bestimmt eine Ansage bezüglich dessen vorherigen sÄußerung gemacht. Er wollte ja nicht, das Mel von dem gemeinsamen Abend mit Iris im Pub erfuhr. Sonst hätte er es ja erwähnt.

„Das ist für deine Arroganz", fluchte der Kneiper und ließ die Faust in Skys Gesicht landen. Sky duckte sich, so dass er nur seine Stirn und nicht das verletzte Auge traf. „Geht's noch, Arschloch?", schrie dieser und holte aus, um dem Kneiper die Retour für diese Aktion zu verpassen. Körperlich war Sky dem fetten und langsamen Kneiper überlegen, das stand außer Frage. Aber als dieser den Baseballschläger holte und damit auf Skys Kopf zielte, würde ihm die Überlegenheit auch nichts mehr nützen. Mel hörte das Rumpeln und Brüllen, welches die Schlägerei hinter der Tür erkennen ließ. Sie sprang von ihrem Platz auf, schnappte sich den Bierkrug und riss die Tür zur Toilette auf. Sie sah, wie sich die Keule auf Skys Kopf senken und ihm den Schädel zertrümmern wollte. Ohne darüber nachzudenken, hob sie den Krug über ihren Kopf und ließ ihn auf den Kopf des Kneipers krachen. Während der Krug in tausend Scherben zersprang und die Kopfhaut des Angreifers zerschnitt, brach der Kneiper ohne jegliches Geräusch zusammen und die Keule fiel ohne ihr Ziel erreicht zu haben, aus seiner Hand auf den Boden. Hysterisch kreischte Mel, als sie die immer größer werdende Blutlache auf dem Boden sah.

„Scheiße, ich hab ihn umgebracht, ich hab das Schwein gekillt!" Sie sank an der Wand zusammen. Jegliche Farbe war aus ihrem Gesicht gewichen. Sky beugte sich über sie und hob ihr Gesicht an.

„Verdammt, beruhige dich. Er wird schon noch leben!" So sicher war er sich allerdings nicht, da auch ihm die schnell größer werdende Blutlache nicht entging. Ohne weiter auf Mel oder den Kneiper zu achten, rannte er raus und wählte die Nummer des Notrufs. Hektisch gab er die Daten durch und meinte, sie sollen sich beeilen. Hinter dem Tresen schnappte er sich ein Geschirrtuch und drückte es auf die Wunde.

„Hier, halt das fest", meinte er zu Mel und presste ihre Hand auf das Geschirrtuch, mit dem er die Blutung versuchte zu stoppen.

„Ich kann das nicht, Sky, ich kann es nicht!" Ihre Hände zitterten, ihr Blick war wirr und er spürte, wie sie immer mehr entglitt. „Dann lass mich", meinte er und griff nach dem Tuch. In dem Moment stöhnte der Kneiper leise auf.

„Er lebt!" Mel bekam den Ausruf gar nicht mehr mit. Die Schwärze vor ihren Augen hatte dazu geführt, dass sie das Bewusstsein verlor und dass sie reglos neben dem Kneiper lag. Die Geräusche und das hektische in den Gastraum stürmen hatten die anderen Besucher des Pub alarmiert. Ein Mann riss die Klotür auf und blickte zu Sky, zu Mel und dem Kneiper.

„Was zum Teufel ist hier passiert?" Ehe Sky antworten konnte, hatte sich der Mann über den Kneiper gebeugt und das Geschirrtuch von dessen Kopf gerissen. „Hör auf, sonst verblutet er. Hier, press das auf die Wunde und warte, ich habe die SMH schon gerufen."

Sky drückte dem Fremden das Tuch in die Hand und beugte sich über Mel, deren Augenlider flatterten und deren kreidebleiches Gesicht ihm Angst machte. Er ging zum Waschbecken und füllte seine Hände mit eiskaltem Wasser. Über Mels Gesicht öffnete er die Hände. Sie schlug die Augen auf, für einen kurzen Moment war sie vollkommen orientierungslos. Dann sah sie den Kneiper und begann erneut zu schreien.

„Mel, es ist alles gut. Der Krankenwagen kommt und er lebt. Danke, das du mir den Arsch gerettet hast", fügte er leise an und nahm ihre Hand fest in seine. Mel konnte sich nicht mehr daran erinnern, wie sie in diesen Raum kam und warum sie hier am Boden lag. Als sie den Baseballschläger erblickte, fiel es ihr wieder ein und sie sah zu Sky.

„Bist du in Ordnung, ist dir was passiert?" Sie entdeckte die kleine Platzwunde an seiner Stirn, um die sich langsam eine dicke Schwellung ausbreitete. „Mit mir ist alles in Ordnung, du bist ja hier", flüsterte er und streichelte ihr Haar. Der fremde Mann beobachtete die beiden und brummelte unverständliche Worte, während er das Tuch fest auf die Kopfwunde des Kneipers presste.

„Was auch immer hier drinnen vorgefallen ist, haltet mich bloß da raus. Ich bin auf Bewährung und hab keine Lust, einzufahren."

Sky nickte und gab dem Fremden zu verstehen, dass er den Raum verlassen sollte. Dieser nickte dankbar und öffnete die Tür. Zwei Polizisten und ein Arzt, sowie zwei Rettungssanitäter hatten in diesem Moment den gleichen Weg und standen bereits vor der Tür.

„Halt", meinte einer der Polizisten. „Sie bleiben mal schön, wo Sie sind."

Der Mann sackte in sich zusammen. „Er hat nichts damit zu tun. Der kam erst rein, als er die Geräusche hörte."

Den Polizisten interessierten die Worte nicht. Derweil hatten sich die Sanitäter an Sky vorbei gedrängt und umringten den Verletzten. Sie nahmen eine Kompresse und verbanden die Wunde provisorisch.

„Der muss ins Krankenhaus, sieht nicht gut aus", meinte der jüngere der Sanitäter sporadisch und sie liefen los, holten die Trage und luden den Kneiper auf. Nur Sekunden später ertönte die Sirene und der Krankenwagen fuhr mit Blaulicht davon.

„Wer hat das hier zu verantworten?", fragte der Polizist an Sky gewandt. „Er selbst", meinte Sky. Der Polizist schnaubte verächtlich. „Der wird sich wohl kaum den Krug selbst über den Schädel gehauen haben, oder wollen Sie mir das etwa weismachen?"

318

Sky schüttelte den Kopf. „Wenn Sie mich ausreden lassen würden, dann könnte ich es Ihnen ja erzählen!" Seine Stimme erhob sich, so dass der jüngere der beiden Polizisten provokativ an sein Holster griff und mit den Fingern auf der Waffe spielte.

„Dazu werden Sie Gelegenheit bekommen und zwar auf dem Revier. Sie begleiten uns und zwar beide. Kommen Sie freiwillig mit oder müssen wir Sie abführen?" Sky blickte zu Mel. Mel sah auf die Blutlache und zitterte am ganzen Körper. „Er war es nicht. Ich war es", flüsterte sie leise, ohne den Blick von der Sauerei auf dem Fußboden abzuwenden. Den Polizisten wurde die ganze Situation allmählich zu dumm, was sie lautstark verkündeten. Der Jüngere packte Sky am Oberarm und wollte ihn aus der Tür führen. Der Ältere griff nach Mel, die ihm ihren Arm entriss und ihn anfauchte. „Ich kann alleine gehen!" Er ließ sie los, nickte seinem Kollegen zu und lief hinter Sky und Mel, sowie seinem Kollegen her. Die beiden stiegen in den Polizeiwagen, der mit Blaulicht in Richtung des Reviers fuhr und jegliche Verkehrsregeln außer Acht ließ. Dort wurden die beiden getrennt.

„Was ist im Kilkenny vorgefallen?" Der Polizist, dem Sky gegenüber saß, sah ihn mit einem prüfenden Blick an.

„Er hat einen Spruch gerissen und ich bin an den Tresen, um ihm zu sagen, was ich davon hielt. Anschließend bin ich auf die Toilette und er folgte mir. Die Wunde auf meiner Stirn, die habe ich dem Spinner zu verdanken."

„Nun werden Sie mal nicht ausfällig!" Der Polizist sah Sky mit wachsamen Blick an. Dieser fuhr fort.

„Ich wollte mich nur wehren, als er zu einer Baseballkeule griff und diese mit einem diabolischen Grinsen über meinen Kopf erhob. Der hätte mich erschlagen, wenn Mel nicht in dem Moment in den Raum gekommen wäre! Sie hat das Glas genommen und es über seinen Kopf gezogen. Dann ist er zusammengebrochen und hat gesuppt. Ich habe die SMH gerufen, die Blutung mit einem Tuch gestoppt und mehr war nicht. Dann kam der Typ, der noch mit im Raum war. Aber der hat gar nichts damit zu tun. Der kam erst rein, als der Kneiper schon in seiner Suppe lag und als Mel bewusstlos war."

Während Sky erzählte, schrieb der Beamte alles mit und unterbrach ihn kein weiteres Mal.

„Herr Brauer ist schon mehrfach wegen Gewalttätigkeit gegenüber seinen Gästen aufgefallen. Von daher habe ich keine Zweifel an Ihrer Aussage. Trotzdem muss ich Sie darauf hinweisen, Herr Hensler, dass Sie sich für weitere Fragen bereithalten müssen und damit rechnen können, das diese Kneipenschlägerei vor Gericht geht. Ich habe noch keine Info aus dem Krankenhaus, aber so wie es aussah, hat Ihre Freundin Herrn Brauer ganz schön erwischt. Seien Sie ihr dankbar, der letzte Gast mit dem er sich anlegte, lag mit einem Schädelbasisbruch im Krankenhaus und leidet unter Folgeschäden des Angriffs."

Der Polizist ließ ihn die Aussage unterschreiben und begleitete ihn zur Tür. Mel wartete bereits im Vorraum auf ihn. „Alles okay?"
Sie nickte. „Bring mich nach Hause. Ich will nur noch weg von hier, weg von allem."
Er nahm ihre Hand, streichelte ihre zittrigen Finger und legte, als sie zur Tür hinausgingen, den Arm um ihre Hüften.
„Ich rufe uns ein Taxi", meinte er nur und griff zum Handy. Sie nickte. Die ganze Fahrt über wechselten die beiden kein Wort. Mel war in sich gekehrt und Sky war wütend, dass er Mel mit in diese Sache gezogen hatte. Erst als sie die Wohnungstür hinter sich schlossen und in der Stille von Mels vier Wänden waren, fand er die Worte wider.
„Da passiert nichts", meinte er. „Der muss schon häufiger auf Gäste losgegangen sein, wie der Polizist mir erzählte." Mel sah ihn an.
„Mich interessiert nicht, was mit dem ist. Er hätte dich fast erschlagen, was hätte ich tun sollen?"
Langsam war die Farbe in ihr Gesicht zurückgekehrt.
„Er wollte dich … umbringen, dieses Schwein!" Sie fiel in Skys Arme und schluchzte. „Umbringen … dieses Schwein!" Ihre heisere Stimme und ihr Schluchzen ließen ihn spüren, wie aufgewühlt sie war und wie sehr sie an ihm hing. Klar, ohne Mels Reaktion hätte er

gegen den Baseballschläger nichts ausrichten können. Irgendwie war es ihm peinlich, dass sie ihm den Arsch gerettet hatte und nun mit ihm gemeinsam in der Klemme steckte.

„Alles wird gut", flüsterte er und führte Mel zum Sofa. „Ruh dich aus, das hast du dir verdient. Als Lebensretter", fügte er noch an und ließ sich neben ihr ins Polster fallen. Schwer lastete die Schuld auf seinen Schultern und noch schwerer der Gedanke, dass er allein diese Situation provoziert hatte. Wäre er nie mit Iris im Pub gewesen oder hätte den Spruch des Kneipers einfach geschluckt, hätte Mel nun keine Anklage wegen schwerer Körperverletzung laufen.

„Schottland müssen wir erst einmal verschieben. Wir müssen uns bereithalten, wie der Bulle meinte und wir dürfen das Land erst einmal nicht verlassen." 7

„Ist mir schon klar", erwiderte Mel und kuschelte sich an Sky.

~ 16 ~

Nachdem der Urlaub nun nicht mehr zeitnah auf dem Programm stand, suchte Sky nach einer Alternative für einen Ausflug mit Mel. In absehbarer Zeit gab es einige Festivals, die musikalisch für Abwechslung sorgen und den Kopf frei kriegen lassen würden. Nachdem er den Festivalplaner von vorne bis hinten und wieder zurück studiert hatte, sprachen ihn vor allem Wacken und das With Full Force an. Mel tendierte zum Mera Luna und dem Wave Gothic Treffen, welches bereits am kommenden Wochenende stattfand.

„Von mir aus alle vier", meinte Sky und dachte an das Budget, welches eigentlich zur Erkundung der schottischen Burgen und Mythen gedacht war. „Mit Bereithalten werden die Bullen wohl kaum meinen, dass wir hier Gewehr bei Fuß sitzen und uns nicht aus dem Haus bewegen. Der Typ liegt eh noch im Krankenhaus und die Verhandlung, sollte es überhaupt zu einer kommen, liegt in weiter Ferne."

Mel nickte. „Also fahren wir zum WGT?" Sie strahlte über das ganze Gesicht, als er nickte und ihr damit eine Freude machte, an die sie in ihrem Leben nicht mehr geglaubt hatte.

321

„Ich wollte da schon so lange hin, aber jedes Jahr kam was anderes dazwischen." Sie lief aufgeregt durch die Wohnung und ihre betrübte Stimmung, sowie der idiotische Kneiper waren mit einem Schlag vergessen.

„Wir sollten schon Donnerstag Abend fahren, wenn wir noch einen guten Zeltplatz finden wollen. Pension können wir ja so spitz auf Knopf vergessen", fügte sie an. „Was ziehst du an?" fragte sie mit einem Blick auf seine Jeans und sein Shirt.

„Das gleiche wie immer", meinte er und blickte an sich herab. „Oder ist das nicht gut genug für WGT? Ich bin kein Gothic und möchte mich auch nicht verkleiden", meinte er und schüttelte seine lange Mähne. Mel hatte längst einen Plan und sah in in Lack und Leder vor sich. Doch von diesem Plan war er weniger begeistert und nahm dafür auch in Kauf, das Mels Mund sich zu einem Schmollen verzog.

„Über eine Lederhose lass ich mit mir noch reden, aber Lack kannst du knicken. Ich geh nicht als Hardcore-Schwuchtel auf die Straße. Auch wenn mich beim WGT garantiert keiner kennt."

So sicher war er sich nicht, dass niemand ihn erkennen würde. Er war zwar kein Startätowierer, aber hatte sich in der Szene längst einen Namen gemacht und ahnte, dass einige seiner Kollegen ebenfalls auf diesem Event waren. Während sie Sky in Sachen Mode beriet, kramte sie in ihren Schränken herum und riss alle Kleider, Korsagen, Highheels und Strümpfe aus den Fächern. Als sich vor ihr ein riesiger Klamottenberg auftürmte, raufte sich Mel die Haare. „Hab nix zum Anziehen", meinte sie kleinlaut. Nun konnte sich Sky das Lachen nicht verkneifen und sah mit großen Augen auf diesen Berg, den sie niemals in einem ganzen Jahr auch nur zur Hälfte auftragen konnte.

„Ich glaube, du hast zu viel und weißt deshalb gar nicht, was du am besten nehmen sollst. Wenn du willst, helfe ich dir gerne beim aussuchen."

Er stand auf, schloss die Augen und kreiste mit seiner Hand über dem Klamottenberg. Ohne zu sehen, wonach er griff, fuhr seine

Hand in den Stapel und ertastete einen Schuh, den er aufhob und den er nun triumphierend in die Höhe hob.

„Hier ist schon mal ein Schuh!" Er öffnete die Augen und betrachtete den Highheel, der irgendwo in diesem Berg sicherlich noch einen Partner hatte. Mel lachte und setzte sich auf den Boden.

„Männer", kicherte sie und küsste Sky in den Nacken. „Aber deine Methode ist gut und mit dem Schuh bin ich schon einmal einverstanden. Vorausgesetzt natürlich", fügte sie nach kurzer Pause an, „er bringt wirklich noch einen Gefährten mit."

Er schloss die Augen erneut und griff wieder in den haushohen Stapel. Seine Hand ertastete etwas, das sich ziemlich knapp und wie Lack anfühlte. Er zog es hervor und präsentierte es ihr.

„Und hier hätten wir schon mal den Rock." Mel konnte sich vor Lachen kaum noch halten, stand auf und nahm ihm das Teil aus der Hand. „Wofür sind die?" fragte sie ihn mit Tränen in den Augen. Sie hielt sich die Korsage um die Hüften und nun sah auch Sky, dass es sich nicht um einen Rock handelte.

„Aber als Rock würde ich das Teil durchaus anziehen. Suchst du mir noch ein passendes Oberteil?"

Wie ein Magier ließ er seine Hand erneut über dem Stapelkreisen, um sich anschließend wie eine Krähe auf seine Beute zu stürzen. In seiner Hand befand sich ein Strumpf, den Mel ebenfalls abnickte und von dem sie hoffte, dazu gäbe es noch einen zweiten.

„Einmal noch und wenn du richtig greifst, steht das Outfit für die Anreise."

„Wie, für die Anreise?" Mel schüttelte den Kopf. „Du glaubst doch nicht, das ich vier Tage mit dem selben Outfit auf WGT herumlaufe?"

„Weiber", meinte er gespielt lässig. „Du weißt aber, dass du deinen Koffer tragen musst?"

Sie grinste. „Klar doch, ich nehme den einen und du die anderen drei."

Lachend setzte sie sich wieder auf den Boden und wartete, was er ihr als nächstes in die Hand drücken würde. Einen beherzten Griff später, und sie hielt ein Netzoberteil in ihren Händen, nickte es ab und legte es zu den anderen Sachen.

„Ich will dich von der Aufgabe befreien", gab sie gönnerhaft zum Besten. Ohne lange Suche fand sie sowohl den zweiten Strumpf als auch den zweiten Schuh und schnappte sich die Sachen. „Was hast du vor?" rief er ihr nach, als sie mit dem Kleiderberg über dem Arm im Badezimmer verschwand.

„Anprobe", rief sie zurück und warf die Tür hinter sich zu. Einen BH trug sie, den sie gleich anließ und den sie unter dem Netztop platzierte. Natürlich hatte er ihr keinen Slip gegeben, aber den würde sie auch nicht brauchen. Mel fühlte sich wohler, wenn sie die frische Luft zwischen ihren Schenkeln spürte und das Gefühl genoss, dass jeder erahnen konnte, dass sie unter ihrem knappen Rock nackt war. Sky würde überrascht sein, wenn er ihr zwischen die Beine griff und dort nichts fand, was seine Finger von ihrer Rosenblüte trennte. Mit einem Lächeln stieg sie in die Highheels, machte den Reißverschluss zu und stolzierte ins Wohnzimmer. Sky saß auf dem Boden und blickte sie an.

„ Wow, ein Traum in schwarz", entfuhr es ihm. Aus seiner Position heraus genoss er den tiefen Einblick und legte den Kopf noch ein wenig zur Seite. Sie ahnte seine Gedanken, stellte sich mit leicht gespreizten Beinen über sein Gesicht und lachte, als er seine Zunge durch ihre Spalte zog. Er sah zu ihr auf.

„Das war schon alles?", fragte sie verführerisch und wackelte mit ihren Hüften. Sky tauchte ab und zeigte ihr, wie flink er mit seiner Zunge umgehen und ihre Feuchtigkeit auflecken konnte. Als er seine Zunge vorsichtig in ihre Spalte schob, stieß er an etwas Metallischem an. Er vernahm ein leises Klack und fuhr mit seiner Zunge tiefer.

Mels Körper bebte, sie stöhnte leicht auf und er spürte, wie sie ihre Muskeln zusammenpresste. Doch längst hatte er mit seiner Zunge die kleine Kette gefasst, die die Liebeskugeln miteinander verband und durch den Druck bewirkte Mel, dass sie aus ihrer Rose glitten.

Die Perlen, die langsam und einzeln aus ihrer Öffnung rutschten, wurden von einem feuchten Schwall ihrer Lust begleitet, der Skys Lippen benetzte und der über sein Kinn lief. Er ließ die Liebeskugeln auf den Boden fallen und leckte Mel mit grenzenloser Hingabe. Fest presste sie ihren Schoss auf sein Gesicht, wobei sie ihre Schenkel noch weiter spreizte und ihm einen Einblick gab, den er tief in seiner Seele und vor seinen Augen genoss.

„Macht es dich an?", fragte sie unschuldig, ohne ihre Position zu verändern. Da seine Zunge noch immer mit den kreisenden Bewegungen in ihrer Spalte beschäftigt war, entrann ihm nur ein „Hmm, und wie", was sie laut auflachen ließ. Er saugte an ihrer Knospe, leckte ihre Lippen der Länge nach von vorne nach hinten und verteilte ihren Lustsaft, der unaufhaltsam aus ihr floss und sein Schwert längst in eine unter der Hose schmerzhafte, steil aufragende Position gebracht hatte.

Sie sah im Spiegel, wie enthusiastisch er ihren Saft genoss und mit welcher Gier er ihre empfindlichste Stelle liebkoste Unter ihrem Oberteil hatten sich die Nippel kerzengerade aufgestellt und schmerzten, so steif waren sie. Die Träger des Tops ließ sie über ihre Schultern gleiten und öffnete den BH, so dass ihre prallen Brüste förmlich heraussprangen. Mit ihren Händen liebkoste sie ihre Rundungen und ließ ihren angefeuchteten Finger um ihre Nippel kreisen. Sie sah sich und sie sah ihn, sie sah die Lust, die sie übermannte und sie merkte, wie sich ihr Blick verklärte. Sky machte keine Anstalten, seine Zunge zu verlangsamen oder gar aufzuhören, sich intensiv mit ihrer Rosenblüte zu beschäftigen. Sie öffnete den Reißverschluss des knappen Rockes, wodurch dieser zu Boden fiel. Skys Zunge drang immer mehr in ihre hinteren Regionen vor und berührte ihre kleine und besonders enge Öffnung.

„Die macht dich an, ja?" Ihre Worte waren mehr ein Seufzen. Seine Antwort war nicht mehr als ein Nicken und ein noch intensiveres Zungenspiel. Längst lief ihr die Gier ihre schlanken Schenkel hinab und blieb auf den Strümpfen haften, die nur wenige Zentimeter über die Highheels hinausragten. Mel bückte sich, streckte ihm ihr Hinterteil aufreizend entgegen und griff dabei in den Stapel

Klamotten, unter dem sie ihren gläsernen Dildo heraus fingerte. Während Sky sich mit Hingabe ihrem Körper widmete, erst seine Zunge und anschließend seinen Finger zur Dehnung nutzte, führte sie sich den gläsernen Luststab in ihre Rose und genoss dieses Gefühl sichtlich. Dabei legte sie ihre Handfläche auf ihre harte und vor Lust schmerzende Knospe und begann damit, sich mit leichtem Druck in kreisenden Bewegungen zu verwöhnen.

Der gläserne Dildo glitt von selbst aus ihrem Körper und wurde mit jedem Klaps, den sie sich selbst auf ihre empfindlichste Stelle gab, erneut in ihre Rose getrieben.
„Geiles Stück", raunte Sky und stand auf. Er drehte Mel in Position, so dass sie sich am Schrank festhalten konnte.
„Kleines geiles Stück, ich glaube, du brauchst es mal wieder richtig!" Sie nickte und hörte nicht auf, sich weiter mit ihrer Knospe und dem Dildo zu beschäftigen.
„Verwöhne dich … ich will es sehen!", stöhnte er und krallte sich in ihren Haaren fest. Mit einer Hand öffnete er seine Hose, ließ sie zu Boden fallen und nahm sein Schwert in die Hand, das sich gierig in Mels Richtung streckte und das nur darauf aus war, von hinten erbarmungslos und lüstern in sie einzudringen. Kaum konnte sie sich noch auf den gläsernen Luststab konzentrieren und stöhnte schon auf, als er nur mit seiner Eichel den Rand ihrer engen Öffnung berührte und ganz vorsichtig, nur ein kleines Stück in sie eindrang. Er spürte ihre Lust, die Bereitschaft ihn aufzunehmen und ihm in diesem Moment vollständig zu gehören … sich seiner Lust zu unterwerfen und ihn dorthin zu lassen, wo sie ihn am intensivsten spürte. Als sie sich ihm entgegen schob, ließ er sich nicht lange bitten. Er drang in sie ein, nur um sich ihr sofort wieder zu entziehen und erneut in sie einzudringen. Er spürte den gläsernen Dildo, der sich im gleichen Rhythmus in ihrem Körper bewegte und seine Gier kannte kein Halten mehr. Unter lautem Stöhnen wurde er immer schneller und er fühle die Spitze des Glasdildos, die seine Eichel beinahe direkt zu berühren schien. Er riss ihren Kopf nach hinten, verbiss sich in ihrem Hals und nahm sie immer schneller und

schneller, ohne jegliche Hemmung. Sie ließ ihn gewähren, während sie sich mit dem Glasdildo verwöhnte und ihre Lust so auf den Höhepunkt trieb. Als er kam, saugte er sich an ihrem Hals fest und stieß sein Schwert ein letztes Mal so tief in sie, dass seine Explosion einem Strom heißer Lava gleichkam. Ein lauter Schrei ihrer Lust vermischte sich mit dem Saft seiner Gier, mit einem heftigen Schlag auf ihre Knospe und dem ganz in ihr verschwundenen Dildo, der auch durch die heftigen Kontraktionen ihrer Muskeln beim Höhepunkt nicht herausrutschte. Er ließ von ihrem Hals ab, stieß ihren Kopf nach vorne und griff in ihre Rosenblüte. Als er den Dildo in der Hand hielt, spreizte er ihre Beine noch weiter.

„Beug dich nach vorne, du geiles Stück!" Noch immer außer Atem und von den Wogen des Höhepunkts gefangen, beugte sie sich nach vorne und hielt sich an der Oberfläche des Boards fest, welches neben ihrem Schrank stand. Nachdem er sich ihr entzogen hatte, nahm er den Dildo und schob ihn in ihre enge Öffnung ... wieder und imme wieder ... erst ganz langsam, dann immer schneller. Er krallte in ihre Schamlippen, drückte und massierte sie. Mel stöhnte und wand sich unter seinen Händen, schob sich ganz nah an seine Hand, damit der gläserne Stab noch tiefer in sie eindrang. Ihre Rosenblüte wurde derweil von seinen Fingern verwöhnt, wodurch ihre lauten Lustschreie wohl im ganzen Haus zu hören sein würden. Es war ihm egal. Er würde sie nehmen, bis sie um Gnade winselte und bis sie unter seinen Händen und unter seiner unbändigen Lust zusammenbrach. Von rasender Geilheit gepackt, verhärtete sich seine Männlichkeit erneut. Er spürte das Prickeln und konnte dem Drang nicht widerstehen, den Luststab gegen seinen eigenen Zauberstab zu tauschen. Diesem Gefühl gab er umgehend nach und er fühlte, wie sehr sie den Austausch des Dildos gegen seine Männlichkeit genoss.. Seine Finger schoben sich weiter in ihre Rosenblüte und er spürte, wie sehr sie dieses Doppel genoss. Mit flinken Fingern, die in ihr spielten und mit denen er sein Eindringen in ihre kleine Lustöffnung ebenfalls wahrnahm, führte er sie zu einem weiteren Höhepunkt. Die Position war aber wahrlich nicht sehr bequem. Er zog seine Finger aus ihrer Blüte, um sich besser festhalten und sich ganz auf das gemeinsame Gefühl konzentrieren zu können. Sie suchte den Glasstab.

„Vergiss es", hauchte er und entzog sich ihr. Er bückte sich, hob den Glasstab auf und schob ihn in ihre Öffnung. „Hol noch einen", raunte er. Sie sah ihn an, nickte und bückte sich. Ein roter Dildo aus Silikon kam unter dem Kleiderberg zum Vorschein.

„Und jetzt?", hauchte sie. „Knie dich hin", befahl er. „Und dann sieh, was du davon hast."

Sie stöhnte allein bei seinen Worten auf. Wenn er so mit ihr sprach, prickelte es in ihrem ganzen Körper und sie verlor die Beherrschung vollständig. Mit einer Hand hielt sie den gläsernen Dildo in ihrer engen Öffnung, während sie sich langsam auf den roten Silikondildo setzte. Stück für Stück verschwand er in ihrem Körper. Skys Blick war auf sie geheftet, von diesem Spiel völlig gebannt.

„Und mach es dir!"

Sie gehorchte. Schneller und schneller ritt sie auf dem roten Freudenspender, während sie den Glasdildo noch immer mit ihrem Muskel festhielt. Erneut packte er ihren Kopf und führte sein Schwert zwischen ihre Lippen, die sich bereitwillig öffneten und die ihn in seiner vollen Pracht aufnahmen. Ihre Zunge spielte mit ihm, ihre Öffnungen umschlossen die Spielzeuge und Sky sah im Spiegel, welche lustvolle Aura diese Frau umgab und wie gierig sie es sich und ihm besorgte. Immer intensiver verwöhnte sie ihn, nahm ihn ganz in sich auf und schluckte, als er sich in ihrem Mund ergoss. Mit geschlossenen Augen erlebte er dieses Gefühl, das ihm noch nie zuvor eine Frau beschert hatte.

„Schluck du Luder, leck ihn sauber!" stöhnte er und grinste innerlich, als sie brav und ohne Kommentar mit ihrer Zunge um sein Schwert herumfuhr und jegliche Spuren seiner Lust beseitigte. Sie entließ ihn erst, als das Blut zurück in den Körper fuhr und als sein Höhepunkt längst abgeklungen war. Noch immer steckten die Spielzeuge in ihren Öffnungen und Mel spielte mit dem Dildo, der ihr mit heftigen Stößen einen weiteren Höhepunkt bescherte. Auch wenn Sky von diesem Anblick paralysiert war und gar nicht genug kriegen konnte, war er leer, ausgesaugt, schwach und erschöpft befriedigt. Als ihr

Höhepunkt abklang, befreite sie sich von den beiden Pfropfen und ließ sich auf den Boden fallen. Noch immer trug sie die Highheels und ihre Strümpfe, auf denen die weißen Flecken der Gier längst zu trocknen begonnen hatten. Erschöpft sank auch er auf den Boden, den Blick nicht von ihr gewandt und gedanklich nirgendwo.

Fast wäre er eingeschlafen, hätte ihn nicht ein Druck unter seiner Schulter daran gehindert. Er stand auf und griff den Gürtel, der sich schmerzhaft in seine Haut gebohrt hatte und warf ihn zur Seite. Mels entrückter Blick zeigte, dass sie noch immer von den Wogen der Lust geschüttelt wurde und auf ihnen in eine andere Dimension glitt. Sanft fuhr er mit der Hand über ihren Bauch, ihre Brust und ihren Hals, bis er an ihren Lippen verharrte und sie an seinem Finger saugte.

~ 17 ~

Er schmeckte die Lust, diesen metallischen Geschmack ihres Blutes auf seiner Zunge und er leckte sich über die Lippen. Mel wirkte wie paralysiert, fernab jeglicher Realität und in einem anderen Universum gefangen. Nachdem Sky sich von der Anstrengung erholt hatte, beugte er sich zärtlich über sie.

„Wo waren wir gerade?" Mel lächelte.

„Hast du es schon vergessen? Also mein Körper steht noch in heißen Flammen."

Das hatte er eigentlich nicht gemeint.

„War klar, das du diesen Zusammenhang herstellst." Zärtlich küsste er sie auf die Nasenspitze. „Ich meinte eigentlich, ehe wir wie die Tiere übereinander hergefallen sind und ich das Blut aus deinem Körper saugte."

Sie warf einen Blick auf den Klamottenberg. „Da, glaube ich. Aber darauf habe ich eben mal so gar keinen Bock."

Sie setzte sich auf und fiel gleich wieder nach hinten. „Ne, nicht aufstehen. Bloß nicht aufstehen, vergiss es."

Mel schüttelte zur Unterstützung ihrer Worte den Kopf.

„Los, du faules Huhn! Wollten wir nicht zum WGT? Mich fragt auch keiner, ob ich noch mal nach Hause und meine Hose suchen möchte.

Aber wenn du mich so nicht mitnimmst, habe ich wohl keine andere Wahl", meinte er betont entsetzt spielend. Mit einem Blick auf die verbeulte Jeans, die unmittelbar vor ihren Füßen lag, schüttelte sie den Kopf.

„Kein Kompromiss. Du weißt doch: sehen und gesehen werden. Und wenn sie dich so sehen, dann ziehen wir alle Blicke auf uns."

Sky schnaufte verächtlich. Sehen und gesehen werden. Bis eben dachte er noch, er würde dort wegen der Stimmung und Musik hinfahren. Aber Mel wollte natürlich gesehen werden und das mit einem Kerl, den es sich vorzuführen lohnte. Er grinste in sich hinein. Es hätte ihm eigentlich klar sein müssen, bei dem Wert, den sie selbst auf ihr Outfit legte.

„Also gut, dann mache ich mich mal in die Spur und komme wieder zu dir. Wenn ich meine Hose gefunden habe. Aber wenn ich sie nicht finde, dann bleibt alles beim Alten. Shoppen gehe ich jedenfalls nicht, so viel nur mal vorweg." Unterstützend schüttelte er den Kopf, so dass seine lange Mähne wie wild um seine Schultern flog.

„Hau schon endlich ab. Umso eher bist du wieder hier."

Noch immer lag sie auf dem Boden und verspürte nicht die geringste Lust, sich dem Berg Klamotten zu widmen oder sich anzuziehen.

„Kann ich dich wirklich hier liegenlassen?", fragte er beiläufig. Mel setzte sich auf.

„Warum nicht? Ich hoffe ja, du beeilst dich und gibst mir gar nicht die Zeit, auf dumme Gedanken zu kommen. Aber sei beruhigt, ich bin befriedigt."

So hatte er es nicht gemeint. Darauf ging Sky aber nicht näher ein und war froh, dass er sie mit guter Stimmung verließ und nicht befürchten musste, dass sie zurück in den katatonischen Zustand von heute Nachmittag verfiel. Er warf sich die Hose über, zog sein Shirt über die muskulösen Schultern und band sich die Mähne zu einem Zopf. Ein kurzer Blick in den Spiegel. Gut, abgenickt. So konnte er raus.

Als er Mel einen kurzen Kuss zum Abschied gab, hörte er ihren ruhigen Atem. „Na super, jetzt ist sie eingepennt." Mit einem breiten Grinsen verließ er ihre Wohnung und hoffte, sie würde ihn nachher klingeln hören. Ein wenig Zeit würde er sich lassen und nebenbei in Erfahrung bringen, ob jemand was über den Kneiper wusste. Auch wenn es ihm unangenehm war und er es nie zugeben würde, so war er stolz auf Mels Reaktion.

Natürlich, dass sie ihm den Arsch gerettet hat, würde er am Stammtisch mit seinen Kumpels nicht auswerten. Aber innerlich zeigte ihm diese Aktion, wie sehr sie ihn liebte und dass sie sich für ihn sogar in Gefahr begab. Gar nicht auszumalen, was der Kneiper mit ihr hätte anstellen können. Aber vorbei ist vorbei und auch wenn dieser Spinner nun im Krankenhaus lag und den beiden eine Anzeige am Hals hing, würde er noch einmal genauso handeln und nicht zulassen, dass sich ein fremder Idiot in sein Leben hing und für Streitigkeiten sorgte. Den Pub hakte er auf seiner internen Liste der Stammkneipen ab, auch wenn die günstige Lage durchaus für ihn sprach und der Grund war, warum Sky dort häufiger anzutreffen war.

Während er zu sich nach Hause ging und mal wieder das fehlende Auto verfluchte, öffnete Mel die Augen. Sie hatte nicht geschlafen und nur so getan, weil sie einen Moment Ruhe brauchte. Zwar hatte Sky sie gut von dem Problem am Nachmittag abgelenkt, aber vergessen war es nicht. Es dominierte ihre Gedanken und es ließ sie augenblicklich aufstehen, als sie die Tür hinter ihm ins Schloss fallen hörte. Ihre innere Anspannung war kaum zu ertragen und bedurfte einer Handlung, die sie schon lange nicht mehr vorgenommen hatte. Mel ging ins Bad, öffnete den Spiegelschrank und holte eine neue Rasierklinge aus dem Papier. Sie setzte sich auf den Wannenrand, legte ein Handtuch auf ihren Schoss und und ballte die Hand zu einer Faust. Zart, fast liebevoll setzte sie die Klinge auf ihrer Haut auf und zog sie über den Arm. Ein leichtes Stöhnen entfuhr ihr, als das Blut über ihren Arm lief und das Handtuch rot verfärbte. Sie beobachtete den Blutfluss und verfolgte den kleinen Strom, der unaufhaltsam aus der Wunde floss. Augenblicklich setzte die Erleichterung ein. Sie

331

fühlte sich frei, fast so, als würde sie schweben und als sie die nahende Ohnmacht spürte, schloss sie die Augen und gab sich ganz dieser befreienden Leichtigkeit hin.

Kurze Zeit später erwachte sie und fand sich auf dem Fußboden des Badezimmers liegend. Um sie herum war Blut auf dem Boden. Sehr viel Blut. Sie fühlte sich schwach, aber leicht und immer noch fast schwerelos.

„Es war nötig", sprach sie laut zu sich selbst und warf einen Blick in den Spiegel. Die Farbe war aus ihrem Gesicht gewichen und das Gesicht was sie aus dem Spiegel ansah, war nicht ihres. Blass und zerstört blickte sie die Gestalt an, die ihr Spiegelbild sein sollte. Ihre Augen füllten sich mit Tränen und schon bereute sie, dass sie schwach geworden war und dass sie ihrem inneren Drang nachgegeben hatte. Sie verband ihren Arm und ging ins Wohnzimmer, zog sich die Armstulpen an und setzte sich nackt, nur mit den Stulpen aus Netz, auf die Couch.

„Sky wird sauer sein", dachte sie laut. „Schon lange habe ich das nicht mehr gebraucht und kaum geht er weg, ritze ich mich wieder." Die eben noch verspürte Erleichterung verflog schlagartig und machte einem Gefühl Platz, welches sie fast schon verloren glaubte. „Nichts bin ich wert, gar nichts! Ich habe ihn nicht verdient und das weiß ich!"
Augenblicklich sah sie die Bilder vor ihren Augen. Stellte sich vor, wie er sich über Iris beugte und ihren Körper liebkoste. „Nein, ich will das nicht mehr!" Sie schrie und schlug die geballte Faust vor den Schrank, der natürlich stärker als ihre Hand war und der ihre Knöchel aufplatzen ließ. Weinend brach sie vor dem Schrank zusammen, schluchzte in einem Anflug der Verzweiflung und trommelte mit den Fäusten auf den Boden.

Sky ahnte nichts von Mels Rückfall und beeilte sich daher nur mäßig. „Aufräumen müsste hier auch mal wieder jemand", murmelte er, als er durch seine Wohnung ging und überall etwas herumliegen sah.

„Nach dem WGT", sagte er zu sich und sah sich dabei im großen Spiegel im Flur an. „Versprochen", antwortete sein Spiegelbild. Sky wurde nicht verrückt. Er hatte nur, seitdem er allein lebte die Angewohnheit, Abmachungen immer mit seinem Spiegelbild zu treffen und so ein Gegenüber zu haben, dem er das Versprechen nicht schuldig bleiben wollte. Er öffnete den Schrank und suchte nach der Lederhose mit seitlicher Schnürung.

„Wo ist denn das Ding nur abgeblieben? Sie muss doch hier sein!" Kurz überlegte er, wann er die Hose das letzte Mal getragen hatte und kam zu dem Schluss, das es noch in seiner Beziehung mit Deani gewesen sein musste. „Das kann doch nicht sein", brummelte er und hoffte, dass seine Vermutung nicht mehr als ein kruder Gedanke war. Wenn die Hose noch bei Deani lag, dann würde er auf diese verzichten und Mel musste mit einer Jeans Vorlieb nehmen. Er ging ins Bad, suchte im Wohnzimmer und schließlich fand er die Hose unter seinem Bett.

„Na immerhin", meinte er und packte sie erleichtert in den Rucksack. Schnell kramte er noch ein paar Shirts zusammen und überlegte, dass die Docs für dieses Event wohl die beste Lösung wären. Ein kurzer Blick in den Spiegel ließ ihn zum Schluss kommen, gleich zu duschen und frisch zu Mel zu gehen. Als es an der Tür klingelte, erschrak er. Besuch bekam er in letzter Zeit eher selten. Dies lag wohl daran, das seine Kollegen meist dann bei ihm klingelten, wenn er nicht da war.

Sky öffnete die Tür. „Hey Immo, das dich noch gibt!" „Das sagt gerade der Richtige", meinte Immo und klatschte Sky ab. „Bist ja nie da, wenn man mal zu dir will. Seit du die Schnalle hast, bist du wie vom Erdboden verschluckt. Aber ist ja auch ein gutes Zeichen", fügte Immo an und folgte Sky in die Wohnung.

„Ich hab von deinem Unfall gehört und als ich heute am Bus stand, hörte ich zwei Weiber über die Schlägerei im Kilkenny reden und da fiel ebenfalls dein Name. Nun dachte ich, da muss ich doch meinen alten Kollegen mal aufsuchen und fragen, was dich in letzter Zeit antreibt."

Sky grinste bis über beide Ohren. „Das ist deine Intension? Dann gehst du doch besser wieder. Ich dachte, du kommst bei deinem alten Kumpel vorbei und bringst ein Bier mit."

Nun lachte Immo und griff in die Tasche, die er über der Schulter trug und die bereits beim Eintreten verräterisch geklimpert hatte. Mit einem vertrauten Zischen wurden die Kronkorken gekappt.
„Na dann cheers!" Sky setzte die Flasche an und trank sie in einem Zug aus. „Ich habe bald das Gefühl, dass dich deine Madame kurz hält. Berichtige mich, wenn ich mich irre."

„Meine Madame", meinte Sky, „hat dem Kneiper eins über den Schäden gezogen. Zum Glück", fügte er an. „Sonst würde ich jetzt wohl nicht vor dir stehen."
Er wollte zwar nicht darüber reden, aber nachdem Immo wie immer abfällig über die Frauen sprach, konnte er es sich nicht nehmen lassen und musste es zum Besten geben. Immo hielt sich den Bauch vor Lachen. Dass seine Frau die Kneipenschlägerei ins Leben gerufen und den Spinner ins Krankenhaus befördert hat, das wollte er eigentlich für sich behalten.
„Schädelbasisbruch, schätze ich", meinte Immo knapp. „Und für euch 'ne saftige Anzeige, gehe ich von aus. Aber bist ja sonst ein Saubermann, wirst wohl draußen bleiben, denke ich."

Was Immo alles dachte, vermutete und glaubte, hatte Sky schon immer amüsiert. Er war ein guter Kumpel, aber mit seinen Mutmaßungen hatte er ihm schon einige Nerven gekostet.
„Hör auf, dir meinen Kopf zu zerbrechen. Was ist bei dir los? Noch immer Single und Stress mit der Ex oder hast endlich jemanden gefunden, der dich erträgt?"
Sky öffnete sich das zweite Bier und trank es in zwei langen Zügen leer. Derweil berichtete Immo von Deani, die sich bei ihm ausgeheult

334

hatte und ihn fast verführt hätte.

„Nimm sie dir ruhig. Aber als Freund warne ich dich, die Schlange bringt nur Unglück."

„Du musst es ja wissen", konterte Immo und bedachte Sky mit einem schiefen Seitenblick. Und ob er das wusste. Selbst jetzt, wo er die Frau aus seinem Leben gestrichen hatte, suchte sie ihn noch heim und trieb es sogar mit seiner Freundin. Aber darüber würde er mit Immo nicht reden. Er wollte Mel ja nicht zum Gespräch seiner Clique machen und dazu beitragen, dass sie beim nächsten Treffen von allen Seiten mit dummen Kommentaren bedacht wurde.

Die Sonne war längst hinterm Horizont verschwunden, als er sein Handy läuten hörte.

„Fragt Frauchen, wo du bleibst?" Immo, unterdes gut angetrunken, hatte den Nagel auf den Kopf getroffen. Auch Sky hatte beim schwatzen und trinken mit seinem Kumpel die Zeit vergessen und gar nicht mehr daran gedacht, dass er nur mal schnell seine Sachen holen wollte.

„Ich muss los", meinte er und sprang auf. „Wir wollen auf WGT und ich wollte nur meine Sachen hier holen. Hab ja immer noch kein Auto und das verkompliziert alles um Längen."

In Mels SMS stand nichts weiter, außer drei Punkten, denen drei Fragezeichen folgten. Sky befürchtete, dass sie sauer auf ihn war. Anders konnte er diese SMS nicht deuten. Er hoffte, dass es heute keinen Streit mehr gab. Sie hatte doch geschlafen, als er ging. Es gab also keinen Grund, sauer auf sie zu sein. Schlagartig dachte er an ihr katatonisches Verhalten vom Nachmittag und kam zu einem ganz anderen Gedanken. Was, wenn sie gar nicht geschlafen hatte? Vor seinen Augen sah er Blut, das Blitzen der Klinge und Mel, die auf dem Fußboden lag. Immerhin konnte ihr nichts passiert sein, wie die SMS unmöglich verkennen ließ.

„Nichts für ungut, wir treffen uns nach dem WGT. Kannst ja gerne mal wieder im Studio vorbeikommen." Immo erhob sich und schwankte, begleitet von Sky, zur Wohnungstür. Er schnappte sich noch seinen Rucksack, sah sich noch einmal in der Wohnung um und erinnerte sich an das Chaos, welches er ganz dringend gleich nach dem Festival beseitigen musste. „Wir sehen uns", rief er Immo hinterher, der schwankend die Straße entlang lief. „Und denk dran, links laufen, rechts ist gestreut!"

Immo hob den Mittelfinger und lief ohne sich umzudrehen weiter. Dieser dumme Spruch. Sky wollte ihn schon lange nicht mehr gebrauchen. Aber irgendwie gehörte er zu ihm, wie ein Ritual, von dem er sich nicht lösen konnte. Unter seinen Kollegen war es üblich und so kam er ihm automatisch über die Lippen, ehe er überhaupt über den Freisinn in seiner Aussage nachdenken konnte. Er griff sich an den Kopf, drehte sich um und stapfte in Richtung Mels Wohnung davon.

~ 18 ~

Er fand sie zusammengekauert auf dem Boden und sah auf ihre Armstulpen. Sie musste nichts sagen, ihr Verhalten, sowie die Dinger, die sie schon länger nicht mehr getragen hatte, sprachen für sich und zeigten ihm die Wahrheit in seiner Befürchtung.
„Warum?", fragte er leise und nahm ihre Hände in seine. Sie zuckte mit den Schultern.
„Nicht so, wie du denkst. Ich wollte mir nichts antun. Die Anspannung war aber so groß, ach, wie soll ich es erklären, du würdest es eh nicht verstehen."
Ihre Stimme war klar und sie wirkte nicht verzweifelt. Traurig, ja, aber nicht verzweifelt.
„Versprich mir, dass du so was nie mehr tust!" Er hob ihre Arme leicht in die Höhe, nur um sie wieder sinken zu lassen. Seine Worte duldeten keinen Widerspruch. Mels Augen richteten sich in seinen auf ihr ruhenden Blick.
„Das kann ich nicht Sky, versteh mich bitte. Es hat doch überhaupt nichts … wirklich gar nichts mit dir zu tun!"

„Es hat nichts mit mir zu tun, gut. Aber wer ist es der dich findet, wenn du an dieser Scheiße verblutest? Womit hat es denn zu tun, wenn ich fragen darf? Soll ich dich 24 Stunden am Tag bewachen? Das funktioniert so nicht!"

Seine Stimme war leise, aber die Ernsthaftigkeit hinter seinen Worten ließ sich nicht verbergen. Mels Augen füllten sich mit Tränen. Sie weinte still und blickte zu Boden.

„Ich schäme mich so. Glaubst du, ich mache es gerne?" Wenn er jetzt nicht einlenkte, würde sie hysterisch werden. Ihre Stimme schlug diese Richtung bereits ein.
„Das habe ich so nicht gesagt", stammelte er und merkte, wie dünn seine Stimme auf einmal war. Natürlich war sie krank und wenn er ihr einen Vorwurf machte, würde dies genau dahin führen, wohin es immer geführt hatte. Sie würde losrennen und das tun, was er eigentlich vermeiden wollte. Also sprach er in ruhigem Ton weiter.

„War es, weil ich so lange weg war? Ich habe Immo getroffen und mit ihm auf ein Bier gesessen. Als deine SMS kam habe ich gemerkt, dass ich die Zeit voll verrissen habe."

Sie schüttelte den Kopf. „Als ich die SMS geschrieben habe, war es schon lange geschehen. Ich habe so einen Schiss wegen dem Verfahren und mir geht das Bild nicht aus dem Kopf, wie der Kneiper regungslos in seiner Blutlache im Scheißhaus liegt. Und dann sind da noch die ganzen Dinge der letzten Tage. Ich habe mich wirklich beherrscht, aber es musste sein. Ich kann dir versichern, dass ich genau wusste, was ich tat und dass ich nie die Absicht hatte, mich ernsthaft zu verletzen. Die Erleichterung war es, die ich brauchte. Als die Anspannung aus meinem Körper floss, habe ich das da sofort verbunden und fühlte mich besser."

Wie weiß sie kurz nach dem Schnitt war und wie schwach sie im Badezimmer lag, hatte er nicht gesehen. Als er sie fand, war die

Farbe längst in ihr Gesicht zurückgekehrt und er hätte nichts gemerkt, hätte sie die Armstulpen nicht angelegt und sich damit verraten. So konnte es nicht weitergehen. Fast hatte er geglaubt, sie wäre geheilt oder vielmehr, die Ritzerei wäre nur eine Phase gewesen. Dass es mehr als eine Macke war, hätte ihm eigentlich klar sein müssen. Er griff sich in Gedanken an den Kopf. Darüber, wie er so blind sein konnte oder sich an eine Hoffnung klammerte, die keinerlei Bestand hatte. Er wusste was Borderline ist und wenn jemand aus seinem Umfeld Borderline hatte, dann war es Mel. Es gab Momente, in denen spielte ihre psychische Störung überhaupt keine Rolle und sie war eine normale junge Frau. Normal bis auf den Aspekt, das sich die Störung bei ihr mit Sexsucht und unverkennbaren Stimmungsschwankungen paarte. Klar, eifersüchtig war sie auch und wenn er es genau nahm, sehr herrschsüchtig und besitzergreifend. Aber das waren für ihn keine Hinweise auf ihren Geisteszustand, sondern einfach Charaktereigenschaften, mit denen er leben konnte und musste, wollte er mit ihr zusammen sein. Dies stand für ihn längst außer Frage. Er wollte sie und nur sie. Eine Trennung kam für Sky nicht in Frage. Aber er wollte sie ohne die Angst, die ihn begleitete, wenn er nicht in ihrer Nähe war. In den letzten Tagen hatte er diese Angst tief in sich fast vergessen und keinen Gedanken daran verschwendet, was er mit Mel im Bezug auf ihre Erkrankung bereits erlebt hatte.

„Bist du mir böse?" Ihre Frage kam leise, fast schon ängstlich im Bezug auf die Antwort.
Nein, er war ihr nicht
böse und schüttelte den Kopf. „Ich bin dir nicht böse. Warum sollte ich? Versteh mich, wenn ich dir sage, dass ich einfach Angst um dich habe. Wenn ich nach Hause oder auf Arbeit gehe und du bist allein, begleitet mich ein Gefühl, das ich nicht in Worte fassen kann. Angst beschreibt es annähernd, aber es ist mehr."

Ihr Blick blieb auf sein Gesicht geheftet. „Weißt du", fuhr er fort, „wie es ist wenn man nie weiß, was einen erwartet, wenn man nach

Hause kommt?" Er erwartete keine Antwort und sprach weiter. „Ich freue mich auf dich und ich beeile mich, wenn ich unterwegs bin. Ich schließe die Tür auf, komme herein und dann finde ich dich so. Schon unterwegs spüre ich ein Gefühl, das ich nicht beschreiben kann. Es ist so, als ob ich in dem Moment wo du es wieder tust, eine sehr enge Verbindung zu dir habe. Ich spüre, wenn etwas nicht stimmt und mache mir Sorgen, kann mich auf nichts mehr konzentrieren und habe Angst, sobald ich über diese Türschwelle trete. Ich will dich nicht verlieren, kannst du dir das vorstellen?"

Nun nickte sie, einerseits erleichtert über seine Worte, andererseits von Schuldgefühlen und einer erneuten Anspannung tief in ihrem Inneren geplagt.

„Was ist, wenn ich dir verspreche, ich mache es nicht mehr? Würdest du mir glauben?" Hoffnungsvoll sah sie ihn an.

„Nein", antwortete er ohne über seine Worte nachzudenken oder eine Pause zwischen der Frage und seiner Antwort zu lassen. „Ich würde dir gerne glauben, aber ich kann es nicht. Das bist nicht du. Das ist etwas tief in dir, etwas, das an die Oberfläche kommt und dich in Besitz nimmt. Du kannst dir nicht allein helfen und brauchst Hilfe, auch wenn das nun die Worte sind, die du nicht hören willst. Ich habe es mir lange angesehen und ich habe immer wieder gehofft, du findest einen Weg aus dieser Gefangenschaft. Aber so wie es scheint, kannst du ihn nicht allein finden und ich ...", er sah sie mit traurigen Augen an, „ich kann dir dabei nicht helfen."

„Was soll das heißen, du kannst mir dabei nicht helfen? Bedeutet das, du verlässt mich?" Ihre Stimme klang dünn und hysterisch. „Wenn du mich verlässt, kann ich für gar nichts mehr garantieren. Du bist mein einziger Halt!" Sie schrie fast.

Nun waren sie wieder an genau dem Punkt, an den Sky sie nicht führen wollte. Doch die Worte mussten gesagt werden. Er würde nicht mehr schweigen und still mit ansehen, wie sie ihr Leben wegwarf und wir sie sich allein auf ihn fokussierte. Ihn zum Mittelpunkt ihres Daseins machte.

„Ich verlasse dich nicht. Aber ich habe eine Bitte. Du musst dich in Behandlung begeben und ich verspreche dir, ich stehe an deiner Seite und ich bin für dich da. Aber auch ich habe ein Leben, eine Arbeit und meine Verpflichtungen. Wenn ich mir ständig den Kopf darüber zerbrechen muss, in welcher Verfassung ich ich zu Hause finde, dann kann ich meinen Job an den Nagel hängen und als Hausmann an deiner Seite wachen. Das will ich nicht und ich kann es auch nicht! Unternimm was, wenn unsere Beziehung dir was bedeutet und wenn du mich wirklich liebst. Wenn du es nicht für dich tust, dann tu es wenigstens für mich … für uns", fügte er leise hinzu und ergriff ihre Hände erneut.

Mel spürte, wie sich ihr Körper mit einer Gänsehaut überzog. Doch war es kein wohliger Schauer, sondern die pure Panik, die von ihr Besitz ergriff. Sie riss ihre Hände los und stand auf.

„Ich bin nicht verrückt und ich brauche auch keinen Arzt. Das einzige was ich brauche, bist du!" Die Angst die sich ihrer bemächtigt hatte, war in ihren Augen und in ihrer ganzen Körperhaltung zu sehen. Sky sah sie mit einem durchdringenden Blick an.

„Ich habe auch mit keinem Wort behauptet, das du verrückt bist. Mel, merkst du es nicht? Deine Emotionen und deine Gedanken verselbstständigen sich und entziehen sich immer mehr deiner Kontrolle! Ich habe Angst um dich, weil ich dich liebe und weil ich keine Lust habe, dich durch ein dummes Ding zu verlieren. Ich werde nicht immer zur richtigen Zeit am richtigen Ort sein, egal wie sehr ich für dich da bin und ob ich spüre, wenn es dir schlecht geht. Was ist, wenn ich zu spät komme? Wenn du etwas tust, was du nicht mehr kontrollieren kannst und wenn ich dann nicht rechtzeitig bei dir bin?"

Sie flüsterte:"Das darf einfach nicht passieren" und wandte sich ab.

Nun war er es, der seine Emotionen nicht mehr unter Kontrolle hatte.

Ein Laut kaum über seine Lippen, der stark nach einem Grunzen klang. Er sprang auf und lief zum Fenster, um zurück zum Schrank zu gehen und erneut den Weg zum Fenster einzuschlagen.

„Was von dem, was ich dir erzähle, verstehst du nicht? Merkst du nicht, dass du nicht nur dein Leben wegwirfst, sondern auch meines in Bahnen lenkst, die ich nicht einschlagen kann und möchte? Du verletzt mich mit deinem Verhalten, schürst eine andauernde Angst in mir und du machst mich verrückt!"
Er ging zu seinem Rucksack, griff hinein und schmiss die Lederhose vor Mels Füße.
„Während du dich mit Ritzen beschäftigt hast, war ich unterwegs und habe das getan, was du dir gewünscht hast. Verstehst du die Ungleichheit, die du in unsere Beziehung bringst? Ich finde das scheiß Teil, komme damit hier her und du sitzt auf dem Boden mit verbundenen Armen! Glaubst Du wirklich, du bist mir so egal, dass ich es einfach hinnehmen und dass ich es kommentarlos akzeptieren kann? Wie war es mit deinen früheren Kerlen? Haben die es akzeptiert oder hast du dich so gut versteckt, dass sie es nicht mitbekommen haben?"

Eigentlich wollte er nicht auf die früheren Beziehungen von Mel anspielen. Am wenigsten auf Josh, von dem sie ihm erzählt hatte. Mit ihm führte sie eine 24/7 Beziehung und war das, was man eine Sklavin nennt. Wenn sie diese Emotionen erneut in sich spürte, hätte Sky das Gegenteil von dem erreicht, worauf er eigentlich hinauswollte. Sein Glück war wohl, das Mel bereits in ihrer eigenen Welt war und nicht aufnahm, was er gerade zu ihr gesagt hatte. Doch das machte ihn richtig wütend. Grob packte er sie an den Schultern und schüttelte sie.
„Hörst du mir überhaupt zu?" Langsam hob sie den Kopf, die Augen von Tränen gefüllt und die Arme schlaff an ihrem Körper herabhängend.
„Ich höre dir zu, auch wenn du mir Vorwürfe machst, die ich nicht von mir weisen, aber auch nicht ändern kann. Nimm mich so wie ich

341

bin, oder lass es."

Für einen kurzen, kaum spürbaren Augenblick kam Sky zu dem Entschluss, dass er es besser lassen sollte. Was ihn vom Gehen abhielt, konnte er schon in der nächsten Sekunde nicht mehr definieren. Stattdessen nahm er Mel in den Arm und hielt sie fest. Sie weinte still und schmiegte sich an ihn, saugte seine Wärme und Nähe in sich auf. Noch immer war sie splitternackt. Doch in diesem kurzen Moment empfand er ihre Nacktheit nicht als erotische Aufforderung, sondern als das, was sie wirklich war. Hilflos und klein lag sie in seinen Armen, nahm die schützende Umarmung von ihm an und ließ ihn spüren, wie verletzlich und wie zerbrechlich sie tief in ihrem Inneren, tief hinter ihrer Fassade war. Die tollen Outfits, ihre selbstbewusste Art in der Öffentlichkeit, ihr perfekt geschminktes Gesicht und ihre Härte beim Sex waren nur Dinge, mit denen sie ihre eigentliche Seele verbarg und mit denen sie ihre Hilflosigkeit überspielte.

„Ich denke, das Wochenende auf dem WGT wird uns gut tun. Wir müssen hier mal raus, andere Menschen sehen und vor allem, den Scheiß von gestern hinter uns lassen. Ich freue mich schon, auch wenn die Musik mal gar nichts für meine von Härte verwöhnten Ohren ist."
Als sie den Kopf hob, nahm er ein kleines Lächeln in ihren Mundwinkeln war.

„An die Musik gewöhnst du dich auch noch, da bin ich sicher. Aber du hast recht, was sitzen wir hier eigentlich noch rum?"
Als wäre nichts gewesen, als hätte sie nicht eben noch weinend und hilflos in seinen Armen gelegen und ihren Kopf auf seine breite Brust gedrückt, sprang sie auf und wühlte in dem Klamottenberg, der sich unverändert in schwindelerregender Höhe vom Boden erhob. Jegliche Traurigkeit war aus ihrem Gesicht gewichen. Der Schalter, den sie innerhalb von Sekunden umlegen und damit ihr Umfeld verwirren konnte, hatte sich in die Position der guten Stimmung

342

bewegt. So schnell wie sich Mels Stimmung änderte, konnte Sky nicht umschalten und sich auch nicht auf die neue Laune einstellen. Er setzte sich hin und sah ihr zu, wie sie in Gedanken verloren jedes Kleidungsstück aufhob, es betrachtete und ihren prüfenden Blick über den Stoff gleiten ließ. Dann legte sie es zur Seite und begann das nächste Kleidungsstück ebenso akribisch zu prüfen.

„Was du vorhin an hattest war geil", trug Sky etwas zu ihrer Entscheidungshilfe bei. Sie drehte sich zu ihm um.
„Das ziehe ich auch an, aber nur für die Fahrt. Auf dem WGT muss es schon ein wenig auffälliger sein. Sehen und gesehen werden", erinnerte sie ihn und schenkte ihm ein strahlendes Lächeln. Sie war in ihrem Element. Nichts tat sie lieber, als ihre Klamotten vorzuführen und den Laufsteg der Eitelkeiten nutzen. Perfektion war ihr Begleiter und Sky spürte schon jetzt, das er an ihrer Seite eher fehl am Platze wirken würde. Davon ließ er sich nicht beirren, zog seine Jeans aus und stieg in die Lederhose. Sein muskulöser Körper wurde von dieser Tierhaut sehr körperbetont umschlossen, von dieser Haut, die sich wie eine zweite Haut an seinen Körper schmiegte. Das was ihm noch nicht passte, erledigte er mit der seitlichen Schnürung. Dann griff er erneut in den Rucksack und entschied sich für ein ärmelloses schwarzes Shirt. Hauteng und mit einem Drachenprint versehen. Während Mel noch immer suchte, band er sich die Haare straff zurück und fand, dass er die Seiten mal wieder rasieren musste.
„Mel?" Sie drehte sich zu ihm um und ließ ihren Blick über seinen Körper wandern. „Sieht gut aus", meinte sie und wollte sich schon wieder umdrehen. „Danke, dann bin ich ja zufrieden. Aber eigentlich wollte ich was Anderes wissen."

Sie sah ihn erneut an. „Wo sind die Rasierklingen?" Ihr Blick verfinsterte sich. Sky begriff und zeigte auf seine Kopfseiten, an denen die Haare schon wieder viel zu lang gewachsen waren. „Hierfür", meinte er nur. Sie atmete auf und lief flinken Schrittes ins Bad, legte ihm einen Einwegrasierer raus und grinste.
„Soll ich oder machst du es selbst?"

Er wollte sie nicht mit einer Klinge in ihrer Hand sehen und schüttelte den Kopf. „Das schaff ich schon", brachte er grinsend hervor und griff nach dem Rasierer. Es dauerte nicht lange und sein Undercut war wieder ansehnlich.

~ 19 ~

Sky war genervt. Busse und Züge gehörten nicht wirklich zu seinen favorisierten Verkehrsmitteln. Vor allem dann nicht, wenn ein Zelt, Schlafsäcke und Rucksäcke mit viel zu vielen Klamotten von A nach B transportiert wurden. Mel hingegen genoss die Zugfahrt, auf der sie schon die ersten Leute kennenlernten, die den gleichen Weg einschlugen.

Während sie erzählte, lachte und sich mit einer der Frauen anzufreunden schien, dachte Sky die gesamte Fahrt über an die Worte, die vor wenigen Stunden zwischen den beiden gefallen waren. Er schwitzte. Die Lederhose war die sichtlich unpraktischste Entscheidung bei dieser Hitze.

„Wie lange bleibt ihr?", fragte ein weiß geschminkter und krankhaft dürr aussehende Kerl in Skys Richtung. „Bis Montag", erwiderte er knapp und signalisierte, dass ihm der Sinn nicht nach Gesprächen stand.

„Und dafür schleppt ihr so viel Scheiß mit? Na ich hoffe für euch, das sie euch nicht beklauen. Mir haben sie letztes Jahr das Zelt leergeräumt und alles mitgenommen. Inklusive der Kreditkarte", fügte der Gothic hinzu.

„Na wenn du die mit auf Festival schleppst und sie dann noch im Zelt lässt, gehört deine Dummheit bestraft." Der Gothic wandte sich ab, als er erkannte, dass er in Sky keinen gesprächigen Kumpel gefunden hatte. Dieser nippte an seinem Bier und sah die Landschaft an sich vorbei ziehen.

Mel setzte sich auf seinen Schoß. „Du wirkst missgestimmt, was ist los?"

Sie war bester Stimmung, was Sky zwar freute, was ihn andererseits

344

aber auch misstrauisch werden ließ. War es eine Show oder hatte sie wirklich gute Laune.

„Ach nichts, ich finde die Zugfahrt nur vollkommen öde. Mit dem Auto ist es doch was Anderes." Er lächelte sie an. „Aber du hast Spaß?" Sie nickte und er kniff ihr in den Po, ehe sie aufsprang und zu ihrer neuen Freundin lief.

„Auf die solltest du gut aufpassen", ergriff der blasse Typ neben Sky erneut das Wort. „Auf dem Event bleibt sie nicht lange allein, das kann ich dir versichern."

Skys Blicke bohrten sich in die Gestalt, die dem Tod ähnelte und wahrlich nicht gesund aussah.

„Sie steht auf dich", raunte er ihm zu. Nun reichte es ihm. Er griff dem Typen an den Kragen und sah ihm finster in die Augen. Wenn sich die Hautfarbe der Gestalt noch mehr zurückzog, so war dies unter dem weißen Make-up nicht erkennbar.

„Das weiß ich mein Guter. Immerhin sind wir zusammen, falls das deiner Auffassungsgabe entgangen sein sollte."

„Oh, das wusste ich nicht", flüsterte der unterdes verstörte Kerl. „Ich hatte nicht den Eindruck, dass ihr nicht mehr miteinander habt als ein kleines … na du weißt schon." Das breite Grinsen des Typen entblößte rauchgelbe Zähne, die durch das Make-up im Gesicht noch gelber wirkten und ihn mehr als unästhetisch aussehen ließen.

Mel hatte die kleine Auseinandersetzung beobachtet und kam zu ihnen. „Was habt ihr für ein Problem?", fragte sie Sky und blickte dabei den dürren Kerl an. Sky ergriff ihre Hand und zog sie auf seinen Schoß, gab ihr einen innigen Kuss.

„Ich hab hier nur mal den Stand der Dinge geklärt", meinte er grinsend. „Ich hoffe doch, wir kommen aus der Kiste hier bald raus. Kriegt man ja 'nen Koller bei der Enge und rasenden Geschwindigkeit." Wenn er die Zügel nicht in der Hand hatte, kam er damit nicht klar. Zugfahren war etwas, das Sky sich schon vor einigen Jahren abgewöhnt hat. Mit quietschenden Bremsen fuhr dieser in den Bahnhof ein und entließ eine Horde barocker, mittelalterlicher, schwarzer und anderweitig alternativer Gestalten.

345

Sky griff nach den Rucksäcken und dem Zelt, während Mel die Schlafsäcke schulterte.

„Dir fehlt dein Auto, was?" Abstreiten konnte er es nicht, aber nachdem die Fahrt nun – zumindest bis zur Rückreise hinter ihm lag, wollte er darüber nicht näher nachdenken. Der Typ hatte schlechte Laune verbreitet, die Sky nun abschütteln wollte. Als sich die Gruppe entfernte und einen anderen Weg einschlug, atmete er auf.

„Eigentlich waren sie doch ganz nett. Miriam hat gefragt, ob wir neben ihnen zelten und ich habe ihr gesagt, dass es uns freuen würde."
Sky schnaubte. „Na dann hoffe ich für diesen Tod auf Latschen, dass er nicht nochmal zu mir kommt und mir sein Leben vor die Füße kotzt."

Mel lachte laut. „Den mögen sie alle nicht oder was glaubst du, warum er allein und nicht bei der Clique saß? Ist Miriams kleiner Bruder, der unbedingt mitwollte und ihr nun am Zipfel hängt."

Davon hatte Sky nichts bemerkt. Vielmehr ging der Typ ihm auf den Sack und hing an seinem Zipfel. „Na dann soll sich Miriam mal um ihn kümmern. Ich mache jedenfalls nicht den Babysitter."
„Beruhige dich, er wird sich schon neue Freunde zum Spielen suchen."

Sie stiegen in die Bahn und liefen zum Agra Gelände."Sag mal, sollten wir nicht noch irgendwo Karten holen?"
„Die gibt's dort auch", beruhigte ihn Mel. „Na das hoffe ich. In noch eine Bahn steige ich heute nicht mehr ein."

„Oh, dann wünsche ich dir viel Spaß beim Laufen. Die Events verteilen sich über die halbe Stadt und ohne Bahn wirst du kaum an die Orte kommen, wo was los ist."

Da die Musik Sky eher weniger interessierte und er sich in erster

346

Linie auf einen Met im heidnischen Dorf freute, wo am Nachmittag auch einige Metal Bands spielen sollten, sah er kein großes Bedürfnis an einer Rundreise durch Leipzig. Mel zuliebe würde er mitkommen, mehr aber auch nicht. Nach langem Anstehen in der Hitze, gelassenen Nerven mit dem dämlichen Gepäck und einer großen Masse vorbeiziehender Menschen, hatten sie endlich ihre Karten und gingen zum Zeltplatz. Mel ließ sich auf den Boden fallen und ließ ihre Blicke über die Unmengen von Zelten schweifen.

Eine schrille Stimme hinter ihr riss sie aus ihren Gedanken. „Mel, hier sind wir!" Sie drehte sich um und erblickte Miriam, die mit hoch erhobenen Armen winkte und auf und ab sprang. „Da sind sie", rief sie Sky zu und stürmte los. Er saß da, umgeben von Zelt, Rucksäcken und Schlafsäcken und einem Blick, der sich direkt auf die blasse hagere Gestalt neben Miriam richtete. Mel winkte ihm zu. Er reagierte mit Schulterzucken und dem Blick auf die zahlreichen Taschen und Beutel, die er unmöglich mit einem Mal umverlagern konnte. Sie kam zurück, schnappte ihren Rucksack und einen Schlafsack und hüpfte fröhlich zu ihren neuen Freunden. Sky ließ es langsamer angehen.

Beim Zeltaufbau war er auf sich gestellt, während er die Frauen lachen hörte und aus dem Augenwinkel sah, wie die erste Flasche Met durch die Runde gereicht wurde.
„So hab ich es mir vorgestellt", grummelte er und spürte, das der Durst ihn ebenfalls plagte. Mel kam mit der Flasche zu ihm und er nahm einen kräftigen Zug, ehe er sich wieder stumm dem Zelt widmete und im Anschluss alle Sachen achtlos hinein warf. Auf Zelten hatte er eigentlich ebenso wenig Bock, wie auf diesen Spinner aus dem Zug. Klar, wäre er eher auf die Idee gekommen, hätten sie noch eine Pension gefunden. Aber zwei Tage vor dem Startschuss war es kaum möglich. Also galt es, entweder zelten, oder zu Hause bleiben und wenn er diese beiden Optionen miteinander verglich, erschien ihm das Zelten auf einmal gar nicht mehr so makaber.
Mel schien sich jedenfalls zu amüsieren und das war, so fand er, die

Hauptsache. Wenn sie gute Laune hatte, dann würde das Wochenende auch für ihn einiges an Spaß bringen und er ging davon aus, dass er dem ein oder anderen Kollegen über den Weg lief und mit ihm auf ein Bierchen oder einen Met stehenbleiben konnte.

„Heidnisches Dort?", fragte Mel, die atemlos bei ihm ankam und wie ein kleines Mädchen auf und ab sprang.

„Gerne doch, da gibt's wenigstens Met", meinte er und fügte in Gedanken hinzu: „Und Musik nach meinem Geschmack."

Das, was er bisher an musikalischen Ergüssen über den Zeltplatz schallen hörte, sorgte sogar bei ihm für Depressionen und den dringenden Wunsch, entweder sich, oder dem DJ Schmerzen zuzufügen. Kein Wunder, dass die meisten Gothics so depressiv sind und früher oder später einen psychischen Knacks bekommen müssen. Böse Gedanken, schalt er sich. Aber ihm war ebenfalls klar, dass er so verkehrt mit seinen Vermutungen nicht lag. In keiner anderen Szene beobachtete er so viele Borderliner oder depressive Menschen wie unter den Gothics. Ob dies natürlich mit der Musik zusammenhing oder ob sich die depressiven Menschen in die schwarze Szene flüchteten, das hatte er bisher noch nicht herausgefunden. Es spielte für ihn aber auch keine wirkliche Rolle. Seine Erkenntnis war nicht anfechtbar und so sicher, wie das Amen in der Kirche.

Natürlich würde er seine Zunge diesbezüglich hier im Zaum halten und lediglich Erfahrungen, nicht aber Kommentare für seine ehrliche Meinung sammeln. Mel war kein Gothic im eigentlichen Sinne und war mehr oder weniger über ihren Fetisch für Lack und Leder in die Szene geraten. Das sich hier gleichzeitig BDSM Liebhaber und Borderliner vereinigten, spielte ihr in die Hand und führte dazu, dass sich sich unter den Gothics mehr als gut aufgehoben fühlte. Bis er zu Mel kam, hatte er mit der düsteren Musik überhaupt nichts am Hut und tat sie eher als Gejammer und depressives Geheule ab.

348

Auch er mochte es gelegentlich düster, aber dann warf er eine Black Metal Scheibe auf den Teller und hörte sich nicht die weinerlichen dünnen Stimmen der Gothic Bands an. Er fand sich weder in den Texten, noch in der musikalischen Untermalung und wirkte schnell gelangweilt, wenn die Musik im Auto oder bei Mel zu Hause lief.

„Na dann komm schon, wir warten auf dich!"
„Bin ja schon auf dem Weg", meinte Sky und schloss auf. Er ergriff Mels Hand und zog sie an sich, sog ihren Duft in sich auf und wirkte verwundert, dass sie noch immer ihr Outfit von der Reise trug.
„Gar nicht umgezogen?" Sie schüttelte den Kopf. „Erst heute Abend, sonst ist mein Kleid ja nass geschwitzt, ehe die Sonne sich dem Untergang neigt. Außerdem, für das heidnische Dorf passt das doch perfekt, meinst Du nicht?"
Ihm war es eigentlich egal. Sie sah klasse aus, egal was sie trug und wenn er sich so umsah und die Blicke einiger Männer auf ihr entdeckte, war sein Stolz auf diese Frau etwas, was er offen vor sich hertrug.
„Na für Aufsehen sorgst du auf jeden Fall", meinte er grinsend und küsste sie auf ihre feuerrot geschminkten und glänzenden Lippen.

„Hey, der soll noch ne Weile halten", beschwerte sie sich in gespieltem Entsetzen.
„Na macht er doch, oder?" Erneut küsste er sie und ließ seine Zunge über ihre Lippen gleiten. Bereitwillig öffnete sie den Erdbeermund einen Spalt und ließ seine Zunge mit ihrer spielen.
„Wo bleibt ihr, habt ihr dazu zu Hause keine Zeit?" Miriam war stehengeblieben und auch ihr kleiner und von Sky so gehasster Bruder sah den beiden zu.
„Kleine Privatvorführung gefällig?" Er küsste Mel mit einer Hingabe, die dem kleinen weiß geschminkten Bruder des Todes wahrscheinlich eine Erektion direkt in seine viel zu groß geratene Hose bescherte.
„An seiner Stelle wäre ich jetzt auch gerne", flüsterte Miriam ihrem Bruder zu.

„Blöde Lesbe, du bist ja ekelhaft", rief er ein wenig lauter, als es eigentlich beabsichtigt war. Nicht nur Mel und Sky, sondern auch die umstehenden Passanten hörten seinen Spruch, worauf Miriam feuerrot anlief und beleidigt ins heidnische Dorf floh.

„Sorry", rief er ihr nach. Doch sie wollte nichts mehr von ihm hören und lief eiligen Schrittes dem Rest der Clique nach.

„Eine Lesbe also." Sky grinste und ließ seine Hand zärtlich durch Mels Nacken gleiten. „Ist wohl auch ein Phänomen der Szene, dass Frauen sich gerne mit beiden Geschlechtern umgeben. Finde ich persönlich ja gar nicht so schlecht. Ich hoffe, du offerierst mir jetzt aber nicht, das die meisten Männer bei Euch stockschwul sind."

Mel sah ihn mit gespieltem Entsetzen an. „Natürlich nicht, wie kommst du darauf? Es sind auch nicht alle Mädels lesbisch. Miriam ist bi und wie dir ja bekannt ist, teile ich diese Vorliebe auch. Wobei ich mir ein Leben ohne dich und ohne deine Männlichkeit nicht vorstellen kann. Ein Weib ist mal eine kleine Abwechslung, aber auf Dauer fehlt mir da doch ein entscheidendes Stück."
Provokativ griff sie ihm in den Schritt und spürte, dass sich sein bestes Stück gegen das Leder der Hose presste.

„Bin ich es oder ist es die Vorstellung, mir beim Spielen mit Miriam zuzusehen?" Mel lachte laut und befreite sich von ihm, um ihrer neuen Freundin nachzulaufen. Sky hoffte nicht, dass sie ihr Angebot verwirklichte und wenn sie es tat, würde er nicht nur zusehen.

„Blöde Frage", schnappte er als er sie eingeholt hatte. Zum ersten Mal sah er sich Miriam genauer an und stellte fest, das die Frage gar nicht so blöd war, wie er eben ausgeführt hatte. Er sah zu Mel, die verträumt den Weg entlang lief und sich gelegentlich nach der ein oder anderen Frau umsah.

Schon komisch, dachte Sky. ihre Blicke gelten hauptsächlich Frauen.

Aber ein Wunder ist es hier auch nicht, so reizend und so individuell wie die Mädels gekleidet sind. Aber auch einige Männer hatten sich extra in Schale geworfen und zogen zahlreiche Blicke auf sich.

„Wer will Met?" rief Mel in die Runde. Wer alles hier geschrien hatte, ließ sich nur schwer erraten. Sicherlich hatten sich auch ein paar Festivalbesucher gemeldet, die nicht zur Gruppe gehörten und für die Sky garantiert keinen Met ausgeben würde. Er holte zwei Flaschen und nahm die Becher so mit. Eingießen konnte sich jeder ja selbst, fand er.

„Endlich", flüsterte Sky und ließ sich auf die Wiese fallen.

„Was?", fragte Mel und sah ihn mit großen Augen an.
„Saufen", grinste er und nahm einen kräftigen Zug aus der Flasche. Die Anderen hatten sich längst eingegossen und schlürften den Honigwein aus hässlichen weißen Plastikbechern.
„Maßlos, wie in allen Dingen", flüsterte sie ihm in verschwörerischem Tonfall zu und küsste ihn. „Ich gehe dann mal ins Zelt, kommst Du mit?"
Er zog die linke Augenbraue leicht nach oben. „Habe ich eine andere Wahl?"
Sie schüttelte vielsagend den Kopf. „Eher nicht, oder soll mir Miriam beim Umziehen helfen und die Korsage schnüren?"

„Hmm, wenn ich es mir recht überlege …, ich fände es gar nicht so schlimm. Das heißt natürlich nicht, dass ich nicht dabei bin."

„Wenn Du das so sagst, kann ich sie ja mal fragen."
Sky versetzte ihr einen Klaps auf den Po. „Vergiss es, wir sind gerade angekommen und mein Bedarf, dich zu teilen, hält sich in Grenzen. Ich habe da eine ganz andere Idee", raunte er leise und nahm erneut einen kräftigen Schluck aus der Flasche.

„Dann schieß dich nicht jetzt schon ab, sonst bleibt es bei der Idee."

351

„Na hör mal, ich vertrage schon bisschen was oder willst du mir erzählen, nach der Flasche bin ich in Walhalla?"

Sie schüttelte erneut den Kopf. „Nach der sicherlich nicht. Aber der Abend ist noch lang, hoffe ich." Mit diesen Worten erhob sie sich und ging zur Bühne, um sich den Spielplan im heidnischen Dort anzusehen. Sie stieß nur auf Bands, die sie nicht kannte und die, wie sie vermutete, eher nach Skys Geschmack waren. Ihr Urteil wurde davon bekräftigt, dass immer mehr Langhaarige ins heidnische Dorf einströmten und sich die Bars, sowie der Platz vor der in ihren Augen viel zu großen Bühne füllte.

Die erste Band betrat die Bühne. Sky beobachtete interessiert das Geschehen und nahm gar nicht wahr, das Mel hinter ihn getreten war. „Sicherlich willst du jetzt nicht unbedingt zum Zelt, oder?"

„Wenn es nicht zwingend sein muss, würde ich mir gerne die Mucke anhören und wir gehen einfach danach." Mel nickte und wollte ihm den Spaß nicht verderben. Die Flasche Met war alle und Sky ging auf dem Weg zur Bühne noch an der Bar vorbei und holte ein Bier. „Schlimm wenn ich sie mir ansehe?", fragte er mit einem Seitenblick zu Mel.

„Quatsch, ich gehe zu Miriam wenn du mich suchst."

Auch Mel sorgte für Getränkenachschub und nahm Miriam gleich noch einen Becher Met mit. Die pralle Sonne und der Alkohol hatten bei ihr schon Tribut gezollt, so dass sie Mel mit einem breiten Grinsen ansah und leicht lallte.

„Da ist ja meine Süße und Nachschub hat sie auch gleich mitgebracht. Du bist so gut zu mir, wie soll ich mich nur erkenntlich zeigen?! Ach, ich weiß was", meinte sie und zog Mel zu sich auf die Wiese. Der Met glitt ihr aus den Händen und hätte die Wiese getränkt, wenn Steph, Mels Bruder nicht beherzt zugegriffen hätte. „Ich habe ja sonst nichts, aber wenn dir ein Kuss als Dankeschön reicht … ."

Mel rechnete mit einem freundschaftlichen Schmatzer auf die Wange und wurde von Miriam überrumpelt. Sie berührte ihre Lippen, schob ihre Zunge mit kräftigem Druck in Mels Mund und stöhnte vor Genuss. Mel erwiderte den Kuss, überwältigt von der Überraschung und interessiert an dem Gefühl, welches ihr die fremde Frau verschaffte. Nur unter größter Anstrengung konnte sich Mel nach kurzer Zeit von ihr lösen und strich ihr Haar zurecht. Mit einem kurzen Seitenblick zur Bühne stellte sie fest, das Sky nichts davon gesehen hatte. Miriam blickte ebenfalls in die Richtung.

„Oh Scheiße, dein Typ ist ja dabei. Hatte ich voll vergessen."
„Spielt keine Rolle", meinte Mel. „Bei Frauen hat er sich nicht so, nur bei Männern gibt's Stress."
Miriam konnte sich ein breites Grinsen nicht verkneifen. „So, so, bei Frauen stört es ihn nicht? Ist wohl auch so einer wie mein Ex, der zusieht und der dann am Ende versagt, weil er zwei Frauen nicht befriedigen kann?"

Mel überlegte. Nein, so einer war ihr Sky nicht. Überhaupt hatte sie mit ihm noch keinen Dreier gehabt und wenn sie ehrlich war und über ihre Eifersucht nachdachte, hielt sie das auch für eine weniger gute Idee. Wobei Miriams Körper sie schon reizte und sie kein Problem damit hatte, wenn Sky zusah und sie im Anschluss fickte. Aber sie wollte nicht zusehen, wie er sein Schwert in Miriam steckte und daran vielleicht sogar noch Gefallen fand.

„Weißt du, dass ich total feucht bin?" Jetzt sah Mel, das Miriams Finger unter ihrem kurzen Rock spielten. Niemand außer ihr sah es, so geschickt stellte sie sich an und so sehr verbarg sie die Bewegungen, die ihre Feuchtigkeit zum Fließen brachten.

„Nein, nicht weil ich gerade meine Liebeskugeln rausziehe. Dein Kuss hat mich geil gemacht. Krieg ich noch einen?"

Mel beugte sich zu ihr, nachdem sie sich noch einmal vergewissert hatte, dass Sky der Musik lauschte und dass er nicht in ihre Richtung sah.

„Mensch hab dich nicht so, er wird dir den Kopf nicht abreißen!" Miriam zog sie zu sich und öffnete mit ihrer Zungenspitze Mels Lippen. Sie ergriff ihre Hand und führte sie dorthin, wo Mel die heiße Feuchtigkeit und die unterdes im Gras liegenden Metallkugeln ertastete.

Kurz rieb sie an Miriams Rosenknospe, die dies mit einer intensiven Leidenschaft beim Kuss quittierte.

„Ich hab total die Lust auf dich", hauchte sie während des Kusses. „Ich will dich auch", flüsterte Mel und löste sich im gleichen Augenblick von ihr. Miriams gespielt entrüsteter Blick ließ die beiden lachen. Längst hatte sich die Gruppe um sie herum entfernt und stand ebenfalls vor der Bühne, oder im Falle von Miriams Bruder, an der Bar.

„Siehst du, niemand stört uns. Wir können aber auch ins Zelt gehen und ich zeige dir, wie sehr ich dich will und wie geil mich dein Körper macht. Dort schaut mein doofer Bruder wenigstens nicht zu."

Mel überlegte kurz und entschloss sich dazu, den Weg zum Zelt in ihren Gedanken zu behalten, aber nicht kurz nach ihrer Ankunft auf dem Festival gleich für einen Fick zu verschwinden. Außerdem hatte sie Sky versprochen, sich um ihn zu kümmern. Die beiden Wünsche ließen sich sicherlich miteinander kombinieren und das, ohne dass Sky ihr böse war oder das Miriam in die Versuchung geriet, ihn ins Spiel der beiden einzubeziehen.

„Warte, bis Sky wieder da ist. Ich habe eine Idee, die dich vielleicht begeistern wird."

In kurzen Sätzen schilderte sie Miriam ihre Gedanken, die mit einem wissenden Lächeln darauf reagierte. „Ist schon klar, wir machen ihn heiß und dann hast du das Glück sein Schwert zu spüren und ich gehe leer aus."

Verschwörerisch sahen sie sich an und mussten lachen, weil Miriams Worte aufgrund ihres Alkoholpegels weniger ernst, sondern eher mädchenhaft beleidigt geklungen hatten.

„Schlimm?", fragte Mel?
„Nö", meinte ihre neue Freundin. „Oder glaubst Du ich muss mich weit vom Zelt entfernen um das zu bekommen, was ich nach dir möchte?"

Natürlich nicht. Hier liefen genug willige Kerle herum und so wie die Blicke auf Mel und Miriam hafteten, würde es wohl kaum länger als 5 Minuten dauern und Miriam hätte einen Kerl, der es ihr nach ihren Wünschen besorgte und den sie nicht zwei Mal bitten musste. Nach lauten Zugabe Rufen spielte die Metal Band auf der Bühne noch einen Song, ehe die Ruhe auf dem Platz einkehrte und nur von mittelalterlichen Klängen aus den Boxen unterbrochen wurde. Sky kam auf die beiden zu und auch der Rest der Gruppe hatte sich zwischenzeitlich eingefunden.

„Geil!", tönte er und stimmte gleich den Song an, der ihn vom Hocker gehauen hatte. „Ich bin auch geil", protestierte Miriam und erntete einige Lacher. „Aber ich fange nicht an zu singen", fügte sie mit ihrer alkoholschweren Zunge hinzu. Sky ignorierte ihren Einwurf, wie Mel bemerkte und ihn daher gar nicht auf ihr Gespräch mit Miriam ansprach.
„Ich brauch noch ein Bier, wer kommt mit?" Die Männer hatten sich längst zu einer eingeschworenen Gemeinschaft zusammengefunden, so dass Miriam, Mel und Steph den niemand dabei haben wollte, zurückblieben.

„Um den brauchst du dir überhaupt keine Sorgen zu machen", lallte Miriam. „Kein Kerl hätte meinen Einwurf so gekonnt ignoriert. Er liebt dich wirklich. Also halt ihn fest, ehe ich ihn mir schnappe. Der schaut ja noch richtig geil aus", meinte sie weiter. Die Worte gingen in Mels Gehörgang hinunter wie Öl. Natürlich sah Sky gut aus, sonst

355

hätte sie sich ja nicht mit ihm eingelassen. Sie hatte einen sehr anspruchsvollen Geschmack und war in ihrer Partnerwahl nicht bereit, Kompromisse einzugehen oder einen Mann zu nehmen, der ihr optisch nicht zu 100% gefiel.

„Den lass ich nicht los, also mache dir bloß keine falschen Hoffnungen", wies sie Miriam auf ihre Situation hin und erklärte diesen Dialog mit ihrer Aussage für beendet.
„Ich geh mal zu ihm." Sie stand auf und ließ das Geschwisterpaar sitzen. Miriams Anspielungen gingen ihr mächtig gegen den Strich und sie hatte die Schnauze voll zu hören, wie angetan sie von Sky war und was sie sich mit ihm alles vorstellen konnte. Auch wenn diese Frau ihr gefiel, so würde sie ihre Beziehung nicht aufs Spiel setzen oder Miriam die Gelegenheit dazu geben, sich nackt und aufreizend vor Sky zu zeigen. Niemals, sprach sie in Gedanken zu sich und schüttelte vehement den Kopf.

„Sky", flüsterte sie. „Hast du Lust, mich ein Stück zu begleiten? Ich will nicht die ganze Zeit hier rumsitzen und mich lieber ein wenig umsehen. Aber allein hab ich keinen Bock."

„So ist das mit den Weibern", ließ ein blonder hagerer Typ an der Bar vernehmen. „Im Bett sind sie ja recht praktisch, aber auf ein Festival sollte man sie nicht mitnehmen, will man nicht die Kette am Bein haben."

Er erhob sein Glas und warf Sky einen verschwörerischen Blick zu. „Halt die Fresse, Spinner! Oder siehst du hier jemanden, der dich nach Deiner Meinung gefragt hat?"
„Hey, nun mach mal langsam. Ich wollte dich nicht anpissen. Meine Alte habe ich zu Hause gelassen, hier läuft ja genug Frischfleisch rum", meinte er noch und wandte sich wieder der Bar zu.

„So ein Sprallo", ärgerte sich Mel über den Typen und war noch einmal mehr froh, nicht so einen Idioten zum Freund zu haben.

„Einfach nicht hinhören", fand Sky und legte seinen Arm um ihre Schultern.

„Willst Du Dich gar nicht verabschieden?", fragte er, als Mel direkt den Ausgang des heidnischen Dorfes ansteuerte und keinen Blick in Miriams Richtung warf.

„Nö, oder müssen wir uns abmelden?" Sky nahm die Aussage als gegeben hin und erkannte, dass Mel sowieso nicht näher auf ihren Grund für den plötzlichen Abgang eingehen würde.

Den Rest der Nacht verbrachten sie mit Bahnfahren und mit dem Besuch in verschiedenen Locations. Mel war ausgelassen und fühlte sich auf dem WGT, sowie in Skys Gesellschaft wohl. Ihm taten die Füße weh und er hätte es begrüßt, wenn Mel langsam müde geworden wäre und den Weg zum Zeltplatz angesteuert hätte.

„Noch ein Konzert in der MB", flehte sie und sah ihn bittend an. Er konnte ihr den Wunsch nicht abschlagen, auch wenn seine Füße in den Boots kochten und er jetzt schon merkte, dass er am kommenden Tag mit großen, schmerzhaften Blasen rechnen konnte. Die Band interessierte ihn nicht und als Mel tanzen wollte, schlug er den Weg zur Bar ein. Da war er wieder, der blonde Typ aus dem heidnischen Dorf und ehe Sky sich einen anderen Ort an der Bar suchen konnte, hatte dieser ihn bereits entdeckt und lief mit einem breiten Grinsen auf ihn zu. In seinem Arm hielt er eine Frau, die von allein nicht mehr stehen konnte und am kommenden Morgen sicherlich entsetzt das Weite suchte.

„So geht das, siehst du?" Er grabschte seiner Begleitung an den Busen und gab ihr einen glitschigen Kuss. Sie kicherte wie ein kleines Mädchen und lallte unverständliche Worte.

„Hab dich nicht so, sonst kannst Du ablaufen", meinte der Typ verächtlich und grabschte noch einmal herzhaft zu. Sie beschwerte sich nicht mehr und kicherte erneut. Wie breit konnte man sein, fragte sich Sky und ließ die beiden links liegen. Er sah sich nach Mel um, die umringt von anderen schwarzen Gestalten ihre Hüften verführerisch bewegte und ganz in der Musik und in ihren Bewegungen aufging. Mit dem Bier in der Hand stellte er sich an einen Pfosten und lächelte glücklich über die Frau, bei deren Wahl er genau richtig gelegen und keine alternative Entscheidung aus der Not heraus getroffen hatte. Sie spürte die Blicke in ihrem Nacken und winkte, als sie ihn am Pfosten stehend sah. Sie wartete nicht, bis die Band aufhörte zu spielen und lief zu ihm, warf sich in seine Arme.

„Was schaust du so?"

Sky wäre fast das Bier aus dem Becher gekippt. „Nichts, nichts, du kannst ruhig weiter tanzen. Ich habe nur einmal mehr festgestellt wie froh ich bin, dich getroffen und nicht gehen gelassen zu haben."
Sie grinste von einem Ohr bis zum anderen und vergaß in dem Moment alles, was jemals zwischen ihr und Sky gestanden hatte. Längst vergessen war auch Miriam, die nichts besseres zu tun hatte als darüber nachzudenken, ob er auch sie beglücken würde.
Mel hatte keine große Lust zurück zum Zelt zu gehen. Aber Sky hatte Blasen an den Füßen und nur noch das Bedürfnis, endlich aus den Schuhen zu kommen und sich hinlegen zu können.

„Morgen ist auch noch ein Tag", meinte sie und legte ihren Arm um seine Hüfte. Mit der Bahn fuhren sie zurück zum Zelt und Mel war froh, dass die Anderen entweder noch gar nicht da waren oder bereits schliefen. Sie zog Sky hinter sich ins Zelt und riss sich die Kleidung vom Leib. Er öffnete stöhnend seine Schuhe und Mel musste lachen, als sich der typische Stiefelgeruch in dem viel zu kleinen Zelt ausbreitete. Schuldbewusst blickte er zu Boden und riss den Vorhang auf.

„Ich stelle die mal lieber raus", meinte er. „Meinst du wirklich? Nicht das morgen dann zwei Paar dastehen." Das Risiko musste er eingehen, wenn er den nächsten Tag überhaupt überleben und nicht an seinen eigenen Schuhen ersticken wollte. Er hoffte, Mel käme nicht auf die Idee, Sex zu wollen. Doch ehe er den Gedanken überhaupt zu Ende gedacht hatte, vernahm er ein friedliches Schnarchen neben sich und atmete erleichtert auf. Die Tür zum Zelt verschloss er nicht. Würde jemand seine Schuhe klauen, wäre er schneller draußen, als der Dieb mit den Stiefeln auch nur aus dem näheren Umkreis des Zeltes entkommen wäre. Mit diesem Gedanken im Kopf schlief er ein. Die Schuhe waren am folgenden Tag noch da.

~ 20 ~

Die Sonne stand hoch am Himmel und Mel blinzelte unter ihrem Schlafsack hervor.
„Sky?" Als er nicht neben ihr lag, schlug ihr Herz für einen kurzen Augenblick schneller. Doch dann hörte sie die Stimmen vor dem Zelt, warf sich schnell ein Shirt über und steckte den Kopf nach draußen.
„Da bist du ja", meinte er und prostete ihr zu. „Wie, jetzt schon Bier saufen? Es ist doch höchstens ...", sie sah zum Himmel.
„Es ist bald Mittag", meldete sich Miriam und ließ ihren Blick über Mels Körper schweifen. „Du Langschläferin, wir waren schon im heidnischen Dorf und haben gefrühstückt. Aber du wolltest ja nicht aufstehen."
Sie warf Mel einen kleinen Beutel zu, den sie behände auffing.
„Ist noch ein Stück Kuchen von Zuhause drin, besser als nichts", meinte Miriam lächelnd. „Dein Mann hat meine Backkünste ja verschmäht."
Mit einem Seitenblick auf Sky drehte sie sich wieder um und setzte sich in die Runde. Super, dachte sich Mel und kroch zurück ins Zelt. Den Kuchen legte sie erst einmal achtlos zur Seite. Es wurde Zeit, dass sie sich anzog und sich zu den anderen setzte. Wer weiß, was sie sich bereits über sie erzählt hatten oder wie Miriam sich an Sky herangemacht hatte. Mel griff in den Rucksack und erspähte ein Kleid, welches kürzer als eine Hotpants war und mehr präsentierte, als es verhüllte.
„Genau richtig", murmelte sie leise und warf sich das Kleid über. Einen BH konnte sie sich ersparen. Ihre prallen Brüste waren fest

359

und würden in dem engen Minikleid auch ohne zusätzliche Unterstützung richtig zur Geltung kommen. Die durchbrochene Spitze im Dekolletee würde Skys Blicke schon von Miriam ablenken. Noch schnell in die Highheels geschlüpft und Mel trat aus dem Zelt. Nicht nur Sky, sondern auch die anderen Männer in der Runde und natürlich Miriam bedachten sie mit bewundernden Blicken.

„Hübsch hübsch, selbst nach dem Aufstehen siehst du schon gut aus", meine Miriam lächelnd. „Wenn ich nur das Glück hätte … ."

Mel überhörte den Kommentar und ging zu Sky, dem sie einen intensiven Kuss gab und sich dann direkt neben ihm ins Gras fallen ließ. Dabei rutschte ihr Kleid so weit hoch, das auch der letzte merkte, dass sie nicht nur den BH, sondern auch den Slip vergessen hatte. Schnell zog sie sich in gespielter Scham das Kleid ein Stück über ihre intime Stelle und setzte sich so, das tiefe Einblicke auch mit der größten Anstrengung unmöglich waren. Sky streichelte ihren Oberschenkel und Mel verspürte ein Kribbeln, welches sie daran erinnerte, dass sie in dieser Nacht keinen Sex hatten.

Wenn es nach ihr gegangen wäre, hätte sie sich augenblicklich auf Sky gesetzt und ihn mit ihrem blanken Schoß verführt. Doch hier saßen zu viele Menschen herum und es wäre Sky mehr als peinlich gewesen. Mel störten die Blicke der anderen nicht, aber Sky hätte ihr diesen Wunsch in keinem Fall erfüllt.
Sie schmiedete einen Plan und flüsterte ihm verführerisch zu: „Wollen wir duschen gehen? Das war so heiß in dem Zelt … ."
Den Rest des Satzes ließ sie offen. „Nur noch austrinken", meinte Sky knapp und sprach dann weiter mit Tristan, der neu in der Runde war. „Ist übrigens ein Kollege von mir", erzählte er Mel und wies mit dem Becher in der Hand auf Tristan.
„Hola, schöne Frau", meinte dieser in lallendem Ton und ließ Mel nur unschwer überhören, das er schon einige Bier mehr hatte.

„Sonst ist er nicht so", flüsterte Sky.

„Was?", fragte Tristan. „Wie bin ich denn sonst? Nun sage ja nichts Falsches, oder ich schlag dir die Löffel vom Stamm!"

Tristan, Sky und Mel lachten herzhaft. Auch Miriam stimmte in das Gelächter ein. Nur ihr Bruder war sehr schweigsam und konnte wohl weder an Tristan, noch an den Gesprächen in der Runde Gefallen finden.

„Na mach, aber wenn du zu lange brauchst, gehe ich alleine. Du weißt, was dir dann entgeht?" Verschwörerisch lächelte sie Sky zu. „Ich komm ja schon", erwiderte er und zog den halben Becher in einem Schlug leer, um ihn im Anschluss in seiner Hand zu zerknüllen und ihn achtlos neben sich auf den Boden fallen zu lassen. Er half Mel hoch und ihm entging nicht, dass ihr Schoß schon beim Aufstehen wieder verführerisch blitzte. Hatte er da die leichten Spinnweben der Lust gesehen oder bildete er sich das nur ein? Die Duschen befanden sich unweit vom Zeltplatz, aber ein Stück mussten sie schon über den großen Platz laufen.

„Ich brauch noch ein Handtuch", meinte sie und bückte sich in den Eingang des Zeltes. Er trat hinter sie und schob seine Hand zwischen ihre Schenkel. Nun hatte er den Beweis, das es sich bei dem gesehenen Glanz wirklich um ihre Leidenschaft und nicht um eine Sinnestäuschung im Zuge des Bierkonsums handelte. Sie drehte sich mit gespielter Empörung um und Sky hab ihr einen Schubs, der sie direkt rücklings ins Zelt beförderte. Er stieg ihr nach und verschloss die Tür von innen. Vor dem Zelt grölte die Meute, die ganz genau wusste, warum er die Tür provokativ verschloss.

„Macht er richtig", bemerkte Tristan anerkennend. „Die geile Schnecke hätte ich auch ohne eine zweite Aufforderung ausgeleckt." Er lachte und klopfte sich dabei auf den Schenkel.
Miriam blickte ihn herausfordernd an. „Du kannst ja meine geile Schnecke auslecken, wenn du es schon so sagst."

Der gut tätowierte Kerl gefiel ihr und auch wenn er rotzbesoffen war, würde Miriam ihre Geilheit verlieren und Befriedigung bekommen. „Meinst du das ernst?", fragte er mit einem erstaunten Blick.
„Seh ich so aus, als würde ich scherzen? Komm, ehe ich es mir anders überlege."

Sie erhob sich und ging auf ihr Zelt zu. Tristan folgte ihr und fiel direkt durch den offenen Zelteingang auf Miriam. Zurück blieb der Rest der Truppe.
„Ich geh auch mal", meinte Miriams Bruder. „Den Scheiß hier muss ich mir nicht geben." Nach und nach standen alle auf und verließen den Zeltplatz, auf dem sich ein lautes Stöhnen ausbreitete … was in den beiden Zelten geschah, ließ sich nur unschwer überhören.

Mel genoss es, wie Sky sie mit seiner Zunge verwöhnte und sie so intensiv leckte, dass sie eigentlich hätte staubtrocken sein müssen. Doch das Gegenteil war der Fall. Ihre Lust floss in Strömen aus ihrem heißen Körper heraus und verteilte sich auf dem Schlafsack. Sie lag mit geschlossenen Augen da und spürte, wie seine Zunge gierig durch ihre Spalte fuhr und sich langsam in ihre Rosenblüte schob. Ihr Stöhnen hallte durch das Zelt und sie wand sich, schob ihren Unterleib in Skys Richtung und hob ihn so an, dass er sie noch besser erreichen konnte. Seine Hände umklammerten ihre Schenkel, als er ihre Beine auseinander zog und sein Gesicht fest in ihrer verführerischen Rose vergrub. Immer schneller wurde seine Zunge, immer gieriger wurde seine Forderung.

Die Mischung aus Bier und ihrem Geschmack auf seiner Zunge hatte seine Erregung längst ins Unermessliche gesteigert. Er wünschte sich nichts sehnlicher, als dass Mel sich über ihn beugte und sein Schwert bis zum Ende mit ihren vollen Lippen verwöhnte. Doch er konnte nicht aufhören, konnte sich nicht aufsetzen und ihr suggerieren was er wollte. Wie unter Zwang leckte er sie und schmeckte ihre Lust, die in immer stärkeren Strömen über seine Zunge floss und sein Gesicht längst benetzt hatte.

362

„Du geiles Miststück", flüsterte er und spürte die Hitze, die aus ihrströmte. „Selber", hauchte sie und ließ ihn spüren, dass sie kurz vor einem Höhepunkt stand. Wenn er noch einmal mit der Zunge über ihr kleines Piercing fuhr, würde Mel explodieren. Er knabberte an ihren durchbluteten Lippen und spielte mit seiner Zunge an dem kleinen Piercing. Sie nahm sein Gesicht in ihre Hände und presste ihn so fest in ihren Schoss, dass er kaum Luft bekam und den leichten Dämmerzustand mit noch intensiveren Zungenspielen überbrückte.

Seine Männlichkeit presste sich fordernd an die enge Lederhose und wollte herausgeholt, in den Mund genommen werden und in die Hitze der Leidenschaft eindringen. Sie kam, schrie ihre Lust heraus und krallte sich dabei in seinen Haaren fest. Ein großer Schwall ihrer Lust ergoss sich und benetzte nicht nur sein Kinn, sondern lief über seinen Hals hinab auf sein Shirt. Mit verklärtem Blick ließ sie seinen Kopf los, setzte sich langsam auf und gab Sky einen Schubs, durch den er nach hinten fiel und willig vor ihr lag.

Sie öffnete mit zittrigen Fingern seine Hose und zog sie, als er den Hintern leicht anhob bis zu den Knien herunter. Sein pralles Schwert stand verführerisch vor ihrem Gesicht und ein Tropfen seiner Gier glänzte auf der Eichel.

„Soll ich?", fragte sie, auch wenn sie die Antwort bereits kannte. Er atmete schwer und antwortete mit einem Nicken. Ganz langsam senkte sie ihren Mund über ihn, was in ihr ein erneutes Kribbeln in verursachte. Sie leckte den Tropfen mit ihrer Zungenspitze fort, fuhr sich über ihre feuchten und vollen Lippen und schob die prallen Lippen langsam und ganz vorsichtig über seine gierige Männlichkeit. Nun war er es, der ihr Haar packte und der sie mit immer schnelleren Bewegungen über seinen Unterleib schob. Sie leckte, saugte und nahm ihn tief in sich auf.

„Gib's mir, los!" Noch heftiger und schneller schob er sie über sein Schwert. In Mels Kopf drehte sich alles. Sie spürte sein Begehren, seine Geilheit auf sie und wie sehr es ihm gefiel, was sie mit ihm tat.

Ob da draußen Leute saßen oder ob das Zelt wackelte, ob jemand die Schreie ihrer Lust hörte, interessierte ihn in diesem Moment nicht. „Warte", hauchte sie heiser und hob ihren Kopf. Er wollte nicht, dass sie aufhörte, wollte, dass sie ihn weiter verwöhnte bis er in ihrem Mund kam. Sie schüttelte den Kopf und setzte sich auf ihn, ließ ihn langsam und bis zum Anschlag in sich gleiten.

„Gut so?" Er konnte erneut nur nicken und hoffte, sie würde ihn wie eine Walküre reiten. In diesem Moment kannte seine Lust keine Grenzen und alle Gedanken waren wie weggeblasen.
Rhythmisch kreisend bewegte sie ihre Hüften, presste ihre Muskeln zusammen, nur um sie sofort wieder locker zu lassen. Er beobachtete sie, sah ihre Brüste wippen und griff danach. Ein Träger ihres Kleides riss, als er sich mit Gewalt einen Weg zu ihren Nippeln bahnte. Sie stöhnte auf und genoss seine zügellosen Hände auf ihren Rundungen. Ihre Bewegungen wurden schneller und schneller, die Geräusche mussten bis vor dem Zelt hörbar sein.

„Beweg dich nicht!", befahl Sky. Sie verharrte und spürte das Pumpen, als er seinen Saft in ihr entlud und der Schwall seiner Lust sich warm in ihrer Rosenblüte verteilte. Mels Muskeln kontrahierten, sie schloss die Augen und während er ihr alles gab, kam sie mit einem lauten Schrei der Lust.

Alle Köpfe in der Nähe des Zeltes drehten sich in die Richtung, aus der der spitze Schrei über den Platz hallte. Für viele Festivalbesucher klang das nicht nach Sex, sondern nach einer Frau, die ihren letzten Atemzug tat und einem Verbrechen zum Opfer gefallen war. Das einzig wahre Verbrechen, was in diesem Zelt begangen wurde, war die Tatsache, dass er viel zu früh kam und Mel noch immer der Leidenschaft verfallen war. Sie spürte, dass eine erneute Woge anrollte und ihren Körper zum Beben bringen wollte.

Sie rückte nach oben, wobei sich sein Saft gemischt mit ihrer Lust auf seinem Shirt verteilte und setzte sich über sein Gesicht. Mit gieriger Zunge leckte er sie sauber, schmeckte ihrer beider Gier, während er mit der Zunge ihre Knospe umkreiste und mit ihr spielte. Mel hatte dabei in ihren Rucksack gegriffen und einen Dildo hervorgezaubert. Vor seinen Augen schob sie sich den gläsernen Stab in ihre Rose, zog ihn wieder heraus, aber nur, um ihn erneut in ihren Körper einzuführen. Skys Augen saugten diesen Anblick auf und animierten ihn dazu, ihr den Luststab aus der Hand zu reißen und es ihr damit zu besorgen.

In schnellen Bewegungen ließ er den Glasstab von hinten in ihre Rosenblüte gleiten, hörte sie stöhnen und spürte, dass sie gleich unter seinem Zungenspie und dem Spielzeug explodieren würde. In Mels Kopf drehte sich alles. Sie brauchte es und wenn sie nicht gleich kam, würde sie vor Lust hier im Zelt verrückt werden. Die Hitze trieb ihr den Schweiß aus den Poren und die Luft roch abgestanden, nach einer Mischung aus Schweiß, Sex und Alkohol. Sie hob ihren Po ein wenig an, damit er den Einblick in sie noch besser genießen konnte.

Mit kräftigen Stößen stieß er den Dildo in kurzen Abständen in ihren Körper und biss ihr leicht in die Rosenknospe. Mel spürte, wie eine Woge der Geilheit sie zum Höhepunkt führte und bewegte ihren Körper auf dem Luststab. Als der Orgasmus von ihr Besitz ergriff, verharrte sie still und umschloss das nun warme gläserne Spielzeug mit ihren Muskeln, sog ihn fast vollständig in sich auf und schrie die Lust heraus. Sky presste den gläsernen Stab fest in sie und erhöhte den Druck seiner Zunge, mit der er ihren warmen und nassen Schoss schmeckte.

Nur langsam ebbte die Welle ab und Mel ließ sich auf seine Brust fallen, seine Hand mit dem Dildo noch immer hinter, unter und in sich begraben. Sie warf ihr Haar zurück und sah ihn mit verliebtem und von der Lust entrückten Blick an, ehe sie sich erhob und sich auf den Schlafsack fallen ließ. Mit einem spitzen Aufschrei sprang sie hoch, als sie die Nässe unter sich spürte.

„Igitt, na super!" Sie lachte und befühlte den riesigen Fleck, der tief in den Stoff des Schlafsacks eingezogen war. Sky schaute sie fragend an.

„Der wird heute Abend fest wie die Berliner Mauer vor dem Fall sein", meinte sie grinsend. Sky zuckte nur mit den Schultern. Er war zu schwach um etwas zu erwidern und es interessierte ihn im Moment sehr wenig, in welchem Zustand sich der Schlafsack befand. Er zog sich die Hose über die Hüften und machte den Reißverschluss zu, dann öffnete er den Eingang zum Zelt und steckte den Kopf heraus.

Die Hitze hatte den Platz in Beschlag genommen und trotzdem sog er den Sauerstoff tief in seine Lungen. Im Zelt war es stickig und kaum zu ertragen. Auch Mel atmete tief ein, als eine frische Brise von draußen hereindrang und sich mit der nach Sex, Schweiß und Bier geschwängerten Luft im Zelt vermischte. Ihr Kleid war nass und mit Flecken von ihren Lustsäften durchtränkt. Sie zog es über den Kopf und kniete splitternackt im Zelt.

„Das tut gut", meinte sie beiläufig, als eine kleine Brise durch den Eingang den Weg ins Zelt fand und auf ihrer Haut eine leichte Gänsehaut erzeugte. Sky riss sich das tropfnasse Shirt vom Leib und warf es hinter sich. Mel konnte gerade noch zur Seite ausweichen, sonst hätte sie den mit Lustsaft getränkten Stoff direkt ins Gesicht bekommen.

„Hey!", flachste sie. „Sorry", meinte Sky und grinste sie an. Im Zelt gegenüber ging der Reißverschluss auf und Miriam steckte den Kopf aus dem Eingang. Sie war splitternackt, verschwitzt und blickte befriedigt über den Platz. Hinter ihr hörte er Tristans Stimme, die abgekämpft und immer noch vom Alkohol durchbrochen zu ihm herüber klang.

„Da hat sie auch endlich ihren Fick bekommen", grinste Mel, die Miriam ebenfalls nackt hinter dem Zelteingang knien sah.
„Ein traumhafter Körper, findest du nicht?" Sky sah von Miriam zu Mel und schaute sie fragend an. Natürlich waren ihm die Rundungen

366

und der blank rasierte Schritt dieser Frau nicht entgangen. Doch würde er einen Teufel tun, dies vor Mel zuzugeben.

„Kein Vergleich zu dir", meinte er daher nur beiläufig und küsste ihre Nippel.

„Das will ich auch gehofft haben", erwiderte sie und legte ihre Hände um seine Schultern. „Aber geil sieht sie trotzdem aus, finde ich."

Ja, das fand Sky auch und würde genau das für sich behalten. Sie sah geil aus aber nicht so geil, dass er sich noch einmal zu einer Handlung wie bei Iris hinreißen lassen würde.

Miriams Blick haftete auf Sky. „Sein Körper, muskulös und geil tätowiert und die Haare … ." In ihren Gedanken sah sie ihn, spürte, wie er sich über sie beugte und wie sich jeder Muskel in seinem Körper anspannte. Schon fühlte sie seine kräftigen Arme, die sie festhielten und ihr jede Möglichkeit der Bewegung raubten. Ihr entging nicht, wie er für einen kurzen Augenblick zu ihr sah und wie seine Augen über ihren Körper wanderten.

„Sehr ästhetisch und sexy", murmelte sie leise, gerade so laut, dass nicht einmal Tristan ihre Worte verstand.

„Hast Du was gesagt?", drang die Frage aus dem Zelt hinter ihr.

„Nichts, was für dich bestimmt war", meinte sie beiläufig. Als sie zurück zu Mels und Skys Zelt sah, waren die beiden aus dem Eingang verschwunden. Nur in seiner Lederhose und ohne Shirt bahnte sich Sky den Weg aus dem Zelt. Er genoss den leichten Wind, der den Schweiß auf seiner Haut trocknete.

„Ich hole mir schnell ein Bier, willst du auch was?" „Ich nehme auch eins", meinte Mel. „Willst du dir nichts überziehen?"

„Für den kurzen Weg nicht", erwiderte er und ging los. Auch die Schuhe ließ er vor dem Zelt stehen. Das Gras unter seinen Füßen war angenehm und er spürte keinen Bedarf, in die warmen Schuhe zu steigen.

Während Sky Bier holen ging, wühlte Mel im Rucksack und suchte nach einem Outfit für den heutigen Tag. Die Hitze schränkte ihre Auswahl ein. Auf ein langes Barockkleid oder ihr fußlanges Lackkleid würde sie besser verzichten. Ihre Hand griff nach einer trägerlosen Korsage aus Leder und nach einem Rock, der ebenfalls aus Leder war und der ihre Pobacken verführerisch unter dem Saum hervorblitzen lassen würde. Dazu wählte sie ein paar halterlose Netzstrümpfe und ihre Highheels, die das Outfit perfekt abrunden würden. Sie kämmte ihr Haar und steckte es hoch, zog ihre Lippen mit einem kirschroten Lippenstift nach und betonte ihre Augen mit kräftigem schwarzen Kajal. Ein wenig weißes Make Up gab ihrem Look den letzten Schliff und ließ ihre Haut fast wie Porzellan wirken.

Sie sah in den kleinen Spiegel, nickte zufrieden und schlüpfte in ihre Klamotten. Sie schnürte ihre Korsage so eng, das sie gerade noch Luft bekam und ihren Körper in Perfektion betonte. Als sie nur in ihrem Rock und dem Oberteil aus dem Zelt kroch, kamen Miriam und Tristan ebenfalls halb bekleidet aus dem gegenüberliegenden Zelt.
Tristans Blick drückte Befriedigung aus. „Ich brauch Nachschub", meinte er mit einem Blick auf Mel.
„Unsympathischer Kerl", dachte diese und sah keine Ambition, ihm zu antworten.
„Reiche ich dir nicht?", fragte Miriam mit gespielter Entrüstung. „Ich meine Bier! Bin ja schließlich keine Maschine und so wie ich dich gerade rangenommen habe, bin ich erst mal leer." Ohne ein weiteres Wort stiefelte er los, die Schuhe offen und die Schritte leicht schwankend.
Mel grinste zu Miriam, die sich ihr Haar aus dem Gesicht strich.

„So unwiderstehlich wie er sich gibt, ist er wahrlich nicht. Sein Körper ist geil, aber mehr auch nicht", ließ sie vernehmen und setzte sich auf die Wiese zwischen den Zelten. „Bei dir scheint es besser gelaufen zu sein", meinte sie mit einem Blick auf die verträumt und zufrieden lächelnde, in ihren Gedanken immer noch in einer anderen Welt befindliche Mel."

„Worauf du dich verlassen kannst", meinte sie knapp und hatte keine Lust, näher auf das eben Geschehene einzugehen.

„Seid ihr fest zusammen?" Miriams Frage klang in Mels Ohren reichlich komisch.

„Wieso fragst Du?" Eine gewisse Skepsis ergriff Besitz von ihren Gedanken. Sie kannte sich und wusste, wenn eine Frau diese Frage stellte, hegte sie eindeutige Ambitionen.

„Nur so", meinte Miriam leger.

„Sind wir und du kannst dir gar nicht vorstellen, wie froh ich darüber bin. Um nichts in der Welt würde ich ihn wieder hergeben."

In dem Moment kehrten Sky und Tristan mit jeweils zwei Bechern Bier in der Hand zurück. Sky hörte ihre letzten Worte noch und kombinierte, welche Frage Miriam gerade gestellt hatte.

„Ich gebe dich auch nicht mehr her", sagte er lächelnd und umarmte Mel, nachdem er die Becher im Gras abgestellt hatte. „Wie rührselig", raunte Tristan. „Könnte man fast eifersüchtig werden oder dich fragen", sein Blick war an Sky gewandt, „ob Du wirklich nur noch mit einer Frau ficken willst. Also ich habe da keinen Bock drauf, egal wie geil das Weib ist."

„Ich bin nicht du", meinte Sky und ließ Tristan links liegen. Eigentlich war er gar kein solches Arschloch. Sky mochte ihn und schätzte ihn als einen guten Kollegen. Im Bezug auf Frauen teilten sich ihre Meinungen aber gewaltig. Tristan war schon immer ein Draufgänger und nutzte seinen Beruf als Tätowierer dazu, bei der Damenwelt Eindruck zu schinden. Das hatte er gar nicht nötig, da die Frauen auch so auf ihn flogen, wenn er nicht gerade so besoffen war wie heute. Mel nippte an dem kühlen Bier und ließ es sich langsam die Kehle hinunter laufen.

„Musst nachspülen?", meinte Tristan anzüglich.

„Halt die Fresse, Arschloch", gab Mel mit leicht arrogantem Tonfall von sich und ließ sich in ihrer Ruhe nicht stören. Miriam hatte gehofft, Tristan hätte ihr ebenfalls was zu trinken mitgebracht. Doch er soff den ersten Becher in einem Zug leer, um sich im Anschluss dem zweiten Becher zu widmen. „Gierschlund", meinte sie in seine Richtung und stand auf. „Muss ich wohl selber gehen." Mit wiegenden Hüften und unverkennbarer Wut schlug sie den Weg zum heidnischen Dorf ein.

~ 21 ~

„Komischer Mensch", konnte sich Mel erneut nicht verkneifen. „Ach lass ihn doch, kannst mir glauben, in Wirklichkeit ist er anders."
Mel lächelte. „Musst ihn doch nicht verteidigen. Ich habe mit ihm nichts zu tun und gehe davon aus, dass das auch so bleibt. Also lass gut sein." Sie kuschelte sich an Sky und sah zu Tristan. Der hatte ihre Worte nicht gehört, blickte sie aber weiter unverhohlen an und sorgte für ein mulmiges Gefühl in ihr.
„Was glotzt du so? Habe ich irgendwas an mir oder wo liegt dein Problem?" Sky hatte die Wut in ihrer Stimme nicht überhört und streichelte ihr beruhigend über den Arm. „Ich kann doch glotzen, wohin ich möchte oder hast'n Problem damit?"
„Ich glaube, du hast ein Problem. Glotz wohin du willst, aber nicht permanent zu mir." Sie stand auf und ging ins Zelt. „Was ist denn mit dir los?" fragte Sky, der ihr auf den Fuß folgte und die Worte von Tristan, sowie sein Gelächter nur am Rande mitbekam.

„Der Typ kotzt mich an. Die ganze Zeit glotzt er mir in den Ausschnitt und seine Bemerkungen sind echt mal nervig. Entweder machst du ihm 'ne klare Ansage, oder ich übernehme das."
„Ist ja schon gut", grummelte Sky. „Wenn er dich nervt, dann lass uns doch einfach gehen. Aber fang keinen Streit an, das ist er nun wahrlich nicht wert."
„Du hast ja recht", lenkte sie ein. „Ich will mich ja auch gar nicht streiten, aber mich kotzt hier alles an wenn du es genau wissen willst. Der Zeltplatz, der Typ, die Hitze … ."

370

Ihre eben noch gute Laune hatte sich schlagartig gewandelt. Dass es so schnell gehen würde, hätte er nicht gedacht. Schließlich wollte sie doch hierher und es war nicht seine Idee, das Wochenende auf dem WGT zu verbringen.

„Was heißt das, willst du nach Hause?" Mel überlegte kurz und zuckte mit den Schultern. Nach Hause wollte sie eigentlich auch nicht. Aber hier bleiben ebenso wenig. Sie sah zu ihm herüber und merkte, wie unschlüssig er durch ihre Worte dreinblickte.

„Keine Sorge, wir bleiben noch hier. Ich muss nur aus diesem Dunstkreis raus. Also Tristan, Miriam und Co. Lass uns einfach ein bisschen über das Festival ziehen. Wir sind ja schließlich nicht zum rumsitzen hergekommen, oder?"
Skys Füße schmerzten noch immer und wenn er daran dachte, bei der Hitze in seine Stiefel zu schlüpfen und über das WGT zu schlendern, verging ihm die Lust gleich. Mel zuliebe würde er mitgehen, aber wenn es nach ihm ginge, hielt sich seine Ambition auf einen Ausflug mit Fußmarsch in Grenzen.
„Okay, wenn es dich glücklich macht Süße. Aber denk dran, meine Füße tragen mich nicht allzu weit."
Er hielt ihr seinen rechten Fuß unter die Nase, so dass sie laut lachte und sich gespielt von ihm wegdrehte. „Okay, okay, habs verstanden."

Mel wusste selbst nicht, was auf einmal in sie gefahren war. Sie hatte sich so sehr auf das Showlaufen gefreut und Miriam vom ersten Blick an lecker gefunden. Unter Sexentzug litt sie auch nicht. Ihr war unklar, was den Stimmungsumschwung verursacht hatte und spürte, dass ein Schnitt ihr Erleichterung verschaffen würde. Doch hier war sie nie allein. Sie konnte sich nicht ritzen und ihr fiel schlagartig auf, dass sie auch gar kein Equipment mitgenommen hatte. Vielleicht war es besser so, dachte sie bei sich und stöberte erneut in dem Rucksack nach ihren Klamotten.
„Willst dich noch umziehen?" Skys Frage war auf ihren suchenden Blick projiziert. Wie eine Furie drehte sich Mel zu ihm um und funkelte ihn böse an.

371

„Wieso fragst du, findest du mich etwa scheiße?" Sky erschrak über ihr verzerrtes Gesicht und über ihren Ausbruch. Darauf hatte er nicht abgezielt und wenn er gewusst hätte, dass sie sich von einer normalen Frage angegriffen fühlen würde, hätte er geschwiegen. „Nein, wie kommst du darauf? Ich frage, weil du im Rucksack kramst und nicht weil mir dein Outfit nicht gefällt! Du siehst geil aus und ich wünschte, das wäre dir bewusst. Oder glaubst du, die Kerle schauen dir hinterher, weil du so scheiße bist?"

Sky versuchte, das Erbeben seiner Stimme zu vermeiden, was
ihm nur bedingt gelang. „Schrei mich nicht an", brüllte Mel den Tränen nahe. „Muss ja nicht jeder hören, dass ich dir nicht gefalle oder willst du, dass ich gehe?"
Am liebsten wäre er aufgestanden und gegangen. Aber hier auf dem Festival würde er in den sauren Apfel beißen und bleiben. Er ahnte, wohin ein Aufbruch seinerseits führen und dass er Mel in die Arme eines Anderen treiben würde.
Er griff nach ihren Armen und hielt sie fest. „Nun beruhige dich doch! Niemand will dir was Böses und ich habe nie gesagt, dass du gehen sollst. Bleib hier und mach, was du willst. Wenn du dich entschieden hast, können wir auf Tour gehen. Aber ein bisschen bessere Laune würde dir super stehen." Mit diesen Worten stand er auf und wollte durch den Eingang des Zeltes nach Draußen gehen.

„Wenn du jetzt gehst, brauchst du nicht wiederzukommen!" Mels Worte ließen ihn in der Bewegung erstarren und alle Blicke der Gruppe auf das Zelt richten. Kurz überlegte er, ob er zurückging und sich vor den Anderen als Pfeife der Nation präsentierte, oder ob er sie wüten ließ und seinen Weg fortsetzte. „Es ist mein Ernst", rief sie ihm nach, als er sich für die Flucht aus dem eh viel zu engen und zu heißen Zelt entschied. Ihre Stimme klang weinerlich, was auch durch die Wut und Lautstärke nicht verborgen wurde. In dem Moment spürte er Scham in sich aufsteigen und hätte sich am liebsten in einem Mauseloch verkrochen.
„Dein Weibchen ruft, solltest du nicht antreten?", lachte Tristan.

Ohne ein weiteres Wort sprang Sky vor und stürzte sich auf seinen Kollegen, der weder seine Worte noch seine Körperlichkeit unter Kontrolle hatte. „Wenn du deine Scheiß Fresse nicht halten kannst, stopfe ich sie dir mal. Es reicht!" Seine Faust fand den Weg zwischen Tristans Augen und traf mit einem krachenden Geräusch auf.

„Scheiße, spinnst du?" Tristan hielt sich die Nase, aus der das Blut spritzte und über sein Shirt floss. „Hör auf", mischte sich Miriam ein. „Er kann ja nichts dafür, das deine Alte am Rad dreht."
„Du sei auch still", fauchte er sie an. „Wenn du nicht so dämlich wärst, könnte das hier ja sogar Spaß machen!" Den Moment in dem sich Sky von Tristan abgewandt hatte, nutzte dieser für einen Angriff. Er warf sich von hinten auf ihn und prügelte wie von allen guten Geistern verlassen auf ihn ein. Sky versuchte ihn abzuschütteln. „Verpiss dich, Spinner!" Nach einem beherzten Griff hinter sich hatte er den Kontrahenten so weit, dass dieser von seinem Rücken und direkt ins Gras fiel. Er kniete sich über ihn und trommelte mit seinen Fäusten auf Tristans Schädel ein. Der hatte die Verteidigung aufgegeben und versuchte sein Gesicht zu schützen. Die beiden Männer rollten sich über den Boden, registrierten nichts um sich herum und bekamen auch nicht mit, wie Mel mit ihrem Rucksack über der Schulter aus dem Zelt floh und den Platz verließ.

Durch die Hitze, den Alkohol und die sich gegenseitig verpassten Blessuren endete die Schlägerei damit, das Tristan und Sky nebeneinander ins Gras fielen. Auch aus Skys Nase lief das Blut und sein Auge schwoll zu.
„Super Aktion", meldete sich Miriam erneut zu Wort und stand auf. „Warte!", hörte Sky sie rufen und blickte in die Richtung, in die sie verschwand. Er sah Mel schnellen Schrittes vom Zeltplatz laufen und er sah Miriam, die ihr folgte. Tristan fluchte und spuckte aus. „Hast du super hingekriegt. Ich weiß zwar nicht, warum du so abdrehst, aber deine Alte scheint keinen guten Einfluss auf dich zu nehmen."
Sky hätte die Faust erneut in Tristans Gesicht platzieren können. Er entschied sich, die Worte nicht länger zu beachten und Mel zu

folgen.

„Hau ab, Idiot", meinte er während des Aufstehens und lief in die Richtung, in die er Mel und Miriam gehen gesehen hatte. Er blickte sich um, aber von den beiden Frauen war keine Spur zu sehen. „Verdammte Scheiße!" Er strengte seine Augen an, wischte sich das Blut aus dem Gesicht und stapfte zum Ausgang des Zeltplatzes.

„Wer weiß, wo die hinwill. Wenn ich mich nicht beeile, ist sie auf jeden Fall weg, ehe ich sie einholen kann." Kurz überlegte er, ob er sie überhaupt einholen wollte und stellte fest, dass Tristan mit seiner Äußerung gar nicht so unrecht hatte. Früher hatte er kein Bedürfnis, wegen ein paar Worten gleich die Fäuste zu schwingen. Er war so genervt, dass er nicht anders konnte und dass ihn die kleinsten Dinge bereits zur Weißglut trieben. Klar, der Suff von Tristan ging ihm auf den Zeiger. Doch früher hätte er es ignoriert, hätte mit einer Spitze gekontert und wäre niemals auf die Idee gekommen, dem Kollegen eins über den Schädel zu ziehen.

„Früher", sagte er verächtlich zu sich selbst und spuckte eine Mischung aus Blut und Speichel aus. Er lief weiter und spürte die zahlreichen Blicke, die auf seiner lädierten Visage und seinem immer noch nackten Oberkörper ruhten. Unter lautem Johlen und Beifall klatschen entdeckte er schließlich Miriam, die Mel am Rucksack hielt und die auf sie einredete. Sky lief schneller, auch wenn seine Füße ihm diesen Sprint nicht dankten.

Er packte Mel am Arm und sah ihr tief in die Augen. „Was soll das? Warum rennst du immer weg?" Mels Augen waren mit Tränen gefüllt. Sie zuckte mit den Schultern und riss sich von Miriam los. „Weil es sowieso niemanden interessiert, wie es mir geht. Du kloppst dich mit Tristan und kriegst gar nicht mit, das ich verschwinde. Die da", ihre Finger zeigten auf Miriam, „läuft mir auch nur nach um mir zu erzählen, dass ich alles nicht so eng sehen soll. Schön, dass ihr alle eure Meinung habt aber fragt euch mal, wer oder was bin ich wirklich für euch? Vor allem für dich, Sky?!"

Längst hatte sich eine Meute Gaffer um die drei versammelt. Vor allem Sky spürte die Blicke und ließ Mels Arm los. Noch immer johlten die Leute und nur wenige fragten sich ernsthaft, um was es bei diesem Streit ging.

„Geh bitte", meinte er zu Miriam. Diese wollte Kontra geben, nickte aber und drehte sich in die Richtung, aus der sie gekommen war. „Warum schickst du sie weg? Wäre sie nicht gewesen, wäre ich lang über alle Berge und du hättest mich nicht mehr gefunden."

Sky gab ihr recht, aber verspürte wenig Lust, sich in Miriams Anwesenheit mit Mel zu unterhalten. „Weil das, was ich dir sagen möchte, nicht für ihre Ohren bestimmt ist." Er sprach leise. Generell sollte niemand der Umstehenden noch aufmerksamer werden.

„Die Show ist vorbei, ihr könnt alle zurück an Eure Zelte gehen!" Während einige der Gaffer seiner Aufforderung folgten, beschwerte sich die andere Hälfte. Stimmen wurden laut, dass er hier überhaupt nichts zu sagen hatte und man selbst entschied, wann man wohin ging. Sky hatte keine Lust auf die nächste Schlägerei und legte seinen Arm um Mels Schultern. „Lass uns gehen."

Sie ließ sich von ihm führen und war froh, dass er nicht den direkten Weg zum Zelt einschlug. Er führte sie vom Zeltplatz weg und hielt Ausschau nach einem Ort, an dem sich nur wenig Menschen aufhielten.

„Warum bist du aufgesprungen und weggerannt?" Er sah ihr in die Augen und spürte, dass seine Frage sie in die Enge trieb. „Ich habe dir nichts getan. Alles war super und auf einmal schreist du mich an und rennst weg. Ich verstehe das nicht. Wenn es dich hier ankotzt, dann lass uns nach Hause fahren. Aber solche Showeinlagen kotzen mich echt langsam an."

Mel spürte, wie ernst es ihm war und dass er sie gehen lassen würde, wenn sie just in diesem Moment darum bat. Sie wollte ja gar nicht weg! Oder doch? Sie wusste es selbst nicht. Also versuchte sie das Thema zu wechseln.

„Danke übrigens, dass du Tristan das Maul gestopft hast." Mit ihrer Hand glitt sie über sein zugeschwollenes Auge und streichelte sein Gesicht. „Kein Ding", meinte Sky und dachte bei sich, dass er es nicht nur wegen ihr getan hatte. Sie mochte zwar an seiner schnellen Reizbarkeit nicht unschuldig sein, aber wegen ihr hatte er sich nicht geprügelt. Dies behielt er für sich. Wenn sie stolz auf ihn sein wollte, dann würde er ihr diese Illusion nicht nehmen und zugeben, dass er selbst längst genervt von der Anwesenheit seines Kollegen war.

„Jetzt brauche ich erst mal eine Dusche", befand er. „Kommst du mit?" Mel überlegte kurz. Eine Dusche mit ihm klang verlockend, auch wenn sie sich nicht vorstellen konnte, dass es mehr als eine Dusche sein würde. „Ich schrubbe dir den Rücken", meinte sie lächelnd. Hand in Hand gingen die beiden zu den Duschen und stellten sich in der langen Reihe verschwitzter und schlammiger Festivalbesucher an. „Das kann dauern." Sky nickte, aber ihm blieb keine andere Wahl. Das Blut und der Schmutz hatten seine Haare verklebt und sich über seinem muskulösen Oberkörper verteilt. Selbst die Hose sah aus, als ob er damit schon länger unterwegs und durch einige Schlammpfützen gekrochen war. Endlich waren sie an der Reihe und ernteten einigen Beifall, als sie die Dusche zu zweit betraten. Mel drehte sich noch einmal um und deutete eine gespielte Verbeugung an. Dann schloss sich die Tür der Kabine hinter ihnen.
Sky schlüpfte aus der Hose und hängte sie über die Tür. Auch Mel zog sich aus. Der kühle Strahl aus der Dusche tat gut. Sky hob sein Gesicht und ließ sich das Wasser über die Haare und seinen Oberkörper laufen. Wohlig stöhnte er, als das kühle Nass seine Haut benetzte und ihn die Hitze der Sonne, sowie die Blessuren der Schlägerei für einen Moment vergessen ließ. Mel presste ihren Körper an seinen, so dass sie auch ein wenig Wasser abbekam. Dabei passte sie auf, dass ihre Haare und ihr Gesicht der Dusche nicht zu nahe kamen und sie eventuell ihr Make-up verschmieren würde. Sie spürte seine weiche Haut und seine harte Männlichkeit und eine Lust, die automatisch in ihr aufstieg. In Gedanken verführte sie ihn unter der Dusche. In der Realität ging es nicht, wollte sie die Kunst

ihrer Frisur und in ihrem Gesicht nicht den Strahlen des Wassers preisgeben.

„Dreh die Dusche aus", hauchte sie leise und drehte sich um. Sie bot ihm ihr ungeschütztes Hinterteil an und stützte sich mit beiden Händen an der Wand der Kabine ab. Sky brauchte keine zweite Aufforderung, nachdem ihre Nähe seine Geilheit entfacht hatte und er keinesfalls mit dem Ständer aus der Dusche konnte. Er packte ihre Hüften, griff mit seinen starken Händen fest zu und schob sich in ihre vom Duschwasser und ihren Säften nasse Rose.

„Nicht da", flüsterte sie ihm zu und lächelte ihn an. Er schob sich vorsichtig in ihre Enge und genoss das Gefühl, wie bereitwillig sie ihn Stück für Stück in sich aufnahm. Die Enge zum ersten Mal zu durchdringen war für ihn ein Reiz, dem er nicht widerstehen konnte. Auch Mel genoss es sichtlich und hätte ihren Lustschmerz laut herausschreien können. Während er sein Schwert in ihr versenkte, sich an ihren Hüften festhielt und den nahenden Höhepunkt spürte, spielte sie mit ihrer Rosenknospe und verlor die Beherrschung. Ihr lauter Schrei hallte durch die Kabine und würde über den ganzen Platz zu hören sein. Er stöhnte leise auf, als er seinen Saft in ihr verströmte und in ihrem wohlgeformten Arsch verharrte, bis auch der letzte Tropfen seiner Lust den Weg in ihren Körper gefunden hatte. Erst dann löste er sich, drehte die Dusche auf und spülte den Schweiß und die Körperflüssigkeiten von sich. Sie wartete bis er fertig war und trat unter die Dusche, rieb ihren Körper mit dem kühlen Nass ein und ließ auch ihre saftige Spalte nicht außen vor.

Als Mel und Sky die Dusche verließen, wurden sie von einigen wissenden Blicken begleitet. Es wäre auch verwunderlich gewesen, hätte niemand Mels spitzen Aufschrei vernommen und er wäre ungehört verhallt. Sie strahlte und man sah ihr an, dass sie glücklich und befriedigt war. Sky war einfach nur fertig und fühlte sich ausgelaugt. Seine schmerzenden Füße gaben ihm den Rest. Klar war es geil mit ihr und er genoss es, wie sehr sie ihn begehrte und dass sie ihn immer und überall verführen wollte. Aber er war keine Maschine und auch wenn sein Schwert bei der kleinsten Berührung stand und geil auf sie war, fühlte er sich in manchen Momenten nur leer und benutzt. Wenn sie wieder zu Hause waren, würde er mit ihr reden und ihr sagen, dass er nicht immer nur an eine Sache denken wollte.

Der Sex mit ihr war der Hammer. Aber das hieß nicht, dass er außer Sex nichts anderes mehr wollte. Sein Leben richtete sich, seitdem er Mel kannte und liebte, eigentlich nur rund um die Sessions und Liebesspiele aus. Wenn er darüber nachdachte, was sie anderes gemeinsam machten oder welche Leidenschaften sie verbanden, dann fiel ihm nichts ein.

„Wenn die Leidenschaft Leiden schafft ...", dachte er bei sich.
„Hast du was gesagt, mein Schatz?" Zuckersüß säuselte sie die Worte in sein Ohr. Er überlegte, ob er die Worte laut ausgesprochen hatte und entschied, dass dies gar nicht der Fall gewesen sein konnte. „Nein, wieso?" „Ach nichts", flötete sie. Natürlich hatte sie ihn über Leidenschaft sprechen hören. Glaubte er, er hatte nur gedacht? Was war ihm jetzt schon wieder nicht recht? Nein, darüber würde sie sich jetzt keine Gedanken machen.
Sie ergriff Skys Hand und zog ihn zum Zeltplatz. „Zurück zum Zelt?", fragte sie, ohne dass sie eine Alternative gewusst hätte, wenn Sky dort nicht hin gewollt hätte. Aber er ging mit ihr.

Noch am Abend beschlossen sie, den kommenden Morgen für die Abreise zu nutzen. Blutengel war die einzige Band, die Mel noch sehen und zu der sie ihre Hüften im Takt wiegen wollte. Sky war nicht böse darüber. Seine Füße machten ihm nun richtig zu schaffen und er war froh, wenn er diese zu Hause aus den Stiefeln bekam und nicht drei Tage auf der Couch liegen musste und keinen Schritt gehen konnte.
Außerdem war die Stimmung in der Gruppe gewöhnungsbedürftig. Tristan hatte sich entfernt, Miriam war sauer auf Sky und auch auf

Mel, wegen der sie, so wie sie sich äußerte, den Tätowierer aus den Augen verloren hatte. Die Hitze ließ das Schlafen im Zelt unmöglich werden und wenn Mel ehrlich zu sich war, hatte sie keine Lust, das noch eine Nacht länger in Kauf zu nehmen.

„Wir bleiben bis Montag", meinte Miriam, als sie Mel ihre Handynummer und ihren Facebook Nicknamen gab. „Würde mich freuen, wenn du dich mal meldest. So weit wohnen wir ja nicht auseinander." Mehr hatte Miriam nicht zu sagen und Mel wusste bereits in dem Moment, dass sie sich nicht melden würde. Aber das behielt sie für sich und dachte nicht im Traum daran, jetzt ein Gespräch darüber zu beginnen. Sky baute derweil das Zelt ab und fragte Miriams Bruder, ob sie ihre Sachen bis zur Abreise bei ihm im Zelt parken konnten.

Der nickte. Warum auch nicht. Weiblichen Besuch hatte er eh nicht zu erwarten und ehe er ins Zelt zurückkehrte, wären die beiden laut Skys Aussage eh schon über alle Berge und würden im Zug gen Heimat sitzen. Herzlichkeit war nicht das, was den Abschied der Gruppe ausmachte. Vielmehr war es, zumindest für Sky, eine Erleichterung, dass er schon in der kommenden Nacht in seinem oder in Mels Bett liegen und sich nicht länger auf dem harten Boden rumwälzen würde. „Ich glaub, langsam bin ich zu alt für den Scheiß."

~ 22 ~

Während Mel die vorbeiziehende Landschaft im Morgengrauen betrachtete, schlief Sky tief und fest in seinem Sitz. Die Beine hatte er auf der gegenüberliegenden Bank geparkt. Mel langweilte sich. So richtig war ihr die Zugfahrt diesmal auch nichts. Sky schlief und von anderen Fahrgästen und Gesprächspartnern gab es keine Spur. Sie waren fast allein im Zug, was nicht verwunderlich war, dachte man an den Sonntagmorgen und daran, dass niemand freiwillig um diese Uhrzeit an einem Sonntag in den Zug stieg. Kurz vor der Ankunft in der Heimat weckte sie Sky. Er schaute sie aus verschlafenen Augen an und verstand im ersten Moment gar nicht, wo er war und warum sie ihn mitten in der Nacht weckte.

„Kannst gleich weiterschlafen", meinte sie. Aber wenn wir jetzt nicht aussteigen, wachst du das nächste Mal in Berlin auf und ich glaube nicht, dass du noch Bock auf eine Sightseeing Tour in der Hauptstadt hast.
„Wie, wir sind schon da? Das ging ja mal fix." Mit einem Mal war er hellwach und war froh, das er die ganze Zugfahrt verschlafen hatte.
„Was hast du gemacht?" Er grinste sie an und Mel schloss aus seinem Blick, dass er bei ihr schon wieder an Sex dachte.
„Nicht das, was du dir vorstellst. Ich habe mir ganz unschuldig die Landschaft angesehen und darauf gewartet, dass du endlich aufwachst."

Dies stimmte … fast. Einen kurzen Moment nach der Abfahrt, kurz nachdem Sky die Augen schloss und der junge Schaffner an ihr vorbeiging, hatte sie in den Rucksack gegriffen und den gläsernen Luststab herausgeholt. Sie trug nichts unter ihrem Rock und versuchte, es sich leise zu machen und nicht zu stöhnen. Ihre Gedanken schweiften dabei zu dem Schaffner und sie stellte sich vor, wie er die Tür öffnete und direkt in ihre offene Rosenblüte blickte. Wie er ihr den Dildo aus der Hand nahm und ihn ihr mit brachialer Gewalt in ihre Öffnung schob. Wie sie dabei verlegen wurde und wie Sky daneben schlief.

Allein dieser Gedanke hatte sie so erregt, dass sie mit dem Spielzeug nicht lange zugange war, dass sie sehr schnell kam. Lediglich ein lautes Schmatzen wies darauf hin, dass sie sich etwas aus ihrem feuchten Schritt gezogen hatte. Sie erhob sich, wischte den Lustsaft von ihren Schenkeln und schob den Dildo wieder in den Rucksack zurück. Weder der Schaffner noch Sky hatten etwas davon mitbekommen. Es war nur Mels Phantasie, die mit ihr durchging und die ihr den Höhepunkt lautlos und schnell bescherte.

Neben der eigentlichen Lust beim Anblick eines Mannes oder dem Gedanken an Sex gab es zwei Phänomene, die bei Mel für eine unstillbare Erregung sorgten und die unbedingt nach Befriedigung schrien. Zum einen war der Stress, der ihr immer eine feuchte Rose bescherte. Sobald Mel unter Stress geriet und es eilig hatte, spürte sie die Erregung und konnte nicht anders, als durch die Zeit, die sie bei der Selbstbefriedigung oder beim Sex verbrauchte, noch mehr unter Hektik zu geraten. Nicht anders verhielt es sich mit Langeweile. Wenn sie sich langweilte und ihre Gedanken durch ihr Leben schweiften, stellte sie sich grundsätzlich erotische Bilder vor und es dauerte nicht lange, bis die Langeweile einer unstillbaren Lust wich und sie es sich einfach besorgen musste.

Früher hatte sie kein Problem damit, sich in einem solchen Moment den erstbesten gutaussehenden Mann zu greifen und ihm zu sagen, was sie von ihm wollte. Beim Gedanken an die verdutzten Gesichter der Männer musste sie heute noch lächeln. Seit sie Sky kannte und liebte, hatte sie von dieser Methode keinen Gebrauch mehr gemacht. Vielmehr ging sie nie ohne einen Dildo aus dem Haus und wenn es sie überkam, dann suchte sie sich einen Ort an dem sie ungestört war. Natürlich wusste er nichts davon. Das waren Dinge, über die Mel nicht sprach. Bei Langeweile oder gar Stress Lust zu verspüren war nicht wirklich das, was bei anderen Menschen auf Verständnis stoßen würde. Sie hatte damals bei Josh gehofft, er würde sie zähmen und ihr die Lust aus dem Körper prügeln. Zwar erteilte er ihr Verbote und hielt sie streng, aber gebracht hatte es offensichtlich nichts. Wenn sie Sex brauchte, dann sorgte sie dafür, dass sie Sex bekam.

Mel gehörte nicht zu den Frauen, die lange um den heißen Brei herumreden. Offen sagte sie zu einem Mann, was sie von ihm wollte und wenn er nicht wollte oder konnte, ließ sie ihn stehen. So und nicht anders hatte sie Sky kennengelernt. An eine Beziehung hatte sie bei ihrem Treffen damals nicht gedacht. Sie durchlebte die Situation noch einmal. Da stand er. Ein gutaussehender geiler Kerl mit einem Becher in der Hand. Er schaute zu ihr und ließ sie spüren, dass sie ihm auch gefiel. Also hatte sie nicht lange überlegt und hatte ihn angesprochen, war mit ihm nach Draußen gegangen und was dann kam, endete in dem, was sie gerade lebte. Er konnte ihr nicht widerstehen und es war klar, dass diese Nacht in einer heißen Affäre endete. Dass er geblieben war und mehr aus der Affäre wurde, war ein angenehmer Nebeneffekt und für Mel ein großes Glück.

Nun war sie mit ihm schon fast ein Jahr zusammen und trotz aller Tiefen und Macken war er bei ihr geblieben.
Von diesem Gedanken überwältigt und emotional berührt, beugte sie sich zu ihm und küsste ihn mit inniger Leidenschaft.
„Aber doch nicht jetzt", meinte er grinsend. „Sonst fahren wir wirklich nach Berlin."
Der Zug war im Bahnhof eingefahren und sie spürte den leichten Stress, den sie beim Gedanken an eine schnelle Nummer mit ihm empfand.
„Ist ja gut, ich wollte ja nur einen Kuss." Sie zwinkerte ihm zu und erhob sich, strich sich den Rock glatt und bückte sich nach dem Rucksack. Bei diesem Anblick entging ihm nicht, dass Mel wie so oft, auf Unterwäsche verzichtet hatte. Als sie sich erhob, spürte sie seine starke Hand in ihrem Schritt und stöhnte leise, als er ihre Lippen zusammenpresste und ein pochendes Gefühl der Hitze in ihr erzeugte. „Du bist so gemein", jammerte sie. „Als ob du nicht genau weißt, wie geil ich auf dich bin!"
Mit gespielter Beleidigung machte sie sich von ihm los und verließ das Abteil mit dem Rucksack über der Schulter. Bei jedem Schritt blitzten ihre straffen Arschbacken unter ihrem Rock hervor und ließen in Sky den Wunsch aufbegehren, dass die Zugfahrt nicht hier und jetzt beendet wäre.
„Ein Königreich für ein Auto ...", murmelte er leise und überlegte sich, wie er sie jetzt auf dem Beifahrersitz genommen hätte.
Mel hatte den Bahnsteig bereits erreicht, als Sky ihr immer noch leicht benebelt und spitz wie ein Rettich folgte.
„Taxi?" fragte er. Sie nickte. „Am besten eins mit verschließbarem Heck. „Für 'ne Limousine reicht das Geld leider nicht mehr. Aber wir

sind ja eh gleich zu Hause."

Sie gingen zum Taxistand und waren froh, als sie auf der Rückbank saßen. Sky hätte ihr gerne erneut unter den Rock gegriffen und noch ganz andere Dinge mit ihr angestellt. Der strenge Blick des Taxifahrers richtete sich im Rückspiegel nicht nur zwischen Mels Beine, sondern auch in Skys Gesicht und schien zu sagen... wage es dir bloß nicht auf meinem Polster.

Also ließ er die Hand auf seinem Knie und unternahm keinerlei Anstalten, den Unmut des Fahrers auf sich zu ziehen. Vor Mels Haus hielt er an, Sky gab ihm die geforderten Scheine und sie stiegen aus. „Und nun?" frage sie mit einem fordernden Grinsen. „Nun", erwiderte Sky, „gehen wir hoch und schließen die Tür hinter uns."

Er spürte die Müdigkeit in seinen Knochen, die schmerzenden Füße und den klebrigen Schweiß, der seinen Körper zu ummanteln schien. „Und dann gehe ich duschen", fügte er an, ehe sie auf dumme Gedanken kam. Schmollend schob sie die Unterlippe nach vorn. „Duschen, muss das sein?" Er nickte betont auch wenn er wusste, dass sie in diesem Punkt nur Spaß machte und ihm das Duschen nicht verwehren würde.
„Dann komme ich einfach mit." Dies war keine Frage, sondern beschlossene Sache. Die Duschkabine war zwar eng und Sky hatte schon ein paar Mal befürchtet, dass sie irgendwann zusammen durch die Glasscheibe brechen und kopfüber auf dem Waschbeckenrand aufschlagen würden, aber bisher blieb der in seiner Phantasie mehrfach durchgespielte Unfall glücklicherweise aus.

„Sag mal, warum wolltest du eigentlich unbedingt nach Hause? Ich dachte, du hast dich auf das WGT gefreut", fragte er beiläufig, als sie erschöpft und sauber aus der Dusche kamen und nebeneinander auf dem Sofa saßen. Mel suchte gerade nach einer Pizza und beschloss, eine Flasche Wein dazu zu bestellen. Sie blickte auf, als habe sie seine Frage nicht richtig verstanden.

„Warum fängst du jetzt damit an? Ich dachte, es wäre okay für dich?"
„Ist es auch", meinte er. „Ich wollte ja selbst nicht länger bleiben. Aber du hast dich so gefreut, dass ich dachte, du ziehst bis Montag durch."

„Mich hat dieser Tristan angekotzt und Miriam ging mir auch auf den Sack. Es war ja unschwer zu übersehen, das sie Interesse an dir hatte." „An mir?", fragte er unschuldig.

„So wie es aussah, hätte sie dich am liebsten mit Haut und Haar verschlungen." Hierin musste sie ihm recht geben. Miriam stand auf sie und hatte daraus keinen Hehl gemacht. Aber sie hatte gefragt, ob Sky sie auch nehmen dürfte, wenn er einem Liebesspiel zwischen Mel und ihr zugesehen hatte. Diese Worte hatten ihr das ganze Event versaut und als sie ihn dann so offenkundig mit Gier im Blick ansah, obwohl Tristan es ihr gerade besorgt hatte, fiel bei Mel der Vorhang und sie konnte nicht länger so tun, als ginge von Miriam keine Gefahr aus.

Sie erzählte ihm die ganze Geschichte und erwähnte auch, wie gerne Mel mit ihr eine Nummer geschoben hätte und wie sehr sie Wert darauf legte, dass er anwesend war. Sky stellte sich vor seinem geistigen Auge vor, wie er die beiden Frauen im Zelt erwischt hätte und unbemerkt im Eingang stehengeblieben wäre. Klar hätte es ihm gefallen, aber auf die Idee, es Miriam zu besorgen, wäre er nicht im Traum gekommen.

„Der Genießer sieht zu und schweigt", meinte er nur und streichelte ihren Arm. „Nie im Leben hätte ich sie angefasst und wenn man sie mir nackt auf den Bauch gebunden hätte! Ich hätte nur Augen für dich gehabt und es – wie wohl jeder Mann – genossen, deinen Körper unter ihren Händen zerfließen zu sehen. Aber soweit ist es ja nicht gekommen, also was reden wir überhaupt darüber?"

Eigentlich fand er es ja schade, aber das würde er ihr nun nicht gerade unter die Nase binden und einen neuen Punkt schaffen, mit dem er ihren Ärger auf sich zog und den bisher ruhigen Abend in eine andere Richtung lenkte. „ Na egal", meinte er und legte die

384

Beine auf den Tisch. Mel wählte die Nummer des Pizza Service und hatte sich für eine Lasagne, eine Pizza mit Chilis und einen Salat entschieden. Sky zog eine Salami Pizza vor und zeigte auf seinen Magen, der schon die ganze Zeit komische Geräusche machte und nicht ganz auf der Höhe war.

„Zu viel Bier, ich bin lieber vorsichtig." Mel grinste und legte ihr Ohr auf seinen Bauch. „Besser so, klingt spektakulär", merkte sie an. Gut, das Thema Miriam war demzufolge vom Tisch und es gab keinen Grund, warum der Abend sich in eine unerwünschte Richtung entwickeln sollte. Das glaubte zumindest Sky, der es sich gemütlich gemacht hatte und der hoffte, dass das Essen nicht zu lange auf sich warten ließ.

Am Telefon hatten sie von einer halben Stunde gesprochen. „Wer geht?" fragte er. Mel fuhr sich mit den Händen über den nackten Körper und meinte: „Wenn ich nicht so gehen soll, dann mach du es. Ich habe keine Lust mir was anzuziehen." Eine andere Wahl blieb ihm dann wohl nicht. Er warf sich ein ärmelloses Trikot über und zog seine Shorts an. Das musste reichen. Schließlich wollte er ja keinen Schönheitswettbewerb gewinnen, sondern lediglich das Essen in Empfang nehmen. Etwa 20 Minuten nach Mels Anruf klingelte es an der Tür. Sky sprang auf und rannte, das Geld mit der rechten Hand vom Tisch greifend, zur Tür.

„Hi, ich habe gesehen ihr seid wieder da und wollte mit Mel reden." Das war nicht der Pizza Service, sondern Deani, die er nun gar nicht vermisst hatte. „Ich glaube nicht, dass sie mit dir reden will."
„Kann sie mir das nicht selbst sagen oder entscheidest du jetzt, mit wem sie sprechen darf?" Der Sarkasmus troff aus Deanis Stimme und Sky hätte am liebsten durch die Sprechanlage gegriffen und ihr den dürren Hals umgedreht. „Moment", knurrte er. Mel hatte längst gemerkt, dass es nicht der Lieferservice sein konnte und stand hinter ihm. „Probleme?" fragte sie nur.
„Wie du es nimmst, es ist Deani." Mel schnaufte, nahm ihm aber den Hörer aus der Hand und bellte hinein. „Was willst du?"

„Mit dir reden", erwiderte diese. „Falscher Zeitpunkt. Oder gibt es einen Grund, warum ich mit dir reden sollte?" Mel blickte zu Sky, der hinter ihr stand und das Gespräch anhand von Mels Aussagen verfolgte.

„Weil ich dich sonst auffliegen lasse, meine Liebe. Also überlege dir, ob du deinen Schatz noch eine Weile behalten willst oder ob du mich fortschickst und mir gar keine andere Wahl lässt, als die Fotos von dir und Andreas in die Öffentlichkeit zu bringen."

Mel atmete hörbar aus. „Du blöde Schlampe! Das wagst du dir nicht oder ich zeige dir was mit Leuten passiert, die so beschissen drauf sind wie du." Sky riss ihr den Hörer aus der Hand und brüllte hinein. „Egal was du gerade gesagt hast, du solltest dich von hier fernhalten. Wenn Mel keinen Kontakt mit dir wünscht, wirst du es verdammt noch einmal akzeptieren! Hast du mich verstanden? Jetzt mach Platz, wir warten noch auf einen wichtigeren Gast!"

„Du wirst dich noch wundern", meinte Deani und ging ohne ein weiteres Wort. Als Sky den Hörer aufgelegt hatte, klingelte es erneut. „Wer stört?" pflaumte er den Pizzaboten an. „Entschuldigung, Sie hatten bestellt?" Seine Information glich mehr einer Frage. „Oh sorry", gab er zerknirscht zurück. „Ich dachte, du wärst jemand anderes." Er öffnete die Tür. Als der Junge vom Lieferservice vor ihm stand, blickte er zu Boden. „Tut mir leid, ich kam wohl ungelegen. Habe die Furie noch wegrennen und mit etwas in ihrer Hand rumwedeln sehen."

„Halb so schlimm", meinte Sky und gab dem Boten einen guten Obolus für seine ungehaltene Reaktion. „Galt ja nicht dir", fügte er noch an und schloss die Tür hinter sich. Mel kicherte. „Na dem hast du es aber gegeben. Armer Kerl, ich glaube, der fährt so schnell keine Pizza mehr aus."

„Diese Deani, ich könnte sie in der Luft zerreißen!" wechselte er das Thema. „Was wollte sie eigentlich von dir?" „Ach, alles halb so wild", meinte Mel, deren Gedanken um Deanis Drohung und die Bilder mit Andreas in ihrem Kopf Karussell fuhren. Klar, sie hatte ihm die Wahrheit mit Deani erzählt. Aber dass es Bilder gab die sie in eindeutigen Posen mit dem Fotografen zeigen und ihre Lust nur unschwer übersehen ließen, das hatte sie ihm verschwiegen. Um Deani würde sie sich morgen kümmern. Heute könnte die sowieso nichts mehr ausrichten und Mel war viel zu müde und hungrig, um sich länger als nötig mit der Person zu befassen.

„Wenn du willst, kümmere ich mich darum. Sie wird dich nie mehr belästigen, das kann ich dir versprechen."

Gerne hätte Mel das Angebot angenommen, doch wusste sie, dass Deani Sky augenblicklich reinen Wein einschenken würde und ihre Worte als Lügen und Beschönigungen hinstellte. Das durfte auf keinen Fall passieren. Sie aßen ihre Pizza und waren so in Gedanken, dass sie die einbrechende Dunkelheit gar nicht bemerkten. Die Zeit verging wie im Flug und als Sky auf die Uhr sah, fiel ihm auf, dass sie schon seit über 6 Stunden keinen Sex mehr hatten.

„Ungewöhnlich für Mel", dachte er und sah sie an. Sie wirkte wie in einer fernen Welt und auch als er ihren Arm streichelte, folgte von ihrer Seite keine Reaktion. „Ist alles in Ordnung mit dir?" Seine Worte rissen sie aus den Gedanken und sie antwortete für Skys Verhältnisse viel zu schnell.
„Klar, alles bestens." In Wirklichkeit war nichts bestens. Mel heckte einen Plan aus, den sie unbedingt umsetzen musste. Nie würde Deani auch nur die Möglichkeit bekommen, diese Fotos von ihr und dem Fotografen zu veröffentlichen. Selbst dann nicht, wenn sie sie umbringen musste, damit die Bilder ein für alle Mal verschwanden.

„Ich hau mich hin", meinte Sky nach einiger Zeit und streckte seine Knochen. Das Wochenende saß ihm in allen Gliedern und er spürte den Sonntag, den er ohnehin nicht sonderlich mochte.
„Ich bleib noch ein bisschen wach und schleiche mich dann zu dir."
Sie lächelte ihn an. Doch ihre Augen zeigten, dass ihre Gedanken nicht bei Sky, sondern an einem weit entfernten und ihm unbekannten Ort waren.

Kaum war er aus dem Wohnzimmer verschwunden, holte Mel den Laptop und loggte sich in ihrem Facebook Account ein. „Das durfte nicht wahr sein!" Direkt auf ihrer Startseite sah sie die Bilder, die sie und den Fotografen in eindeutigen Posen zeigten. Sie löschte ihr Profil und hoffte, niemand außer ihr hatte die Bilder gesehen.

~ 23 ~

Sie bekam gar nicht mit, dass sie nach dem Löschen ihres Accounts und ihrem darauf folgenden Tränenausbruch auf dem Sofa eingeschlafen war. Ein Traum bemächtigte sich ihrer.

In diesem Traum traf sie sich mit Deani und wiegte sie in dem Glauben, mit ihr eine heiße Nacht verbringen zu wollen. Sie ließ es zu, dass Deani ihren Körper streichelte und sie überall berührte. Doch auch wenn ihr die Feuchtigkeit zwischen den Schenkeln topfte, spürte Mel keine Erregung. Sie wartete auf den Moment, in dem sich Deani in ihrer Lust verlieren und Mel die Chance für den alles entscheidenden Schlag geben würde. Deani stöhnte leise und spielte mit ihren Titten. Längst hatten sich Mels Finger um den schweren Stein geschlossen. Den Stein, den sie in ihrer Tasche aufbewahrte und der wie Mel selbst nur auf den richtigen Zeitpunkt für seinen Einsatz wartete. Sie zog die Hand mit dem Stein aus der Tasche, holte aus und ließ den Brocken auf Deanis Kopf sausen. Ohne einen Laut von sich zu geben, brach die Frau über Mel zusammen und blieb auf ihr liegen.

Mel rollte sich unter ihr hervor. „So kommt es, wenn du mir drohst!" Mit diesen Worten wachte sie auf. Längst war die Sonne aufgegangen und Sky saß neben Mel. Als sie bei seinem Erwachen nicht im Bett lag, hatten ihn die schlimmsten Gedanken aus den Federn getrieben und wollten ihn auf direktem Weg ins Badezimmer führen. Ein Seitenblick ins Wohnzimmer beruhigte ihn.
„So kommt es, wenn du mir drohst!" Mit diesen Worten riss sie die Augen auf und sah sich irritiert im Zimmer um. Skys Herz blieb für

einen Moment stehen, ehe er merkte, dass sie gerade aus einem Traum erwacht war. Er beugte sich über sie und hielt sie fest.

„Du hast nur geträumt Süße, nur geträumt." Noch immer war ihr Blick verwirrt und nur langsam erkannte sie, dass es Sky war der sie hielt und der leise auf sie einredete.

„Guten Morgen Schatz, ich habe wohl schlecht geträumt." Mit diesen Worten stand sie auf und ging ins Bad. Sky folgte ihr und blieb stehen, als sie ihm die Tür vor der Nase zuschlug. „Mel?"

„Ja?" rief es ein wenig genervt aus dem Inneren des Badezimmers. „Was ist los?"

„Nichts", antwortete sie. „Aber auf dem Klo wäre ich gerne alleine. Aber natürlich nur, wenn es dich nicht stört."

Sky ging zurück ins Wohnzimmer. „Ich führe mich auf wie eine Glucke", tadelte er sich und schüttelte den Kopf. Er griff nach dem Haargummi auf dem Tisch und band sich einen Zopf. Sky schlüpfte in seine Hose. Als Mel mit frisch gekämmtem Haar und geputzten Zähnen aus dem Bad kam, hatte er bereits Kaffee gekocht. Sie trat von hinten an ihn heran. „Sorry wegen eben. Aber ich musste den Traum erst einmal verdauen. Der war schrecklich." Sky gab ihr einen Kuss und grinste. „Na ich bin ja auch nicht deine Mutter. Ich war nur verwundert, weil du die ganze Nacht nicht ins Bett gekommen bist und dann fand ich dich schlafend auf dem Sofa."

Über ihren Satz verlor sie kein Wort. Sie wusste auch so, dass er ihn gehört hatte und sie wusste, dass er genau im Moment ihres Aufwachens im Zimmer stand.

„Ich mach mich mal vom Acker. Muss bisschen aufräumen bei mir und die Sachen waschen. Wenn du magst, kannst du später gerne vorbeikommen." Sie nickte. Das würde sie tun, aber es würde wirklich später werden. Er küsste sie noch einmal zum Abschied, schnappte das Zelt und seinen Schlafsack, den Rucksack und ließ die Tür hinter sich ins Schloss fallen.

Mels Gedanken waren mehr als nur die Erinnerung an den Traum. Noch einmal sah sie die Bilder auf ihrem Facebook Account vor sich und spürte die Wut, die langsam in ihren Gedärmen brodelte. Damit würde sie nicht durchkommen, so viel stand fest. Mels Traum war wie eine schützende Mauer, die sie umgab und die ihr zeigte, dass niemand hinter die Mauer gelangen und sich in ihr Leben einmischen konnte. Sie würde sich mit Deani treffen und noch einmal mit ihr reden. Reagierte sie nicht, würde Mel ihrem Traum eine Tat folgen lassen. Für Sky war sie bereit zu morden und Deanis Leben ein Ende zu bereiten. Nur durfte er es nie erfahren. Sie griff zum Telefon und wählte Deanis Nummer.

„Hi." Deani antwortete nicht. „Du, ich wollte mich bei dir entschuldigen. War nicht fair, was ich gestern gesagt habe." Deani lachte böse. „Du hast ja gesehen, was du davon hast, oder? Du hast zwar deinen Account gelöscht, aber glaube mir, die Bilder wurden schon mehrfach geteilt und schließlich habe ich sie ja auch auf meiner Page. Du hättest dir die Mühe also sparen können."

„Scheiß auf die Bilder", meinte Mel. „Ich bin dir nicht böse. Wollen wir uns treffen? Ich denke, wir haben einiges zu besprechen." Sie hörte Deani am anderen Ende der Leitung atmen.
„Was meinst du, können wir den Streit begraben?" Mel flehte förmlich und ekelte sich vor sich selbst. Aber es musste sein. Es ging nicht anders, wenn sie Deani von einem Treffen überzeugen und sie aus dem Haus locken wollte.
„Also gut", meinte diese. „Und wo?"
„Dort, wo wir uns zur Session mit Andreas getroffen haben. Ich finde, das ist der richtige Ort."

Der Ort an dem alles begann … und an dem alles enden wird, fügte sie in Gedanken hinzu.

„Warum ausgerechnet dort?"
„Bitte, lass dich überraschen. Ich kann dir versichern, dass du deine

Entscheidung nicht bereuen wirst."

Weil du es nicht mehr kannst, dachte Mel im Anschluss.
„Und wann?"
„In einer Stunde holst du mich ab, wenn du möchtest. Zieh dir was schönes an, ich habe eine Überraschung für dich."

Während Deani über den Sinneswandel von Mel nachdachte und überlegte, was diese mit ihr vorhaben könnte, packte Mel ihre kleine Umhängetasche. Aus ihrer Schrankwand nahm sie den Pflasterstein, der ihr im Traum erschienen war und der ihr so gute Dienste geleistet hatte. Sie fuhr mit ihrer Hand über die flache Oberfläche und lächelte. Deani würde sehen, was ihr ihre Drohung einbrachte. Mel hoffte, sie würde sich wirklich in Schale schmeißen und in ihrer Dummheit glauben, sie wolle sie verführen. Mel zog sich ein kurzes Kleid aus Lack an. Es war verführerisch und praktisch. Sie konnte es, sollten sich irgendwelche Spuren darauf abzeichnen ganz einfach abwaschen und zu Sky fahren. Schon lange ehe die anberaumte Stunde um war, stand sie vor dem Haus und hoffte, Deani würde pünktlich sein. Das Auto fuhr vor und sie hörte die Musik, die sie so sehr hasste. Doch in diesem Augenblick war die perfekte Welle von Juli genau die Musik, die zu ihrer Verfassung passte und die einen Moment einläutete, den Mel in ihren Gedanken immer und immer wieder durchgespielt hatte. Zur Begrüßung beugte sie sich zu Deani und gab ihr einen sanften Kuss auf die Wange.

„Oh, so persönlich?" Auch wenn sie skeptisch fragte, entging Mel nicht, dass Deani aufatmete. Sie legte ihre Hand auf deren Beine und streichelte ihren Oberschenkel. „Es wird noch persönlicher, aber nur wenn du es willst."
Deanis Augen blitzten auf und Mel sah in ihnen, dass sie den Tag mit Andreas und ihr nicht vergessen hatte. Ihr Plan würde also aufgehen. In Deanis Hirn überschlugen sich die Gedanken. Noch gestern wurde sie abgewiesen und heute stand Mel in einem kurzen Lackkleid vor ihr und machte ihr unverkennbare Avancen? Hatte Sky sie verlassen

oder hatte sich Mel entschieden, ihrer Neigung für Frauen nachzugeben und hatte erkannt, dass Deani ebenso tickte und die Berührungen von ihr genossen hatte?

Als sie am Parkplatz ankamen, ging Deani zum Kofferraum und griff nach einem Korb. „Ich dachte, ein Picknick wäre eine gute Idee für unsere Versöhnung." Sie drehte sich um und lächelte Mel an. Diese sah in ihren Gedanken immer wieder ihre Hand, die den Stein umschloss und auf Deanis Kopf niedersauste.
„Bist du hier?" Deanis Gesicht tauchte in Mels Fokus auf.
„Klar doch. Ist eine gute Idee mit dem Picknick. Da fällt mir auf, gefrühstückt habe ich heute noch nicht."
In Gedanken war Mel natürlich nicht bei einem Picknick, wobei sie wirklich Hunger verspürte. Vielleicht würde sie die Zeit nutzen, um mehr über die vergangene Beziehung von Sky und Deani herauszufinden. Sie hakte sich bei der „Freundin" unter und gemeinsam begannen sie mit dem Aufstieg zur Ruine. Diese ragte hoch über ihnen auf und war ein Ziel, für das sich der beschwerliche Weg durchaus lohnen würde.

Vor allem, wenn Mel über ihren Plan nachdachte. Niemand würde Deani dort so schnell finden. Nicht, wenn Mel es geschickt anstellte.

Sie breitete die mitgebrachte Decke aus und stellte den Picknickkorb in die Mitte. „Greif zu", meinte sie lächelnd zu Mel und ein nicht zu deutendes Funkeln trat in ihre Augen. Mel war erleichtert, dass sie die Tasche mit dem schweren Stein abstellen und sich nach dem beschwerlichen Aufstieg erholen konnte. Deani ließ ihren Blick auf der kauenden Mel ruhen und sendete ihr Signale, die für sie unergründlich waren.

„Warum siehst du mich so an?", fragte Mel zwischen zwei Bissen.
„Ich bewundere deine Schönheit", meinte Deani mit einem breiten Lächeln. Es war so falsch, dass Mel der Bissen beinahe im Halse steckenblieb und dass sie sich fragte, ob das Ganze hier wirklich eine

gute Idee war oder ob sie Hals über Kopf das Weite suchen und ihren Plan lieber vergessen sollte. Was wäre, wenn sie Deani den Stein einfach jetzt über den Kopf zog und von hier verschwand?

„Ich habe ihn wirklich geliebt und hätte alles getan, um ihn zurückzugewinnen." Mel blickte auf. Deanis Blick wirkte entrückt. „Wen?", fragte sie beiläufig. „Tu nicht so, du weißt von wem ich spreche! Immerhin hast du ihn mir ja ausgespannt und verhext! Von Sky rede ich! Weißt du überhaupt, dass ich ihm einen Heiratsantrag gemacht habe und er nicht nein gesagt hat?"

Das wusste Mel natürlich nicht und so langsam wurde das Gespräch für sie interessant. Ihr entging die Wut und Enttäuschung in Deanis Herzen nicht. Allein wie sie versuchte, sich zu beherrschen und leise mit Mel zu sprechen, ihren Hass zu verbergen und sachlich zu bleiben, stieß bei Mel auf Bewunderung. „Ja, wir waren verlobt. Bis du kamst. Sky und ich hatten am Vorabend einen Streit und er ging einfach. Ich wollte es wieder geradebiegen." Sie atmete schwer und tat Mel fast ein bisschen leid. Mel griff nach Deanis Hand und hielt sie fest.

„Das …, ich wusste es nicht", stammelte sie zwischen zwei Bissen vom Brötchen.
„Spielt das eine Rolle?" Deanis Stimme schwoll an. „Selbst wenn du es gewusst hättest, hättest du die Finger von ihm gelassen? Kann ich mir bei dir nur schwer vorstellen, mal ehrlich."

In Mels Magen bildete sich ein harter Klumpen, der ihr die Säure durch die Kehle nach oben steigen ließ. Die plötzliche Übelkeit und die Schweißausbrüche konnten nicht allein von ihrem unguten Gefühl kommen. Da war mehr. Ein leichter Schwindel begriff Besitz von ihr. Deani entzog ihre Hand und blickte Mel mit einem geheimnisvollen Lächeln an. Irgendetwas stimmte hier gewaltig nicht.
„Mir hat er erzählt …." Mels Worte wurden von einem immer stärker

393

werdenden Brechreiz unterbrochen. Sie sprang auf, taumelte und schaffte es gerade bis zur schützenden Mauer. An der hielt sie sich fest und kotzte sich die Seele aus dem Leib. Deani beobachtete Mels Brechattacke mit einem wissenden Lächeln aus der Ferne. Nach einer gefühlten Ewigkeit hörte der Brechreiz auf und Mel wischte sich den Mund ab. Als sie zurück zur Decke ging, saß Deani unverändert lächelnd auf ihrem Platz. Sie sprach kein Wort. Mels Augen ruhten auf ihr und mit einem Mal wurde ihr klar, dass ihre Übelkeit eine Ursache hatte, die viel tiefer griff, als sie es sich hätte vorstellen können. Erneut wurde sie von einer Woge übermannt und machte sich diesmal nicht die Mühe, aufzustehen und zur Mauer zu taumeln. Ein lautes Lachen durchbrach die Stille der Ruine.

„Du hast es verdient. Darauf hätte ich schon viel eher kommen können!" Deani hielt sich den Bauch vor Lachen. Mels Blick haftete auf der Frau, die so sichtlich ungerührt von ihrer Übelkeit einfach nur dasaß und überzuschnappen schien.
„Mit Sky hast du mir das genommen, was mir das Liebste auf der Welt war. Das einzige, was mir jemals etwas bedeutet hat. Wenn ich ihn nicht haben kann, dann soll ihn auch keine Frau haben."
Deanis Blick entfloh erneut in die Ferne, ehe sie mit leisen Worten fortfuhr.

„Ich habe euch beobachtet. Bin dir und ihm auf Schritt und Tritt gefolgt. Ich war bei dir, als du im Krankenhaus lagst und habe den Entschluss gefasst, es noch ein letztes Mal im Guten zu probieren. Ich war das Mädchen, das dich angeblich gerettet hat und das Dr. Schmidt von deinem psychischen Problem erzählte. Ich war auch die, die dafür gesorgt hat, dass Sky Iris kennenlernt. Kannst du dir vorstellen, wie schwer es mir gefallen ist, zu wissen, dass er mit ihr ficken wird? Doch ich sah darin eine Möglichkeit, ihn von dir abzulenken und ihm zu zeigen, dass jede andere Frau besser zu ihm passt als du. Hätte er Gefallen an Iris gefunden, hätte ich mit ihr genau das gemacht, was ich nun mit dir getan habe. Aber er ging zu dir zurück, er hatte kein Interesse an ihr und auch nicht an mir."

Ihre ruhige Stimme wirkte brüchig und wurde immer leiser. Vielleicht kam es Mel auch nur so vor, da der Schwindel sich immer stärker in ihrem Hirn manifestierte und es ihr beinahe unmöglich machte, den Worten der Kontrahentin zu folgen.

„Was hast du mit mir gemacht?", krächzte sie unter größter Anstrengung. Die Schweißperlen auf ihrer Stirn ließen ihr Gesicht speckig glänzen und jegliche Farbe war aus ihrem Antlitz gewichen.

Deani lachte. „Willst du es wirklich wissen? Ich habe dich vergiftet. Langsam, ganz langsam und schmerzhaft werden sich deine Organe zersetzen und du wirst an inneren Blutungen verrecken. Meint es das Schicksal gut mit dir, wirst du vielleicht vorher bewusstlos oder deine Organe versagen schnell. Ich hoffe doch, das Schicksal will dich leiden sehen. Genauso wie ich dich leiden sehen will."

„Du Miststück!", krächzte Mel und versuchte sich zu erheben und sich auf Deani zu stürzen. Sie scheiterte beim Versuch und stürzte kopfüber in den Picknickkorb. Deanis Lachen zerriss die Stille erneut. Panisch sah Mel sich um, in der Hoffnung einen Wanderer oder ein Pärchen auf der Suche nach einem abgeschiedenen Ort zu entdecken. Weit und breit war niemand. Sie verfluchte, dass sie diesen Ort vorgeschlagen hatte. In diesem Moment erinnerte sie sich an den Stein, der sich noch immer in ihrer Tasche befand. Sie griff hinein und brach die vergebliche Suche ab, als sie die sprühenden Funken in Deanis Gesicht und den Pflasterstein in deren Hand sah.

„Suchst du vielleicht den hier?" Provozierend hielt Deani den Pflasterstein hoch und führte ihn direkt vor Mels Gesicht. Ein wütender Aufschrei entfuhr ihrer Kehle, als sie sich auf Deani stürzte und ihr den Stein zu entreißen versuchte. Deani wich zurück. „Niemals wirst du ihn bekommen! Glaubst du wirklich, ich hätte nicht gewusst, was in deinem kranken Hirn vorgeht?"
Die Woge der Übelkeit schloss Mel fest in ihre Arme und sie befürchtete, dass ihr Bewusstsein bald von einer gnädigen

Dunkelheit überzogen sein würde.

„Ich muss hier weg. Scheiß auf den Plan, ich muss sehen das ich hier wegkomme und in ein Krankenhaus gebracht werde."
Mel erhob sich, doch Deani war schneller.
„Du gehst nirgendwo hin, ist das klar?" Noch immer hielt sie den Stein in der Hand und lächelte auf Mel herab. „Ich habe alles genau geplant. Ich warte, bis du dich im Todeskampf windest und dann ziehe ich dir den Stein über den Schädel. Niemand wird mich hinter dem Mord an dir vermuten. Erstmal wird es einige Tage dauern, bis dich hier überhaupt jemand findet. Und dass du an einer Vergiftung krepiert bist, wird man aufgrund der großen Wunde an deinem Kopf überhaupt nicht vermuten. Du hast dich mit einem fremden Mann getroffen und der hat dich nicht gefickt, sondern dich einfach erschlagen. Verstehst du? Mit dem Stein hast du mir sogar in die Hände gespielt und die ganze Sache vereinfacht."

Deani lachte erneut und Mel begann zu weinen, auch wenn ihr die Kraft dazu fehlte.
„Reiß dich zusammen, davon hängt jetzt alles ab", murmelte sie in Gedanken und sann nach einem Plan, wie sie den Stein zurück in ihre Hände bekam. Denn genau dies war die Lösung. Die einzige Möglichkeit, den Plan der Verrückten zu vereiteln und von diesem Berg herunterzukommen. Woher wusste Deani von dem Stein in ihrer Tasche und wann hatte sie ihn daraus entnommen? Mel fiel es schlagartig wie Schuppen von den Augen. Deani konnte den Stein erst entdeckt haben, als Mel sich an der Ruine bekotzte und ihr den Rücken zudrehte. Auch wenn ihr das Sprechen schwerfiel und sie gar keine Lust auf Konversation mit Deani verspürte, musste sie diese ablenken und nach einer Chance suchen.

„Warum hast du mir nicht einfach klaren Wein eingeschenkt und mir gesagt, dass Sky mit Ddir verlobt war? Er hat mir nichts davon erzählt!" Deanis Blick ruhte auf Mel. „Du arme Irre, hast du die Geschichte wirklich geglaubt? Ich war mit ihm zusammen und habe mir gewünscht, er würde mich heiraten und für immer bei mir bleiben. Also habe ich ihm einen Heiratsantrag gemacht. Er hat nicht nein gesagt. Aber auch nicht Ja", fügte sie hinzu. „Ich habe mir vorgestellt wie es wäre, hätte er mir geantwortet und wir wären ab dem Moment verlobt gewesen. Ich habe mir gewünscht, er würde vor mir knien und mir einen Ring an den Finger stecken. Auf den warte ich aber heute noch … . Wenn du nicht mehr bist und ich ihm in den schweren Stunden beistehe, wird er sich auf mich besinnen und wird erkennen, dass ich die einzig wahre Frau für ihn bin. Er wird sich an den Antrag erinnern und mir den Ring schenken, den ich mir von Herzen wünsche. Kannst du dir vorstellen, wie sehr ich den Moment herbeisehne und dass ich es kaum abwarten kann, bis du endlich den letzten Atemzug tust?"

Mel spürte, wie sich ihre Kräfte weiter minderten und versuchte krampfhaft, eine Bewusstlosigkeit zu vermeiden. Wie konnte sie nur so blind sein und nicht erkennen, was diese Schlampe im Schilde führte? Sie dachte an Sky und wünschte sich, er würde erscheinen und sie vor dieser kranken Furie retten.

„Vergiss es! Er wird dich nie heirate und du kannst dir sicher sein, er wird mich finden und er wird wissen, wer mir das angetan hat. Er wird dafür sorgen, dass du für immer in die Geschlossene kommst und niemandem mehr etwas tun kannst! Auch wenn ich auf dich hereingefallen bin, Sky wird es nicht, verlass ich drauf!"

Darüber hatte Deani auch schon nachgedacht. Doch sie hielt es für unwahrscheinlich. Mel hatte Borderline und war dafür bekannt, mit jedem Schwanz mitzugehen und über ihre Lust auch die Vorsicht zu vergessen. Warum sollte er also auf sie kommen? Keine Chance, dachte sie nach kurzer Überlegung und grinste Mel an.
„Er ist schlau, da hast du durchaus recht. Aber das wird er nicht herausfinden, niemals! Schließlich werde ich um dich trauern und echte Tränen weinen. Schau, wie gut ich das kann!"
Deani verzog ihr Gesicht zu einer schmerzgepeinigten Fratze und

ließ große Krokodilstränen kullern.

„Scheiß Schauspielerin! Das soll er dir abkaufen? Niemals!"

Mel kam die Showeinlage gerade recht und sie überwand die Übelkeit, sah den Stein auf der Decke liegen und nutzte den Augenblick, in dem Deani ihre Hände theatralisch vor ihre Augen legte und flennte, wie sie wahrscheinlich noch nie geflennt hatte.

„Jetzt oder nie!" In Mels Gedanken zuckten Blitze, sie warf sich auf den Stein, ergriff ihn und unterdrückte den Brechreiz, der wie eine Woge Teer über sie hinweg rollte. Sie holte aus und ließ den Pflasterstein vor Deanis Schläfe krachen. Erst als der Stein kurz vor dem Ziel war, bemerkte Deani ihren Fehler und stieß einen schrillen Schrei des Entsetzens und der Wut aus. Sie brachte den Satz nicht zu Ende, da der Stein vorher sein Ziel erreichte und Deani in den Hafen der Bewusstlosigkeit führte. Mel brach über ihr zusammen und spürte das warme Blut, welches in seligem Frieden über ihre Haut lief. Nur schwer konnte sie sich erheben und einen Blick auf die bewusstlose Kontrahentin werfen.

„Wer ist nun der Sieger, Schlampe?"

Trotz ihrer gnadenlosen Übelkeit, dem Schwindel im Kopf und der Schwäche in ihren Knochen erhob sich Mel und taumelte über die Decke, um sich erneut über Deani zu beugen. Noch einmal holte sie mit dem Stein aus und schlug mit brachialer Gewalt auf die bewusstlose Frau ein. Ein lautes Krachen ließ sie aufhorchen.

„Der Schädel ist durch", sprach Mel zu sich selbst und steckte den blutigen Stein in ihre Tasche. Natürlich würde niemand ihr Werkzeug finden. Immerhin waren ja ihre eigenen Fingerabdrücke darauf. Bewegungslos lag Deani am Boden. Ihr Haar war vom Blut verklebt und die große Lache unter ihrem Kopf sickerte in die Wiese. Rundherum waren die Grashalme rot und auch die Decke verfärbte sich in der blutroten Farbe, die Mel Sicherheit gab und die sie ihr

Werk als vollbracht ansehen ließ.

„Ich muss zu Sky!" Sie schnappte ihre Tasche mit dem schweren Stein und machte sich an den Abstieg. „Scheiße, wie komme ich hier weg?" Der Schwindel in ihrem Kopf nahm erneut zu. Für den Moment fühlte sie sich beinahe klar und schätzte die Situation richtig ein. Doch als der erste Schock über ihren Sieg vorbei war und sie den Anblick der toten Deani aus dem Blickfeld verlor, kehrten die Schmerzen und alle Symptome der Vergiftung zurück.
Sie nahm ihr Handy aus der Tasche und wollte die Nummer des Notrufs wählen. „Nein, dann haben sie mich gleich am Arsch ...." Sie steckte das Handy wieder in die Tasche und überlegte. Ein Taxi war die Lösung. Sie stieg den Berg hinab, fiel mehrmals hin und kotzte sich die Seele aus dem Leib.
„Ich brauche Hilfe, schnell." Sie hörte ihre schwache Stimme. Doch niemand außer ihr selbst hörte sie. Nur noch um die Biegung und ich bin auf dem Parkplatz. Das waren die letzten Gedanken, ehe die Dunkelheit sie einhüllte und sie der Bewusstlosigkeit nicht mehr entfliehen konnte.

~ 24 ~

Schon seit zwei Stunden hatte Sky wieder und immer wieder versucht, Mel zu erreichen. Seine Gedanken überschlugen sich und er machte sich auf den Weg zu ihrer Wohnung. Von einer Nachbarin erfuhr er, dass eine blonde Frau mit einem Kleinwagen sie bereits am Vormittag abgeholt hatte.

„Deani!" Er lief um den Block herum und stand vor Deanis Wohnung. Ihr Auto war fort und auch auf sein Klingeln meldete sich niemand. Er wählte Deanis Nummer und hörte die Ansage, dass der Teilnehmer vorübergehend nicht erreichbar war.
„Scheiße, wo stecken die beiden?"
Erst als ihn die Passanten mit fragendem Blick ansahen, fiel ihm auf, das er die ganze Zeit laut zu sich selbst sprach. Schnell lief er weiter

399

und verfluchte erneut, dass er immer noch kein Auto hatte. Seine Gedanken kreisten um Mel und um den Ausflug, den sie mit Deani unternommen hatte. Warum der Sinneswandel? Was hat sie dazu bewegt, sich trotz all ihrem Hass auf seine Ex mit ihr zu treffen? Sky konnte keinen klaren Gedanken fassen und überlegte, wo die beiden hingefahren sein könnten. Ihm fiel der Fotograf ein und die Ruine, von der Mel ihm erzählt hatte. Wie hieß der Fotograf gleich nochmal? Andreas, fiel es ihm wie Schuppen von den Augen. Doch in der Stadt nach einem Fotografen zu suchen, von dem er lediglich den Vornamen kannte und sonst nichts weiter wusste, war die sprichwörtliche Suche nach der Nadel im Heuhaufen.

Die Ruine war ihm schon eher geläufig, aber Sky konnte sich nicht vorstellen, dass die beiden Frauen zur Ruine gefahren waren.

Ausgenommen natürlich, der Fotograf hatte sie zu einem Shooting geholt. Doch das hätte Mel ihm erzählt, dachte er bei sich und verwarf den Gedanken wieder. In dem Moment klingelte sein Handy und er sah eine unterdrückte Rufnummer. Kurz überlegte er, ob er abnehmen sollte.

„Hensler", meldete er sich förmlich. Am anderen Ende der Leitung hörte er eine aufgeregte Stimme.

„Kommen Sie schnell, Ihre Freundin schwebt in Lebensgefahr! Krankenwagen und Polizei sind schon unterwegs. Sie ist bewusstlos. Ihre letzten Worte galten ihnen und sie hat Ihre Nummer geflüstert!"

In Sky schellten alle Alarmglocken und er spürte, wie ihm jegliche Farbe aus dem Gesicht wich.

„War jemand bei ihr?", fragte er schnell.

„Sie ist allein und liegt bewusstlos auf dem Weg, der von der alten Burgruine ins Dorf führt. Also doch die Ruine, schoss es ihm durch den Kopf.

„Ich bin gleich da! Bitte kümmern Sie sich um sie!"

Ehe Sky auflegte und die Nummer des Taxi Service wählte, hörte er am anderen Ende der Leitung bereits die Sirenen der Helfer. Sein Herz schlug bis zum Hals. Als das Taxi nach einer gespürten

Ewigkeit endlich eintraf, sprang Sky noch während des Bremsvorgangs ins Auto und gab dem Fahrer hektisch die Anweisung, ihn unter Missachtung aller roten Ampeln zum Parkplatz der Burgruine zu bringen.

„Es geht um Leben und Tod, fragen Sie nicht und fahren los!"
Der ausländische Fahrer trat aufs Gaspedal und fuhr mit quietschenden Reifen aus der Seitenstraße. Zum Glück war der Verkehr flüssig und die Fahrzeit nicht sonderlich lang. Doch Sky kam es vor, als würden sie nur schleichend vorankommen und er wünschte sich, selbst hinterm Steuer zu sitzen und das Gaspedal bis zum Anschlag durchtreten zu können. Am Parkplatz sah er eine Traube aus Menschen, die erstarrt um ein kleines Bündel herumstanden.

„Mel!", schrie er und vergaß in seiner Eile, dem Taxifahrer das Geld für die Fahrt zu geben. Dieser rief fuchsteufelswild hinter ihm her und noch im Laufen griff Sky in die Hosentasche und warf ihm einen Fünfziger vor die Füße.
„Passt so", meinte er noch und rannte ungeachtet der Worte des Fahrers weiter. Er schubste die gaffende Menge zur Seite und sah sie dort liegen. Blass, bewegungslos und von Schweißtropfen übersät.
„Lasst mich durch", fuhr er den Rettungssanitäter an und wurde wurde nur von einem Polizisten aufgehalten, der sich ihm in den Weg stellte und ihm den Blick auf Mel nahm.

„Ich muss zu ihr. Sie ist meine Freundin!"
„Sie müssen gar nichts", meinte der Polizist pflichtbewusst und packte Sky am Arm.
„Lass mich los!", schrie dieser und gab dem Polizisten einen Kinnhaken, so dass der den Griff um seinen Arm löste. Die Menge sah für einen kurzen Moment nicht zu Mel, sondern beobachtete Sky und den Polizisten, der zu seiner Waffe griff und dem Langhaarigen Einhalt gebieten wollte. Derweil war Sky zum Arzt vorgedrungen.

„Was ist mit ihr?" Der junge Arzt sah Sky unter seiner Brille hervor an und schüttelte den Kopf.

„Wir konnten sie wiederbeleben, aber ob sie es schafft ... ." Vor Skys Augen verschwamm der Parkplatz. Seine Welt drehte sich um ihn, als er auf die Knie fiel und seinen Schmerz in einem lauten Schrei in den Himmel brüllte.

„Macht weiter, holt sie zurück! Das kann es nicht gewesen sein, nein!" Die Tränen liefen über sein Gesicht. „Warum Mel, warum, verdammte Scheiße, warum sie?" Der Arzt legte beruhigend seine Hand auf Skys Schulter. Auch der Polizist war derweil hinter ihn getreten und griff nach Sky.
„Du lässt mich los, fass mich nicht noch einmal an!" Er zuckte zurück und als er den Blick des Arztes auffing, entfernte er sich und ließ Sky mit seinem Schmerz allein.

Er bekam nicht mit, wie sie die Leiche von Deani an ihm vorbei transportierten und wenn er es gesehen hätte, wäre es ihm egal gewesen. Für ihn gab es im Moment nur den grenzenlosen Schmerz und den Verlust, der für ihn so unvorstellbar und ungnädig war.
„Warum?" fragte er immer wieder und schlug mit den Fäusten auf den unnachgiebigen Steinboden.
„Warum?"
Noch einmal trat der Arzt an ihn heran. „Wir fahren jetzt ins Krankenhaus. Wenn sie uns begleiten möchten ... dann schnell, steigen Sie ein!" Welche Frage, natürlich würde er sie begleiten.
„Und dann?"
„Wir können hier nichts für sie tun. Wenn Ihre Freundin nicht herzkrank ist, deuten alle Symptome auf eine Vergiftung hin." Er glaubte seinen Ohren nicht zu trauen. Wer sollte Mel vergiftet haben?

„Übrigens hat eine Spaziergängerin oben auf der Burg eine Leiche gefunden. Kennen Sie diese vielleicht auch?"
Eine Leiche? Was war hier passiert? Nach einem kurzen Blick auf

Deanis Leiche mit eingeschlagenem Schädel nickte er.
„Mit der ist meine Freundin hierher gekommen. Die ist an allem schuld! Diese Schlampe, dieses Miststück!"

Sky schrie vor Wut und ballte die Fäuste, wollte auf den Körper seiner Ex einschlagen und ihr den letzten Lebensfunken aus dem Körper prügeln, falls noch Leben in ihr war.

„Hey, ruhig man!" Der Polizist klickte die Handschellen um Skys Gelenke, während dieser sich wutschnaubend umdrehte.
„Geht's noch?"
„Nur zu Ihrer Sicherheit. Wenn Sie sich wieder beruhigt haben, nehme ich Ihnen die Dinger ab." Der Arzt wechselte ein paar Worte mit dem Polizisten, worauf dieser wild gestikulierte und letztendlich zu Sky kam und ihm die Handschellen abnahm.

„Steigen Sie ein, Sie fahren im Krankenwagen mit, schnell."
Auf der Fahrt holten ihn alle Emotionen ein. Nie würde er den Anblick von Mel vergessen. Ihr bleiches Gesicht, ihre schweißnasse Stirn und ihren Mund, der schmerzlich verzerrt von der Angst erzählte, die sie durchgestanden hatte … den Tod vor Augen.
Warum war er nicht da, in dem Moment, in dem sie ihn so dringend gebraucht hatte? Was wäre, wenn sie nie wieder aufwacht?
Was hatte er sich dabei gedacht, sie allein zu lassen und nach Hause zu gehen um seine Schweiß Wohnung aufzuräumen? Tausend Fragen gruben sich in sein Hirn und ließen den Schmerz in seiner Seele ins Unermessliche steigen.
Langsam dämmerte ihm, das Deani tot war. Auch wenn ihn der Tod dieser Schlampe nicht interessierte, hätte er zu gern gewusst, was die beiden Frauen auf der Burg taten und wie Deani erschlagen werden und Mel am Fuße des Berges mehr tot als lebendig einfach umfallen konnte. Da musste es doch einen Zusammenhang geben.

„Wenn ich das Schwein finde ...", er sprach leise, doch der Sanitäter neben ihm hörte seine Worte. „Da gibt es kein Schwein, glauben Sie mir. Die beiden Frauen … es sieht nach einer Beziehungstat aus. Oben wo wir die Eine abgeholt haben, lag überall erbrochenes und wenn ich auf die Kleidung Ihrer Freundin sehe, erkenne ich dort Spuren von Erbrochenem."

In Skys Kopf arbeitete es. Es gab keinen Mörder? Niemand hatte Deani erschlagen und Mel vielleicht auch noch umgebracht? Wie sollte es sich sonst zugetragen haben? Erst jetzt fiel ihm auf, das er einen ganz wichtigen Punkt übersehen hatte.

„Medikamente!" Der Sanitäter sah erneut zu ihm. „Was für Medikamente?" Sky erzählte, das Deani in der Apotheke arbeitete und sich mit Medikamenten auskannte. Sie musste Mel Medikamente eingeflößt und sie damit umgebracht haben. Warum die Täterin allerdings erschlagen wurde und wo die Waffe war, wer ihr den Schädel zertrümmert hatte, das wusste er nicht.

~ 25 ~

Die Autopsie ließ keine Zweifel zu. Mel hatte Deani erschlagen. Die Mordwaffe fand sich mit Deanis Blut verschmiert in Mels Tasche. Im Anschluss hatte sich die psychisch gestörte junge Frau mit Medikamenten selbst das Leben genommen. So stand es in der Akte der Polizei, in jeder Tageszeitung und im Bericht der Autopsie. Sky glaubte keinen Moment an diesen Hergang und versuchte, mit der Polizei und dem Arzt zu reden.

„Die Beweise sprechen für sich. Ist ja niemand da, der eine gegenteilige Aussage bestätigen könnte. Ihre Freundin hat Borderline. Aber das wissen Sie ja sicherlich. Es tut mir leid, dass wir nicht sicher sind, ob wir noch etwas für sie tun können. Aber seien Sie sicher, sie hat den Weg gewählt und wollte sich das Leben nehmen. Was allerdings die andere Frau betrifft …", Stille breitete sich im Raum aus. „Ihre Freundin hat sie mit dem Stein erschlagen. Alles spricht dafür. Am Stein sind die Fingerabdrücke von ihr und das Blut, welches eindeutig zum Opfer gehört. Es wird keine weiteren Ermittlungen geben."

Sky stand auf und verließ den Raum. Seit Tagen hatte er nicht wirklich geschlafen, nichts gegessen und spülte seine Trauer und alle Emotionen mit Bier herunter. Auch in seinem Studio war er nicht mehr gewesen. Sein Interesse an allem war gewichen. Er verging mit der Trauer, die von Tag zu Tag schlimmer wurde. Mel lag im Koma. Seit sie im Krankenhaus eingeliefert wurde, war sie nicht einmal erwacht. Ihr blasses Gesicht sah aus wie tot, auch wenn die Geräte sagten, dass sie noch am Leben war.

Deanis Eltern hatten ihn angerufen und ihn dafür verantwortlich gemacht, dass ihre Tochter nicht mehr lebte. Er war schuld. Wenn er sie nicht verlassen hätte, könnte Deani noch leben.

Sky legte den Hörer auf. Es ging nicht um Deani. Es ging um Mel, um die sich niemand außer ihm sorgte und von der niemand wusste, ob sie jemals ins Leben zurückkehren würde. Er würde keine Frau mehr lieben, sich mit niemandem mehr einlassen.

Liebe bedeutet Schmerz. Er spürte es. Kein Schmerz war je so groß wie der, der ihn durch den Tag begleitete und der ihn in der Nacht heimsuchte. Er würde sich auf die Suche machen und herausfinden, was wirklich vorgefallen war. Ein anderes Ziel gab es in seinem Leben derzeit nicht mehr. Allein stand er vor ihrem Krankenbett und sah sieh an, hielt ihre Hand, streichelte ihr Gesicht. Er hoffte, dass sie reagieren und ihm ein Zeichen geben würde. Er drehte sich um und verließ das Krankenhaus. Ziellos irrte er umher und die Gedanken fraßen ihn auf. Sie ist noch so jung. Hat ihr ganzes Leben vor sich.

Am Abend des Tages, an dem das schreckliche Unglück passierte, wollte er sie fragen, ob sie seine Frau werden möchte. Er hatte sich alles gut überlegt, alles war vorbereitet. Die Musik war eingelegt, den Ring hatte er in seiner Hosentasche. Er hatte gewartet und war unruhig auf und ab gelaufen. Er liebte sie so sehr, auch wenn es nicht immer einfach war. Aber er wollte mit ihr zusammen sein und ihr mit dem Heiratsantrag zeigen, wie ernst es ihm war. Dass sie zur Ruhe kommen und das Gefühl der Geborgenheit bei ihm, in seinen Armen, einfach zulassen konnte.

Er kannte Mels Wünsche, auch wenn sie sie ihm gegenüber nie laut geäußert hatte. Vor ihr hatte er nie über eine Hochzeit nachgedacht und hielt nicht viel davon, sich dauerhaft an einen Menschen zu binden und einen Vertrag zu unterschreiben. Deani wollte ihn heiraten. Er hatte ihren Antrag nie angenommen und darüber nie Reue verspürt. Erst als er allein durch die Straßen lief und der Regen auf sein langes Haar prasselte und in den Kragen seiner Lederjacke lief, dachte er zurück an die Fratze, als er Deanis Antrag mit keinem Wort erwidert hatte. In dem Moment hatte er erkannt, was er für sie eigentlich war und hatte ihr noch am gleichen Abend gesagt, dass die Beziehung für ihn beendet war. Sie wollte nicht ihn. Sie wollte einen Mann, der ihr hörig war und der keine eigene Meinung hatte. Wenn dieser dann noch so gut aussah wie Sky, dann würde ihr das in die Karten spielen. Ihre Eltern hatten ihn gehasst und genau aus dem Grund wollte sie ihn. Er spielte in dieser Show überhaupt keine Rolle. Warum ging ihm das alles erst jetzt auf?

Hätte er Mels jetzigen Zustand des Komas verhindern können und von Anfang an vermeiden können, dass sich die Frauen überhaupt kennenlernten? Was wäre geworden, wenn er Deani geheiratet und Mel nie kennengelernt hätte? Je mehr er sich in seine Gedanken vergrub, umso mehr spürte er die Schuld auf seinen Schultern. Er war in Mels Leben getreten und nun war sie mehr tot als lebendig. Die Ärzte machten ihm keine großen Hoffnungen, selbst wenn sie wieder aufwachen würde, wäre sie nicht mehr die Alte, sagte ihm der Stationsarzt. „Ihre Organe sind von den Medikamenten so stark geschädigt, dass sie nie wieder ein normales Leben führen kann. Und sie wird sich …“, der Arzt machte eine kurze Pause, „auch nicht mehr an sie erinnern können. Die Pharmazeutika haben ihr Hirn sehr stark geschädigt … .“

„Seien Sie still", schrie er den Arzt an. „Mel wird leben, sie wird wieder aufwachen und natürlich wird sie sich an mich erinnern. Sie liebt mich doch."

Der Arzt sah ihn mit einem letzten mitleidigen Blick an, ehe er den Raum verließ. Noch einmal küsste Sky ihre kühle, blasse Stirn, ehe er ebenfalls ging.

Zuhause setzte er sich ans Laptop und ließ die alten Bilder von sich und Mel vor seinen Augen ablaufen. Immer wieder ließ er die Diashow in einer Endlosschleife über den Bildschirm gleiten. Er sah ihren Körper, roch den Duft ihrer Haut und spürte ihre Hände, die sanft über seinen Körper glitten und so fest zupackten, dass er in ihnen eine ungeheure Kraft spürte. Diese Hände würden ihn vielleicht nie mehr berühren. Jetzt war die Kraft aus ihr gewichen … er trug die Schuld daran. Er hatte es zu verantworten, wenn sie starb … er allein. Auch Deanis Tod tröstete ihn nicht darüber hinweg.

Er schaltete den Laptop aus und holte sich die nächste Flasche Bier, die er wieder in einem Zug austrank. Genauso schnell wie die letzten … er hatte aufgehört zu zählen. Sky griff die Packung Schlaftabletten, entnahm alle und warf sie in ein großes Glas, randvoll mit Wodka. Schon benebelt sah er zu, wie sich die Tabletten langsam auflösten. Aus den Boxen der Anlage dröhnten laute Gitarrenriffs, Dragonforce. Er setzte den Tablettencocktail an und trank das Glas in großen Schlucken leer. Wenn Mel nicht mehr bei ihm war, nicht in dieser Welt, sah er keinen Sinn in seinem Leben. „Wir sehen uns wieder", lallte er schon etwas benommen, schloss seine Augen und legte die Beine auf seinen Tisch …

Die letzten Gedanken, die ihm noch durch den Kopf gingen, drehten sich um Mel und um die unvergesslichen Momente mit seiner Traumfrau, ehe der große Bruder des Schlafes seine Schwingen über ihm ausbreitete und ihn von seinem Schmerz erlöste.

Wenn die Schönheit bereits vergangen ist und die Leidenschaft dem rauen Alltag entflieht, wirst du eines Morgens aufwachen und die Realität wird dir mit geballter Faust in die Fresse schlagen. Dann ist der Moment gekommen, in dem du nur hoffen kannst, dass es deine Realität ist und du dich in deinem eigenen Leben wiederfindest ...
Ist es nicht dein Leben, schließe die Augen und hoffe, dass sich der Schlaf über deine Seele legt und dass er dir die Gnade erweist, nicht mehr zu erwachen. Der Tod, des Schlafes großer Bruder, empfängt dich mit Ruhe und einem schützenden Arm, den er um dich legt und der dir den Weg weist ...

www.ingramcontent.com/pod-product-compliance
Lightning Source LLC
Chambersburg PA
CBHW050433290526
45786CB00006B/2019